KB240873
KB240873

# 『토지』의 문화지형학

*The Cultural Topography of 『Toji(土地)』*

# 『토지』의 문화지형학

*The Cultural Topography of 『Toji(土地)』*

**최유찬**  연세대학교 국어국문학과 교수
**이승하**  중앙대학교 예술대학 문예창작학과 교수
**김성수**  연세대학교 학부대학 교수
**이상진**  한국방송통신대학교 국어국문학과 교수
**조윤아**  연세대학교 인문과학연구소 연구교수
**최유희**  연세대학교 인문과학연구소 연구교수
**이승윤**  연세대학교 인문과학연구소 연구원
**박상민**  연세대학교 인문과학연구소 연구원

『토지』의 문화지형학

1판 1쇄 인쇄 2004년  8월 20일
1판 1쇄 발행 2004년  8월 30일

지은이 / 최유찬 외
펴낸이 / 박성모
펴낸곳 / 소명출판
출판고문 / 김호영
등록 / 제13-522호
주소 / 137-878 서울시 서초구 서초동 1621-18 (란빌딩 1층)
대표전화 / (02) 585-7840
팩시밀리 / (02) 585-7848
somyong@korea.com / www.somyong.com

ⓒ 2004, 최유찬

값  25,000원

ISBN 89-5626-101-6 93810
* 이 책은 2002년도 한국학술진흥재단의 지원에 의해서 연구되었음(KRF-2002-074-AS1079).

소리로 읽는 토지
김 영 동
Kim. young dong
사진으로 보는 『토지』
1. 육필원고에서 서사음악극까지
－『토지』의 판본과 변용
2. 평사리에서 하얼빈까지
－『토지』의 공간배경
3. 『토지』와 문화예술산업
WOONGJIN
WJCD0578
서희
박경리
길상

# 1. 육필원고에서 서사음악극까지―『토지』의 판본과 변용

▲ 박경리 육필원고, 5부 1편 연재 99회 관음탱화 부분. 작가는 이 작품을 위해 특별 제작한 원고지에 세로쓰기로 집필했다.

◀ 1부가 연재된 『현대문학』(1969.9~1972.9)
총 36회분이 연재되었다.
평균적으로 25쪽 내외(원고지 150매 정도)의 분량이다.

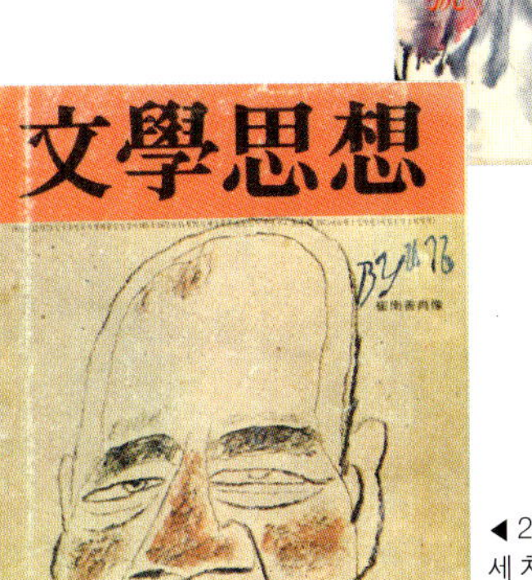

◀ 2부가 연재된 『문학사상』(1972.10~1975.10)
세 차례의 휴재가 있었으며, 2부를 마무리하지 못한
채 1975년 10월 연재가 중단되었다.

▲ 3부가 연재된 『주부생활』(1977.1~1979.12)
1978년 2월과 1978년 7월에서 9월까지는
'작가의 자료 수집'을 위해 연재가 중단되었다.

▲ 3부가 연재된 『독서생활』
(1977.1~1977.5)

◀ 3부가 연재된 『한국문학』(1977.6~1978.1)

▲ 4부가 연재된 『마당』(1981.9~1982.7)

▲ 4부가 연재된 『정경문화』(1983.7~12)

▲ 4부가 연재된 『월간경향』(1987.8~1988.5)
『월간경향』의 사정으로 연재가 중단되었다.

---

# 문화일보

### 朴景利 大河소설

# 土 地 5부 <1>

그림 金永憙

### 第 1 篇
#### 新京의 달

아이들은 초저녁에 잠이 들었고 덥다, 덥다, 호느적거리듯 중얼거리며 저녁 늦게까지 설거지를 하던 보연이도 아무 기척이 없는 것으로 보아 잠에 떨어진 모양이다. 상의 방에도 불은 꺼져있었다.

홍이는 식당을 겸한 거실에 앉아 연거푸 담배를 피우다가 사무실에서 들고온 신문을 펴든다. 신경(新京)서 발행하는 1940년 8월 1일자 낙토일보(樂土日報)다. 전에 없이 신문을 들고온 것도 그렇고 이미 사무실에서 대강 훑어보았는데 새삼스럽게 왜 다시 펴드는지, 그럴만한 이유가 없었던 것은 아니다.

氣息奄奄의 重慶政權
輸送力 極度로 逼迫
物資의 缺乏 急激히 增大!

1면 머리기사의 큰 활자가 송충이처럼 눈 앞을 스쳐간다. 7면에는

虎列刺 新患者

2名 又 發生

짤막한 기사가 있었다. 한구석으로 밀어붙여놨지만 호열자에 관한 기사가 실리기로는 이번이 처음은 아니었으며 그 전염병에 대한 공포도 상당히 확산되어 인심은 흉흉했다. 뿐만 아니라 호열자가 와전되어 그랬는지 아니면 그럴만한 꼬투리가 있는지 페스트가 발생했다는 풍문도 끈질기게 나돌고 있었다. 금줄을 치고 발생지역의 출입이 금지되었느니, 떼죽음이 있었느니, 심지어는 발생지역에 불을 놓아 살아있는 사람들까지 함께 태워죽였다는 끔찍한 소문도 있었다. 호열자에 관한 기사 옆단에는 스파이 혐의로 취조받던 「로이터」통신사 동경(東京)지국장 「코쿠스」가 부신자살한 사건을 다루었는데 병원으로 실어가고 어쩌고 했다 해서 제목을 훑기를 일본 무사도(武士道)의 정화(精華)라,

「이것들은 사람이 아니다. 아예 염치라는 것이 없는 종자들이다. 아이들까지 난도질해서 죽여놓고, 남경(南京)에는 아직 그 피냄새가 남아 있을 건데 영국놈 시체 하나 병원에 떠메다놨다 해서 뭐? 일본무사도의 정화라고? 뱃가죽 터지게 웃을 일이다. 개새끼들!」

씨원할 것도 없는 욕설을 퍼붓는데 별안간 아이들 방에서 외마디소리가 들려왔다. 신문을 팽개치고 홍이는 급히 방으로 달려간다. 그러나 외마디소리는 보연의 잠꼬대였다. 맨바닥에 베개도 없이 누운 보연은 흠뻑 땀에 젖었고 전등 아래 얼굴은 백랍같이 회었다. 땀을 닦아주고 홍이는 보연을

안았다. 몸뚱이가 여름날 엿가락같이 팔 위에서 축 늘어졌다. 그 가벼워진 체중에 홍이는 내심 놀라고 당황한다.

『다, 당신 왜 이러요? 제가 뭘 어쨌기에…』

실눈을 뜨고 중얼거리는 보연은 어리광스럽게 홍의 목을 두팔로 감았다. 안방으로 안고 가서 침상에 누이는데 보연은 이내 잠에 떨어지고 만다. 아이들 방으로 되돌아온 홍이는 잠든 두아들의 모습을 한동안 내려다보다가 거실로 나온다.

지난 봄, 조선으로 나갔던 보연은 두달가량 친정에서 정양을 하고 돌아왔다. 그러나 그의 건강은 썩 좋아뵈질 않았고 피곤해하는 것도 전과 다름 없었다.

『아들 딸, 일월(日月)겉은 자식들 두었겠다, 살림은 일고 서방은 제집을 하늘겉이 우다아쌓는데 머가 모자라서 그라노, 복에 겨워 밤낮 끌끌거리는 기가. 나겉은 년이사 죽고접어도 그놈의 저승차사가 잡아가야 말이제. 아이고오 시장스럽다. 산은 오를수록 높고 강은 건널수록 넓고, 내 팔자는 와 이렇노. 넘들이 복타로 갈직에 이년은 살강 밑에서 자불고 있었든가.』

나타나기만 하면 신세타령을 곁들여서 지껄이는 임이 말이다.

『아프고 싶어서 아픈 사람도 있습디까? 답답한 사람은 누님이 아니라 접니다』

꽤르퉁해서 보연이 대꾸하면
『그러이 하는 말 아니가. 이 좋은 집에서, 하기는 너거를 나보고 샛집이라 하더라마는 내가 없이 사이께로 그러는 모앵인데 집 사돌라 안칼낀께 비밀로 할 것 없다. 너거 성시(정도)에 이만한 집 못산다믄 넘들이 믿겄나?』

『뭐가 무서워서 내집을 샛집이라 하겠습니까. 못 믿으면 관청에 가서 알아보시요』

『하여간에 비단가리(살림도구) 하나 없는 나한테 비하믄 아프다, 아프다 해사야도 올케 니사 청풍당석에서 하품하는 끝이제. 사람이란 예사 팔자가 늘어지믄 아픈데가 많아지네라.』

공장 근처 허술한 집에서 홍이 가족이 이곳으로 옮겨온 것은 작년 봄의 일이었다. 상의는 제방이 필요할만큼 과년해졌고 보연의 건강도 문제였으며 한편 홍이 벌여놓은 사업의 규모를 생각할 때 지나치게 누추한 집에 산다는 것이 이상하게 비쳐질 수도 있는 일, 해서 그 점도 고려하여 이사를 결정했던 것이다. 집은 햇볕바르고 넉넉했으며 편리하게 꾸며져 있었다. 그러나 샛집인 것만은 사실이다. 임이 말대로 집을 살 능력은 있었다. 다만 뿌리박고 살 수 없는 형편, 언제 어떤 일이 터질지 모르는 상황 속에서 뜨내기 생활방식을 청산할 수 없었던 것이다.

▲ 5부가 연재된 『문화일보』(1992.9.1~1994.8.30)

◀ 첫 단행본인 문학사상사본(1973년 6월 20일 초판) 표지
1부 5책으로 전집은 2부 전 10권으로 구성되어 있다.
부록으로 「가계도」, 「등장인물계보」, 「최참판댁 구조」 등이 실려 있다.

▲ 영문출판사본(1976년 5월 20일 중판) 뒷면
역시 출판사명만 변경되었을 뿐 문학사상사본
과 동일하다.

▲ 첫 단행본인 문학사상사본 뒷면

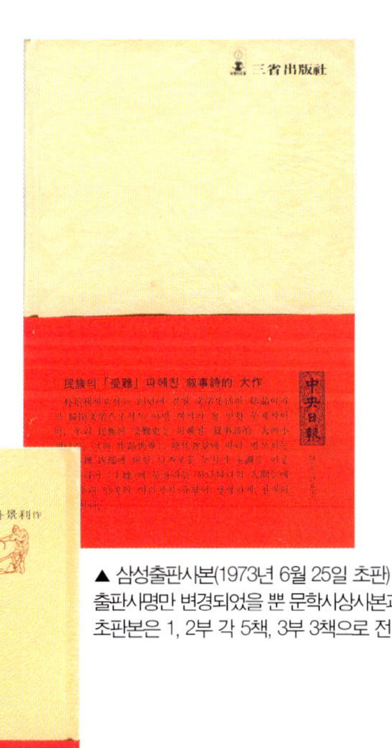

▲ 삼성출판사본(1973년 6월 25일 초판) 뒷면
출판사명만 변경되었을 뿐 문학사상사본과 동일하다.
초판본은 1, 2부 각 5책, 3부 3책으로 전 13권으로 구성되어 있다.

▶
출판사본(1976년 5월 20일 초판)
표지와 띠지

삼성출판사본 2(1976년 5월 20일 초판) 표지
1부 3책이며 전집은 3부 전 9권으로 구성되어 있다.
평사리 마을과 하동일대의 지도가 실려 있다.

삼성출판사본 3(1982년 9월 10일 중판) 표지
1부 3책이며 전집은 3부 전 9권으로 구성되어 있다.

삼성출판사본 4(1988년 4월 30일 초판) 표지
양장본이며, 가로 1단이다.
1부 3책으로 전집은 4부 전 12권으로 구성되어 있다.
지식산업사본과 거의 동시에 출간되었다.

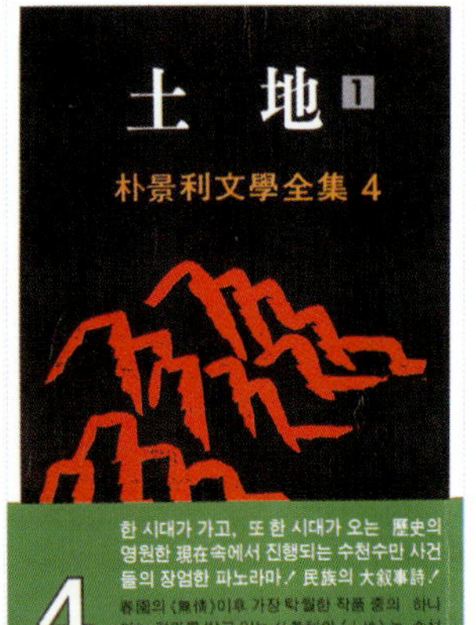



지식산업사본 1(1979년 10월 10일 초판) 표지
소프트 커버이며 세로 2단이다.
1부 3책으로 전집은 3부 전 9 권으로 구성되어 있다.

지식산업사본 개정판(1988년 12월 5일 초판) 표지
소프트 커버이며, 가로 1단이다.
1부 3책으로 전집은 4부 전 12권으로 구성되어 있다.

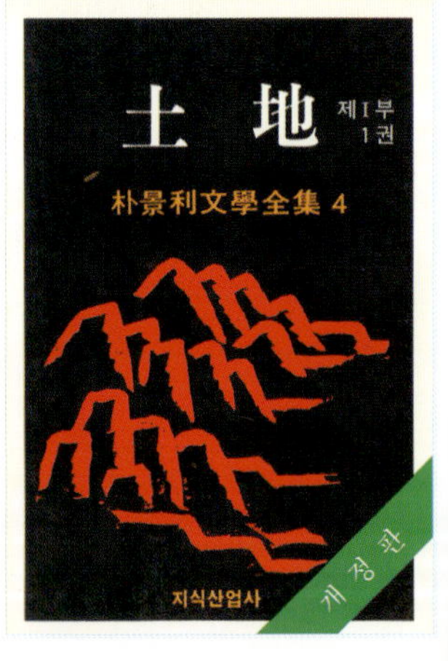

▲ 솔출판사본(1993년 6월 30일)
가로 1단 1부 3책 총 5부 16권으로 완간되었다.

▲ 나남출판사본(2002년 1월 1일)
5부 21권으로 구성되어 있다.

◀
솔출판사본(1995년 8월 15일) 한정본
가로 1단 1부 6책으로 젊은 독자층을 위해 본문 활자를 키우고
이철주 화백의 삽화를 넣었다.
전체 31권으로 기획되었으나 1부만 간행되었다.

▲ 불어판 『La Terre』
프랑스 Belfond 출판사에서 1994년 간행되었다.
민희식과 Andre Fabre 공역이다.
1부 3편 11장까지 번역되었다.

▲ 영문판 『Land』
영국 Kegan Paul 출판사에서
Agnita Tennant의 번역으로 1996년에 간행되었다.

◀
독일어판 『Land』
Secolo Verlag에서 1부 1권은 2000년에,
1부 2권은 2002년에 간행되었다.
Helga Picht가 번역했다.

▲ 1974년 김수용 감독의 영화 〈토지〉 중 한 장면

▼ 김수용 감독이 연출한 〈토지〉 영화 비디오 재킷

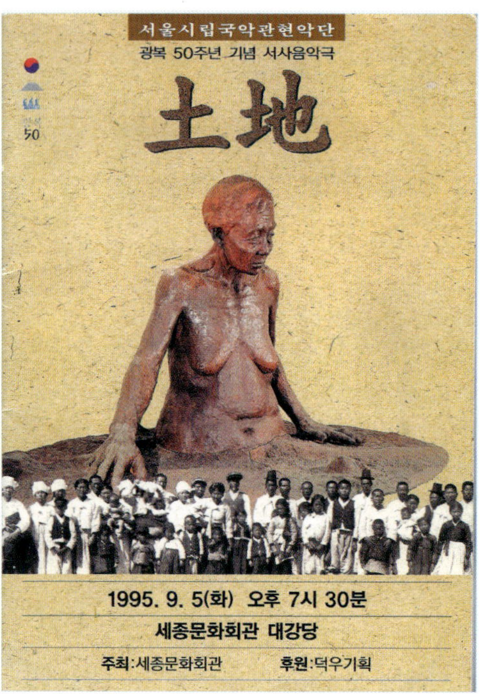

1995년 세종문화회관에서 열린
광복 50주년 기념 서사음악극 〈토지〉 팸플릿 표지

▲ 서사음악극을 토대로 만든 〈소리로 읽는 토지〉 음악 CD
김영동 작곡, 이승하 작시로 2003년 6월 웅진미디어에서 출시되었다.

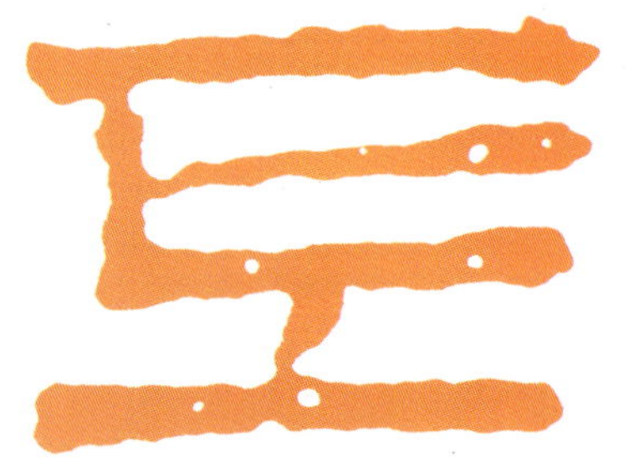

이룸출판사판(2003년, 전12권) 청소년 〈토지〉, 청소년을 위해
원 『토지』의 1/6분량으로 요약하고, 활자를 키우고 김옥재 화백
의 삽화를 넣었다.

## 2. 평사리에서 하얼빈까지-『토지』의 공간배경

▲ 경남 하동군 하동읍 평사리의 최참판댁에서 내려다본 평사리의 평야
멀리 섬진강이 보인다. 평사리는 『토지』 1부의 주요무대이며, 이 작품의 주인공이라고 평가될 정도로 중요한 공간이다.

▲ 전라도와 경상도를 이으면서 경계지우는 섬진강. 평사리의 젖줄이다.

▲ 평사리에 지어진 최참판댁의 별당 모습

▲ 별당 연못. 서희가 자주 놀던 곳이다.

▼ 최참판댁 사랑채. 최치수가 주로 머물던 곳이다.

▲ 지리산의 천은사(泉隱寺). 백일기도를 하던 윤씨부인이 김개주에게 겁탈 당한 곳이다.


▼ 지리산 쌍계사(雙磎寺). 쌍계사는 말년의 우관이 주지승으로 있던 곳이다.

▲ 지리산 연곡사(燕谷寺). 연곡사는 구천이와 별당아씨가 도주해서 우관의 보호 아래 잠깐 머물렀던 절이며, 길상이 자란 곳이기도 하다.

◀
연곡사에 있는 의병장 고광순 순절비

▲ 『토지』의 진주 ES여고(현 진주여고) 일신상. 일제시대 일신여고는 현재 불타고 남아 있지 않다.

▲ 진주의 형평운동기념탑

▲ 통영시 전경. 조준구의 아들 조병수는 평사리를 떠나 통영에 정착하여 소목장이로서 새로운 삶을 개척하였다.

통영 해저터널. 유인실과 오가다가 서로의 마음을 확인하는 곳이다. ▼

▲ 동경의 히비야 공원. 임신한 인실이 조찬하를 만나 도움을 구하고, 인실의 아들 쇼지와 오가다가 자주 찾던 공원이다.

▲ 히비야 공원의 분수

▲ 1903년 당시 히비야 공원을 설명하고 있는 표지판

▲ 동경의 우에노 공원. 공원 내에 환국이 공부한 동경예술대학이 있다.

▲ 간도 용정의 대성중학교 전경. 용정은 복수의 날을 세운 서희와 그 일
행이 정착하여 살아가던 모습이 그려진 공간이다.

▲ 일송정에서 내려다 본 해란강

▲ 연변 조선족 자치주 명동촌의 전경

▲ 연변 도심 거리

▲ 하얼빈 역 전경

▲ 하얼빈 거리. 유럽풍 건물을 흔히 볼 수 있다.

▲ 하얼빈 허공로. 1920년대까지 하얼빈의 중심지로서 조선인이 많이 살 았으며 한때 약종상 등 상가가 크게 번성했으나, 1927년 일본군이 주둔하 면서 하층민의 거리가 되었다.

▲ 하얼빈 허공로 입구

◀ 신경(장춘)의 자동차 공장. 용이가 죽은 후 홍이는 장춘에서 자동차 서비스업에 종사했다.

신경(장춘)의 황룡공원(현 남호공원). ▶
오가다와 세츠코가 뱃놀이를 하던 곳이다.
이 공원 입구에는 장춘해방기념탑이 세워져 있다.

▼ 하얼빈의 송화강. 유인실과 오가다가 감격적인 해후를 한 곳이자 조선을 떠난 송영광이 마음을 달래며 산책을 하던 곳이기도 하다.

# 3. 『토지』와 문화예술산업

▲ 하동군에서 소설의 내용을 토대로 최참판댁을 지어 관광 명소로 만들었다. 최참판댁 대문 밖으로 평사리 마을이 보인다. 매년 가을 이 곳에서는 토지문학제가 개최된다.

▲ 최참판댁 뒤채. 조준구가 기거하던 곳이다.

▲ 초낭. 최치수가 불타 죽은 곳이다.

▲ 안채 뒤쪽 전경

▲ 고소성. 구천이 별당아씨를 사모하면서 괴로움을 달래던 곳이다. 고소성과 그 일대에 도로가 생겨 새로운 관광명소로 떠오르고 있다.

▲ 평사리에 만들어진 2004년 SBS 〈토지〉드라마 세트장 마을길

▲ 2004년 SBS 〈토지〉드라마 세트장 어느 집의 내부

▲ 2004년 SBS 〈토지〉드라마 세트장 월선의 집

▼ 2004년 SBS 〈토지〉드라마 세트장 마을 전체 전경

▲ 평사리 공원. 평사리 입구 섬진강가에 위치하고 있다.

▲ 평사리 공원 내에 있는 다사돌. 하동군을 대표하는 서희와 길상의 캐릭터이다.

◀ 2002 토지문학제 평사리문학상 시상식 현수막

▶ 하동군의 대표 캐릭터 서희와 길상을 그려넣은 수건

▲ 원주시 단구동 토지문학공원 입구.
이 공원은 작가가 『토지』 4, 5부를 집필했던 집과
그 일대를 중심으로 1999년에 조성되었다.

▲ 토지문화관 입구의 유리문에 부착된 포스터.
　토지문화관의 활동을 짐작할 수 있게 한다.

◀ 원주시 흥업면 매지리에 있는 토지문화관 전경.
　토지문화관에서는 매달 시민문학강연이 열린다.

# 『토지』의 문화지형학

The Cultural Topography of 『Toji(土地)』

최유찬 외

소명출판

오늘날 우리는 물질주의시대를 살고 있다. 물질주의는 자신들의 세계관으로서 유물론을 표방한 사회주의와 마찬가지로 자본주의 세계에도 만연한 이 시대의 보편적 표징이다. 물질과 욕망에 대한 무한 추구를 특징으로 하는 이 사조는 그런 의미에서 근대문명의 적자이자 산모이다. 산업화, 민주화와 같은 근대사회의 척도들은 한편으로는 합리주의를 표방하지만 다른 한편으로는 모든 것을 계량화하는 물질주의의 부산물이다. 근대사회를 흔히 근대문명이라고 하는 것은 그것이 지닌 물질주의적 속성을 비켜갈 수 없기 때문이다.

문명은 문화와 착잡한 관계를 지닌다. 동의어처럼 사용되기도 하는 두 개념은 상호 포섭의 관계에 있다. 물질문화와 정신문화의 총체를 문명이라 하기도 하고 하나의 사회적 전 과정을 문화라고 하기도 한다. 그러나 두 개념을 동일한 위상에서 대비한다 했을 때 문화가 삶의 방식과 그에 관한 사유의 내용을 함축한다면 문명은 그 수단적 측면, 물질적 제도와 기술과 같은 방법의 측면을 주로 지시하게 된다. 문화가 삶의 이념이나 가치에 주로 관련되는 데 반해서 문명은 그것을 실현하기 위한 기술이나 수단을 나타내는 개념으로 사용되는 것이다. 그러므로 근대사회를 규정하는 데 문명이란 개념이 더 적절한 것으로 보인다면 그것은 근대에 들어서 문화와 문명의 관계가 역전되었다는 사실을 말해준다. 그것은 목적과 수단의 전도로서 오늘의 사회를 물질주의로 규정할 수 있게 하는 근거가 된다.

박경리의 『토지』는 근대사회와 근대의 물질주의에 대한 가장 통렬한 비판이다. 소설이 다루고 있는 소재는 조선이 전근대사회에서 근대사회로 이행하는 전체 역사과정이다. 일본제국주의의 침략에서 해방이 이루어지기까지 약 60년의 역사를 다루고 있는 이 대하소설의 소재가 파시즘과 그에 저항하는 세력의 투쟁이라는 사실은 작품의 주제를 파악하는 데 많은 시사를 준다. 파시즘이 물질주의의 정화라는 점에서도 그렇지만 조선민족의 저항이 물질과 욕망의 무한추구와 정 반대되는 지점에서 이루어지고 있다는 사실은 이 소설이 근대비판을 넘어서 탈근대의 비전까지 내포하고 있다는 증거가 된다. 그것은 파시즘과 같은 물질주의에 대한 직접적 비판이자 가장 강력한 타격이며, 그에 반비례하여 우주만물 온갖 생명에 대한 절대적 옹호이다. 그것은 문명에 대하여 문화를 제창하는 의미를 지닌다.

한국 근대문학 100년의 역사는 이제 수많은 걸작과 진기한 풍경 등을 간직하게 되었다. 그 가운데서도 『토지』는 우리가 세계에 자랑할 수 있는 대표적 업적이다. 거기에는 우리의 역사와 문화가 오롯이 담겨 있고 새로운 삶을 모색하는 깊은 사유가 깃들어 있다. 이 작품이 영어·프랑스어·독일어·일어 등으로 번역되는 것이나 드라마, 영화, 음악극, 청소년 『토지』 등 다른 장르 형식으로 변용되는 것은 그 가치가 널리 인정되기 때문이라고 할 수 있다. 이 소설의 산실인 강원도 원주시 단구동 작가의 구저(舊邸)가 토지문학공원이 되고 드라마 촬영 세트가 관광명소가 되며, 작품 속의 공간인 경남 하동 악양면 평사리에서 해마다 문학제가 열리는 것은 이 작품에 대한 대중의 평가와 사랑을 입증하는 사례이다.

그러나 한국의 대표적 문화 조형물인 『토지』가 그 가치에 준하는 응분의 사회적 대우를 받고 있지는 못하다. 우선 작품의 원형이 심각하게 훼손되고 있다. 책을 간행한 여러 출판사의 편집자들이 임의로 손을 대는 바람에 이 작품은 현재 텍스트의 원형을 회복하는 데 많은 시간과 공력이 필요할 만큼 크게 파괴되었다. 사정이 이렇기 때문에 이 작품을 수록한 국정교과서조차 원래의 텍스트와는 무관하다고 할 만큼 왜곡된 내용을 제시하고 있다. 이 양상은 토지문학공원에서도 마찬가지로 나타난다. 작가의 삶의 자취를 보존하고자 조성한 취지가 무색하게 시공업자는 작가의 구저(舊邸)에다가 『삼국지』의 팔진도에나 나옴 직한 돌무더기를 잔뜩 쌓아 놓았다. 이처럼 『토지』는 작가가 살고 있는 당대에 이미 여러 방면에서 침해를 입고 있다. 인류가 이룩한 문화의 정화이자 우리의 자랑거리인 문화유산이 시간의 작용 이전에 사람의 손을 타서 마모되는 수난을 겪고 있는 것이다.

이와 같은 상황은 이 시대가 낳은 대표적 문학작품 『토지』에 대한 연구와 보존의 대책이 시급히 요청된다는 것을 말해준다. 작품에 대한 좀 더 심도 깊은 이해를 위한 연구자들의 작업에도 박차를 가할 필요가 있지만 대중들의 독서와 이해를 증진하기 위한 방도도 마련되어야 한다. 곧 작품이나 작가와 관련된 기초 자료를 충실하게 조사·수집하는 한편으로 대중을 위한 활용 방안이나 교육 프로그램을 제작할 필요성이 대두되는 것이다. 이러한 문제의식에서 본 연구팀은 2002년 8월부터 2004년 7월까지 학술진흥재단의 지원을 받아 연구·조사 작업을 진행하였고 그 첫 결과물로 이 책을 출판하게 되었다. 이 연구에는 『토지』의 판본을 비교하여 정본을 만들 수 있는 토대를 구축하는 작업을 비롯하여, 이 소설이 독자에게 수용된 양상, 다른 장르로 변용된 양상, 작품의 공간에 대한 연구, 작가에 관한 기초자료, 연구결과의 교육적·대중적 활용 방안에 대한 연구가 포함되었다. 일종의 문화지형학이 될 수 있게끔 그 동안

연구팀에서 확보한 풍부한 자료와 연구결과를 제시하고 있는 이 책의
구성 내용을 간략하게 제시하면 다음과 같다.

① 판본 비교 연구 : 기왕에 출간된 10개의 판본 가운데서 비교 가치가 있
는 것을 가려내고 그것들을 대조하여 차이점을 기록했다. 이 연구는 연
구원 대다수가 참여하여 선본을 한 사람이 낭독하고 다른 사람들은 차
이점을 기록하는 방식으로 진행하였으며, 뒷날 정본을 만드는 데 쓰일
종합본을 제작하였다. 이 연구를 통해 시간이 갈수록 원본 훼손의 정도
가 심각해진다는 사실을 확인했으며 그 왜곡의 원인이 어디에 있는지를
상당 부분 밝혀냈다.

② 수용환경의 변화와 해석의 지평 : 이 연구에서는 작품의 출간과 유통 상황,
언론의 조명과 광고, 장르 변용, 문학해석의 패러다임의 변화가 작품의
수용에 어떤 영향을 미치고 있는지 분석했다. 잡지사간의 경쟁과 상업적
전략에 의해 작가가 충분한 여유를 가지지 못했고, 비평가들은 문예지의
상업적 전략과 편집 방향, 당대의 지배적인 비평 전략, 작품의 규모와 작
가의 위상으로 인해 평가의 잣대가 흔들렸음을 밝혔다.

③ 식민지 자본주의의 유입과 분화 양상 연구 : 텍스트 분석에 입각하여 일제
강점기에 자본주의가 유입되어 분화되어 가는 과정을 규명함으로써 작
품에 나타난 근대성을 입체적으로 조명했다. 식민지 공간에서 농촌공동
체의 경제 기반이 자본주의적 경제시스템으로 이행되어 가는 과정, 근대
적 직업의 형성과 분화과정, 지식인들의 행동과 의식을 통해 식민화가
진행되어 가는 과정이 총체적으로 형상화되었음을 밝혔다.

④ 공간의 성격과 공간구성 연구 : 이 작품은 동아시아 전체를 무대로 하여
사건이 펼쳐진다. 이 연구에서는 행위자의 이동을 추적하여 공간지도를

구성하고 이를 토대로 각각의 공간이 지니는 의미를 인문지리학적 방법을 원용하여 검토했다. 그 결과 상상의 세계인 작품에서 공간이 어떤 구조를 지니며, 그것이 어떤 역할을 하는지, 등장인물에게는 공간의 구성과 이동이 어떤 의미를 지니는지를 밝혔다.

⑤소설에서 서사음악극까지: 현재까지 이 작품은 텔레비전 드라마로 2회, 영화로 1회, 뮤지컬로 1회 각색되었다. 이 연구를 통해 영화는 성적인 내용들을 지나치게 선정적으로 다루었으며, 텔레비전 드라마는 원전의 내용을 충실하게 복원하려 했으나 에피소드의 나열에 그치고 일관된 흐름을 유지하지 못했다는 사실을 밝혔다. 장르 변용의 결과 대중이 여러 매체를 통해 작품을 구체적 형상으로 기억하게 한 것은 긍정적 효과라고 할 수 있다.

⑥멜로극, 운명극, 역사극, 드라마 변용의 원리: 소설과 텔레비전 드라마란 두 장르 형식에서 서사의 양태가 변환되는 양태에 대한 연구이다. 드라마에서는 이 작품의 가족사적 속성과 멜로 드라마적 속성만 부각·강화된 데 반해 개인사, 민족사를 풍부하게 드러내는 다하소설로서의 면모는 사상되었음을 밝혔다. 인물들의 애정 행위가 초점화되어 극적 긴장감이 떨어지고 주제적인 측면이 약화된 것은 드라마의 한계였다.

⑦문학교육적 활용 방안: 변화된 교육환경 속에서 실제 교육 현장에서 활용할 수 있는 방법에 대해 고찰했다. 이 작품은 단지 문학교육뿐 아니라 인접 학문과의 연계 속에서 활용 방안이 모색될 수 있다는 점을 주된 논점으로 하여 원론적인 논의보다는 교실에서 실제로 활용할 수 있는 사례들을 풍부하게 제시하는 데 주력했다.

⑧데이터베이스 구축과 문화예술산업: 이 작품과 같이 대중의 호응을 받은

작품은 다른 장르로 변용되면서 계속 새로운 부가가치를 창조한다는 점을 경제학의 관점에서 분석했다. 일반적인 재화의 독과점은 정부의 규제를 필요로 하지만 문학의 경우 대중적 성공은 그 작품이 좀더 공공재적 성격을 갖게 하기 때문에 오히려 사회 구성원들이 더욱 충분히 향유할 수 있도록 지원해야 하는 아이러니가 발생한다는 점을 밝힘으로써 『토지』의 데이터베이스 구축의 필요성과 마케팅 전략의 수립이 필요함을 강조했다.

이상의 논문들 외에도 이 책에는 연구과정에서 획득한 사진자료와 문서 자료를 풍부하게 제시하고 있다. 여러 판본의 사진들, 지리산과 하동 지역의 공간사진, 일본과 만주를 답사하여 찍은 사진, 영화와 드라마의 영상자료 등은 『토지』를 애독하는 독자의 작품 이해에 촉매 역할을 할 수 있을 것이다. 우리 연구팀은 현재 진행하고 있는 작품에 대한 미시사적 연구를 포함하여 텍스트의 정본을 만드는 작업, 인물·사건·어휘풀이사전 작업 등 다양한 연구 활동을 계획하고 있다. 이 계획들이 제대로 완수된다면 『토지』에 대한 연구가 한 단계 진척되는 것은 물론이고 작품의 대중화에도 크게 보탬이 될 수 있을 것이다. 끝으로 우리의 연구에 깊은 관심을 보여주신 박경리 선생님의 건강을 축원하며, 많은 자료들을 편집하여 깔끔하게 책으로 엮어준 소명출판 가족 여러분에게 감사드린다.

2004년 7월 10일

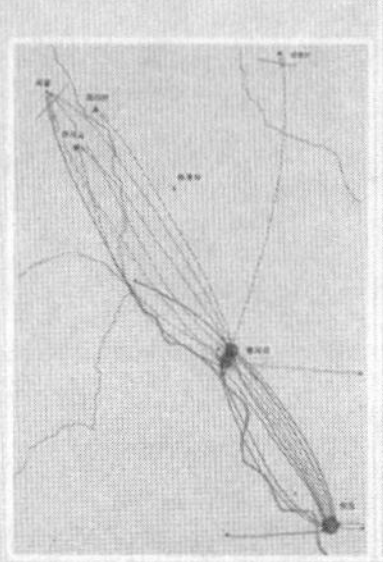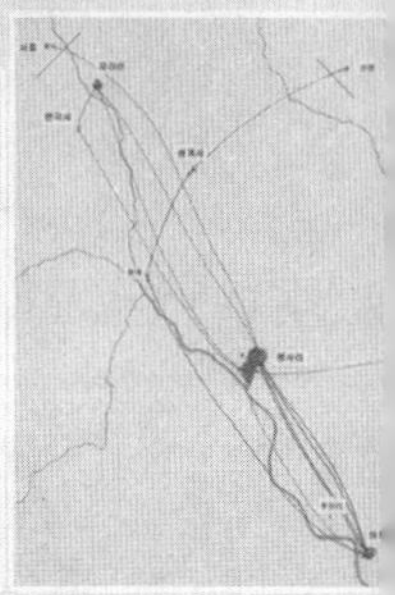



## 3부 장르 변용과 『토지』의 대중적 성격

### 제1장 소설에서 서사음악극까지 ∥ 이승하 __ 211

## 4부 교육적 활용과 문화예술산업

토지문화관

# 1부

# 『토지』 판본의 변이 양상과 수용환경 변화

제1장 『토지』의 성립과 판본의 변이 양상
‖ 최유찬

제2장 수용환경의 변화와 해석의 지평
‖ 이상진

# 제1장

# 『토지』의 성립과 판본의 변이 양상[1]

최유찬

## 1. 『토지』 판본의 문제와 원전비평

한국문학사상 최대의 작품인 박경리의 대하소설 『토지』가 완간된 지 10년, 처음 연재를 시작할 때로 거슬러 올라가면 30여 년의 세월이 흘렀다. 한국 사람이라면 누구나 현대문학의 고전으로 인정하는 데 망설이지 않고, 그것이 있음으로써 한국인으로서의 긍지와 자부심을 느끼게 하는 저작이 『토지』이다. 『토지』는 연재될 당시에도 대중으로부터는 사랑을, 전문가로부터는 높은 평가를 받았지만 소설이 완간되고 시간이 지나면서 그 성가는 더욱 높아지고 있다. 최근 이 소설이 텔레비전 드라마와

---

1) 이 논문은 학술진흥재단 2002년도 기초학문 인문사회분야지원사업의 지원을 받아 작성되었다. 이 연구에는 이상진·최유희·조윤아·이승윤·박상민·김은경·김원규·송민경·손옥주 연구원이 참여했으며 나남출판사(발행인 조상호)가 제공한 『토지』 CD를 이용해 작업을 진행했다.

애니메이션, 청소년을 위한 요약본 책으로 만들어지고 있는 것은 그 성가를 입증하는 사회적 반응들이다. 또한 『토지』는 고등학교 국어교과서와 문학교과서에 자주 실리고 있으며 각종 문학선집들도 어떤 방식으로든지 이 작품을 수록하기 위해 애를 쓰고 있는 형편이다. 그만큼 국민의 사랑과 신뢰를 흠뻑 받고 있는 작품이지만 그 참모습이 제대로 인식되기 위해서는 앞으로도 많은 시간이 필요할 것으로 보인다. 지금까지 이 소설에 관련한 석·박사 학위논문이 수십 편 나오고, 평론·단행본 저작 등이 여러 차례 발표되었음에도 불구하고 『토지』는 그 신비의 모습을 아직 그대로 간직한 채 미지의, 미래의 독자를 기다리고 있다. 따라서 이 대하소설에 대한 조명 작업이 앞으로도 지속되어야 할 것임은 물론 작품의 원래 모습을 온전히 보존하여 후대에 전달하는 것은 이 시대를 사는 우리들이 떠맡아야 할 사명 가운데 하나라고 할 수 있을 것이다.

그러나 우리는 이 시대의 대표적 문화적 업적인 『토지』를 어떻게 대우하고 있으며, 어떻게 보존하고 있는가? 다음은 6차 교육과정 고등학교 국어교과서(하)에 실린 『토지』의 한 대목이다.

담배 한 대 굽겠다던 삼수는 어중간한 자세로 그냥 앉아 있었다.
"돌아!"
"와?(.)"
"구천이가 어디 가는가 우리 한분 따라가 보까?"
"보나마나 어디 가씨나 하고 눈이 맞아 나갔일 긴데 머 한다고 싱겁이같이 따라가노?(.)"
"그렇게만 생각할 기이 아니라고 아무래도 구천이 지 말마따나 산에 가는 눈친데 산에는 머하로 가는지 모르겠다. 한분 따라가 보자."
"산신(호랑이)을 만나믄 우짤라꼬?(.)"
"호식으로 태어났다믄 방구석에 앉아 있다고 성하까?(.)"
"잡아 묵힐(잡히묵힐) 때는 잡아 묵히더라(잡히묵히더라) 캐도 내사 내 발로 걸어가서 잡아(잡히) 묵히는 건 싫구마."

“그라믄 니는 그만두라모 정상 감사도 지 하기 싫으믄 그만이지, 나 혼자 가 볼라누만.”

“가리늦기, 나가봐야 헛일이다.(아따 굿 뒤에 날장구 친다고 싱겁이같이 니가 와 그라노?)”

삼수는 방문을 열고 툇마루 밑의 짚세기를 찾아 신는다. 돌이 벌떡 일어났다.

“못 가라 카믄 가 보고 싶은 기이 사람으 심사라. 갔음 벌써 많이 갔을 긴데 허탕할 셈치고.”

(안 가겠다던 돌이 허겁지겁 따라 나섰다.)

“(안 간다 카더니 기어나오네?) 갈라 카믄 등잔불이나 꺼라.”

돌이는(돌이) 툇마루에 바싹 다가서며 방안으로 몸을 뻗쳐 불을 불어 끈다. 땅땅한 몸이 이 때만은 늘어나는 것 같았다.

“저 눔으(누무) 늙은이, 자갈을 물리던지 해야겠다. 머 얻어묵을라고 안 죽노?(.)”

(바우할아범의 앓는 소리에 침을 탁 뱉으며 삼수가 지껄였다.)

“명을 인력으로 하는가?(.)(니는 천년만년 살 것 같나?)”

돌이 톡 쏘아 준다.


　인용문은 소설의 1부 1편 2장에 들어 있는 내용으로, 최참판댁에 머슴으로 들어온 윤씨 부인의 사생아 구천이가 형수인 별당아씨에 대한 연정을 어쩌지 못해 한밤중에 지리산을 헤매고, 그 종적을 추적하기 위해 최참판댁 종들인 삼수와 돌이가 쫓아 나서는 긴박감 넘치는 장면의 첫 부분이다. 그런데 교과서에 실린 내용에는 들어 있어야 할 많은 내용이 탈락되어 있고 본디 마침표로 되어 있어야 할 문장부호가 대부분 물음표로 바뀌어 있다. 인용문의 괄호 속에 들어 있는 내용들이 모두 『토지』의 최초 연재본에는 들어 있었던 것이지만 지금 시중에 판매되는 책이나 국어교과서에는 탈락되어 있든지 변형되어 있는 것이다. 교과서는 솔출판사에서 간행한 판본을 원본으로 이용한 것으로 보인다. 솔출판사 판본은 최초의 『토지』 완간본인데 그 완간본 자체가 이미 이처럼 많은 내용을 탈락시키고 있어서 가치 있는 원전으로서의 모습을 잃고 있는 것이다. 게다가 교과서에서는 임의로 몇 개의 문장부호를 바꾸고 있다. 짧은 인용문에서 적어도 여섯 곳의 문장부호가 바뀌어 있다. 원전에 가장 충실한 모습을 갖출 수 있게끔 국가의 예산 지원을 받아 만들어진 국정 교과서에서 태연하게 텍스트의 원형을 파괴하고 있는 것이다.

최초의 완간본인 솔출판사 판본에 많은 탈락이 있는 것은 솔출판사만의 책임은 아니다. 『토지』가 연재되는 동안 그 일부를 출간한 출판사들의 판본에서 하나씩 둘씩 빠진 내용이 점차 누적된 결과가 현재 모습의 원인이 되고 있기 때문이다. 어떤 것은 문학사상사 판본에서, 어떤 것은 지식산업사 판본에서, 어떤 것은 삼성출판사 판본에서, 어떤 것은 솔출판사의 편집과정에서 누락되거나 변형된 것이다.[2] 물론 출판사마다 어느 정도 교정 작업을 하고 소설의 이야기가 장강대하와 같이 유유하게 흐르기 때문에 탈락된 부분을 빼고 읽는다고 해서 사건의 내용이 전혀 이해되지 않는 것은 아니다. 그렇지만 원래의 텍스트를 읽었을 때 얻을 수 있는 생동감과는 달리 현재 교과서에 실린 텍스트는 어딘가 석연치 않은 부분이 있다. 누락된 부분들로 인해 장면 자체가 명확한 심상을 만들어 주지 못하고 있는 것이다. 구체적으로 말해서 '바우할아범의 앓는 소리'라는 것이 표시되지 않고는 인물들의 대화가 무엇을 가지고 말하는지가 명확히 드러나지 않는다. 그런데 교과서 제작자는 다른 판본을 참조하여 작품을 정확하게 제시하려는 노력을 기울이기는커녕 원본으로 삼은 솔본에 분명히 마침표로 표시되어 있는 문장부호까지도 자신들의 판단에 따라 임의로 물음표로 바꾸는 작품 훼손 행위를 하고 있다. 이런 원전 왜곡 양상은

---

2) 이 논문에서는 여러 출판사에서 간행된 『토지』의 판본을 다음과 같이 축약해 표시한다.
  ① 잡지 게재 판본⇒연재본
  ② 문학사상사 판본⇒문학본
  ③ 지식산업사 판본⇒지식본
  ④ 삼성출판사 판본⇒삼성본
  ⑤ 솔출판사 판본⇒솔본
  ⑥ 나남출판사 판본⇒나남본

교과서에서만 나타나는 것이 아니라 지금까지 『토지』를 간행한 여러 출판사의 판본에서 공통적으로 찾아볼 수 있는 현상이다. 그 한 사례로 인용문의 맨 마지막에 나오는 "니는 천년만년 살 것 같나?" 하는 문장은 지식산업사에서 『토지』를 발행할 때 편집자가 임의로 만들어 집어넣은 글이다. 이렇게 원래의 작품에 문장을 만들어 집어넣는다든가 문장을 빼버리고 부호를 바꾸는 일이 비일비재하게 일어나는 지경에 이르면 텍스트의 저자가 작가인지 출판사의 편집자인지 모호하게 되어버린다. 그런데 문제는 이런 양상이 여기에 인용한 대목에만 국한된 것이 아니라 『토지』 전편에 걸쳐서 도처에 나타나고 있다는 점이다. 작품이 나온 지 반세기도 안 되어서 20세기 한국이 낳은 최고의 문화적 조형물 『토지』는 이곳저곳에서 얻은 숱한 상처들로 만신창이가 되어 있는 셈이다.

　『토지』는 분명 우리 사회의 산물이지만 지금 이곳 독자의 전유물이 아니라 다음 시대, 다른 나라의 독자들에게도 향유의 권리가 있는 문화적 조형물이다. 지금 이곳의 독자가 편리하게 작품을 이용하는 것도 중요하지만 이 땅의 다음 세대가, 나아가서는 세계 각국의 인류 전체가 작품을 통해서 작가와 대화를 나누고, 그 대화 속에서 서로 감정을 교류하고 경험을 공유하며, 사상을 토의할 수 있는 여건을 마련하는 일이 필요하다. 그 전제조건은 당연히 작가가 만들어 놓은 작품 원래의 모습, 작품의 순수성을 보존하는 일이다. 작품의 순수성이 훼손을 입는 것은 식자공의 단순한 실수에서 비롯될 수도 있고 표기법과 같은 언어규범의 변화, 출판사의 편집자가 자기 취향에 따라 이렇게 저렇게 고치는 데서도 야기된다. 그러나 가치 있는 작품은 그러한 외적 요인의 작용에서 보호받아야 할 권리를 지닌다. 원전비평의 권위자로 알려져 있는 프레드슨 바우어즈는 독자에게 제시될 텍스트가 현대어판이어야 하느냐 구철자를 사용한 원본이어야 하느냐 하는 물음을 제기하고 그 스스로 "어떠한 복사판도 현존 문헌에서 찾을 수 있는 것보다 더욱 충실하게 저자의 최종적 의도를 회복하려고 노력하는 비판적 공정에 필적할 수는 없다"[3]고

답하고 있다. 텍스트가 원형의 모습을 간직하는 것이 최선이라는 답이다. 물론 바우어즈가 작품에 접근할 수 있는 독자의 권리를 부정하는 것은 아니다. 원전이 존중되어야 한다고 해서 라틴어나 한자로 씌어진 텍스트를 제시하는 것은 전문적인 식견이나 어학지식을 갖추지 못한 독자를 상정하는 경우 어느 모로 보나 합당한 일이 아니다. 바우어즈가 말하는 것은 특정한 텍스트의 정본, 곧 원본이 어떻게 확정되어야 하는가 하는 데 대한 답변의 성격을 지닌다. 그리고 원본이 확보되어 있거나 확정되어 있을 때 현대어판을 만드는 것은 그리 어렵거나 큰 문제가 아니다. 그러나 『토지』의 경우 원전의 경계가 분명하지 않다. 26년이란 긴 시간 동안 창작되고 그것이 여러 매체에 연재되었으며, 중간에 작가의 수정 내지 개작이 있었던 데다 여러 출판사에서 불규칙하게 간행되었기 때문에 원전의 모습 자체가 불투명해진 것이다. 곧 현재의 시점에서 우리에게는 『토지』의 원형을 확정하여 정본을 만드는 일이 무엇보다 시급하고 중요한 일이 된 것이다.

이 연구는 『토지』의 정본을 확정하기 위한 기초 작업으로서 지금까지 간행된 『토지』의 판본들을 비교·분석하는 것을 목적으로 한다. 이 작업은 작가의 원고(초고)와 수정 원고가 원형 그대로 보존되어 있지 않은 현재의 조건에서[4] 정본 확정에 필요한 문제점을 파악하고 문제 해결에 도움이 될 수 있는 기초 자료를 확보하는 데 주안점을 둔다. 이 작업에는 판본들 사이에 같고 다른 점이 무엇인지 확인하는 일뿐만 아니라 텍스트가 성립된 과정, 판본의 계통, 수정과 개작의 의미에 대한 탐구도 요구된다. 판본들 사이에 차이점이 나타날 경우 각각의 판본이 지닌 가치와

---

3) 프레드슨 바우어즈, 「원본비평」, 『문학의 해석』, 홍성사, 1978, 61면.
4) 『토지』의 원고는 대부분 망실되고 후반부의 일부가 몇몇 사람에게 소장되어 있다. 일부의 원고나마 지금까지 남아 있게 된 것은 작가가 팩스를 이용해 원고를 보냈기 때문인 것으로 알려지고 있다. 그러나 이 원고가 정본 확정에 결정적 역할을 할 수 있는 상태는 아니다. 일부밖에 남지 않아 가치가 많이 떨어지는 데다 작가가 연재본에 실린 초고를 일정하게 수정 내지 개작하고 있어 초고는 참고자료로서만 가치가 있다.

특성에 대한 정보 및 지식은 판단의 중요한 근거가 되기 때문이다. 정본을 확정하는 일은 그러한 비교 분석의 작업을 거쳐 신중하게 추진될 필요가 있다.


## 1) 판본비교의 방법

원전 비평은 작가의 원본과 수정본이 지니고 있는 최초의 순수성을 회복하고 보존[5]하는 데 목적을 둔다. 『토지』의 판본을 비교·분석하는 우리의 작업도 기본적으로 원전 비평의 원칙을 지키는 차원에서 수행된다. 그러나 『토지』의 경우 작품이 완성되기까지 오랜 시간이 소요되었고 창작기간 동안에 표기법과 같은 언어규범이 바뀐 데다 작가의 수정·개작이 어떻게 이루어진 것인지 명확하게 밝혀져 있지 않다는 점으로 인해 정본을 확정하는 데 많은 어려움이 있다. 표기법의 변화가 일으키는 난점을 한 사례로 들면, 작가는 경상도 사투리를 많이 사용하고 거기에는 경음(ㄲ, ㄸ, ㅃ, ㅆ 등)의 표기가 많은데 새 표기법에 따르면 경음을 격음(ㅋ, ㅌ, ㅍ 등)으로 표시하게 되어 있으며, 어미의 표현도 '~읍니다'를 '~습니다'로 표시하게 되어 있다. 이로 인해 '뭣꼬?'는 '뭣고?'로, '하싰읍니까'는 '하싰습니까'로 표기되고 있다. 이런 일들은 지엽적인 문제로 받아들여지기 쉬우나 그 양상이 여러 부문, 여러 차원으로 확산될 때 문제는 심각해진다. 그 작은 변화들로 인해 개개 문장의 어감이 달라질 뿐만 아니라 어떤 경우에는 각 부분의 의미에도 차이가 나타나게 된다. 그러므로 언어규범에 맞추어 현대어 표기를 해야 할 것인지 작가의 원래 표현대로 원상회복을 해야 하는지 정본 확정의 원칙을 수립할 필요가 있다. 이 논문에서는 여러 다른 많은 자료들을 참조하되 가능한 한 텍스트

---

5) 프레드슨 바우어즈, 앞의 글, 60면.

의 원형, 저자의 원래 의도를 회복하는 데 중점을 두는 비판적 판본 수립의 원칙에 입각한다. 비판적 판본은 참고가 될 수 있는 모든 증거 자료를 이용하여 판본들을 대조하고 기록하는 이본조합(異本照合)의 작업을 통해 텍스트에 비평적 해석을 가하는 작업을 함축하는 것으로서 비판적 원본을 확보하는 데 필수적인 과정이다. 이는 원본이 원형을 보존하지 못한 상태에서 정본을 확정하기 위해 불가피하게 선택할 수밖에 없는 차선의 방책이다.

『토지』의 판본 비교 작업은 크게 세 단계의 작업을 요구한다. 그것은 첫째 비교 대상을 선정하고, 둘째 일정한 비교 방법을 선택하여 판본간의 비교 작업을 수행하며, 셋째 비교 작업에서 드러난 판본간의 차이점을 기록하는 작업이다. 이 비교 작업에는 판본들 사이에 나타나는 상위성에 대한 비평적 해석의 과정도 필요하지만 이 작업은 정본을 만드는 다음 단계의 작업과 연관해서 수행하는 것이 효율적이라는 판단에서 이 연구에서는 개별적인 문제점에 대한 비평적 해석 작업은 제외했다. 이러한 원칙에 따라 먼저 비교 대상으로는 여러 잡지에 게재된 연재본과 단행본으로 출간된 문학사상사·지식산업사·삼성출판사·솔출판사·나남출판사의 판본을 선정하였다. 『토지』를 간행한 출판사는 이밖에도 영문출판사와 동서문화사가 있고, 솔출판사에서 『토지』1부만 삽화를 곁들여 출판한 판본이 따로 있지만 이것들은 어떤 것은 앞에서 열거한 출판사의 특정 판본과 동일한 것이고, 어떤 것은 작품의 일부분만 출판한 것이라는 점에서 진지하게 고려해야 할 가치가 없다고 판단되기 때문에 비교 대상에서 배제했다. 또한 외국어로 번역한 판본도 그것들이 한글로 표기되지 않았다는 점에서 제외했다.

판본을 비교하는 구체적 작업을 위해서는 먼저 권위본을 결정하는 일이 필요하다. 작품 1부에 국한해서 살필 경우 작가의 수정본이라고 판단되는 문학사상사본이 권위본의 자격을 지닌다. 그러나 이 판본의 권위본으로서의 자격은 1부에만 해당되기 때문에 전체 작업의 일관성을 위해

서는 최초의 완간본인 솔본을 잠정적으로 권위본에 해당하는 판본으로
삼는 것이 적절하다고 판단했다. 비교 작업은 한 사람이 솔본을 읽고 연
구에 참여한 여러 사람이 각기 판본 하나씩을 맡아 눈으로 검토하는 방
식으로 진행했다. 판본간에 차이점이 나타날 경우 그때마다 그 내용을
기록했으며 작업의 전 과정은 후일을 위해 녹음을 해두었다. 또 판본 비
교 과정에서 나타난 차이점은 나남출판사에서 제공한 CD에 모두 기록하
여 정본 확정 작업에 참고할 수 있도록 하였다.

　이 논문은 단원을 크게 나누었을 때『토지』의 성립 과정, 판본별 특성
과 계통, 수정 및 개작의 의미에 대한 분석, 그리고 결론의 순서로 서술
된다. 작품의 성립과정에 대한 서술이 필요했던 것은 텍스트가 워낙 방
대하여 연재과정이 복잡했을 뿐만 아니라 그 과정에서 텍스트 형성과
관련을 맺는 사항들이『토지』의 현재 텍스트를 이해하는 데 필요 불가결
하다고 생각되었기 때문이다. 여기서는 먼저『토지』창작 이전에 있었던
작가의 발언이나 다른 작품들의『토지』에 대한 관련성을 검토했고, 그
다음에는 연재과정을 재구성했으며, 수정과 개작의 양태를 짚어보았다.
이 논문의 중심 주제라고 할 수 있는 판본별 특성과 계통을 검토하는 부
분에서는 각각의 판본들을 세밀하게 검토하고 거기에서 나타나는 판본
간의 차이가 지닌 의미를 음미했다. 이 부분에서는『토지』가 현재에 이
르기까지 어떤 변형을 겪었는지가 중요한 관심사이기 때문에 가급적 그
양태를 구체적으로 보여줄 수 있는 사례들을 적절하게 제시함으로써 논
지를 보완했다. 마지막으로 수정 및 개작의 의미에 대한 분석에서는 지
금까지 여러 판본에서 수정된 내용과 작가가 직접 수정한 내용이 무엇
인지 분석하고 거기에서 바뀌어진 중심 내용의 의미를 분석하였다. 이는
작품을 이해하는 데 도움을 줄 뿐만 아니라 판본간의 차이점을 검토하
는 비평적 해석의 과정에서 중요한 참조가 될 수 있을 것이다. 결론에서
는 이상의 작업들이 지니는 의미를 총괄하는 한편 정본 확정 작업을 위
한 몇 가지 제언으로 끝을 맺었다.

## 2. 『토지』의 성립 과정

### 1)『토지』의 창작 이전

우리는 왜 문학을 하는가? 이 물음에 대한 그럴싸한 답변 가운데 하나
는 이야기가 근본적으로 사회적 상징 행위라고 보는 관점일 것이다. 이
관점은 문학이 행위이지만 상징적인 데 불과한 동시에 상징적임에도 불
구하고 근원적으로 인간의 실천 행위임을 부정할 수 없는 것이라는 착잡
하고 모순된 문학의 이해에서 비롯된다.『토지』의 작가는 자신의 문학노
트에서 "말을 찾는다는 것은 진실을 찾는 행위이며, 진리와 신(神)을 찾는
행위"6)라고 말한 바 있다. 이 말 속에서도 문학은 행위로 파악되고 있다.
그것은 진리와 신, 실체와 무한질서를 추구하는 행위이다. 4반세기에 걸
쳐서『토지』를 완성한 작가의 이 발언 속에 작품을 지을 때 지녔던 어떤
생각의 일단이 표현되어 있으리라고 추측해보는 것은 크게 무리가 아닐
것이다. 마찬가지로 작품을 창작하기 전 작가가 무심코 흘린 말이나 정성
을 들여 창작한 작품들 가운데서도 우리는『토지』를 이해하는 데 도움이
될 수 있는 단서들을 얼마간 찾을 수 있다. 실제로 작가는『토지』연재 10
개월 전에 현재의 대하소설의 편영을 짐작케 해주는 단편소설을 발표하
고 있다.『월간문학』1968년 11월호에 발표된「약으로도 못고치는 병」은
『토지』1부 2편 4장에 나오는 장면과 거의 대부분이 동일하다. 강청댁에
게 행패를 당한 뒤 월선이 주막을 떠나고 그로 인해 용이가 상사병이 난
사건을 중심으로 구성된 이 단편소설은 현재의 대하소설에서 그 사건이
다루어진 것보다 좀더 밀도 있는 구성을 보여 주지만 기본 줄거리는 거의
대부분 동일하다. 강청댁이 죽림댁으로 표시되는 등의 소소한 표현의 차

---

6) 박경리,『문학을 지망하는 젊은이들에게』, 현대문학사, 1995, 43면.

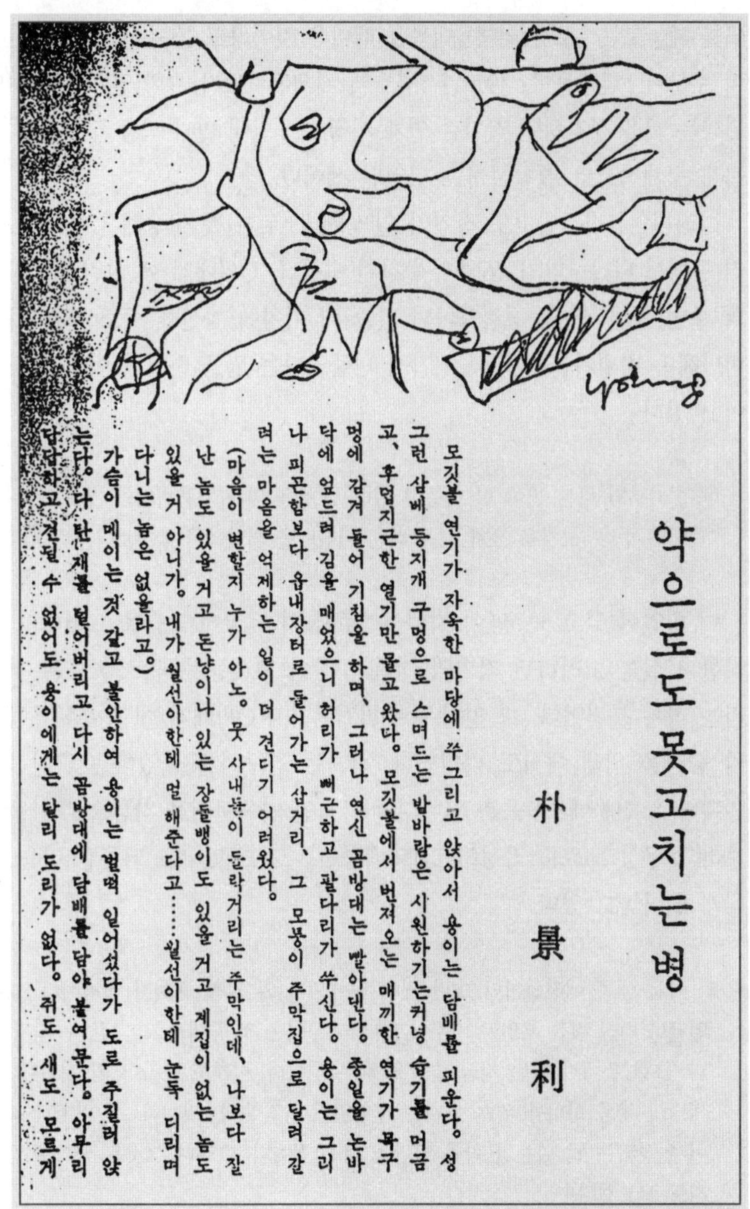


# 약으로도 못고치는 병

## 朴景利

모깃불 연기가 자욱한 마당에 쭈그리고 앉아서 용이는 담배를 피운다. 성그런 삼베 등지개 구멍으로 스며드는 밤바람은 시원하기는커녕 습기를 머금고, 후덥지근한 연기만 몰고 왔다. 모깃불에서 번져오는 매끄한 연기가 목구멍에 감겨 들어 기침을 하며, 그러나 연신 곰방대는 빨아댄다. 종일을 논바닥에 엎드려 김을 매었으니 허리가 뻐근하고 팔다리가 쑤신다. 용이는 그러나 피곤함보다 읍내장터로 들어가는 삼거리, 그 모퉁이 주막집으로 달려 가려는 마음을 억제하는 일이 더 견디기 어려웠다.

(마음이 변한지 누가 아노. 뭇 사내들이 둘락거리는 주막인데, 나보다 잘난 놈도 있을 거고 돈냥이나 있는 장돌뱅이도 있을 거고 계집이 없는 놈도 있을 거 아니가. 내가 월선이한테 멀 해준다고……월선이한테 눈독 디리며 다니는 놈은 없을라고.)

가슴이 메이는 것 같고 불안하여 용이는 벌떡 일어섰다가 도로 주질러 앉는다. 다 탄 재를 털어버리고 다시 곰방대에 담배를 담아 붙여 문다. 아무리 담담하고 견딜 수 없어도 용이에게는 달리 도리가 없다. 쥐도 새도 모르게

▲ 「약으로도 못고치는 병」.
『월간문학』 1968년 11월호에 발표된 단편소설, 『토지』 1부 9회 연재분의 내용과 유사하다.

이를 빼놓고는『토지』의 한 대목을 떼어온 것이라고 볼 수 있는 내용이다. 이 부분이『현대문학』1970년 5월호에 게재된『토지』9회 연재분에 해당된다는 것을 생각하면 작가는 연재 시작 1년 전에 벌써 작품 구상을 치밀하게 구체적으로 진척시키고 있었던 셈이다.

그러나 이 작품말고도 작가가 일찍부터『토지』를 구상해온 증좌는 여러 곳에서 나타난다. 1966년에 출간된 수필집『Q씨에게』에 실린 글「창작의 주변」에서 작가는『김약국의 딸들』이 기왕에 자신을 사소설작가라고 비난해온 비평가들을 쑥 들어가게 만들었다는 말을 하면서 이렇게 덧붙이고 있다.

이제부터 나는 써야 할 작품이 있다. 그것을 위해 지금까지의 것을 모두 습작이라 한다. 그것을 쓰기 위해 나는 이삼년을 기다려야 할까보다.

이 발언이 있고 3~4년이 지나서『토지』가 세상에 모습을 드러내기 시작한 사실을 고려하면 작가의 작품 구상이 오랫동안 무르익어 온 것이라는 점은 틀림없다. 그 양상은 수필집『다시 Q씨에게』에 수록된「마지막 습작을 위해」에서도 나타난다. 작가는 친구에게 들었다는 근친간의 연애비극, 신문에 난 육촌 남매의 비극적인 연애사건을 작품으로 만들어보려고 구성 노트를 작성하고 150매쯤 써나가고 있다고 거론한 다음 이렇게 털어놓고 있다.

이천 매쯤 예정하지만 그런 것에 구애되지 않고 써 내려갈 작정이다. 나는 언제나 벅찬 것은 후일로 미루어 왔다. 미루어온 것 중에는 또 다른 두 개가 있다. 그런 뜻에서 나는 지금 습작을 해온 셈이다. 이것도 습작이 될 것이다. 마지막의 작품 하나를 위하여 나는 끊임없이 습작을 할 것이다. 그 마지막 작품이 완성되는 날 나는 문학과 인연을 끊는 것이다. 그러나 그것은 꿈으로 끝날지도 모르겠다.

앞서의 인용과 이 글 속에 들어 있는 발언은 몇 가지 공통점을 지니고 있다. 어떤 마지막 작품을 생각하면서 작가가 창작의욕을 불태우고 있다는 것, 그렇기 때문에 다른 작품들을 습작으로 여긴다는 점이 그것이다. 그밖에도 이 마지막 작품을 언급하는 대목에서 작가는 근친간의 연애로 인한 비극과 함께 『김약국의 딸들』과 『시장과 전장』의 모습을 언뜻언뜻 비쳐주고 있다. 『토지』의 창작이 마무리되어 갈 즈음에 행해진 문학강의에서 작가는 어렸을 때 거제도에 사는 외할머니로부터 들은 저주받은 가문의 이야기가 『토지』의 씨앗이 되었음을 말한 적이 있다. 즉 흉년이 든 속에서 일곱 아들을 먹여 살려야 하는 과부 거지에게 동냥을 거절한 만석꾼 부잣집과 호열자로 인한 뭇사람의 죽음, 그리하여 누렇게 황금빛이 된 들판의 벼를 수확할 사람이 없었다는 것, 거기에서 떠오른 검은 그림자와 황금빛의 대조가 삶과 죽음에 대하여 깊이 생각하게 했고, 그것이 『토지』를 짓게 된 근본동기가 되었다고 밝히고 있다. 그리고 이 이야기를 마치고 나서 작가는 예의 『김약국의 딸들』과 『시장과 전장』에 대한 이야기로 화제를 돌리고 있다. 전자가 간접적인 체험에 의한 산물이라면 후자는 직접적인 체험에 바탕을 두고 있는 작품이라는 것이다. 발표 당시로서는 드물게 똑같이 전작 장편소설이라는 특징을 지니는 두 작품과 작가의 창작의욕을 북돋운 근친간의 비극적 연애사건, 황금빛과 검은 그림자의 대조, 이런 것들이 어우러져서 『토지』 창작의 원천이 되어준 셈이다. 여기서 우리는 작품의 소재가 작가의 뇌리 속에서 수십 년 동안 궁굴려져 온 사실과 함께 『김약국의 딸들』과 『시장과 전장』이 실제로 습작으로 씌어진 사실을 유추할 수 있다. 전자에서는 한 가문의 쇠망과정이 그려진 데 반해서 후자에서는 죽임과 살림이라는 대조적인 이미지가 부조되고 있기 때문이다. 전자는 윌리엄 포크너의 『음향과 분노』나 토마스 울프의 『그대 다시는 고향에 가지 못하리』에 나오는 것처럼 소멸해 가는 것들에 대한 일종의 애가이다. '비상 먹은 집안의 자손은 지리지 않는다'는 속담을 소재로 이용하면서 김약국 가문의 쇠잔해 가는 전변

과정을 그리고 있는 이 작품은 거기에 등장하는 극적 구조나 샤머니즘의 분위기가 『토지』에 상사하다. 이에 비해서 후자는 음악의 기법인 대위법을 작품 구성에 이용해본 하나의 소설적 실험으로서 현재의 『토지』가 지니고 있는 대립적 구조, 사건 전개의 기축이 되는 이중 구조의 모형이라고 할 수 있는 것이다. 『토지』에는 이 두 작품이 지닌 여러 특질들이 하나로 융합되면서 세계문학 그 어디에서도 유례를 찾아볼 수 없는 독특한 형식이 형성되고 있는 셈이다.

작가가 처음에 2천 매쯤 되리라고 본 작품은 1부만 해도 원고지 1만 매에 가까운 다섯 권의 분량이 되었다. 2부 연재를 시작할 무렵 작가는 2부는 일제 시기, 3부는 해방에서 6 · 25까지를 그리며 그 이후에도 4부, 5부를 쓰겠다고 말했지만 작품은 해방을 맞는 장면과 함께 5부로 끝났다. 이것은 작가가 최초에 가졌던 생각이 작품을 쓰면서 어느 정도 바뀌어졌다는 점을 말해준다. 작품의 완결이라는 측면을 고려하면 작품 구상 시기의 구도보다 실제 창작과정에서 내린 결정이 옳았다고 할 수 있지만 최근에 해방 이후를 다루는 장편소설 『나비야 청산(靑山) 가자』의 연재를 시작한 것을 생각하면 작가가 최초에 가졌던 의도를 근본적으로 포기한 것은 아니라고 할 수 있을지도 모른다.


## 2) 『토지』 연재 과정


『토지』는 1969년 9월 『현대문학』지에 처음 선을 보인다. 한자로 제목을 표시하고 그 밑에 '1부 1편'을 표시한 첫 회 연재 분에는 서장과 1장, 2장, 3장이 수록되었으며 2회분부터는 4장에서 6장까지 세 장씩 약 150매 분량의 원고가 25면 정도로 게재된다. 이 양태는 1부 연재가 끝나는 1972년 9월의 36회분까지 지속된다(1972년 7월은 휴재). 그러나 이 연재분에는 부, 편, 장이 엄격히 나뉘어서 표시되었음에도 불구하고 서장을 제외하고는 단순히 숫자로만 1장, 2장, 3장을 나누고 있을 뿐 부, 편, 장의 제목 이름은 붙여져 있지 않았다.

2부는 1부 연재가 끝난 다음 달인 1972년 10월부터 1975년 10월까지 매월 3~4장씩 『문학사상』지에 연재된다. 체재는 1부와 똑같았으나 휴재 회수가 세 번으로 늘어나고 싣는 분량에도 증감이 있었다. 어떤 경우에는 한 장만 실리거나 장을 끝맺지 않은 상태에서 중단되었다가 다음 달에 이어서 게재되는 일도 있었다. 결국 작가는 2부가 채 마무리되지 않은 상태에서 잡지연재를 중단하게 된다. 계약 이행문제를 놓고 잡지사와 작가 사이에 생긴 갈등이 연재 중단으로까지 이어진 것이다. 그렇기 때문에 2부는 4편 15장까지만 『문학사상』에 연재되고 그 뒷부분은 잡지에 실을 수 없었기 때문에 6~7개월 연재 분량을 작가가 한 달 만에 집필, 2부를 책으로 출간할 때 넣은 것으로 알려지고 있다.

3부는 1977년 1월부터 1979년 12월까지 『주부생활』에 연재되었다. 이때에도 1978년 2월을 비롯해서 네 차례 휴재가 있었으나 평균 2~3장씩 고르게 게재되었다. 3부 연재에서 특징적인 것은 『주부생활』에 연재가 되는 동안에 똑같은 내용이 처음에는 『독서생활』에, 나중에는 『한국문학』에 연재되었다는 점이다.[7] 그러므로 3부의 연재본에는 두 종류가 있는 셈이다. 뒤에 출판사에서 책으로 나온 내용과 비교하면 문학사상사나 삼성출판사·솔출판사는 『주부생활』 연재본보다는 『독서생활』·『한국문학』으로 이어진 계통의 연재본을 원본으로 이용한 것으로 보인다. 『독서생활』과 『한국문학』쪽에 실려 있는 원고가 『주부생활』에 실려 있는 원고보다 더 정제되어 있어서 작가나 편집자가 좀더 손을 본 흔적이 나타난다고 판단했기 때문이 아닌가 추측해 볼 수 있다.

4부는 3부 연재가 끝나고 1년 9개월이 지난 1981년 9월부터 『마당』지

---

7) 두 곳에서 동시에 『토지』를 연재하게 된 연유는 서로 작품의 연재를 맡으려고 경쟁한 두 잡지사가 협의에 의해 동시연재를 결정했기 때문이다. 「두 잡지가 함께 싣는 『토지』」(『뿌리깊은 나무』, 1977년 1월) 참조.

에 1년 동안 연재되었고, 다시 1년의 시차를 두고 1983년 7월부터 그 해 말까지『정경문화』에 연재되었으며, 다시 4년 정도 휴지기를 가진 다음 1987년 8월부터 1988년 5월까지『월간경향』에 실렸다. 4부의 연재를 시작하면서 작가는 '작가의 말'을 통해 이 원고가 원래는『문학사상』지에 실려야 했으나 출판사의 약속 위반으로『마당』지에 글을 싣는다는 사실을 설명하고 있다. 또 작가가 4부 연재 도중 4년 가까이 휴지기를 가진 이유는 작품에 대한 작가 자신의 자책 때문이었던 것으로 알려져 있다. 자기 작품에 만족할 수 없었던 작가 자신이 연재를 중단하고 수년 동안 구상을 하면서 창작 역량을 온축했다는 것이다. 이 4부 마지막 연재본에는『월간경향』측에서 잡지사의 사정으로『토지』연재를 중단한다는 '알림'이 있었다. 책으로 나온 판본들을 살펴보면 4부는 연재가 중단된 지점에서 실제로 끝이 맺어지고 있어 잡지사의 사정으로 5부 연재를 포기한 것이 아닌가 추측된다.

　5부는 다시 4년이 지난 1992년 9월 1일부터 1994년 8월 30일까지 만 2년간『문화일보』에 연재되었다. 총 607회에 걸쳐 매회 원고지 12매 분량으로 연재된 5부는 별다른 장애 없이 진행되어 대단원의 막을 내렸다.

　이상의 고찰을 통해서『토지』의 연재가 1부와 2부 초반까지는 별다른 차질 없이 진행된 데 비해서 2부 후반부터 4부까지는 여러 우여곡절을 겪게 되며, 다시 5부는 순조롭게 진행되었음을 알 수 있다. 특히 2부 마지막 부분은 한 권 분량이 전작으로 집필되었으며, 3부는 두 개의 연재본이 있다는 것, 4부는 연재 도중 두 번 게재지를 바꾸었고 잡지사의 사정으로 연재가 중단되면서 5부의 창작이 지연된 사실을 확인할 수 있다.


## 3) 수정 및 개작

　『토지』5부의 마지막 장면에는 일본의 항복 소식을 들은 서희가 마당에 주저앉고 나루터에서는 장연학이 춤을 추며 만세를 외치는 모습이 그려진다. 길게 이어져 오던 『토지』의 대단원을 작가는 이렇게 묘사한다.

외치고 외치며, 춤을 추고, 두 팔을 번쩍번쩍 쳐들며, 눈물을 흘리다가는 소리내어 웃고, 푸른 하늘에는 실구름이 흐르고 있었다.

이 대목은 『토지』 서장의 구조와 대응을 이룬다. 최참판댁 당주인 최치수가 사랑방에 침묵을 지킨 채 앉아 있고 밖에서는 마을 사람들이 왁자지껄 떠들면서 굿판을 벌이고 있는 서장과 비교할 때 동(動)과 정(靜)의 장면이 함께 나타난다는 점은 똑같지만 그 속에 들어 있는 사람은 바뀌어져 있다. 이 대단원이 지어진 대목의 원고는 사진으로 찍혀져 있는데 그것을 보면 마지막 문장은 "푸른 하늘에는 실구름이 지나가고 있었다"고 정갈하게 씌어져 있다. 그런데 어찌된 영문인지 그 대목이 책에서는 "푸른 하늘에는 실구름이 흐르고 있었다"로 표시되어 있다. 원고에는 분명히 '지나가고'란 표현이 나와 있고 수정의 표시가 없는데도 불구하고 책에는 '흐르고'라고 표시되어 있는 것이다. 작가가 5부 전체를 손본 흔적이 나타난다면 이런 정도의 문제는 큰 논란거리가 될 수 없을 것이다. 그러나 5부에서는 작가가 수정작업을 했다는 증거가 거의 없다. 그럼에도 불구하고 이런 변화가 나타날 경우 어떻게 처리해야 하는가. 이 문제는 비단 5부에만 국한된 문제가 아니다. 단어가 바뀌기도 하고, 문장 내에서 단어들의 배치 순서가 바뀌기도 하며, 조사·시제·부호가 연재본과 다르게 표시되어 있을 경우 그것이 작가의 수정에 의한 것인지 출판사에서 자의적으로 손을 본 것인지를 판단하는 것은 그리 쉬운 일이 아니다.
　이와 같은 양상은 4부 1편의 첫 부분에서도 나타난다. 연재본에 따르면 4부 첫 부분은 1편 1장으로만 표시되어 있고 지식본은 그것을 '1'이라고 숫자로만 표시하고 있다. 이것이 삼성본에 오면 1장 가운데 '서(序)'라는 부분이 7면 정도로 독립하고 그것을 솔본과 나남본이 뒤따른다. 곧 삼성본과 솔본, 나남본은 1부의 '서장'과 4부의 '서'가 따로 있는, 곧 한 작품에 '서장'이 두 개 있는 이상한 형태인데 작가는 이에 대해서 4부에 '서'를 따로 두지 않았으며 작품 전체에서 '서장'은 한 군데, 처음에만 있다고 확인했다. 이처럼 『토지』에는 작가의 수정인지 출판사나 편집자의 임의적인 첨삭인지 분간하기 힘든 변형이 여러 군데에서 일어나고 있다. 따라서 『토지』의 텍스트가 성립하는 과정에서 작가의 수정과 개작이 어느 정도 있었으며 그것이 작품의 성격을 결정하는 데 어떤 역할을 했는지 쉽게 단정하여 말할 수는 없다. 1부와 4부를 제외하고는 작품 전편에 걸쳐 작가의 수정이나 개작이 있었다고 확인할 수 있는 근거가 없을뿐더러 작가 자신 수정과 개작은 거의 하지 않았다고 말하고 있다. 다만 현재의 텍스트에서는 1부의 '서장'을 비롯한 몇 군데와 4부의 1장이 대폭 수정되었는데, 그 양상은 다음과 같다.

① 목수도 본업이요, 낚시질도 본업인 곰보딱지 윤보는
"이 사람들아! 사랑도 품앗이라고 타작마당에서만 이럴 끼이 아니라 개기 많이 나게 강가 가서 한마당 굴리자! 용왕님네 비우도 좀 맞차야 안하것나!"
"젯상에도 못 올라가는 민물괴기가 어디 괴기가! 당산에 가자! 당산에!"

①-1 목수가 본업이요 섬진강의 강태공인 곰보 홀아비(정확히는 총각) 윤보는
"이 사람들아! 사랑도 품앗이라 안 하더나? 타작마당에서만 이럴 기이 아니라 강가에도 가서 한마당 굴리자! 용왕님네 비우도 맞차야 안 하겠나? 그래야 괴기도 풍년이 들제."
"제상에도 못 오르는 괴기가 어디 괴기가! 당산에 가자! 당산에!"

①-2 목수가 본업이요 섬진강의 강태공인 곰보 홀아비 윤보는
"이 사람들아! 사랑도 품앗이라 안 하더나?"
"머라 카노? 자다 봉창 뚜디리네."
"타작마당에서만 이럴 기이 앙이라 강가에서도 한마당 굴리자!"
"그는 또 와?"

"용왕님네 심사도 풀어주어야 안 하겠나? 그래야 개기도 풍년이 들제."
"젯상에도 못 오르는 민물개기가 어디 개기가! 당산에 가자! 당산에!"

②그러나 가까워지고 일상화되어 가고 있는데도 불구하고 이 땅의 자연과 사물과 사람과 어울리지 못하는 빛깔이며 냄새 모양은 남의 것에 대한 거부반응으로도 볼 수 있겠고 결코 화친할 수 없는 일본에 대한 적개심도 있었을 것이지만 그런 것보다 유교 사상에 길들여진 조선 백성들의 잠재의식 속에는 그 격조 높은 선비 정신의 잔영과 생략할 수 없는 데까지 생략한 미적 감각의 고답성이 도사리고 있어서 조악하고 저속한 것에 대한 모멸감은 분명히 있었을 것이기 때문이다.

②-1 그러나 일상화되어가고 있음에도 불구하고 그런 것들이 조선의 산천과 사물과 사람들에게 어울리지 않는 것은 보급이 된 지가 오래지 않아 그렇기도 하겠으나 다만 생소하다 하여 오는 거부감만은 아닐 것이다. 그 새로운 업종은 어디서 왔는가. 누가 들여왔고 누구의 손에서 경영이 되는가. 일본에서 건너왔고 일본인 그들에 의해 주로 경영이 된다는 사실, 그 사실에 대한 적개심이나 거부의 감정을 쉽사리 지적할 수 있을 것이지만 한편 유교사상에 길들여진 조선백성들의 잠재된 의식 속에는 예절과 검소 그 격조 높은 선비정신의 잔영이 있었을 것이요, 생략할 수 있는 데까지 생략하는 세련된 미의식, 수천년 몸에 배고 마음 깊이 배어 있는 안목에서 본다면 서양 것은 요란해 뵈었을 것이고 일본 것은 저속하고 치졸해 보였을 것이다. 그러니까 서양 것 일본 것이 혼합된 그같은 새로운 업종을 이용하고 거래하면서도 못마땅했을 것이며 보수파들은 더더구나 모멸하고 혐오하기도 했을 것이다.

①은 1부 서장의 한 대목이다. 작가는 연재본의 표현을 ①-1처럼 문학본에서 한번 고쳤다. 여기서는 서술체에 흡사한 문장을 대화체로 고친 것이 주요 특징이다. 솔출판사에서 책이 나오면서 윤보의 말로만 되어 있는 그 부분이 ①-2처럼 서로간에 주고받는 네 개의 대화로 재구성되고 있다. 일상적 대화의 자연스러운 리듬이 살아 있는 형태로 고쳐진 것이다. 이 수정으로 인해 이 부분은 훨씬 더 생동감 있는 대화 장면이 된

다. 이에 비해서 4부의 첫 부분인 ②를 고친 ②-1은 서술체의 한 문장을 모두 다섯 개의 문장으로 나누어 놓고 있다. 지나치게 길어져 난삽해진 문장을 짧게 끊어서 명료하게 표현하고 있을 뿐만 아니라 사태의 전후관계를 구체적으로 드러냄으로써 의미를 한층 더 증폭시킨다. 이러한 수정 작업은 1부 서장과 4부 1장을 제외하고도 몇 곳에서 더 발견된다. 특히 귀녀와 김평산, 용이와 월선이, 양현과 송영광, 조용하와 유인실을 형상화한 부분에 대해서 작가는 많은 손질을 가하고 있다. 이처럼 작가의 수정작업이 폭넓게 이루어지는 양상이 작품 전반에서 관찰될 때 그 작업은 개작 행위에 해당할 것이다. 그러나 비록 몇 군데서 변개가 현저하게 나타난다고 해도 대하소설 『토지』가 지닌 규모에 비하면 그 수정이나 개작으로 인해 작품에 근본적 변화가 나타났다고 할 수는 없다. 이 소설의 경우 그 변화들은 개작이라기보다는 수정이라고 보는 쪽이 좀더 타당성을 지니는 것이다.

작가의 수정 작업이 지닌 성격은 한 마디로 압축해서 말하기 어렵다. 단순히 연재본의 오자(誤字)와 탈자(脫字)를 바로잡은 것도 있고, '제사 모시고'를 '차례 지내고'로, '사람들뿐만 아니라'를 '마을의 남녀노유, 사람들에게 뿐만 아니라'로, '꽹과리에'를 '꽹과리 소리'로, '고되고'를 '괴롭고'로 단어만을 바꾼 것도 있다. 또 '풀발이 서서 와삭와삭 소리나는 새옷으로'를 '와삭와삭 풀발이 선 출입옷으로'로, '따라서 징소리도 조금 빨라졌다'를 '빠르게 드높게, 꽹과리를 따라 징소리도 빨라진다'로 형용사·부사·수식구를 바꾸는 경우도 있다. 그런가하면 '아이들은 마을길을 쏘다니며 좋아서 날뛰었다'를 '아이들은 송편을 입에 물고 마을길을 쏘다니며 기뻐서 날뛴다'로, '타고난 광댓기는 항상 구경꾼의 마음을 잡고 놓치질 않았었다'를 '천성의 광대기는 여전히 구경꾼들 마음을 사로잡고 있으리'로 바꾼 데서 드러나듯이 과거형 시제를 현재형 또는 추측형 종결어미로 바꿈으로써 묘사되는 대상의 현실감을 강화하는 쪽으로 수정하기도 했다. 이밖에 등장인물의 성격을 고려해서 사투리를 사용하게 한다든가 특정한 장면을 앞뒤로 옮겨서 맥락의 흐름에 맞게 수정한 경우도 있다. 그러나 작가가 가장 많이 손을 본 부분은 작가의 의식이 가장 직접적으로 드러나는 서술부분이다. 예컨대 '전화위복이라는 말이 있지. 행위에는 대가가 있고 대가에는 희생이 따른다. 나는 전화위복이라는 말을 그렇게 해석하고 싶어'가 '전화위복이라는 말이 있지요. 사람들은 그 말을 운수, 혹은 운명같이 해석을 하는데 욕망에는 대가를 치러야 하고 희생에는 대가가 따른다. 그 대가에는 다시 희생이. 나는 전화위복이라는 말을 그렇게 해석하고 싶소'로 바뀌고 있다. 작가의 사물에 대한 성찰이 서술에 짙게 반영되고 있음을 엿보게 해주는 수정이라고 할 수 있다.

　이처럼 작가의 수정이 분명한 곳도 있지만 이 작품의 판본들 속에는 작가의 수정인지 편집자의 수정인지 분간이 어려운 대목이 여러 곳 있다. 작가의 수정 원고가 있다면 문제가 쉽게 풀리겠지만 각 출판사의 판본밖에 다른 자료를 구해볼 수 없는 현재로서는 이 문제에 대한 딱 부러진 해결책을 마련할 방도가 없다. 따라서 정본 확정 작업을 진행하면서 각각의 문제에 대해서 개별적으로 문제를 풀어갈 도리밖에 없다. 이 과정에서는 작품 전체에 대한 이해와 작가의 문체적 특징에 대한 지식을 가지고 주변 상황을 종합적으로 고려해 비평적 해석을 가하는 작업이 필수적이다.


## 3. 『토지』의 판본과 그 특성


　『토지』의 원본을 확정하기 위해 참고해야 할 판본은 모두 10가지가 있다. 작가의 초고원고, 잡지 및 신문 연재본, 문학사상사본, 지식산업사본, 삼성출판사본, 솔출판사본, 나남출판사본, 영문출판사본, 동서문화사본,

솔출판사에서 삽화를 넣어 1부만을 간행한 판본 등이다. 이 가운데 작가의 원고는 대부분이 망실되었기 때문에 5부를 제외하고는 거의 참조할 수 없다. 또 영문출판사본(전10권)은 문학사상사본과 동일한 것8)이고 동서문화사본은 이 회사에서 발행한『한국문학전집』20, 21권으로『토지』1부와 2부만을 간행한 것이며, 솔출판사의 삽화본은 솔출판사본을 이용하여 일시적으로 간행한 것이므로 별도로 고찰할 특별한 가치가 없다고 판단된다. 따라서 여기서는 연재본, 문학사상사본, 지식산업사본, 삼성출판사본, 솔출판사본, 나남출판사본 등 여섯 종만을 검토 대상으로 선정하여 고찰하는 방법을 택한다.

## 1) 연재본

『토지』의 연재본은 앞서 연재과정을 살핀 데서 알 수 있듯이 상대적으로 복잡한 과정을 통해 성립되었다. 그러나 그것은 연재 잡지나 신문사의 사정이 복잡했다는 것뿐 작가는 처음부터 작품의 편제를 부, 편, 장으로 나누었고 그 표시는, 1부 서장을 제외하면, 숫자만을 이용하였으며 이 양태는 창작이 완료될 때까지 변하지 않는다. 또한 각 부에는 5편을 두고, 각 편에는 7~20장 정도를 두어 대략 책 한 권의 분량을 갖추는 방식을 고수하고 있다. 연재본은 외래어나 사투리를 표기할 때 경음을 사용했고 사이 'ㅅ'을 연음 처리했으며, 대체로 과거형 시제를 많이 사용했다. 또 1990년 9월 문화부에서 표기법을 바꾼 뒤에 연재된 5부를 제외하고는 대부분이 '~읍니다'라는 표기 방식을 사용했다.

---

8) 영문출판사본 판권지에는 "본서는 처음에 주식회사 삼성출판사에서 발행되어 왔으나 저자와의 계약 만료로 인하여 폐사가 출판권을 인수, 재계약에 의해 발행하고 있읍니다"라고 적혀 있다. 문학사상사본이 삼성출판사에서 인쇄되었고 한 때는 삼성출판사의 이름으로도『토지』가 간행되었으며, 그것이 다시 영문출판사의 이름으로 간행된 사실을 드러내준다.

연재본은 작가의 원고에 근거하여 만들어진다는 점에서 텍스트 원본에 가장 가까이 위치한다고 할 수 있다. 그러나 그렇다고 해서 연재본을 곧바로 정본의 원형으로 삼을 수는 없다. 우선 연재본이 책으로 간행되는 과정에서 작가의 수정이나 개작이 이루어진 경우를 상정할 수 있기 때문에 연재본에 절대적인 권위를 부여할 수가 없다. 또한 연재본은 잡지나 신문의 성격상 시간에 쫓기면서 만들어지기 때문에 오자나 탈자, 부호나 문장의 탈락이 자주 있게 된다. 작품 맨 첫머리의 '1897년의 가을'이란 표현이 연재본에서 '1857년의 가을'이라고 잘못 표시되었고 그것이 나중에 작가에 의해 '1897년의 한가위'라고 수정된 사실은 그러한 사정을 잘 드러내주는 비근한 한 사례라고 할 것이다. 이런 점을 고려할 때 연재본은 다른 판본들에 비해 상대적으로만 장점이 있는 제한적 권위본으로서의 성격을 지닌다고 할 수 있다.


## 2) 문학본

『토지』는 1973년 6월 25일 문학사상사(발행인 김봉규)에서 처음으로 책으로 간행되었다. 1부 5권 양장본으로 간행된 이 책에는 저자의 사진과 서문, 등장인물 가계도, 최참판댁 가옥 구조를 그린 그림이 수록되었으며 각권에 제목이 붙었는데, 1권은 '어둠의 발소리', 2권은 '추적과 음모', 3권은 '종말과 발아', 4권은 '역병과 흉년', 5권은 '떠나는 자, 남는 자'로 표시되었다. 또한 각 장에도 제목이 붙여졌으며 연재본의 편, 장을 조금 바꿔 1편 20장은 편의 소속이 달라져 2권 1장이 되는 등 책의 두께를 고르게 하기 위한 약간의 변형이 이뤄졌다. 이 문학본은 처음에는 문학사상사 간행으로 표시되었으나 나중에는 똑같은 체제를 가지고 삼성출판사가 간행하는 것으로 표시되면서 2부 5권, 3부 3권 등 총 13권까지 출판되었다. 다시 말해서 문학본은 문학사상사의 이름으로 삼성출판사에서 인쇄한 1~5권[9]

과 삼성출판사의 이름으로 간행되었으나 실제로는 문학사상사의 디자인
과 지형을 그대로 이용한 13권까지의 판본이 모두 포함된다.

　문학본은 연재본을 토대로 만들어졌으나 작가의 수정작업이 행해진
판본이다. 따라서 문학본은 1부에서 3부까지는 연재본과 함께 어느 정도
권위본으로서의 성격을 지닌다. 그러므로 정본을 만들 경우 문학본은 연
재본과 함께 다른 판본의 정오를 판단하는 척도로 이용될 수 있다. 그러
나 문학본에도 많은 착오가 나타나고 그것이 다른 판본들의 원본으로
이용되었기 때문에 현재까지 오류가 그대로 남아 있는 경우가 몇 군데
있다. 예컨대,

　①여전히 안중에도 없다는 듯 귀녀는 쌀쌀했다. 그러면서(그러던) 귀녀가 며
칠만큼씩 찾아가는 강포수에게 신경질을 부리기 시작했다. (솔2권 241면; 문학3
권 196면)

　②이엉을 얹은 흙벽담, 돌담이 (나타나고 사라진다. 초가지붕들은 최참판댁
겹겹이) 이어진 기와집을 향해 읍하듯 납짝하니 웅크리고 있었다. (솔3권 297면;
문학5권 171면)

　③때때로 꿈속에서나마 울지 않았던들, (창자가 끊어지는 것 같은 통곡을 하
지 않았던들) 그는 울음이 어떤 것인지 잊었을지도 모른다. (솔3권 312면; 문학5
권 193면)

　④아픔이나 원한이나 (그리움이나) 인간사에 있어 그 모든 생각보다 더 깊고
큰 것이 있었습니다. (솔3권 333면; 문학5권 223면)

　⑤어리둥절하며 고개를 돌린다. (머리칼이 성글어서 겨우 상투를 틀어 올린)

---

9) 문학사상사의 홈페이지 게시판에는 『문학사상』이 초기에는 삼성출판사에서 발행되
　었으며 1973년 2월부터 (주)문학사상사에서 발행되었다는 사실이 명기되어 있다. 이
　사실을 통해 유추해보면 문학사상사가 『토지』를 발행할 때 삼성출판사에서 인쇄했기
　때문에 삼성출판사에 『토지』의 지형이 있었고 이로 인해 삼성출판사가 자기 회사 이
　름으로 『토지』를 발행할 때 문학사상사의 지형을 그대로 이용했으리라고 추측해볼 수
　있다. 삼성출판사의 『토지』가 초기에는 문학사상사의 『토지』와 똑같은 디자인, 표지,
　지형을 가지고 간행된 것은 이 사실을 입증한다고 할 수 있다. 따라서 여기서는 삼성
　출판사가 간행한 것으로 표기된 초기의 판본을 문학본으로 간주하여 고찰하고 나중에
　전집의 형태로 삼성출판사에서 별도로 간행한 『토지』를 삼성본으로 명명한다.

사내가 무안쩍은 듯 씩 웃고 있다. (솔3권 358면; 문학5권 260면)

　⑥ 최참판네 만석 살림을 누가 먹었거나 그거야 우리가 있이니께(우리네하고 무신 상관이 있거십니까? 박하고 후하고 차이가 이시니께), 농사군들한테는 전연 무관하다고는 할 수 없겠지만. (솔3권 386면; 문학5권 300면)

곰보 얼굴에 경련이 인다.
'최참판네 만석 살림을 누가 묵었거나 그거야 우리가 있이니께 농사꾼들한테는 전연 무관하다고는 할 수 없겠지만, 지금 이 마당에서 사람으 도리가 우떻고 하는 거를 따질 여가도 없고요, 그 동안 행악이 많았다고 그 자를 치자는 거는 아니지 않십니까. 그런 거야 민란 때의 멩분(名分)일 기고, 하기는 농사꾼들 처지로서는 모두 나겉이 낫 놓고 기역자도 모리는 기 태반이고 보믄 객리 바램이라도 쏘이서 남으 소리라도 많이 들었다믄 모르까. 나라 헹펜이 이러

곰보 얼굴에 경련이 인당
(최참판네 만석 살림을 누가 묵었거나 그거야 우리가 있이니께 농사군들한테는 전연 무관하다고는 할 수 없겠지만, 지금 이 마당에서 사람으 도리가 우떻고 하는 거를 따질 여가도 없고요. 그런 거야 밀란 때의 멩분(名分)일 기고, 하기는 농사군들 처지로서는 모두 나겉이 낫놓고 기역자도 모리는 기 태반이고 보믄 객리 바램이라도 쏘이서 남으 소리라도 많이 들었다믄 모르까 나라 헹펜이 이러저러하다 해박야 그보다는 지금 살기가 어렵기 돼 있고 악에 치받힌게 그자를 치자 카믄 모도 일어서게 돼 있지요. 그러나 지금 양반 상민, 없는 놈 있는 눗, 백성하고 관가, 그런 쌈은 아닌 기라요. 다

▲ 솔본 3권 386면과 문학본 5권 300~301면.
연재본에 있는 '우리네하고 무신 상관이 있거십니까? 박하고 후하고 차이가 있이니께'가 문학본과 솔본에서 탈락되어 있다.

⑦무리를 지어가는 얼굴들(그 낯설지 않은 얼굴들)이 지나간다. (솔5권 392
면; 문학9권 166면)

예시한 문장에서 괄호 속에 있는 부분이 원래 연재본에 있던 표현이
다. 이 표현들이 문학본에서 현재와 같이 바뀌었지만 연재본의 표현이
더 좋다. 곧 바뀐 부분은 조판과정이나 편집과정에서 탈락되었든가 오식
으로 인해 변형이 발생한 것으로 판단된다. ①의 경우는 문학본에서 고
쳐진 것이지만 원래대로가 더 알맞으며, ②는 두 문장의 일부분이 탈락
되면서 한 문장으로 만들어졌다. ③과 ④, ⑤, ⑦은 문장의 한 대목이 탈
락된 것이며 ⑥에서는 두 문장이 한 문장으로 만들어졌다. 이처럼 작가
의 표현의도와는 달리 고쳐졌음에도 불구하고 각각의 문장이 그런 대로
뜻이 통하는 것처럼 보이는 것이 문학본에서 나타난 탈자, 오자의 특징
이다. 그러나 면밀히 살펴보면 괄호 속의 탈자, 오자가 삽입되지 않고서
는 문장 자체가 되지 않는다. 문학본 이후의 많은 판본이 이 부분을 고
치지 못한 것은 그 오류가 얼핏 눈에 띠지 않기 때문에 검토과정에서 그
대로 통과한 것이라고 유추할 수 있다. 문학본은 이밖에도 많은 오·탈
자를 지니고 있다. '글쎄 본맘(말)이야 어찌 되었든'(솔3권 173면, 문학4권 344
면), '수백 수천의 구슬, 눈보라 같고(물보라 같고) 철쇠방울 같고'(솔3권 190
면, 문학5권 22면), '어러븐(어렵은) 살림에 오가는 기이 그리 쉽나' 등 그 수
를 일일이 셀 수 없을 정도다. 그러나 문학본에서 일어난 가장 중요한
변화는 무엇보다도 작가의 수정작업에 의해 이루어진 변화다. 우선 각
권, 각 장에 제목이 붙여졌으며 묘사 문장에서 과거형 시제가 현재형으
로 바뀌어 현장감을 높이고 있다. 또 방언을 표준어에 맞추어 표기하는
경향이 일부 나타나며 연재본의 부분적인 오·탈자를 바로잡았다. 특히
1부 1편 서장과 1장, 2장을 크게 뜯어고치고 있는데 평사리에 대한 자연
묘사가 상당 부분 손질되고 있으며 귀녀의 성격을 뚜렷하게 형상화하기
위한 손질도 여러 곳에서 발견된다. 이밖에 용이와 월선이의 성격화를

위한 배려도 수정작업에 반영되고 있으며 전체적으로 문장을 자연스럽게 고치는 경향도 두드러져 보인다. 이 수정의 의미에 대해서는 뒤에 별도로 고찰한다.


## 3) 지식본

지식산업사(발행인 김경희)는 1979년 10월부터 『토지』를 발행한다. 이 발행시점은 문학사상사와 삼성출판사에서 『토지』를 발행하고 있던 시점과 중복이 되는데, 일이 그와 같이 된 연유는 지식산업사가 작가 박경리의 전집을 간행하기로 하고 여러 작품들 가운데 먼저 『토지』를 발행했던 때문인 것으로 알려져 있다. 이 지식본은 처음에는 판형이 세로쓰기로 되어 있던 것을 1989년에 개정판을 내면서 가로쓰기로 바꾸어 두 개의 판본이 있다. 그러나 두 개의 판본 사이에 근본적인 차이가 없기 때문에 여기서는 동일한 것으로 간주하여 고찰한다.

지식본은 『토지』의 어떤 판본보다도 편집자의 자의적인 수정이 많이 나타나는 판본이다. 따라서 수정이 잘 되었다고 할 수 있는 부분도 전혀 없지는 않지만 전체적으로는 『토지』의 원형을 훼손하는 데 가장 결정적인 역할을 한 판본이라고 말할 수 있다. 더욱이 현재 시중에서 유통되고 있는 나남출판사본이 특히 이 지식본을 많이 따르고 있어 그 폐해가 심각한 상태이다. 지식본에서 나타나는 자의적인 수정은 5부를 제외한 『토지』 전편에 걸쳐 있고 그 양태도 다양하다. 그 양태를 몇 가지 기준에 따라 나누어보면 다음과 같다.

① 단어를 첨가·삭제한 경우
㉠ 첨가―환국은 자신도 (모르게) 악! 하고 소리를 지를 뻔했다. (솔8권 377면, 지식8권 369면)

그는 오래 전에 상배를 했으나(했다 했고) 그나마 자식들이 (솔12권 271면,
지식12권 264면)

ⓛ삭제　그 무시무시했던 재난이 일본인들에게 (있어서) 악몽이었냐면 (솔8
권 99면, 지식8권 92면)

유록빛(바탕에 자줏빛 무를 끼운)회장 저고리를 입었다. (솔3권 224면, 지
식3권 216면)

작은 방에 짜놓은 베틀에서 부티허리를 끄르고(베틀에서) 얼른 내려온 함
안댁이 (솔1권 131면, 지식1권 130면)


② **단어를 바꾼 경우**

㉠어느 덧, 유치장(유리창)의 빨가숭이 전등이, 파리똥이 무수하고 (솔8권
375면, 지식8권 366면)

ⓛ나라 금상님도 안 보는 데서야 무슨 말을 못할꼬(숭본다더라) (솔1권 64면,
지식1권 63면)

ⓒ게다가 민비를 살해(시해)한 뒤끝이어서 (솔1권 144면, 지식1권 144면)


③ **문장의 구성양태를 바꾼 경우**

㉠뜨거운 것이 용이 눈에 울컥 솟았다.(그때 흘린 눈물, 세상에 태어난 것을
원망하고 차라리 죽느니만 못하다고 오열했던 그때의 이별.) (솔1권 215면,
지식1권 215면)

ⓛ메말랐던 땅에는 빗물이 흠씬 스며들어 그렇기도 하려니와(빗물이 고여
마을길은 다소 질척거렸다.) (솔1권 201면, 지식1권 200면)

ⓒ비가 억수로 쏟아지는 밤이었다. 장마철로 접어들면서 마을사람들은(그 해
는 유난히 비가 흔하였다. 게다가 마을에는 천연두까지 만연하여 사람들
마음을 소란하게 했고) 연일 강둑에 나가서 무너진 둑을 쌓고 허술한 곳을
메우곤 했었지만(밤이면 장대비가 쏟아져) 마을 사람들은 잠들지 못했다
(마을 사람들을 잠들지 못하게 했다.) (솔1권 317면, 지식1권 316면)

ⓔ앞으로 저희들이 아버님이 원하신다면 모시겠습니다.(아버님이 원하신다면
앞으로 저희들이 아버님을 모시겠습니다.) (솔9권 342면, 지식9권 336면)

비가 억수로 쏟아지던 밤이었다. 장마철로 접어들면서 마을 사람
들은 연일 강둑에 나가서 무너진 둑을 쌓고 허술한 곳을 메우곤 했
었지만 마을 사람들은 잠들지 못했다. 용이네 집에서도 그의 모친
과 부친이 마루에 나앉아 비를 바라보고 있었다. 천연두를 치르고
난 뒤 회복기에 들었던 용이도 잠이 깨어 모친의 치맛자락을 꼭 쥐
면서 송곳날 같은 굵은 빗줄기를 바라보고 있었다. 마루, 살강 밑에
걸어둔 초롱이 회뿌옇게 빗줄기를 비쳐주고 있었다. 그때 방문을
화다닥 열고 서분이가 마루에 뛰쳐나오며 울부짖었다.

그해는 유난히 비가 흔하였다. 게다가 마을에는 천연두까지 만연하여
사람들 마음을 소란하게 했고, 연일 강둑에 나가서 무너진 둑을 쌓고 허
술한 곳을 메우곤 했었지만 밤이면 장대비가 쏟아져 마을 사람들을 잠들
지 못하게 했다. 용이네 집에서도 부친과 모친이 억수로 쏟아지는 비를
바라보며 마루에 나앉아 밤을 밝혔던 것이다. 천연두를 치르고 난 뒤 회
복기에 들었던 용이도 잠이 깨어 모친의 치맛자락을 꼭 쥐면서 빗줄기
를 바라보고 있었다. 마루, 살강 밑에 걸어둔 초롱이 회뿌옇게 빗줄기를
비추어주고 있었다. 그때 방문을 화닥닥 열고 서분이가 마루로 뛰쳐나
오며 울부짖었다.

▲ 솔본 1권 317면과 지식본 1권 316면.
솔본과 비교해 보면 지식본이 문장의 구성 양태를 크게 바꾸었음을 알 수 있다.

④ 문장을 탈락시키거나 첨가한 경우

㉠ 탈락 - 김훈장은 그 동안 (발길을 끊었던 최참판네 문전에 섰다.) 최참판댁
  문전에 발 걸음을 끊은지 일 년이 넘은 성싶다. (솔3권 258면, 지식3권 250면)

㉡ 첨가 - 십여년 전에 타관 남자를 따라 마을을 떠나는 계집아이의 뒷모습을
  보리짚단 뒤에 숨어서 지켜보았을 때 뜨거운 것이 용이 눈에 울컥 솟았
  다.(그때 흘린 눈물, 세상에 태어난 것을 원망하고 차라리 죽느니만 못하
  다고 오열했던 그때의 이별.) (솔1권 215면, 지식1권 215면)


  제시한 사례에서 괄호 속에 들어 있는 표현이 모두 지식본에서 수정
한 내용이다. 여기에서 나타나는 것처럼 지식본의 수정은 거의 창작에
가깝다. 제멋대로 단어를 빼고 넣고 할 뿐만 아니라 문장의 순서를 바꾸
고 두 문장을 하나로 만들고 몇 줄이나 되는 문장을 새로 만들어 집어넣
기도 하는 것이다. 그밖에도 "마침(마침내) 계집아이가 사과를 사왔다"(솔8
권 146면, 지식8권 139면)는 문장에서와 같이 문장의 의미를 완전히 바꿔버

리는 경우가 있는가하면 '다르다'가 '같다'(솔8권 406면, 지식8권 397면)로 바꾼 경우도 있고 '불문곡직'을 '불문곡절'로, '두터운'을 '두꺼운'으로, '안절부절못하더니'를 '안절부절 하더니'로, '팔굽'을 '팔꿈치'로, '설사'를 '설마'로, '문'을 '물'로 바꾸는 등 편집자의 판단에 따라 마음대로 작품에 손을 대고 있다. 심지어는 한 문단의 위치를 다른 곳으로 옮겨 놓는 경우도 있다.[10] 지식본의 이러한 수정은 작가의 문체가 가진 고유한 리듬을 깨트릴 정도로 자심한 상태여서 그 주요한 경향을 몇 가지로 나누어 고찰할 필요가 있다.

첫째 지식본은 각 편, 장의 제목을 없애고 일련번호만 붙이고 있다. 이처럼 제목을 없애고 숫자로 환원한 것은 연재본의 원형을 찾은 것으로 해석할 수도 있으나 문학본에서 이루어진 작가의 수정을 원인 무효로 만들었다는 점에서 문제적이다. 이 양태는 나중에 나남본에서 제목을 편집자가 임의로 고친 것과 함께 그 타당성에 대해서 비판적으로 고찰할 필요가 있다.

둘째 지식본은 사람 이름 뒤에 붙는 접미사 '~이'를 생략하는 경향이 있다. 예컨대 '봉순이는'이나 '길상이가'라고 되어 있는 것을 일률적으로 '봉순은', '길상은' 등으로 고치고 있다.

---

10) 그 말 대구는 없고 씁쓰름하게 웃을 따름이다.

　"그 애를 울려 보낸 건, 질투의 감정도 있었는지 모르지요."(대담한 고백이다. 배짱 좋고 냉정한 권오송도 순간 머쓱해진다. 선혜도 조금은 쑥스러웠는지 고개를 숙이고 구두 끝을 내려다본다.)

　"젊어서 말입니까? 예뻐서요?"

　"권선생님 애란이한테 관심 있으시죠? 그렇지요?"

　대담한 고백이다. 배짱 좋고 냉정한 권오송도 순간 머쓱해진다. 선혜도 조금은 쑥스러웠는지 고개를 숙이고 구두 끝을 내려다본다.

　"하하핫 하하하하……."

　"이거 또 형편없이 당할 모양이구나."

　선혜는 발끈해지며 고개를 쳐든다. (솔8권 457면; 지식8권 449면 참조)

　괄호 속에 든 문장이 원래는 웃음소리 표시 앞에 있었지만 지식본에서 현재와 같이 위치 조정이 이루어지고 나남본에서도 그것을 따랐다.

셋째 지식본은 연재본이나 문학본에 표시되어 있지 않은 주어나 목적어를 살려 놓는 경향이 있다. 그 사례를 살펴보면 다음과 같다.

① 주어를 넣은 경우
㉠ 나형사는 급히 서장대 내리막길을 내려간다. (그는) 가면서 수건을 꺼내어 땀을 닦곤 한다. (솔8권 368면, 지식8권 360면)
㉡ "참겠습니다. 예. 여기말구 어디 (제가) 갈 곳이 있겠습니까?" (솔9권 25면, 지식9권 19면)
㉢ "그라고 임자, (임자가) 봉순이를 평사리까지 데리다 주어야겠는데 ……" (솔9권 44면, 지식9권 38면)
㉣ (석이) 직원실에 들어갔을 때 권서방이 어디 아프냐고 물었다. (솔9권 73면, 지식9권 68면)
㉤ "나쁜 놈의 자식, 그러고도 (지가) 남의 자식을 가르치나?" (솔9권 107면, 지식9권 102면)

② 목적어, 부사어를 넣은 경우
㉠ "나으리께서 (금랑이에게) 그런지 안 그런지 증거를 잡으라(잡으라고) 아니 하셨습니까?" (솔9권 112면, 지식9권 106면)
㉡ "아씨가 어떻게? (절) 쫓아내세요, 아씨!" (솔9권 24면, 지식9권 18면)

③ 수식어를 고친 경우
㉠ 강가에는 희끗희끗 살얼음이 잡힌 모양이지만 다리 위에서 내려다보는(보이는) 강물은 푸르고 물살 세게 출렁이고 있다. (솔9권 40면, 지식9권 34면)
㉡ 왜 하필이면(하필이면 왜) 진주로 왔을까? (솔9권 40면, 지식9권 34면)
㉢ 허겁지겁 치달은 과정이 희미하게 엷은(희미하고 엷게) 의식 밖으로 (솔9권 40면, 지식 9권 34면)
㉣ "잘 생각했다! 하모 그래야지. (이자부턴) 니 맘묵기 달린 기다." (솔9권 457면, 지식9권 452면)

④ 주격조사를 바꾼 경우
㉠ 연학이(연학이가) 찾아와서 말을 하지 않았어도 (솔9권 457면, 지식9권 452면)

ⓛ어제 박의사는(가) 왕진을 왔었다. (솔9권 474면, 지식9권 470면)

## 넷째 '~에 있어(서)'와 같은 표현형태를 일률적으로 고친 경우

①우리 조선에 있어선(우리 조선에서) (솔6권 137면, 지식6권 130면)
②인간이 인간인 한에 있어서(한에서는) (솔10권 130면, 지식10권 127면)
③그러나 내용에 있어서(내용에서) (솔10권 192면)
④"와 이라노(이라나), 이눔아아들이?" (솔8권 169면, 지식8권 162면)
⑤"말로 하지 와 싸우노(싸우나)?" (솔8권 169면, 지식8권 162면)

## 다섯째 적극적으로 사투리를 살려 쓰는 경향

①"공연히 쓸데없는(씰데없는) 생각 마라." (솔1권 27면, 지식1권 27면)
②"빌어묵을 자식(자석) 니 땜에 놓쳤다!" (솔1권 33면, 지식1권 32면)
③"일이 손에 잡히야제(잽히야제) ……" (솔1권 38면, 지식1권 37면)
④"왜(와) 그럽니까, 애기씨." (솔1권 43면, 지식1권 43면)

## 여섯째 의성어나 의태어 등의 부사어를 생략하는 경향

①어둠 속에서 용이는 눈을 지그시 (…중략…) 감고 있었다. (솔1권 177면, 지식1권 176면)
②눈물이 왈칵 솟는다(눈물을 흘린다). (솔1권 169면, 지식1권 169면)
③하늘을 물끄러미 (…중략…) 올려다본다. (솔1권 141면, 지식1권 140면)
④두만네는 비죽이 웃으며 (…중략…) 그 듬직한 몸을 꾸부려 (솔1권 119면, 지식1권 118면)

## 일곱째 특정한 단어를 다른 단어로 일률적으로 고친 경우

①소나무를 휘감고 올라간 머루덩굴(칡덩굴)에 눈이 간다. (솔2권 55면, 지식2권 48면)
②머루덩굴(칡덩굴)의 집념과 최치수의 집념에는 얼마만한 거리가 있는 것일까. 귀녀의 집념이 머루덩굴(칡덩굴)을 닮았다면 (솔2권 56면, 지식2권 49면)

여덟째 나름대로 표현의 순화를 시도한 경우

①그 버릇의 내력은 어떤 계획에서 비롯된 것인데 뻐드렁 이빨(뻐드렁니)을
고치는 일이다. (솔6권 251면, 지식6권 243면)
②욱 하며 환이 길바닥에 나가둥그러졌다(나둥그러졌다). (솔6권 390면, 지식
6권 383면)

아홉째 시제 등을 일부 바꾸어 표현을 고친 경우

①걸릴 만한 일이 없다. 모든 것은 합법적이었다(합법적이다). (솔6권 254면,
지식6권 247면)
②그러면 어찌하여 윤씨 가문과 핏줄이 닿는다는(닿았다는) 게지? (솔6권 343
면, 지식6권 336면)

열째 특정한 인물의 나이를 고친 경우

①열두(열세)살 된 거복이는 아버지를 (솔1권 131면, 지식1권 130면)

지식본의 수정은 책의 거의 모든 페이지에 흔적을 남기고 있다. 이러
한 수정의 효과는 작가의 문체가 지닌 형태나 속도, 리듬을 바꾸는 지경
에 이르고 있다. 문법에 맞추어 주어와 목적어가 전부 등장하기 때문에
호흡이 길어져서 글이 늘어지는 느낌을 주는 것이다. 더욱이 지식본은
편집자가 여러 명이었던 것으로 추정된다. 동일한 편집원칙이 작품 전체
에 고르게 적용된 것이 아니라 1부에서는 사투리를 살리는 데 힘을 쏟고
3부에서는 사투리를 표준어로 일일이 고치느라 애를 먹고 있는 것이다.
지식본의 수정이 긍정적 효과를 가져 온 경우는 "지난 날 **중일전쟁**, 노일
전쟁의 결과로 조선이 일본의 식민지가 된 것"(솔8권 373면, 지식8권 365면)
이란 표현에서 '중일전쟁'을 '청일전쟁'으로 고친 사례 등에서 찾아볼 수
있다. 그러나 이런 긍정적 효과는 "입센의 『인형의 집』"(솔9권 30면, 지식 9

권 24면)을 『입센의 집』이라고 고친 사례 등으로 인해 상쇄되어 버린다. 결국 원전의 순수성을 지키려는 정신이 없었기 때문에 지식본은 『토지』의 정본을 확보하기 위한 노력에 가장 치명적인 상처를 입혔고 지금까지도 그 폐해가 가셔지지 않고 있는 형편이다. 지식본이 나남본에 끼친 영향이 절대적이었기 때문에 현재의 독자들도 지식본의 해독을 직·간접적으로 입고 있다고 말할 수 있다.


## 4) 삼성본

삼성출판사는 『토지』를 책으로 발행하는 과정에서 가장 오랫동안 질긴 인연을 맺은 출판사이다. 그렇지만 판본의 역사에서 삼성출판사의 역할은 두드러지게 나타나지 않는다. 문학사상사가 처음으로 『토지』를 발행할 때 인쇄를 맡은 인연을 시작으로 1973년 6월부터 『토지』 보급판을 발행했고, 그 이후에는 문학본을 그대로 이어 자사의 이름으로 출판했으며, 1988년에 4부를 발행하여 1991년까지 쇄를 거듭했으므로 삼성출판사와 『토지』의 인연은 20년 가까이 줄곧 이어진 셈이다. 그러나 삼성출판사의 독자성이 드러난 때는 『토지』를 전집으로 간행한 1988년 4월 30일 이후이다. 삼성출판사의 여러 판본 가운데는 『토지』의 최초 발행일을 1972년 2월 20일로 표기한 사례가 있어 문학사상사본보다 먼저 출간한 것으로 나타나 있으나 여러 정황을 고려할 때 출판사의 착오인 것으로 판단된다.[11]

삼성본은 작가의 수정작업이 행해진 문학본을 모체로 하고 있기 때문에 그 특징이 두드러지지 않을 것이라고 추정할 수 있다. 실제로 삼성본

---

11) 『토지』 1부 연재가 1972년 8월까지 지속되므로 1972년 2월에 초판이 간행되기 힘들 뿐 아니라 최초 발행시 작가의 서문은 1973년 6월 3일로 되어 있어 그 이후에 작품이 책으로 간행되었다고 보는 것이 타당하다고 생각된다.

이 문학본에 근거를 둔 판본이라는 사실은 여러 곳에서 드러난다.

> "넓은 (…중략…) 가을 들판에, 베어서 눕혀놓은 볏가리들(볏가리)처럼 멀리 가까이, (넓은 가을 들판에 베어서 눕혀놓은 볏가리) 그것은 모두 죽음들이며, 죽음에 이른 무수한 삶의 이력, 삶의 잔해만 같은데 용이에게는(용이는) 그것들에 둘러싸여 홀로 서 있는 것 같은 외로움이 엄습해 온다." (3부 3편 12장)

인용문에서 괄호 속에 들어 있는 내용은 문학본과 삼성본만 같은 경우이다. 같은 내용이 두 번 입력되는 오류까지 같은 점에서 그 관계를 엿보여 준다. 그러나 삼성본이 문학본에만 의지하지 않았다는 증거도 있다.

> "말 한마디 없이 있던(있다가 한가와 함께 나가려다 만) 오가가 한가의 팔을 잡아끈다." (솔8권 298면, 삼성8권 278면)

> "진정 그 날이 와(오면 그들은) 홍포도사, 청포도사, 황포도사가 될 것을 꿈꾸는 것인지." (솔9권 132면, 삼성9권 124면)

두 인용문에서 괄호 속에 든 내용은 모두 삼성본과 연재본만이 동일한 것으로 삼성본이 경우에 따라서는 연재본을 참조하고 있음을 드러내 준다. 이밖에도 삼성이 얼마간 독자성을 지닌 판본이라는 사실을 알려주는 사실로서 일부 단어가 수정되었으며 숫자를 한글 표기에서 아라비아 숫자로 고친 점을 들 수 있다. 그러나 이러한 독자성에 말미암은 것인지 삼성본에서는 문장 전체나 일부 구절이 탈락한 사례가 두드러지게 많고 이것이 솔본과 나남본에까지 그대로 이어지는 현상이 나타난다.

> ① 다른 한 놈이 또 돌을 주워 팔매질을 한다.(모두가 저마다 돌을 주워 팔매질을 한다.) 돌은 마루에 떨어지고 (솔2권 226면, 삼성2권 210~211면)
> ② 무죄 석방될 것인게! (하늘이 알고 따, 땅이 알고 무죄석방될 것인게!) 참말로 사람의 맘 알겄구마 (솔2권 227면, 삼성2권 211면)

③ 오로지 풍문으로 손상된 자기 체면! (그것이 또 시원하게 해결을 보지 못
하니), 너 때문이다. (솔4권 234면, 삼성4권 217면)
④ 한데 거기 가서 묵을 형편이 못됩니다. (되놈 상점에서 고공살이 하고 있
으니까요.) 실은 그 애를 데리고 (솔4권 262면, 삼성4권 243면)
⑤ 금녀는 울음 섞인 목소리로 외쳤다.
(장인걸이 돌아본다.)
"전, 전 술집여자였단 말예요!" (솔4권 276면, 삼성4권 256면)
⑥ 마차 한 대가 지나갔다. (그러고부턴 아무도 지나는 이 없는 길에 어둠은
짙게 깔린다. 별빛과 멀리 산재해 있는 농가의) 불빛과 그리고 길섶에서
우는 풀벌레소리 (솔4권 284면, 삼성4권 264면)
⑦ "어이구 취한다. 으윽윽."
(하다가 용이는 또 쿡쿡) 울음을 터뜨린다. (솔4권 297면, 삼성4권 276면)
⑧ 강쇠가 가까이 갔을 때 등을 보이고 있었던 (두 사람은 화다닥 일어섰다.
남녀는 중년이었고, 개울의 돌들을 뒤집어 가며 가재를 잡고 있던) 어린
사내아이와 (솔9권 118면, 삼성9권 111면)

여기에 제시한 사례에서 탈락된 부분들은 어떤 특별한 이유가 있어서
빠진 것으로 보이지 않는다. 단순히 식자 과정이나 조판 과정에서 실수
로 빠진 것으로 보이고 문맥이 그런 대로 통하니까 다른 판본에서도 교
정하지 않은 채 그대로 이용하고 있지 않은가 생각된다. 이처럼 문장 탈
락이 수십 군데나 되는 삼성본을 솔본이 이용하고, 솔본을 다시 나남본
이 이용했다는 점에서 문제가 심각해지는 것이다.

> 보리쌀과 소금이 든 부대를 짊어지고 굵직굵직한 돌멩이와 바위
> 가 굴러 있는 개울을 따라 올라가는데 큰 바위와 개울을 향해 기울
> 어진 철쭉 사이에 등을 보이며 앉아 있는 사람의 모습이 있다. 한
> 사람이 아니다. 남정네와 아낙, 강쇠가 가까이 갔을 때 등을 보이고
> 있던 어린 사내아이와 열네댓으로 보이는 계집아이도 겁에 질린
> 눈으로 강쇠를 올려다본다.

▲ 솔본 9권 118면과 지식본 9권 113면. 지식본의 한 구절이 솔본에서 탈락한 경우.

## 5) 솔본

솔출판사(발행인 임양묵)는 1993년부터 『토지』를 발행하고 1994년에는 새로 완성된 5부와 작가의 서문을 포함하여 최초로 완간본 16권을 낸다. 이 연구에서는 최초의 완간본을 냈다는 점을 고려하여 솔본을 판본 비교 작업의 기본 텍스트로 이용하였다. 그러나 기본 텍스트라 하여 이 판본이 다른 판본에 비해 크게 우수한 특성이 있는 것은 아니다. 단지 작품 전체가 실려 있어 다른 판본과 비교·대조하는 데 편리하다는 장점을 산 것뿐이며 판본의 우수성만을 고려한다면 솔본은 결코 높은 평가를 받을 수 없다. 그 이유는 삼성본을 원본으로 하여 제작된 것으로 보이는 솔본이 이전의 판본들이 지닌 착오는 그대로 유지하고 새로 고친 것도 썩 좋은 평점을 받을 수 있는 상태가 아니기 때문이다.

솔출판사의 판본이 지닌 성격을 파악하는 데서 먼저 고려되어야 할 것은 본문의 표기가 1990년 9월 10일 문화부에서 발표한 '표준어 모음'에 따라 모두 고쳐졌다는 점이다. 예컨대 "조선서 악극단이 왔다데요"가 '~왔다네요'로 바뀌었고, '이애'하고 부르는 호칭이 '애'로, '우뢰같이'가 '우레같이'로, "어쩌면 우리 시굴로 내려갈지도 몰라"가 '~시골로'로 "사라무 가심에 못을 박아도"가 '사람우 가심에'로, "아부지가 얼매나 외로 봤을까"가 '~외롭았을까'로, '수집음을'이 '수줍음을'로 바뀌었다. 이러한 수정은 언어규범의 변화에 적응한 것이라고 이해할 수도 있지만 과연 문학작품에 표현된 언어를 표기법이 바뀌었다고 일률적으로 고치는 것이 타당한 것인가 하는 문제는 좀더 숙고될 필요가 있다. 더욱이 지문 속에 표현된 내용이 아니라 대화 속에 나타난 표현들까지 전부 고쳤을 경우 그 타당성은 심히 의문시된다. 그 사정은 시와 비교해보면 금방 드러난다. 시에 표현된 언어는 비록 언어규범이 바뀌더라도 고치지 않는 것이 일반적이다. 소설도 그것이 예술작품인 한 원형을 보존하는 것이 중요하고, 비록 교육적 효과 때문에 고쳐야만 할 경우에도 대화 속의 표현은 가급적 손을 대지 않는 것이 작품의 예술성에 대한 존중의 표시가 되지 않을까. 이런 측면에서 대화와 지문을 막론하고 새로운 표기법에 따라 모든 것을 고쳐버리는 것은 심각한 문제를 야기할 수도 있는 것이다.

솔본의 두 번째 특징으로는 방언의 뜻풀이(의미 병기)를 생략한 점이다. 작가는 다른 지역의 독자들에게 낯설 것이라고 생각되는 어려운 사투리에 대해서는 괄호 속에 표준어를 병기하여 이해를 돕는 방법을 취하고 있다. 예컨대 "입 안의 세(혀)같이 매사를 처리한께 무신 근심이 있겠소", "요새사 머 배애지(배)가 불러서 제 몸도 못 가누마요"에서 볼 수 있듯이 간명하게 독자의 이해를 쉽게 해주고 있다. 솔본에서는 이것을 일률적으로 삭제하고 책 뒤에 부록으로 실은 어휘풀이에 집어넣었다. 이와 대조적으로 솔본은 외국어의 번역이나 작가의 보충설명은 본문의 괄호 속에 넣고 의미의 명료성을 위해 한자를 병기하는 방법을 택하고 있다. 곧 외국어나 보충설명, 한자는 괄호 속에 넣고 원래 괄호 속에 넣어져 있던 사투리에 대한 뜻풀이만은 부록으로 돌림으로써 차별적으로 대우하고 있다.

이상의 특징은 『토지』 전편에 걸쳐서 행해진 수정의 원칙이므로 그 원칙이 타당한가 하는 데 대한 검토가 필요하다. 다른 한편 솔본에는 어떤 원칙이나 방법 차원의 문제가 아닌 단순한 실수로밖에 볼 수 없는 여러 가지 착오가 나타난다. 그것을 몇 가지로 나누어 살펴보면 다음과 같다.

① 단어나 문맥에 대한 이해 부족에서 생긴 왜곡
㉠ 편지내왕뿐인(편지내용뿐인) (솔13권 74면)
㉡ "공자다 공자."(공짜다 공짜.) (솔16권 432면)
㉢ "무도한 놈들,"(무모한 놈들) (솔14권 147면)

② 오·탈자에 의한 왜곡
㉠ 홍씨에 대한 원망(원한)보다 (솔2권 393면)
㉡ 주재소 몇 군데나(군데다) 불을 지른 (솔4권 44면)
㉢ 말이 있십니다(있십디다). (솔4권 44면)
㉣ 무슨 놈의 개나발 같은(개나 같은) 옥사야? (솔8권 65면)

③ 어휘나 구절이 탈락된 경우
㉠ 몽치는 또다시 (울리는) 그 목청으로 (솔13권 210면)
㉡ "이놈아가 왜 이래? (무엇땜이로) 콩밥 묵을 작정을 했나?" (솔14권 275면)
㉢ 바람을 끊고 바람을 마시며 (마라톤) 선수같이 뛰어간다. (솔15권 203면)
㉣ 유인배는 비스듬히 영광을 쳐다보며 (말했다.) (솔15권 219면)

④ 어휘나 구절이 첨가된 경우
㉠ 김두수 (특유의) 옛날 모습이 다소 남아 있었다. (솔13권 411면)
㉡ 한마디 원망도 없이 오히려 (아이어무니) 몸 약한 거를 걱정 (솔14권 45면)
㉢ 그것은 또 무슨 인연의 실꾸리인가. (그것 역시) 예상하지 못한 일이었다.
  (솔16권 114면)

⑤ 문장이 탈락한 경우
㉠ 나는 비관적인 편에 동의를 하지요 (아무튼 일본은 적어도 만주를 먹어치
  울 게요. 이번 전쟁에 힘을 기른 것은 일본뿐이니까. 말이 참전이지.) 아무
  튼 이기든 지든 구라파는 황폐했고, (솔6권 236면)
㉡ 혼인이라는 말이 잠시 나왔으나 서희는 아직 구체적인 말을 꺼내지 않았
  고 혼인의 상대가 윤국이라는 말도 하지 않았기 때문이다. (서희의 처지도
  난감하고 미묘했던 것은 사실이다.) 애지중지 딸로서 기른 아이 (솔14권
  382면)

율 수밖에 없었다. 혼인이라는 말이 잠시 나왔으나 서희는 아직 구체적인 말을 꺼내지 않았고 혼인의 상대가 윤국이라는 말도 하지 않았기 때문이다. 서희의 처지도 난감하고 미묘했던 것은 사실이다. 애지중지 딸로서 기른 아이, 감정적으로 완전히 딸이 되어 있는 양현에게 별안간 타인임을 선고하고 며느리가 되어라, 양현이 혼란에 빠지는 것도 염려스러웠지만 심리적으로 자기 자신도 그렇게 급격하게 회전하기가 어려웠던 것이다. 윤국이와 양현을 맺어준다, 그것은 바람이요 희망이었지만 마음이 착잡해지는 것 역시 어쩔 수 없는 일이었다.

앉아 있을 수밖에 없었다. 혼인이라는 말이 잠시 나왔으나 서희는 아직 구체적인 말을 꺼내지 않았고 혼인의 상대가 윤국이라는 말도 하지 않았기 때문이다. 애지중지 딸로서 기른 아이, 감정적으로 완전히 딸이 되어 있는 양현에게 별안간 타인임을 선고하고 며느리가 되어라, 양현이 혼란에 빠지는 것도 염려스러웠지만 심리적으로 자기 자신도 그렇게 급격하게 회전하기가 어려웠던 것이다. 윤국이와 양현을 맺어준다, 그것은 바람이요 희망이었지만 마음이 착잡해지는 것 역시 어쩔 수 없는 일이었다.

▲ 연재본과 솔본 14권 382면. 연재본의 한 문장이 솔본에서 탈락한 경우.

⑥ 문장이 첨가된 경우

㉠ "(절로 나서 절로 컸제요.) 이거나 받으시소!" (솔14권 301면)

㉡ 마침 수앵이 남편을 찾아 (회랑으로 나오다가 이 광경을 보았다.) (솔13권 432면)

㉢ "왜 아니래요? 소눈깔 같은 그놈의 형사 생각만 해도 소름끼쳐요." ("골치깨나 썩이겠다.") (솔15권 395면)

  이상의 보기는 수십 개의 사례 가운데서 몇 개만을 추린 것이다. 또한 이것들 속에 포함되지 않는 경우도 여러 가지가 있다. 예컨대 시제를 바꾼 것, 임의로 단어 위치만을 바꾼 것, 주어를 첨가한 것, 특정한 단어를 고친 것(가스댁→과수댁), 표준어를 사투리로 고치거나 사투리를 표준어로 고친 것, 하나의 문장을 둘로 나누거나 두 개의 대화를 하나로 합친 것, 부호를 누락시킨 것 등 그 유형을 일일이 열거할 수 없을 정도로 부지기수이다. 최초의 완간본이라는 영예를 지닌 솔본이 이와 같이 오류로 점철

되었기 때문에 그것이 미치는 효과는 앞의 서론에서 국어교과서를 통해 살펴본 바와 같이 결정적이다. 『토지』의 텍스트를 이용하는 사람들이 의도하지 않은 과오를 범하도록 하는 원인을 제공하고 있는 것이다. 이 양태는 현재 시중에서 유통되는 나남본에 끼친 영향에서도 찾아볼 수 있다.


## 6) 나남본

나남출판사(발행인 조상호)는 2002년 1월부터 『토지』 5부 전21권을 변형판 양장본으로 발행하였다. 솔출판사본의 발행이 중단된 지 3년여 만에 간행된 이 판본은 몇 가지 큰 변화를 보이고 있다. 우선 표면적으로 1973년에 씌어진 문학본의 '자서' 이외에 '2002년판 『토지』를 내며'란 새로운 서문이 붙었으며, 그 동안 문학본, 삼성본, 솔본에서 유지되어온 각 편, 장의 제목이 상당수 바뀌어져 있다. 예를 들어 1부 3편의 제목이 '종말과 발아'에서 '생명의 강, 생명의 불꽃'으로 바뀌었고 2부 3편의 '밤에 일하는 사람들'이 '지리산사나이들'로 5편의 '세월을 넘고'가 '여한이 없는 사랑'으로 4부 1편의 '삶의 형태'가 '생존의 본능'으로, 2편의 '귀거래'가 '슬픔이 빚는 진실'로, 3편의 '명희의 사막'이 '비애가 아닌 생명의 한'으로, 4편이 '인실의 자리'에서 '미래가 없는 인연'으로 바뀌었다. 또 장의 제목도 1부 1편 2장의 '추적'이 '한밤의 추적'으로, 9장의 '소식'이 '별당 아씨 소식'으로, 13장의 '무교(巫敎)'가 '괴로운 환희'로 바뀌었다. 1부에서는 이처럼 조금씩 바뀌던 제목이 4부에 이르면 1편 1장의 '노상에서'가 '핏줄의 배반'으로, 2장의 '아무렴 그렇지 그렇고 말고'가 '미처 못다 부른 노래'로, 4장의 '귀향'이 '확신할 수 없는 꿈'으로, 6장의 '찾아온 사람'이 '강자의 논리'로 거의 원형을 찾아볼 수 없으리 만큼 크게 바뀌었다. 그런데 이렇게 편, 장의 제목이 바뀌었다는 사실은 단순히 작품의 일부 표현이 바뀐 것과는 또 다른 의미에서 중대한 변형이고 작가와 독자 모두에게 큰 손실이 된다. 그 이유는 이 작품의 편, 장 제목이 텍스트를 이해하는 데 필요한 은밀한 장치를 내장하고 있기 때문이다. 예컨대 1부 1편의 제목은 '어둠의 발소리'이고 5부 마지막 편의 제목은 '빛 속으로'인데 이는 이 작품이 어둠(陰)으로 들어갔다가 광명(陽)을 찾는 데서 끝나는 이야기라는 것을 알려주는 일종의 숨겨진 기호이다. 곧 그 숨겨진 기호는 『토지』가 음변양화(陰變陽化)의 한 토막 이야기이자 조선민족의 해방을 읊은 민족서사시라는 것을 시사해준다. 이와 같은 양상은 비단 여기에 국한되지 않고 여러 곳에 나타난다. 1부 3편의 '종말과 발아'는 이 부분이 오행의 수(水)에서 목(木)으로 전환하는 대목이라는 것을 알려주며 4부 1편 15장의 '씨뿌리는 사람', 4부 2편 12장의 '살아 남으려면'은 이 부분이 오행의 수(水)에 해당된다는 것을 알려준다. 또 4부 1편의 제목 '삶의 형태'나 2편의 제목 '귀거래', 3편 9장의 '선비와 농민, 무사와 상인' 등의 장 제목도 작품의 의미를 파악하는 데 중요한 단서를 제공해주는 표시들이다. 이 단서를 나남본은 '지리산 사람들'이나 '회한의 회초리', '남쪽 겨울 밤바다' 같은 겉보기에만 멋있는 표현으로 모두 바꾸고 있는 것이다. 곧 독자들은 작가가 작품을 이해하는 데 도움이 될 수 있도록 마련해 둔 이정표들을 모두 잃고 마는 것이다.

이와 같은 편, 장 제목의 변경은 작가의 양해하에 출판사의 편집자가 임의로 수정한 것으로 알려져 있다. 그러나 공공연한 수정말고도 나남본은 출판사의 편집 원칙에 따라 작가의 표현을 수시로 바꾸고 있다. 그 수정의 양태를 몇 가지로 유형화하면 다음과 같다.

첫째 '이조(이씨 조선)'라는 표현을 일률적으로 '조선'으로 바꾸었다.

① 정주학을 숭상하였던 이조(조선) 오백년 동안 (솔3권 164면, 나남4권 59면)
② 신라에서 고려로 이조(조선) 오백 년을 우리 단일 민족은 (솔4권 128면, 나남5권 156면)
③ 이씨 왕조(조선왕조)가 무너질 그 무렵만 해도 (솔10권 12면, 나남13권 12면)

둘째 간접인용에 해당되는 문장에 작은따옴표를 붙였다.

①'고분고분 형님 말씀대로' 했어야 할 말 (솔1권 143면, 나남1권 204면)
②엉거주춤 묘한 얼굴이던 김훈장에게서 확실한 반대의사가 나타나기로는 '의병의 봉기 따위', '짚둥우리의 아우성' 그 말이 준구 입에서 나올 때 부터였다. (솔1권 201면, 나남1권 275면)

셋째 방언이나 외래어의 뜻풀이와 어휘풀이를 괄호 속에 넣어서 표시했다.

①안 산다고 보따리 싸 가지고 친정에 갔는데 법으로 만난 부배(부부)가 (솔1권 120면, 나남 1권 175면)
②지금까지 참본은 다데야쿠샤(가부키의 협객 배우)였는데 (솔12권 327면, 나남16권 321면)

넷째 현행 맞춤법에 맞추어 수정했다.

①복연의 눈이 휘둥그래(레)졌다. (솔11권 151면, 나남14권 292면)
②그다지 고분고분하지 않는(않은) 태도로 사내는 물었다. (솔11권 196~197면, 나남14권 349면)

이상은 나남본의 편집원칙과 관련된 수정의 양상이다. 이 가운데 첫째 항은 '이조'를 '조선'으로 표시해야 정확하다는 사학계의 의견을 반영한 것이지만 두 가지 문제점을 지닌다. 하나는 작품의 원형을 변형했다는 점이며 다른 하나는 글의 문맥상 '조선'이라는 용어보다 '이조'가 더 정확한 표현이 되는 경우도 일률적으로 바꾸었다는 점이다. ②가 그 경우에 해당하는 것으로 '조선'이라 표현했을 때는 뜻이 불분명해질 우려가 있다. 두 번째 항도 독자의 편의를 도모한 점은 인정할 수 있으나 텍스트의 원형을 변경한 점에서 문제를 야기한다. 왜냐하면 이 변형이 근본적으로는 화법의 변경에 해당하기 때문이다. 원래 작가는 ①의 작은따옴표 부분을 〈고분고분 형님 말씀대로, 했어야 할 말을〉(〈 〉표시는 인용자 첨가)이라고 표현했다. 또 ②의 부분은 아무런 표시 없이 평범한 문장으로 표현했다. 이것은 일종의 자유간접화법으로 인물이 실제 그와 같이 생각하거나 말했다는 것을 강하게 나타내준다.[12] 이 표현에서는 서술자의 존재가 상대적으로 숨겨지는 것이다. 이에 비해서 고친 표현은 일종의 부가 직접화법에 해당한다. 설명하는 서술자가 표면에 등장하는 형식이다. 곧 작은따옴표의 유무는 그 말의 신빙성이나 설득력에 차이를 낳는 효과를 가져오는 것이다. 더욱이 이 자유간접화법은 제임스 조이스 등의 의식의 흐름 소설에서 많이 사용되는 표현법으로 편집자가 함부로 첨가하거나 삭제할 대상이 아닌 것이다.

세 번째와 네 번째 사항은 원칙적으로 타당성을 인정할 수도 있는 부분이다. 하지만 나남본에서 새로 만든 괄호 속의 설명은 원래 작가가 표현한 것을 어구 순서만 바꾸어서 제시한 것이거나 맞춤법에 어긋나는 수정이 자주 발견된다는 점에서 문제적이라고 지적할 수 있다. 그러나 이러한 편집원칙에 의한 수정은 부정적인 측면이 눈에 띈다고 하더라도 나름대로 출판사의 판단이 작용한 것이므로 그것이 지닌 긍정성을 전적으로 부인할 필요는 없을 것이다. 이에 비해서 나남출판사의 편집자가 의도하지 않은 것이었음에도 불구하고 나남본에는 『토지』의 원본을 크게 훼손하는 양상이 빚어지고 있다. 그렇게 된 연유는 나남본이 다른 출판사의 판본과는 다르게 하나의 원본을 사용하지 않고 여러 개의 텍스트를 이용하여 만들어진 점, 그리고 텍스트를 빠른 시일 내에 만들어내기 위해서 스캐너를 이용한 데서 찾을 수 있다. 바꾸어 말해서 나남본은 솔본과 지식본을 참고하여 책을 만들었으며, 책을 만드는 과정에서 스캔 작업을 했는데 그것이 『토지』의 원형을 결정적으로 훼손하는 원인이 된 것이다. 이 사실을 입증하기 위해서는 나남본이 솔본을 원본으로 하면서

---

12) 시모어 채트먼, 김경수 역, 『영화와 소설의 서사구조』, 민음사, 1995, 246면.

도 지식본을 참조한 점(지식본이 원본이고 솔본이 참조본이라고 해도 결과는 마찬가지다)이 증명되어야 하며, 스캔 작업이 현재의 텍스트에 어떤 영향을 미쳤는지를 설명할 필요가 있다. 먼저 나남본이 솔본을 원본으로 한 사실은 다음의 사례에서 드러난다.

> ① 삼월이는 이를 갈며 대항한다. 그의 마음 속에는 매질하는 홍씨에 대한 원망(원한)보다 준구에 대한 원망(원한)이 더하였다. (솔2권 393면, 나남3권 225면)
> ② "여기서 머하요"
> (이부사댁 억쇠가 말을 걸었으나 월선이는 눈앞에 사람이 보이지 않는 듯 그냥 멍청히 서있다. "여기서 머하요")
> "야." (솔3권 54면, 나남3권 325면)
> ③ "왜놈들한테 (빌붙어서) 직업 얻으려 좀 굽실거린 일 말곤 말이야." (솔5권 107면, 나남6권 244면)

여기에 제시한 세 사례 가운데 괄호 속에 든 내용은 솔본과 나남본에서만 탈락되어 있든가 첨가되어 있다. 이와 같은 사례는 수십 군데서 찾아볼 수 있다. 이것은 나남본이 솔본을 원본으로 사용한 사실을 말해준다. 그런데 나남본에는 지식본을 본딴 사례도 나타난다.

> ① 나이에 비하여 작은 한복이, 부지런하고(부지런히) 착한 그를 사랑 (솔3권 399면, 나남4권 354면)
> ② 잎솔을 세어보는 것도 요즘 월선의(월선의 요즘) 버릇이다. (솔3권 408면, 나남4권 366면)
> ③ 자넨 그 선비의식에서 탈필(탈피)해야 해. (솔7권 33면, 나남9권 38면)
> ④ 한복에게(한복이에게) 기대를 거는 것은 김두수의 존재 때문이다. 김두수, 얼마나 많은 일꾼들을(일꾼을) 잡아먹었는가. (솔7권 301면, 나남9권 374면)

여기에 제시한 문장의 괄호 속에 들어 있는 표현은 지식본과 나남본만이 공통성을 지니고 있다. 이러한 사례를 작품 전체에서 찾는다면 수백 군데도 넘는다. 곧 나남출판사는 처음에 솔본을 원본으로 하여 책을 제작하다가 점차 지식본을 더 중요한 판본으로 인식하여 거기에 좀더 많이 의존하게 된 것이다. 이 사실은 나남본이 1부에서는 솔본과 유사성을 더 많이 지닌 데 비해 1부 후반부터 3부, 4부로 가면서 솔본보다는 지식본과 공통성이 훨씬 많아지는 데서 알아볼 수 있다. 이 사실의 의미는 중대하다. 지식본이 기존의 어느 판본보다도 심각하게 『토지』의 원형을 훼손하고 있는 판본이기 때문이다. 그 지식본을 원본 내지 참조본으로 삼은 나남본에 왜곡이나 훼손이 안 일어날 수가 없게 된 것이다. 이런 문제에다가 나남본은 다른 판본을 스캔하여 책을 만든 까닭에 지금까지 어느 판본에서도 찾아볼 수 없는 새로운 요인으로 인하여 원래의 작품을 훨씬 더 많이 왜곡, 훼손하고 있다. 예컨대 '유들유들 살이 찐'이 '유들유들 살이 씬'(솔7권 318면, 나남9권 395면)으로, '살갗이'가 '살갓이'(솔7권 332면, 나남9권 412면)로, '꽐시를'이 '팔시를'(솔7권 400면, 나남10권 59면)로, '잿물'이 '갯물'(솔9권 335면, 나남12권 245면)로, '당당함'이 '단단함'(솔10권 347면, 나남14권 83면)으로 바뀌어 있다. 그러나 이런 사례는 스캔으로 인해 야기된 다른 문제들에 비하면 애교스런 일에 해당된다고 할 수 있다. 곧 나남본에서는 스캔 작업으로 인해 두 문장이 한 문장으로 되기도 하고, 대화 한 토막이 사라지기도 하며, 문장 전체가 날아가 버리거나, 작가가 독특하게 부호를 사용하여 표현한 대목들이 송두리째 사라지기도 한다. 이밖에 부호를 첨가한 것, 임의로 단락을 구분한 것, 단어를 바꾸어 쓴 것, 심지어는 여덟 줄에 가까운 문장이 몽땅 날아가 버린 경우도 있다. 그 양태를 구체적으로 살펴보면 다음과 같다.

> 강바람은 쌀쌀했다. 그러나 겨울 바람은 아니었다. 얼음이 녹은 강은 질푸르고 바람에 잔물결이 일렁이고 있었으며 햇빛이 부서지고 있었다. 최상길은 걸음을 멈추고 조심조심 바람을 막으며 담배를 붙여문다. 옷자락이 휘날리고 있었다.

강바람은 쌀쌀했다. 그러나 겨울바람은 아니었다. 얼음이 녹은 강은 짙푸르고 최상길은 걸음을 멈추고 조심조심 바람을 막으며 담배를 붙여문다. 옷자락이 휘날리고 있었다.

▲ 솔본 15권 439면과 나남본 20권 275면. 솔본의 한 구절이 나남본에서 탈락한 경우.

① 나남본에서 단어나 부호를 바꾼 경우

㉠ Y대학 문학부에 재적중(재학중)이며 (솔8권99면, 나남10권 250면)

㉡ 재산이 불어난 것을 기화(기회)로 (솔8권 143면, 나남10권 304면)

㉢ "?"이 "……"로 바뀐 것 (솔16권 245면, 268면, 271면, 423면, 나남21권 192면, 215면, 219면, 379면)


② 나남본에서 두 대화문이나 두 문장을 하나로 만든 경우

㉠ "호대감이 한판 치는 모양이지요. 늑대소리 아닙니까?"

　"음, 서너 마리 되는가부지."

　⇒ ("호대감이 한판 치는 모양이지요. 늑대소리 아닙니까? 음. 서너 마리 되는가부지.") (솔5권 266면, 나남7권 63면)

㉡ "많이 내기는요, 열 필 냈지요. 김훈장댁에서는 열다섯 필 내고"

　"그댁 자부는 아금발라서 어정개비 서방 데리고 이럭저럭 사는구먼."

　⇒ ("많이 내기는요, 열 필 냈지요 김훈장댁에서는 열다섯 필 내고 그댁 자부는 아금발라서 어정개비 서방 데리고 이럭저럭 사는구만." (솔5권 226면, 나남7권 14면)

㉢ "도적이나 화적이나 매일반인께, 제 얼굴에 침 뱉는 소리 혀놓고"

　"그 말이야 조막손이가 혔간데? 내 한 말을 거기 갖다붙일 건 없고, 시비는 혀도 쌈은 안하는 거여."

　⇒ ("도적이나 화적이나 매일반인께. 제 얼굴에 침뱉는 소리 혀놓고, 그 말이야 조막손이가 혔건데? 내 한 말을 거기 갖다붙일 건 없고, 시비는 혀도 쌈은 안허는 거여.") (솔5권 219면, 나남6권 383면)

㉣ 음료를 팔기 위하여. 반가운 물으로 오르기 위하여.(음료를 팔기 위하여 반가운 물으로 오르기 위하여.) (솔14권 41면, 나남18권 265면)

㉤ 氣息奄奄의 重慶正權

　輪送力 極度로 逼迫

物資의 缺乏 急激히 增大

⇒氣息奄奄의 重慶正權

輸送力 極度로 逼迫! 物資의 缺乏 急激히 增大 (솔13권 11면, 나남17권 11면)

㉓虎列剌 新患者

2名 또 發生

⇒虎列剌 新患者 2名 또 發生 (솔13권 11면, 나남17권 11면)


③ 독립된 문장이 누락된 경우

㉠"남천택이 누군데요?

(찬하가 물었다.)

"자네 모르나?" (솔13권 462면, 나남18권 198면)

㉡(솜을 두어 누덕누덕 기운 반두루마기도 벗어던졌다.) 그는 마루 끝에 망태를 내려놓고 신발을 벗는다. (솔6권 289면, 나남8권 232면)

㉢"성질이 거칠어서 걱정이지요"

("남자는 그래야.")

"명희의 목소리는 계속 허공에 뜬 것처럼 들렸다. (솔9권 479면, 나남12권 423면)

㉣그는 상처받은 짐승의 울부짖음과도 같은 소리를 이제 명희 앞에 드러내놓고 질러댔다. 빈 벌판에서 땅을 치는(⇒울부짖음을 치는) 노인의 모습과도 같은 것을 드러내어 놓았다. (솔10권 319면, 나남14권 47면)

㉤"당황해지는구나. 너 어찌 그리 변했지? 백 팔십 도쯤 되는 거 아니야?"

("내가 지금 바라는 것은 오늘 밤 꿈꾸지 않고 잤으면 좋겠다 그거야.")

"무슨 뜻이니?" (솔10권 368면, 나남14권 109면)

㉥농민들의 사회적 신분이 다른 나라와 달랐다는 것이 이유의 하나일 것 같아요. (미국은 아는 바와 같이 흑인 노예가 농사에 종사했고 러시아도 농노 머릿수에 따라 재산을 가늠했으며 유럽 장원제도에서도 결국 농민은 노예와 다름없지 않았을까요? 일본은 어떤가요? 돈벽쇼오(돼지 백성), 미즈노미학쇼오(물만 마시고 사는 백성)니 하면서 사회적 지위는 밑바닥 아니예요? 가혹한 수탈을 당해왔고 물만 마시는 백성인 것도 다를 바가 없지만 조선 농민들의 자긍심은 사회적 신분이 그리 낮지 않다는 데서도 오는

것일 거예요. 농은 상, 공을 앞지르고 말하자면 상민에서 상층에 속하지요. 농자 천하지대본이라든가), 노래에도 농부님네 하며 경칭을 붙인다든가, (솔11권 283면)

수백 년 동안 유교적 도덕관이 농민들 발목을 잡아맨 사슬 노릇을 했다고도 할 수 있으나 그것이 저항 없이 받아들여졌고 굳게 자리 잡은 것은 농민들의 사회적 신분이 다른 나라와 달랐다는 것이 이유의 하나일 것 같아요. 미국은 아는 바와 같이 흑인 노예가 농사에 종사했고 러시아도 농노(農奴) 머릿수에 따라 재산을 가늠했으며 유럽 장원제도(莊園制度)에서도 결국 농민은 노예와 다름없지 않았을까요? 일본은 어떤가요? 돈벽쇼오(돼지 백성), 미즈노미햐쿠오(물만 마시는 백성)니 하면서 사회적 지위는 밑바닥 아니에요? 가혹한 수탈을 당해왔고 물만 마시는 백성인 것도 다를 바가 없지만 조선 농민의 자긍심은 사회적 신분이 그리 낮지 않다는 데서도 오는 것일 거예요. 농은 상, 공을 앞지르고 말하자면 상민에선 상층에 속하지요. 농자천하지대본(農者天下之大本)이라든가, 노래에도 농부님네 하며 경칭을 붙인다든가, 가난한 선비들도 그 자신이 농사를 지으며 그것을 수치로 생각지 않았으니까, 해서 아까 모방이란 말이 나왔지만 선비들 언행에 준해서 선영 봉사라든가 의관의 정제, 예의범절, 불문율은 엄했구요. 시골 장터에서 농민이 장사꾼에게 하대하는 것은 흔히 볼 수 있는 광경이지요. 언젠가 한번 시

적이란 말들을 하는데 저는 조선농민의 보수성은 상당히 질적으로 다르다는 생각입니다. 수백 년 동안 유교적 도덕관이 농민들 발목을 잡아맨 사슬노릇을 (했다면)했다고도 할 수 있으나 그것이 저항 없이 받아들여졌고 굳게 자리잡은 것은 농민들의 사회적 신분이 다른 나라와 달랐다는 것이 이유의 하나일 것 같아요. 노래에도 농부님네 하며 경칭을 붙인다든가, 가난한 선비들도 그 자신이 농사를 지으며 그것을 수치로 생각지 않았으니까, 해서 아까 모방이란 말이 나왔지만 선비들 언행에 준해서 선영 봉사라든가 의관의 정제, 예의범절, 불문율은 엄했구요. 시골 장터에서 농민이 장사꾼에게 하대하는 것은 흔히 볼 수 있는 광경이지요. 언젠가 한번 시골로 내려갔을 때 손님을 맞이한 농부가 우선 세수를 하고 옷을 갈아입은 뒤 갓을 쓰고 손님과 맞절

제3편 비애가 아닌 생명의 한 / 115

▲ 솔본 11권 283면과 나남본 15권 115면. 솔본의 다섯 문장이 나남본에서 탈락한 경우.

④ 작가의 독특한 표현이 바뀌거나 사라진 경우

㉠ "……?" (…생략…) (솔1권 334면, 4권 115면, 195면, 나남2권 39면, 나남5권
140면, 241면)

㉡ "야." (…생략…) (솔1권 108면, 나남1권 160면)

㉢ "……" (…생략…) (솔1권 402면 8줄, 나남2권 124면)

㉣ "……?" (…생략…) (솔2권 128면 20줄, 나남2권 285면)

㉤ "응." (…생략…) (솔2권 251면, 나남3권 45면)

㉥ "네." (…생략…) (솔4권 45면 24줄, 나남5권 53면)


⑤ 다른 판본을 고쳤으나 잘못된 경우

㉠ "와?"("야?") (솔3권 276면, 나남4권 201면)

㉡ 월선이(월선)에게 눈을 흘기며 임이(임이네가) 부엌으로 들어간다. (솔3권
412면, 나남4권 371면)

㉢ 저녁을 굶고 잤기(잤기) 때문에 속이 비어 (솔3권 415면, 나남4권 375면)

㉣ 조금이라도 (도울 방법이라도 있다면), 도울 방법이라도 있다면, 내게 책임
이 있기 때문이다. (솔11권 259면, 나남15권 87면)

㉤ 엄격한 눈빛 속에 강한 힐난이 있다.(힐난이었다.) (솔7권 364면, 나남10권
14면)


①-㉠은 '재적(在籍)'이란 낱말이 어렵다고 보고 편집자가 그 뜻을 풀
어 '재학중'이라고 고친 것으로 보인다. 이에 비해 ①-㉡은 '기화'란 낱
말이 '기회'와 유사하기 때문에 스캐너에 의해 잘못 인식되었을 가능성이
있으며 ①-㉢은 스캔 작업의 특성으로 인해 빚어진 사태라고 보인다.
'……'표시가 스캐너에 제대로 읽히지 않아 물음표로 표시되었을 가능성
이 있는 것이다. 그 양상은 두 대화문이 하나로 합쳐진 ②-㉠, ②-㉡ 등
에서 잘 나타난다. 스캐너에서는 인용부호의 표시가 부정확한 경우 하나
의 대화로 판독되기 쉽기 때문이다. 그 사정을 잘 나타내 주는 것이 신문
의 타이틀을 표시한 ②-㉤과 ②-㉥이다. 신문의 표제이기 때문에 원래
행을 달리하여 표시되었던 글자들이 스캔 작업을 한 나남본에서는 한 줄

에 표시되고 있는 것이다. 스캐너가 여러 줄을 한 줄로 합친 줄을 모르고 수정하지 않은 까닭에 변형이 생긴 것이다. 또 대화 중의 독립된 문장이 사라지고 짧은 대화의 표시나 작가의 독특한 문체인 '……?'가 여러 곳에서 사라진 것도 스캐너를 사용해본 사람은 왜 그렇게 되었는지 경험을 통해 충분히 이해할 수 있다. 사람이 읽었을 경우 각기 한 줄을 차지하고 있어 쉽게 식별되는 이 표현들이 스캔 작업에서는 앞뒤 문장에 달라붙어 쓸모없는 첨가이거나 잘못된 표시로 간주되기 십상인 것이다.

나남본에 나타나는 과오는 편집자의 의도적인 개입이 원인이 된 부분도 일부 있지만 많은 부분은 스캔 작업의 과정에서 나타난 특징과 연관된 것이라고 생각된다. 스캔 작업의 과정에서는 단음절 문자나 부호만 있는 경우 그것이 위아래 문장에 연결되어 편집자의 눈에는 쓸모없는 것이라고 판단되기 쉬우며 문장들이 날아가는 것도 디지털 기기의 특성상 그리 드문 일이 아니다. 그러므로 스캔 작업을 하는 경우 하나의 텍스트와 꼼꼼히 대조하여 오류를 바로잡는 일이 필요했을 것이다. 그런데 그 대조작업에 사용된 텍스트가 1부 초반부를 제외하고는 대부분 가장 원본의 훼손이 심각한 지식본이었다는 점이 나남본의 불행인 셈이다. 물론 나남본에는 삼성본을 참조한 흔적도 나타나고 솔본이 지닌 과오를 바로잡은 경우도 종종 눈에 띄지만 그것이 스캔 작업을 통해 지형을 만들고 지식본을 중요 원본으로 이용한 데서 생긴 크나큰 문제점들을 덮어버리거나 보상할 수는 없었던 것이다.


## 7) 판본의 계통

지금까지의 각 판본이 지닌 특성에 대한 고찰을 통해서 『토지』의 원본이 어떤 변형 또는 훼손의 과정을 밟았는지 대강의 윤곽이 드러났다. 그 과정을 설명하면 작가의 1부 원고가 연재되면서 약간의 오·탈자가 나타났으며 연재본을 원본으로 하여 책을 만드는 과정에서 작가의 수정 작업이 행해졌다. 따라서 문학사상사에서 간행된 1부는 다른 어떤 판본보다도 권위본의 성격을 지닌다. 2부도 마찬가지로 잡지에 연재되었다가 책으로 만들어지는 과정에서 작가의 수정 및 개작이 있었을 것이라고 생각되지만 실제로 수정작업의 흔적은 뚜렷하지 않고 오히려 책으로 만들면서 연재본에서 탈락된 부분이 자주 눈에 띈다. 그러므로 2부를 책으로 간행한 문학사상사본(삼성출판사 인쇄)보다 연재본이 권위본으로서의 자격을 지니며 잡지에 연재하지 않고 전작으로 집필된 후반의 대략 1권 분량에 한해서만 문학사상사본이 권위본이 된다고 할 수 있다. 3부는 연재본에 두 계통이 있고 『독서생활』과 『한국문학』에 연재된 것이 나중에 책으로 간행될 때 주로 이용된 것으로 보인다. 그러므로 작가의 수정 작업이 확인되지 않은 상태에서는 이 연재본이 어떤 판본보다도 권위본이 될 수 있을 것이다. 4부는 1편 1장을 빼놓고는 수정이 조직적으로 이루어져 있지 않다. 따라서 부분적으로 문장의 순서 등을 바꾼 수정은 출판사의 편집자에 의해 이루어졌을 가능성이 크다고 판단된다. 곧 1편 1장을 제외하고는 연재본이 권위본의 성격을 지니게 되는 것이다. 5부는 연재가 끝나자마자 솔출판사에서 간행하였다. 작가가 수정할 시간적 여유가 없었으므로 연재본이 곧 권위본의 성격을 지닌다.

이와 같은 검토를 통해서 『토지』의 판본 가운데 의외로 연재본의 중요성이 점차 부각된다. 다른 판본들의 신뢰성이 약한 사실이 드러나면 드러날수록 그에 반비례해서 작가의 원고에 바탕을 두고 만들어졌을 연재본의 존재가 매우 결정적인 위치를 차지하게 되는 것이다. 그러나 각 출판사들은 책을 제작할 때 연재본보다는 앞서 간행한 출판사의 판본을 주로 이용한 것으로 보인다. 그 과정에서 만들어진 판본간의 계통을 도표로 표시하면 다음과 같다.

# 『토지』 판본 계통도

원고
1부원고
2부원고
3부원고
4부원고
5부원고
『현대문학』
연재
1969.9
~1972.9
『문학사상』
연재
1972.10
~1975.10.
연재않은 원고
『주부생활』
『독서생활』
『한국문학』
1977.1
~1979.12
연재
『마당』
『정경문화』
『월간경향』
1981.9
~1988.5
연재
『문화일보』
연재
1992.9
~1994.8
작가 수정
문학사상사본(1973.6~1978.5)
삼성출판사본(1973.6~1988.12)
편집자 수정
지식산업사본(1979.10~1988.12)
솔출판사본(1994.8~1996.11)
편집자 수정
나남출판사본(2002.1~현재)

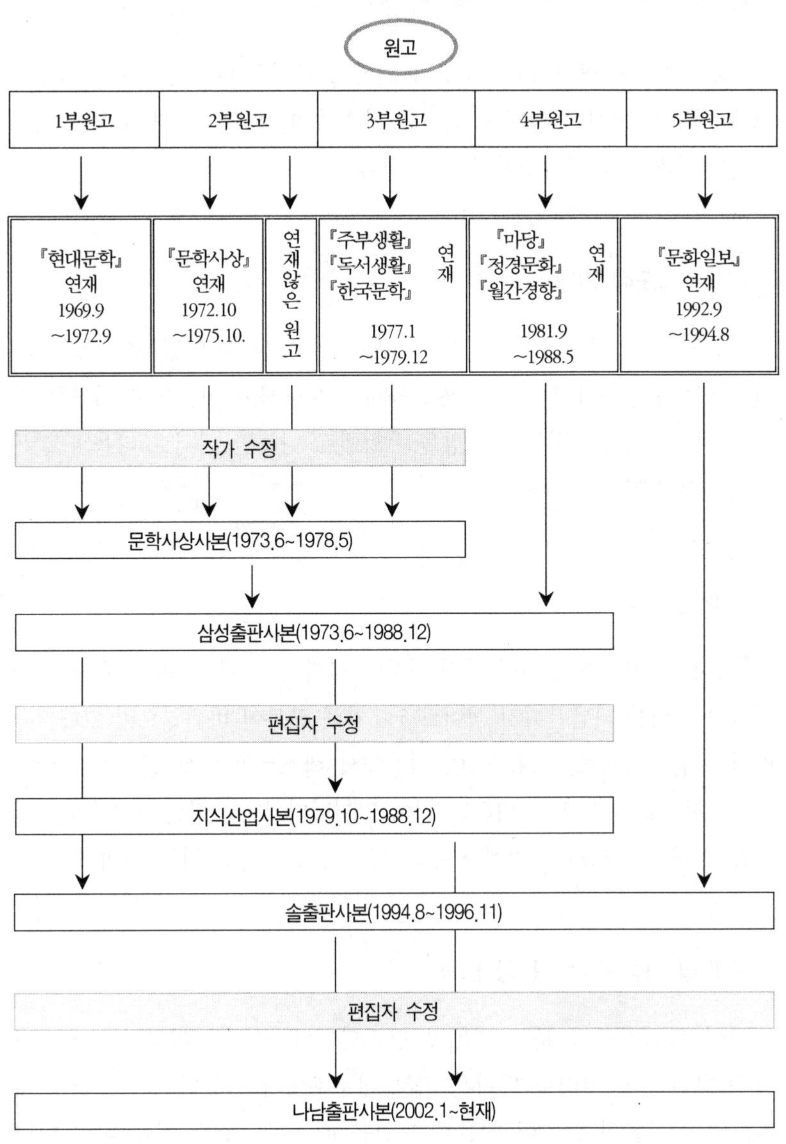

## 8) 판본들에 나타난 수정 및 변형의 원인 분석

『토지』의 판본에 나타난 수정과 왜곡의 양상은 다종다양하다. 그것을 크게 나누면 변형이 일어난 원인의 성격에 따라 의도적인 수정과 비의도적인 변형으로 구분하여 볼 수 있다.

### (1) 비의도적 변형

작품의 각 판본에 대한 비교 분석에서 살펴 볼 수 있었듯이 『토지』의 판본에는 편집자가 의도하지 않았음에도 불구하고 원본에서 이탈한 변형이 나타난다. 그 변형의 양상을 유형별로 나누면 대체로 다음과 같은 원인을 지적할 수 있다.

#### ① 편집 과정에서의 오·탈자

『토지』는 지금까지 여러 차례 판본이 바뀌었다. 연재본부터 현재 시중에서 유통되는 나남본까지 적어도 5~6차례 판본이 바뀌었으며 그때마다 매번 편집자의 손을 거쳤다. 이 과정에서 텍스트의 일부 글자가 탈락하거나 다른 글자로 잘못 찍히는 일이 일어났다. 가장 단순한 변형이지만 작품 전체를 고려하면 엄청난 수의 변형이 일어나고 있는 셈이다.

#### ② 편집 과정에서의 문장 탈락

판이 달라지면서 문장 전체가 탈락되거나 장소를 이탈하는 경우도 자주 발견된다. 이러한 탈락은 판본 대부분에서 관찰되고 있지만 상대적으로 삼성본의 탈락이 비율로 보았을 때 매우 많다. 이에 비해 나남본에서는 대화나 짧은 문장이 탈락하는 경우가 많은데, 이는 책의 지형

을 스캔 작업을 통해 만든 제작 공정과 밀접한 관계가 있었을 것으로
추정된다.


### ③ 문장 부호 및 띄어쓰기의 변화

이 작품 속에는 책의 표시라든가 특정한 단어의 외국어 표시, 보충설
명, 격언이나 인용 등이 많이 등장한다. 그런데 이것을 표시하는 문장부
호나 표현법이 판본에 따라 달라지는 양상이 나타난다. 이와 함께 띄어
쓰기도 출판사에 따라 다르게 표시되는 경우가 있다.


### (2) 의도적 수정

판본이 달라지면서 나타나는 변형 가운데 의도적 수정의 비중은 매우
높다. 이는 판본간의 이동과정이 복잡한 경로를 지니고 있기 때문이기도
하지만 근본적으로는 원본을 존중해야 한다는 의식이 출판사 편집자들
에게 별로 없었다는 점과 긴밀한 상관관계를 지닌다. 의도적 수정의 원
인을 유형화하면 다음과 같다.


### ① 맞춤법 규정의 변화

1990년에 이루어진 맞춤법 규정의 변화는 솔본 이후의 판본에 큰 변
화를 가져온다. 특히 서술어의 종결어미인 '~읍니다'가 '~습니다'로 바
뀌게 됨에 따라 대부분의 문장에서 표기 양태가 변화하고 있고 '외토리'
가 '외톨이'로, '쟁이받이'가 '장이바치'로, '세 살백이'가 '세 살바기'로
바뀌는 등 일부 단어의 표기가 바뀌었다. 또 외래어의 표기에 경음을 쓸
수 없게 됨에 따라 여러 곳의 표기가 달라졌다. 이밖에 사투리의 표기
방법에 큰 변화가 나타난 것(어근을 표시하는 방법 등 : 사라무⇒사람우, 어러븐

⇒어렵은)도 맞춤법 규정의 변화와 관련된다.


　②편집원칙

　각 출판사는 책을 발행하면서 원본의 상태를 보존한다는 원칙보다는 자기 회사의 편집방침에 따른다는 원칙을 우선시했던 것으로 보인다. 이에 따라 『토지』 판본들 사이에는 다양한 변이가 나타난다. 그 가운데 일부 출판사는 원본이 왜곡되는 것까지도 감수하면서 자사의 편집원칙을 일률적으로 적용하고 있다. 이에 따라 문장부호가 바뀌기도 하고 주격조사를 다른 형태로 바꾸기도 하며 보충설명의 방식이 달라지기도 한다.


　③편집자의 비판적 수정

　소설도 예술작품인 한 작자가 아닌 사람이 원문에 손을 대는 것은 일종의 금기에 해당된다. 시의 경우 한자 표시를 한글 표시로 바꾸는 것까지도 원본을 훼손하는 행위로 인식되는 것이 일반적이다. 그러나 대하소설인 『토지』를 간행한 출판사들의 경우 이런 원본 존중의 태도는 별로 두드러지게 나타나지 않는다. 구체적으로 예를 들면 지식산업사와 나남출판사의 편집자는 일부 단어를 바꾸는 것은 말할 것도 없고 임의로 표제나 문장을 새로 만들기까지 하고 있다. 그 중에서도 특히 지식산업사의 편집자가 자행한 비판적 수정은 책의 모든 페이지를 고쳐 놓고 있다고 말할 수 있을 정도이다. 이 지식본을 나남출판사의 판본이 대부분 따르고 있기 때문에 현재 시중에서 유통되는 나남본 『토지』는 작가가 원래 지었던 원본과 매우 크게 달라져 있다. 많은 제목들이 편집자가 만든 제목으로 바뀌었을 뿐만 아니라 본문도 가장 다양한 변형을 지니고 있는 것이다.

이상의 고찰을 통해서 『토지』의 판본들에 나타난 변형이, 그것이 의도적이었든 비의도적이었든 간에, 원본의 왜곡과 훼손의 과정이었다는 사실을 확인할 수 있다. 따라서 정본을 확정하기 위해서는 이와 같은 왜곡과 훼손을 제거하고 작가가 원래 만들었던 원형의 상태를 회복하는 일이 가장 중요하고 시급한 일이라 할 것이다.

## 4. 수정 및 개작의 의미

이 작품에 대한 작가의 직접적 수정은 1부와 4부 초반부를 포함한 일부에 국한된다. 따라서 그것은 작품의 근본적인 성격을 변화시키는 것이 아니라 일부분의 표현을 바꾼 것이다. 작품의 골격을 바꾼 개작이라기보다는 잘못된 것을 정정하거나 표현 형식의 일부를 바꾼 수정의 수준에서 멎은 것이다. 여기서는 수정과 개작을 엄밀하게 구분하지 않고 작가 자신이 최초의 텍스트를 나중에 개정한 작업을 통칭하는 의미로 사용한다. 작가의 수정과 개작에 대한 고찰은 부분적이나마 작품의 성격을 이해하는 데 좋은 시사점을 줄 수가 있을 뿐만 아니라 정본 작업에 중요한 정보를 제공하는 참조점이 된다. 아래에서는 작가가 고친 부분의 특성을 중심으로 유형을 나누어 고찰한다.

### 1) 단어의 교체

작가가 고친 내용 가운데 단어가 바뀐 경우는 대체로 세 가지 형태로 나누어 볼 수 있다.

① 인명이 바뀐 경우
㉠ 푸건이 ⇒ 선이 (솔1권 117면)
㉡ 복동이 ⇒ 바우 (솔1권 278면)
㉢ 거북이 ⇒ 거복이 (솔1권 348면)
㉣ 차석이 ⇒ 천석이 (솔3권 48면)

② 둘째 지명이나 사물의 명칭이 바뀐 경우
㉠ 천음사 ⇒ 천은사 (솔1권 279면)
㉡ 송사리양반 ⇒ 피래미양반 (솔1권 338면)
㉢ 도미양반 ⇒ 숭어양반 (솔1권 338면)

③ 비속어가 다듬어진 경우
㉠ 이마빡 ⇒ 이마빼기 (솔1권 46면)
㉡ 얼빠진 놈 ⇒ 경박지사 (솔10권 11면)

이상의 수정은 주로 작품 창작시에 혼동한 인명이나 사물의 명칭을 개정한 것, 또는 적합하지 않은 표현을 바꾼 경우이다. 이밖에 서술어나 수식어가 바뀐 경우도 있지만 그 양태는 앞의 사례와 대동소이하다.

## 2) 문장 및 문체의 변경

작가의 수정이 좀더 적극적으로 이루어진 양태는 문장을 바꾸어 쓰거나 문체를 바꾼 데서 드러난다. 그 양태는 다음과 같다.

① 설명을 축약하거나 보완한 경우
㉠ 저번 장날같이 (문에) 쇠통이 걸려 있었다.
　'허행이구나. 어디 갔일꼬?'
　(사람이 있다면 쇠통이 걸렸을 리 만무다. 그러나) 용이는 문을 와락와락

흔들어본다. (솔1권 265~266면)

ⓛ무슨 송덕비, 이끼긴 열녀비, 또는 장승 옆에 한두 그루씩 서있는 백일홍
나무에 물기 잃은 바람이 지나갈 것이다.

⇒이러고 저러고 해서 세운 송덕비며 이끼가 낀 열녀비며 또는 장승 옆에
한두 그루씩 서있는 백일홍나무에는 물기 잃은 바람이 지나갈 것이다. (솔
1권14면)

② 문장을 나누거나 합친 경우

㉠구천이는 눈을 반쯤 감은 모습으로 마을을 내려다보면서 지난 정월 대보
름날 당산에 달집을 지어놓고 불을 지르던 광경을 되새기고 있었다.

⇒구천이는 눈을 반쯤 감고 마을을 내려다보고 있다.

지난 정월 대보름날에는 당산에 달집을 지었다. (솔1권 16면)

㉡배추, 무를 심은 채마밭에 저녁안개가 서서히 밀려들어오고 있었다. 부시
시한 매무시를 한 김서방댁이 부엌에서 나왔다 들어갔다 한다.

⇒무 배추를 심은 채마밭이 아슴아슴한 저녁 안개에 싸여들어가고 있고
부스스한 옷매무새의 김서방댁이 부엌을 들락거리며 부산을 떨고 있다.
(솔1권 16면)

③ 대화를 극적 구조로 바꾼 경우

㉠"이 사람들아! 사랑도 품앗이라고 타작마당에서만 이럴 끼이 아니라 개
기 많이 나게 강가 가서 한마당 굴리자! 용왕님네 비우도 좀 맞차야 안하
것나!"

⇒"이 사람들아! 사랑도 품앗이라 안 하더나!"

"머라 카노? 자다 봉창 뚜드리네."

"타작마당에서만 이럴 기이 앙이라 강가에서도 가서 한마당 굴리자!"

"그는 또와?"

"용왕님네 심사도 풀어주어야 안 하겠나? 그래야 개기도 풍년이 들제."
(솔1권 13면)

목수가 본업이요 섬진강의 강태공인 곰보 홀아비(정확히는 총각) 윤보는
"이 사람들아! 사랑도 품앗이라 안 하더나?"
"머라 카노? 자다 봉창 뚜디리네."
"타작마당에서만 이럴 기이 앙이라 강가에도 가서 한마당 굴리자!"
"그는 또 와?"
"용왕님네 심사도 풀어주어야 안 하겠나? 그래야 개기도 풍년이 들제."
"젯상에도 못 오르는 민물개기가 어디 개기가! 당산에 가자! 당산에!"

목수도 본업이요, 낚시질도 본업인 곰보딱지 윤보는
"이사람들아! 사랑도 품앗이라고 타작마당에서만 이럴 끼이아니라 개기 많이 나계 강가 가서 한마당 굴리자구 용왕님네 비우도 좀 맞차야 안하겠나—"
"젯상에도 못 올라가는 민물괴기가 어디 괴기가— 당산에 가자— 당산엔"

▲ 솔본 1권 13면과 연재본.
연재본의 대화를 솔본에서 극적 구조로 바꾼 경우, 작가의 개작으로 보임.

### ④ 서술의 표현을 바꾼 경우

좀 있으면 달이 솟을 것이다. 나뭇잎이 떨어진 마을 우물에, 박이 누워 있는 부드러운 초가지붕에, 하얀 금을 그은 소나무 사이 오솔길에 달이 비칠 것이다. 달이 솟으면 수천, 수만, 수억의 눈들이 바라볼 것이다. 헤일 수 없이 많은 풍경은 하나의 달을 위해 배경이 되어줄 것이다. 그러나 대지를 포용할 수 없고 온기를 잃어버린 석녀(石女)같은 달은 영원히 외로울 수밖에 없다.
⇒ 얼마 되지 않아 달은 솟을 것이다. 낙엽이 날아내린 별당 연못에, 박이 드러누운 부드러운 초가지붕에, 하얀 가리마 같은 소나무 사이 오솔길에 달이 비칠 것이다. 지상의 삼라만상은 그 청청한 천상의 여인을 환상하고 포용하려 하나 온기를 잃은 석녀(石女), 달은 영원한 외로움이요 어둠의 강을 건너

는 검은 명부(冥府)의 길손이다. (솔1권 16면)

①-㉠에서 작가는 문장의 군더더기가 되는 불필요한 부분들을 최대한 생략하고 있다. 생략이 묘사 방법의 하나라는 점을 일깨워주는 수정이라고 할 만하다. 이에 비해서 ①-㉡은 문장의 부드러운 흐름을 고려해 적당한 수식어를 사용한 예이다. ②-㉠에서도 역시 간결한 문장 속에 함축을 깊게 하는 처리 방식이 사용되고 있는데 ②-㉡에서는 '아슴아슴한' 안개가 주위를 포위해 들어가는 듯한 정경을 제시하고 김서방댁이 공연히 부산을 떠는 양태를 서술에 첨가하여 등장인물의 성격적인 측면까지 암시하고 있다. 이에 비해서 ③-㉠은 이 작품 전체의 형상 구축 방법을 축소해 놓은 듯한 극적 장면의 구성이다. 서술로서는 느슨하게 설명하는 방법으로 표현할 수밖에 없는 내용을 몇 개의 대화를 도입함으로써 하나의 장면이 형성되게 하고 인물들 하나 하나가 생동하게 만드는 극적 처리 방식을 선보여 주고 있다. ④항은 자연 묘사가 자연 묘사에 그치지 않고 인물과 사건의 형상화와 어떻게 결합될 수 있는지 교과서적인 모범을 보여 준다. '마을 우물'을 '별당 연못'으로 바꿈으로써 자연 묘사를 통해 환기된 심상이 중심 사건과 결합되게 만들고 있으며 '삼라만상'과 '청청한 천상의 여인'의 관계를 설정함으로써 표현이 등장인물들뿐만 아니라 인간 존재 일반의 근원적인 비극성까지 함축하도록 하고 있다.


## 3) 인물의 성격 형상화를 바꾼 경우

작가가 수정한 내용 중에서 인물과 관련된 부분은 상대적으로 비중이 크다. 어떤 인물이 어떻게 형상화되느냐에 따라 사건의 성격이 일정하게 조정된다고 할 때 성격 형상화 내용의 변화는 작가가 구상하고 있는 작품의 구도를 엿볼 수 있게 해준다.

### ① 최치수의 성격화

최치수 콧날에 금실 같은 한줄기 불빛이 미끄러진다. 수그러진 그의 콧날이 날카롭다. (온갖 신경질, 짜증이 감돌고 있는 옆모습은 당장에라도 벌떡 일어서서 눈을 부릅뜨고 고함을 칠 것같은 위태위태함을 느끼게 한다.)
⇒이 세상 온갖 신경질과 우수가 감도는 옆모습, 당장에라도 벌떡 일어서서 눈을 부릅뜨고 고함을 칠 것같은 위태위태한 분위기가 방안 가득히 맴돈다. (솔1권 15면)

### ② 이용의 성격화

흰 베수건 어깨에 걸어, 장구를 짊어진 이용(李龍)이는 누구니 누구니 해도 마을에서는 제일 풍신좋고 인물 잘난 사나이다. 싱긋이 웃으며 큰 키를 점잖게 가누고 맴을 돌며 장단을 맞추고, 칠성이 북을 더덩 덩! 치면 무우같이 미쭉한 영팔이 욱, 욱 헛힘을 주어 춤을 출 것이다.
⇒나이 좀 처지는 축으로는 장구 멘, 하얀 베수건 어깨에 걸고 싱긋이 웃으며 큰 키를 점잖게 가누어 맴을 도는 이용이다. 누구니 누구니 해도 마을에선 제일 풍신 좋고 인물 잘난 사나이, 마음의 응어리를 웃음으로 풀며 장단을 치고, 칠성이 북을 더덩덩! 뚜드리면 무같이 미쭉한 영팔이는 욱욱 헛힘을 주어 춤을 추고 있을 것이다. (솔1권 13면)

### ③ 귀녀의 성격화

어쨌든 최참판댁의 하인들은 모두 미결인 채, 어떤 결말이 날지 모르는 사태 속에서 무거운 분위기에 싸여 상전의 근심인 양 상전의 수모가 자신의 수모인 양, 그러면서도 구천이나 별당아씨에게 닥칠 운명에 대한 동정을 저버릴 수 없는 심정이었던 만큼 불난 집에 부채질하듯 은근히 좋아하는 귀녀의 행동거지는 눈에 벗어날 수밖에 없었다. 귀녀는 그러나 고립되어 미움을 받으면 받을수록 누구 약이라도 올려주는 듯 눈 밑으로 사람을 내려떠보며 얄잡는 품을 재는 것이었다. 세차게 치면 세차게 돌아오는 공과 같은 여자였다. 그러나 그것이 신경질적인 것은 아니었고 질기게 물어서 늘어지는 것 같은 이상한 압력이었다. 이러쿵저러쿵하던 치들도 차츰 귀녀를 두려워하며 정면의 감정표시를 피하게 되었지만 수동이만은

⇒어질고 아름다운 여인은 그 존재 자체만으로도 남자들의 행복이요 여자들은 동경하게 되는데, 남자의 경우에서도, 아무튼 최참판댁 하인들은 상전댁을 위해 우울하고 그들 남녀를 위해선 암담해지는 갈등을 느끼고 있었는데 유독 귀녀의 행동거지만은 그렇지가 않았다. 불난 집에 부채질하는 것 같은 의기양양한 언동은 자연 눈에 거슬릴밖에 없고 노골적인 따돌림을 당할 수밖에 없다. 그러나 귀녀는 외토리가 되어 미움을 받으면 받을수록 누구 약이라도 올려주려는 듯 눈 밑으로 사람을 내리떠보며 얕잡는 폼을 재는 것이었다. 세차게 치면 세차게 돌아오는 공 같은 여자였다. 그것도 신경질적이 아닌 찐득하고 물고 늘어지는 그런 집요한 반격 …… 해서 귀녀를 두고 이러쿵저러쿵하던 치들도 차츰 기분 나쁜 그 압력에 눌리어 면전에서는 입을 봉하게 됐는데 수동이만은  (솔1권 48면)

최치수의 성격화에 대한 수정에서 '우수가 감도는'이라는 표현은 작가가 한 인물의 묘사에서 그 인물이 지니고 있는 이중성을 고려하고 있다는 점을 보여준다. 금방이라도 어떤 급박한 사태를 야기할 듯한 분위기가 느껴지지만 정작 그 인물에게는 우수가 어려 있다는 복합적인 사물 인식이 잠재해 있는 것이다. 이 양상은 '위태위태함을 느끼게 한다'가 '위태위태한 분위기가 방안 가득히 맴돈다'로 바뀐 데서도 나타난다. 전자에서는 '위태위태함'을 느끼는 존재가 서술자로서 주관적인 서술이지만 후자에서는 '분위기가 맴돈다'라고 하여 객관성을 표방하게 된다. 이용에 대한 성격 형상화를 수정한 사례에서는 원래 없었던 '마음의 응어리를 웃음으로 풀며'라는 대목이 들어간 점이 주목된다. 이후의 작품 전개에서 중요한 한 이야기가닥인 이용과 월선의 애정문제에 대한 복선이 그 표현을 통해 마련되고 있다. 한편 작가는 귀녀에 대한 수정에 많은 공력을 기울이고 있다. 전체적으로 귀녀의 성격을 명확히 하면서도 '은근히 좋아하는'이라는 표현이 '의기양양한 언동'으로 객관화되고 있음은 물론 '자연 눈에 거슬릴 수밖에 없고 노골적인 따돌림을 당할 수밖에 없

다'고 등장인물의 시점에 의해 그 결과가 파악된 것으로 처리하고 있다. 또한 귀녀의 행동이 '질기게 물어서 늘어지는 것 같은 이상한 압력'이 된다는 주관적 표현을 '찐득하고 물고 늘어지는 그런 집요한 반격'이라고 바꾸어 그것을 객관적 존재의 특성으로 성격 지운다. 그와 같은 성격 부여에 의해 사람들이 '차츰 귀녀를 두려워하며 정면의 감정표시를 피하게 되'는 원인을 분명히 드러내어 '차츰 기분 나쁜 그 압력'이라고 객관적 존재로 변환시켜 표현하며, 그로 인해 사람들이 '면전에서는 입을 봉하게 됐'다는 구체적 행동의 변화 원인을 표시하고 있는 것이다. 전체적으로 작가는 인물의 성격 형상화에서 서술자의 주관적 서술이나 인물의 느낌에 의존하기보다는 대상을 객관화하려는 노력을 기울이고 있는 것이다.

## 4) 주제적 측면을 고려해 바꾼 경우

작가가 비교적 많은 손질을 가한 1부 초반부와 4부 1편에서 주로 많이 수정된 내용은 무엇보다도 작가의 의식이 직접적으로 표출되는 서술부분이다. 그 내용을 대강 분류하면 다음과 같은 유형들을 추출할 수 있다.

① 작가의 사물에 대한 이해를 반영한 경우
㉠ 작년 오월 진주서 조직된 형평사는 자제에게 교육을 시키겠다는 치열한 희망을 표시하는 백정과 그것을 철저하게 거부하는 시민들 간의 투쟁의 산물로 보아야 하는데 백정의 사위 관수는 물론 선봉에 선 투쟁파였으나 1920년 이월에 서울 광무대에서 조직한 조선노동공제회 현재는 조선노농 연맹과 합동했지만, 그 회원들의 열성적인 후원없이는 형평사 운동의 전개가 활발할 수없었던 것도 사실이다.
⇒ 투쟁파였다. 형평사가 진주서 조직된 것은 물론 인간의 대접을 받고자 한 백정들의 자각 때문이지만 조선노동공제회, 현재는 조선노농연맹과 합

동했지만 그 회원들의 열성적인 후원없이는 조직과 운동의 전개는 어려웠
을 것이다. (솔8권 206면)

② 사회적 현상에 대한 작가의 의식을 반영한 경우
㉠ "형편없는 우문이다. 인간의 총체는 인류가 아닌가. 민족은 부분이다. 인간
의 비극은 인류의 비극이요 민족의 비극도 인류의 비극이다. 인류에서 출
발하여 인류로 종언될 운명을 내가 우려하면, 그래 이상주의인지 모르겠
다. 하지만 체모없는 이기주의와 어찌 동렬이냐? 그것은 동쪽과 서쪽만큼
서로 멀고 상합할 수 없는 거다. 그러나 나는 민족을 부정하지는 않았다.
약육강식의 민족주의를 부정했을 뿐이야."
⇒ 개인이건 민족이건 생존을 저해하고 압박하는 것은 죄악이며, 근본적으
로 부조리이다. 이런 말 하는 나를 이상주의자라 흔히들 비웃지만, 하지만
염치없는 이기주의를 어찌 옳다 하겠느냐. 애국, 민족만 내세우면 범죄도
해소되는 그 기만을 수긍할 수가 없다. 그리고 나는 민족을 부정하지는 않
았다. 약육강식의 민족주의를 부정했을 뿐이야. (솔10권 352면)

㉡ "무슨 소리. 너는 벌써부터 아전인수를 농하느냐? 그리고 도식적 그따위
사고방식은 대단히 경계해야만 할 일이다. 하나에 하나를 보태면 둘이다.
그건 너의 말대로 확고한 강자다. 그러나 인간은 집합된 세포, 그게 본질
은 아니야. 어떤 면에서는 국수주의자들이야말로 유물론자보다 더욱 더
유물적이라는 사실, 그들은 신까지도 방편으로 삼고 주판을 놓아 보고, 깡
그리 미래가 없는 현실주의자들이지."
⇒ 물론 그렇다. 그러나 아무리 빼고 더하고 해도 생명은 산출되지는 않는
다. 인간존엄성도 산출되지는 않는다. 인간의 생명과 존엄은 본질적으로 어
느 누구도 침해하고 억압할 권리는 없어. 사회주의 유물론을 눈의 가시처
럼 생각하는 일본 보수파들, 그들이야말로 알고 보면 철저한 유물론자 아
니겠느냐? 신도니 황도니 그것 다 허울에 불과한 거야. (솔10권 353~4면)

③ 일본에 대한 비판의식의 강화
㉠ 아이들은 입에 넣을 수 없을 만큼 커다란 눈깔 사탕을 엄마가 칼로 깰 때
그 주변에 모여 앉는다. 그게 이 전이라든가, 동전 한 닢에 박하사탕이 두

개, '센베이'는 두 세 개쯤, 과자집의 하얀 앞치마 입은 주인은 눈살을 찌푸리며 과자 집게가 아이 손바닥에 닿지 않게 사탕을 떨어뜨려 주었다. 서민들과 업주와의 관계는 늘 그런 식이었고 거래라는 것도 대강 그런 정도였지만 절대다수라는 데서 그들 영업의 성패를 좌우하건만 소비자는 결코 왕도 손님도 아니었다. 거지였다.

⇒아이들 역시 동전 한 닢으로 향료도 없는 흑설탕의 눈깔사탕 한두 개, '센베이'가 두세 개, 그걸 입에 물면 행복해지는데 단순한 그 행복도 위협을 받고 마음에 상처를 받아야 얻어진다. 과자점의 하얀 앞치마 입은 오카마상(여주인)은 동전을 내미는 아이를 노려보기 일쑤였고 과자집게가 아이 손에 닿지 않게 사탕을 떨어뜨려주곤 했었다. 식민지의 서민들과 일본인 업주와의 관계는 늘 그런 식이었고 거래라는 것도 대강 그런 정도였지만 '마코'를 피우고 눈깔사탕을 먹는 편이 절대 다수인 만큼 영업성패에 무관하다 할 수 없건만 일인 업주는 소비자를 거지보듯 오만불손하였고 식민지의 가난한 백성은 내 돈 내고도 빌어서 먹는 시늉을 해야만 했다. (솔10권 13면)

ⓛ가렴주구에 항거한 민란도 수없이 있었지만 조선조 오백년, 나라에선 공전이라 하여 농민으로부터 땅을 거두어들인 일이 없었고 사유지의 경우, 땅문서라는 것이 애매모호 했으나 땅을 도적질해 가는 일이 없었고 항상 족하지 못한 살림인데 마을마다 객사가 있었고 여염집에서도 몇 끼의 밥, 잠자리를 거절하는 풍속은 없었다. 거지가 많았다면 인심이 후할 수 있었을까? 어째서 거지가 많고 게으른가, 총독부에 가서 물어볼 일이다. 빼앗은 땅을 독식하다시피 한 동척 보고 물어볼 일이다.

⇒가렴주구에 항거하는 민란도 수없이 있었지만 조선조 오백년, 나라에서는 공전이라 하며 농민으로부터 땅을 걷어들인 일은 없었고 설사 걷어들였다 한들 결국 조선백성이 경작하기 마련, 사유지의 경우도 땅문서라는 것이 애매모호했으나 땅문서 이상으로 윤리 도덕이 견고하여 남의 땅을 도적질하는 일은 없었다. 항상 족하지 못했지만 마을마다 대개 객사라는 것이 있었고 여염집에서도 한두 끼의 끼니, 잠자리를 거절하는 풍속이 아니었기에 나그네는 있었으나 거지는 흔치 아니했다. 그런데 어찌하여 삼천리 강산, 남의 땅으로 쫓겨간 사람이 부지기수인데 이 불운한 강산 거리

거리에 거지들이 떼지어 방황하고 있는 것인가. 일인들 왈 조선에는 웬 거
지가 이리 많으냐, 총독부에 가서 물어볼 일이다. 땅을 약탈하여 배가 불
러 터지게 된 동척에 가서 물어볼 일이다. 조선인은 게으르다, 어찌 게으
른가 그것 역시 총독부, 동척에 가서 물어볼 일이다. (솔10권 13~14면)

ⓒ 와가나 하이쿠의 풀어나갈 수 없는 피안의 세계 사이교나 잇사를 들고 나
오겠지요. 나도 실은 사이교를 무척 좋아하지요. 일본의 근원같은 것, 근원
치고도 가장 높은 것, 그러나 당신들은 리얼리즘에 접근한 시키부의 『겐지
모노가타리』를 매우 귀한 것으로 모셔 놓기는 하나, 일연의 『삼국유사』의
세계에는 아득히 미치지 못하오. 인간과 자연과 신비, 우주적인 것이 혼연
일체가 된 높고 아름다움에 비하면 『겐지모노가타리』는 인간잡사, 인간 정
사의 나열이며, 귀신도 칙칙하고 밑바닥에서의 맑음이 없어요 물론 고어
로서 난해한 점이 있기는 하나 그보다 대부분 많은 사람들이 다까야마 죠
규를 열광하지요.
⇒ 와가나 하이쿠의 풀어나갈 수 없는 피안의 세계 사이교나 잇사를 들고
나오겠지요. 나도 실은 사이교를 무척 좋아하지요. 맑은 줄기의 봉우리,
그러나 당신들은 리얼리즘에 접근한 무라사키 시키부의 『겐지모노가타리』
를 매우 귀한 것으로 모셔놓기는 하나, 일연의 『삼국유사』의 세계에는 아
득히 미치지 못하오 인간과 자연과 신비, 우주적인 것이 혼연일체가 된
높고 아름다움에 비하면 『겐지모노가카리』는 인간 잡사, 인간 정사의 나
열이며, 귀신도 칙칙하고 밑바닥에서의 맑음이 없어요 그는 그렇고, 대부
분의 일본인은 다카야마 조규를 열광하지요 (솔10권 152면)

ⓓ "가만히 생각해보십시오 일본의 옷이나 색채는 상당히 그로테스크 합니
다. 머리 모양도 첫째 빛깔은 투명하지가 않지요. 감색, 검정, 갈색, 붉은
빛 그런 것이 주조인데 기타 빛깔도 순수한 색채는 없지요. 옷 형태에 있
어서도 율동이 없습니다. 그들의 선은 모두 죽은 선 같아요 겨우 좀 흔들
리는 소매도 거지 율동은 아니거든요. 그들의 머리는 밀어 붙여서 뒤꼭지
쪽에 마개(상투)가 있으나 맨들맨들한 불모의 산 같은 것 역시 생명감이
없어요
⇒ 가만히 생각해보십시오 일본의 옷이나 색채는 상당히 그로테스크 합니

다. 특히 색채는 불투명하고 부피를 느끼지요 감색, 검정, 갈색, 붉은 빛
그런 것이 주조인데 기타 빛깔도 순수한 색채는 없지요 옷 형태에 있어서
도 율동이 없습니다. 그들의 옷은 거의 고정돼 있지요 겨우 좀 흔들리는
소매도 거지 율동은 아니거든요. 그들의 앞머리는 밀어 붙여 뒷머리만 모
아서 뒷꼭지 쪽에 마개(상투)를 만드는데 맨들맨들한 앞머리는 불모의 산
같이 역시 고정돼 있는 느낌입니다. (솔10권 161~2면)

①-㉠에서 작가가 수정한 내용을 살펴보면 형평사에 대한 설명이 대
부분을 차지한다. 곧 형평사가 조직된 배경을 '인간의 대접을 받고자한
백성들의 자각'으로 설명하고 있다. 그러나 ②-㉠에서 수정된 내용은
단순히 사물에 대한 지식의 증감과 관련된 것만은 아니다. 수정 이전의
문장에 비해 수정된 문장은 개인 또는 민족의 생존을 부정하는 것은 죄
악이라고, 부조리라고 단호하게 발언하고 그 입장에서 염치없는 이기주
의를 부정한다. 애국, 민족을 내세우면서 범죄 행위를 하는 사회현상, 곧
일본의 군국주의에 대한 강력한 비판인 것이다. 수정 전의 문장이 두루
뭉실하다면 수정된 문장은 사회 현상에 대한 명확한 인식과 그에 입각
한 비판이 조리정연하게 표현되고 있는 점이 특징이다. 이 양상은 작가
의 일본론에서 극치를 이룬다. ③-㉠에서 작가는 식민지배자와 피식민
지인 사이의 관계를 극명하게 드러낸다. 식민지배자들이 들고 들어온 새
로운 문물이 눈깔사탕처럼 입을 달작지근하게 해주는 것에 불과한데도
시혜를 베푸는 듯한 일본인의 태도를 비판한다. ③-㉡에서는 조선민족
의 가난이 그들의 게으름이나 나태에 기인하는 것이 아니라는 사실을
과거 역사에 대한 통찰을 빌어 설명한다. ③-㉢과 ③-㉣은 두 나라의
문화가 지닌 특성을 비교한다. 단순히 현실에 밀착하려 하고 그 근시안
에서 벗어나지 못하는 일본문화에 비해 한국문화의 우수성을 이야기하
며, 그러한 문화가 생활의 여러 국면에서 발현되는 양상을 의상을 예로
들어 서술하고 있다. 세밀히 살피면 작가의 일본문화에 대한 관찰이 수

정된 내용에서 훨씬 더 명료해지고 논리성을 띠게 된다. 그 예로 '빛깔은 투명하지가 않지요'가 '색채는 불투명하고 부피를 느끼지요'로 바뀌고 있는 것, '그들의 선은 모두 죽은 선 같아요'가 '옷 형태에 있어서도 율동이 없습니다'로 바뀐 것을 들 수 있다. 후자가 전자보다 대상을 정확히 포착하고 그 특성을 분별해서 살피고 있는 것이다. 작가의 수정 작업은 식민지배자들의 논리의 허구성을 격파하고 양국 문화의 차이를 극명하게 드러내는 쪽으로 향하고 있는 것이다.


## 5. 정본 확정의 필요성


　이 연구는 『토지』의 정본을 확정하기 위한 기초 작업으로 행해졌다. 정본이 확정되어 있지 않은 상태에서 작업이 진행되었기 때문에 판본간의 비교는 항시 상대성을 띨 수밖에 없었다. 다시 말해서 판본간에 차이가 날 경우 그 차이들을 기록하는 작업에 중점을 두고 어느 판본이 잘못인가를 판정하는 데는 최대한 신중을 기하지 않을 수 없었다. 기본 텍스트로 솔본을 사용했지만 솔본 자체도 많은 착오를 포함하고 있어 판정의 절대적 기준으로 삼을 수는 없었다. 이처럼 특정 판본의 오류를 단정하는 데 신중을 기했음에도 불구하고 지금까지 살핀 데서 드러나듯이 『토지』의 판본들은 수많은 누락과 왜곡, 심지어는 훼손상태를 보여주고 있다. 그 왜곡과 훼손으로 인한 변형의 양상을 대강 정리하면 다음과 같다.

　① 연재본은 작가의 원고에 바탕을 두고 만들어졌음에도 불구하고 많은 오·탈자를 지니고 있다. 뿐만 아니라 2부 4편 15장부터 2부 5편까지는 연재본이 없는 상태이고 3부의 경우에도 두 개의 연재본이 있어 문학

사상사본과 비교·대조하는 일이 필요하다. 그럼에도 불구하고 다른 판본들이 너무 많은 결함을 지니고 있기 때문에 정본 확정을 위한 작업에서 연재본이 지니는 가치는 상대적으로 좀더 중요해진다.

②문학사상사본은 연재본에 대한 작가의 수정을 거쳐 만들어진 판본이므로 연재본과 함께 정본 확정 작업에서 가장 많이 참조해야 할 판본이다. 그러나 많은 오·탈자와 문장 탈락이 있어 교감이 필요한 상태이다.

③지식산업사본은 『토지』의 원형을 훼손하는 데 가장 결정적이고 치명적인 역할을 한 판본이다. 편집자가 임의로 단어를 첨가·삭제하고 문장을 만들어 삽입하고 있다. 매우 드물기는 하지만 작가의 착오를 바로잡은 경우도 있어 정본 확정 작업에서 참조가 필요한 부분도 있다.

④삼성출판사본은 3부까지는 문학사상사본을 토대로 만들었기 때문에 특기할 만한 점이 없다. 그러나 4부 서장을 임의로 독립시킨 점, 많은 오·탈자와 문장 탈락이 있다는 점으로 인해 이 판본을 원본으로 삼은 솔본 등에 좋지 않은 영향을 끼쳤다.

⑤솔출판사본은 최초의 완간본임에도 불구하고 많은 누락과 탈락을 지니고 있다. 이전 판본의 오류를 시정하지 못하고 오히려 일부분에서는 개악한 점이 있다. 여러 곳에 수정을 한 흔적이 남아 있지만 그것이 작가의 수정인지 편집자의 수정인지 모호하여 비평적 해석을 요구한다.

⑥현재 시중에 유통중인 나남출판사본은 이전의 판본들이 지닌 결함을 총체적으로 물려받고 있다. 처음에 원본으로 삼은 솔출판사본의 누락과 탈락이 대체로 그대로 이어지는 데다 참조본으로 이용한 지식본의 훼손내용도 상당 부분 그대로 수용하고 있다. 더욱이 스캔 작업으로 인해 짧은 문장들이 수없이 생략되거나 변형되었고 새롭게 오·탈자, 문장 탈락이 생겼으며, 편집자의 자의적인 수정으로 편·장의 제목이 바뀌었다.

이상의 개괄을 통해서 『토지』의 원형이 여러 출판사를 거치면서 크게 손상된 사실을 확인할 수 있다. 그 일차적 원인은 각 출판사의 편집과정에서 발생하는 누락과 탈락, 왜곡이 차곡차곡 누적된 결과가 빚어내는 총체적 효과이다. 새로운 판본이 만들어질 때 이전의 판본에 있던 착오나 오류가 바로잡히는 경우도 있지만 대부분의 경우에는 과오가 계승되고 새롭게 누락, 훼손되는 부분이 생김으로써 전체적으로는 왜곡된 부분이 늘어나는 형국이다. 작품의 원형이 변형되는 두 번째 원인으로는 각 출판사의 편집자들이 텍스트를 마음대로 뜯어고쳐 온 관행을 지적할 수 있다. 그 대표적인 사례는 지식산업사와 나남출판사의 판본이다. 지식산업사는 작품의 거의 모든 부분에 손을 대 단어, 비유, 문장, 문단을 고치고 있고 나남출판사는 편·장의 제목을 대폭 바꾼 외에 본문에도 일정하게 손을 대고 있다. 그러나 이 두 출판사의 사례는 정도가 심해 왜곡과 훼손이 뚜렷이 드러난 경우일 뿐 다른 출판사라고 해서 편집자가 텍스트에 전혀 손을 대지 않은 것은 아니다. 문학본이나 삼성본, 솔본에서도 분명히 편집자가 손을 본 부분이라고 생각되는 곳이 이곳저곳에서 발견되고 있다. 그러므로 출판사가 바뀔 때마다『토지』의 작가가 새로 생긴다고 할 수 있을 정도로 편집권의 남용이 있었고 그로 인해 작품의 원형이 크게 훼손된 셈이다. 여기에다 최근에는 스캐너란 기계의 사용으로 편집자도 눈치 채지 못하는 사이에 텍스트 훼손 행위가 일어나고 있다. 이러한 원본의 왜곡과 훼손 양태는『토지』의 정본이 확정되어 있지 못한 사정과도 일정한 관계가 있다. 정본이 없이 그렇고 그런 판본만 여럿이기 때문에 새로 책을 내는 출판사에서 이 판본 저 판본을 참조하는 과정에서 작품의 원형은 점차 잊혀지고 사라져가고 있는 것이다. 그로 인해 빚어지는 손실은 서론에서 언급했던 국정교과서의 사례가 잘 말해주고 있다.『토지』를 읽는 독자가 텍스트 본래의 모습을 마주할 수 없을 뿐 아니라 선의로 텍스트를 이용하는 사람들까지 본의 아니게 왜곡 행위에 가담하게 됨으로써 우롱당하고 마는 것이다.『토지』의 정본이 필요한 이유를 여기에서도 찾을 수 있다.

『토지』의 정본을 확보하기 위해서 우리가 취할 수 있는 방법에는 여러 가지가 있다. 그 가운데 가장 손쉽고 올바른 방법은 작가 자신이 철저하게 텍스트를 검증하여 개정하는 방법이다. 이 방법은 물론 초고와 수정본, 그리고 개작본이란 세 개의 텍스트를 산출하는 일이 될 수도 있으나 작가 자신이 문제되는 부분에 대해서만 수정을 가한다면 정본을 확정하는 방법으로서는 최선의 선택이 될 수 있다. 작가가 원본을 확정했다는 점 때문에 외부로부터 대두될 수도 있는 이의제기로 인한 분란을 원천적으로 봉쇄할 수 있는 이점이 있는 것이다. 두 번째 방법은 연구자들이 기존의 판본들을 검토하여 어떤 것이 원형인가를 가려내고 그에 입각해서 비판적 판본을 만들어 작가의 확인을 받는 작업 방식이다. 이 방법은 연구자들이 정본을 확정하는 작업을 진행한다는 점에서 문제를 야기할 소지를 남기는 것이기는 하지만 작업을 신속하게 진행할 수 있고 작가의 확인을 받음으로써 신뢰성을 확보할 수 있다는 장점을 지닌다. 따라서 이 방법을 사용하는 데서는 작가의 관여가 어느 정도인가에 따라 여러 수준의 작업 방식을 상정할 수 있다. 문제가 되는 모든 부분에 대해서 작가의 확인을 받는다면 실질적으로 작가 자신이 수정하는 효과를 거둘 수 있으며 특별히 문제되는 부분에 한정해서 확인 과정을 거친다면 신뢰성이 있는 비판적 판본을 만드는 성과를 거둘 수 있다. 아무튼 어느 수준의 작업이 되든 간에 현재의 조건에서 이 두 번째 방법은 가장 현실성이 있는 작업 방식이라고 판단된다. 세 번째 방법은 작가의 존재를 고려하지 않고 비판적 판본 수립의 원칙에 입각하여 작업을 진행하는 방식이다. 곧 판본들 사이의 이동점(異同點)을 비교·분석하여 작가의 원본이라고 생각되는 것, 상대적으로 가장 우수한 표현을 순차적으로 가려내 그 우선순위에 따라 한 부분씩 정본을 확정해 가는 작업 방식이다. 이 방법을 쓰는 경우 언제든지 제3자로부터 다른 의견이 대두될 가능성이 있으며 현실적으로 작가의 존재가 고려되지 않았다는 점에서 근본적으로 문제성을 지니게 된다. 따라서 작업이 장기간 지속될 것을 상정하는 경우에 선택할 수 있는 방법이지만 현재의 조건에서는 실효성이나 타당성이 크게 결여된다. 이 세 방법 이외에 몇몇 연구자나 편집자가 임의로 정본 확정 작업을 추진하는 경우를 상정할 수 있으나 그런 문제까지 여기서 고려할 필요는 없다고 본다.

실제 정본을 만들기 위한 작업을 진행할 때 각 판본이 지닌 신뢰성은 중요한 판단 기준이 된다. 원칙적으로 작가의 초고나 수정본 원고가 확보되어 있다면 그것이 가장 신뢰할 수 있는 자료가 될 것이다. 하지만 5부 원고를 제외하면 지금의 상태에서는 초고든 수정본이든 작가의 원고를 확보할 수 있는 방도가 없다. 이 사실은 정본 작업에서 연재본이 차지하는 가치의 비중을 높여준다. 비록 오·탈자가 있고 일부 문장의 누락이 있다고 해도 연재본은 작가의 원고에 가장 근접해 있는 자료이다. 연재본에 이어서 두 번째로 중요시되어야 할 판본은 문학사상사본이다. 3부까지 나와 있는 문학본은 작가의 수정본 원고와 가장 근접거리에 있는 판본이기 때문이다. 다만 문학본에서 이루어진 여러 변형이 수정 원고에 근거한 것인가의 여부는 비평적 해석의 과정을 거쳐서 검토될 필요가 있다. 또 4부의 판본들에 대해서도 비평적 해석의 과정이 필요하다. 그 이유는 4부를 책으로 엮은 삼성본과 솔본에 나타난 수정이 전적으로 작가의 수정원고를 반영한 것인지 미심쩍은 부분이 많기 때문이다. 특히 4부의 '서'는 작품의 체제로 볼 때나 작가가 확인한 바로는 전혀 근거가 없는 데도 현재 독립된 장으로 되어 있다. 곧 편집자의 자의적인 수정일 가능성이 농후하다. 5부는 작가의 초고 원고가 있는 것으로 알려져 있지만 이 연구에서는 참고하지 못했다. 연재본과 함께 5부 초고 원고를 솔본과 대조하는 작업도 필요할 것이다. 이밖에 비록 판본의 신뢰성은 떨어지지만 여타 판본들이 정본 확정에 일정하게 도움이 되는 경우도 있다. 이 연구에서 텍스트 왜곡과 훼손의 진원지로 지적된 지식본도 김평산의 집을 '의관의 집'(솔2권 220면, 지식2권 212면)이라고 한 표현을 '위관의 집'으로 바로 고친 공적이 있으며 여러 판본이 혼효되어 정체성이 혼란되어 있는 나남본도 '윤참봉 그 어른'(솔3권 26면, 나남3권 291면)을 '박참봉 그 어른'으로 바로잡아놓는 공덕을 쌓고 있다. 이와 같은 소소한 공헌도 정본 확정 작업에는 참조가 되어야 할 것이다. 그러나 여러 판본에서 교정작업이 있었으리라고 추정되지만 끝내 오류를 시정하지 못한 사례도 있다. 예컨대 "강청이 산청 너머 함안 땅 아닙니까"(솔1권 120면)에서 '함안'은 '함양'으로 고쳐져야 하며 "사람도 술에 물 탄 듯 물에 술 탄 듯하믄 못씨는 기라"(솔2권 106면)에서 '술에 물 탄 듯 물에 술 탄 듯'은 '술에 술 탄 듯 물에 물 탄 듯'으로 고쳐져야 할 부분이다. 이러한 사정들은 판본 비교연구가 지니는 가치를 말해주는 것인 동시에 『토지』의 텍스트에 대한 연구가 좀더 정밀하게 진행되어야 할 필요성을 말해준다 하겠다.

제 2 장

# 수용환경의 변화와 해석의 지평

이상진

## 1. 수용과 해석의 매개항

박경리의 『토지』는 문학사상 유례없는 연재기간과 휴지기, 단행본 발간의 단속(斷續)[1] 등으로 인해 작품 전체를 읽기 위해 '기다려야 하는 시

---

1) 『토지』는 1부에서 2부로는 게재지만 바뀌었을 뿐 지속적으로 연재되었으나, 2부 연재시부터는 몇 차례의 휴재와 연재량의 불규칙성이 문제가 되었고, 결국 단행본 1권 분량정도(현재 나남출판사본 기준)는 연재되지 않은 채 바로 단행본으로 묶여졌다. 2부 3부 연재 사이에는 1년여의 휴지기가 있었다. 4부의 연재는 거의 10년에 걸쳐 단속적으로 이루어졌으며, 4부 연재 이후에는 다시 4년 정도의 공백을 거친 후에 2년간 연재되어 완결을 보았다. 뿐만 아니라 3부와 4부의 경우는 게재지를 여러 차례 옮겼으며, 단행본의 경우도 문학사상사를 비롯하여 5개 이상의 출판사를 거쳤다. 단행본의 권수에도 변화가 있어서 문학사상사의 경우 1부 5책, 지식출판사는 1부 2책, 삼성출판사, 지식출판사 개정판, 솔출판사의 경우 1부 3책, 나남출판사의 경우 1부 4책으로 되어 있다. 단행본 출간의 경우 1994년 솔출판사에서 완간된 이후 거의 3년간의 절판 상태를 거쳐 2002년 나남출판사에서 다시 간행되었으나 읽어내기에 불편할 정도의 출판실수로 인해 독자들의 원성을 사기도 했다.

간'이 더 길었던 작품이다. 또 한동안은 헌책방을 뒤져서 읽어야 할 정도로 독자들이 수용하기에 참으로 불편한 작품이었다. 그럼에도 불구하고 1970년대에는 통속 대중소설의 유행과 함께, 또 1990년대에는 야담류 역사소설의 유행과 함께 '베스트셀러'로 자리 잡았으며 현재는 '스테디셀러'로서 대형서점의 한 자리를 굳건히 지키고 있다. 이것은 작품의 연재시기부터 30년 이상 지속되어 온 독자층의 기대와 열망의 반영이라고 볼 수 있다.

『토지』는 이처럼 독자 대중으로부터 변함없는 애정을 받아왔을 뿐 아니라, 완간 이전부터 이미 21세기를 이끌 고전으로 자리 잡았으며 전문비평가들로부터도 우리 문학사상 가장 영향력 있는 작품으로 자리매김되고 있다. 그렇다면 무엇이 『토지』를 그런 작품으로 만들었는가? 우선 방대한 규모와 긴 연재기간이 전문비평가를 포함한 수용층에게 주목의 대상이 될 수밖에 없었다는 추측을 할 수 있다. 『토지』는 1부 연재 이후부터 완간될 때까지 미완된 작품을 대상으로 평가가 지속적으로 시도되었으며, 연재기간 내내 언론의 조명을 받았다. 결국은 작품의 창작과 평가가 시차를 두고 병행되는 기이한 현상이 일어났으며, 이는 이 작품에서 창작과 수용의 상호관계가 특별한 의미를 지님을 말해준다. 둘째는 『토지』의 공백(blank)과 미정성(indeterminacy)이다. 『토지』는 수백 명의 인물 창조와 특이한 서술 방식으로 인해 독자의 기억력과 지력이 특별히 요구되는 텍스트이다. 독자들이 이 작품의 공백을 채워 읽고 의미를 찾아내기 위해서는 작품의 수용과 해석의 끊임없는 소통이 요구된다. 또한 이 작품의 사상적 깊이와 새로운 역사해석, 그리고 인간의 삶에 대한 철저한 해부와 탐구 정신은 끊임없이 해석적 공백을 생성해내고 있다. 이러한 점이 바로 『토지』가 여전히 새롭게 읽혀지고 있는 이유라고 할 수 있다.

그러나 이쯤해서 지금까지 『토지』에 내려진 다양한 평가의 글들, 혹은 언론을 통해 언급되는 『토지』와 박경리에 관련된 기사 내용 등을 떠올려 보자. 그것은 현재 박경리라는 작가와 작품 『토지』를 둘러싼 상황 설명

에 불과할지 모르지만 그것이 작품의 수용 및 해석과 결코 무관하다고
말할 수는 없다. 많은 비교문학자들이 지적하고 있듯이 문학적 수용은
발동자와 수용자 사이에 서로 직접적인 접촉 없이 평론가, 비평가, 학자
혹은 서적이나 신문, 잡지 등의 매개체 같은 중개자 내지 전달자에 의하
여 연결되기 때문이다. 즉 영향은, 영향을 받은 작품에 뚜렷한 흔적을 남
기지 않은 심리적 현상 혹은 완성된 문학작품들간에 존재하는 관계이고,
수용은 그보다 더 광범위한 문제들, 즉 비교작품과 저자·역자·비평가·
출판업자, 그리고 그 환경을 포함한 주위의 관계를 나타내는 것이다. 특
히 작품이 발표되고 단행본으로 묶이던 시기가 우리나라에서 베스트셀
러의 형성과 출판사의 상업적 전략이 맞물리기 시작한 시기임을 염두에
둔다면 이는 더욱 설득력을 얻을 수 있다.

　지금껏 『토지』에 대한 해석과 평가는 전문적인 분석가들의 글에 의존
해왔다. 그러나 전문가들의 수용과 해석 역시 작품의 연재와 출판을 둘
러싼 상황의 변화라는 매개항과 미묘하게 연결되어 있음을 간과할 수
없다. 이 논문은 이런 문제의식에서 출발하여 『토지』 해석에 수용 상황
이 어떤 영향을 끼쳤는가를 살피는 데 주목적이 있다. 즉, 작품 연재와
단행본 발간을 둘러싼 유통 상황, 언론의 조명과 광고, 영화, 드라마 등
의 작품 변용, 문학 해석의 패러다임 변화, 그리고 작가의 위상이 『토지』
의 수용과 해석에 어떤 영향을 끼쳤는가를 살펴보려는 것이다. 나아가
1990년대 말 이후 일반 수용층의 수용 방식과 표현매체의 변화가 『토지』
의 해석과 수용에 미칠 영향을 가늠하여 새로운 해석의 지평을 열어 보
고자 한다.

## 2. 연재와 출간, 수용환경의 변화

### 1) 『토지』 연재의 기록

『토지』는 매우 조용히 시작되었다. 『토지』 1부 연재가 시작된 『현대문학』 1969년 9월호에는 '오랫동안 외부와의 접촉을 끊으며 오직 이 작품에만 심혈을 기울였었다'는 말과 함께 작가의 사진이 실려 있을 뿐, 연재기간 내내 작품에 대한 어떤 언급도 찾아볼 수 없다. 뿐만 아니라 순수창작물을 주로 게재하던 『현대문학』이 다른 작가에게 지면을 할애한다는 이유로 『토지』의 1부만을 연재하고 중단했다는 사실을 미루어 보더라도, 당시의 문단은 이 작품에 대해 특별한 주목을 하지 않았던 것으로 생각된다. 2부 연재가 시작된 『문학사상』 창간호에는 '한국최초의 본격적인 대하소설'이라는 수식어가 붙었고, '많은 독자의 공감을 받으며 1부를 완결시켰다'는 표현이 나오기도 하지만 여전히 문단과 언론은 이 작품의 연재에 대해 침묵으로 일관했다.

이 침묵을 깬 것은 1부 단행본의 발간이었다. 문학사상사에서 발간된 『토지』 광고에는 "문단의 利目할 만한 수확"(김동리), "문학사 稀有의 대작"(백철), "뼈속에 스미는 아픔"(황순원), "한국최초의 본격적인 대하소설"(이어령)과 같은 수식어들이 붙여졌다. 또한 각 신

클로즈업　長篇小說 「土地」를 연재하기 시작한 朴景利 씨. 오랫동안 외부와의 접촉을 끊으며 오직 이 作品 執筆에만 心血을 기울였었다고 술회한다. 自宅 書齋에서.

▲ 『토지』 제1부가 연재된 『현대문학』 1969년 9월호 연재 광고.

문들은 앞 다투어 '한국현대문학사의 최대걸작', '한국문학으로서 확실한 전기가 될 문제작'을 운운하는 기사를 내보냈다. 물론 이는 문학사상사(삼성출판사)의 광고전략이겠으나 문단 권력층의 한결같은 호평과 작품 규모의 방대함이 현장비평가들의 주목을 끌었던지, 이 작품에 대한 평가가 쏟아져 나오기 시작했다.

1960~70년대는 정부의 경제개발계획의 결과, 인구의 도시집중, 산업화로 인한 봉급생활자의 증가, 교육받은 인구의 확산과 경제성장에 따른 광고물량의 증가 등이 복합적으로 작용하여 잡지를 읽지 않던 많은 사람들을 독자로 끌어들였다. 1970년대 초반 문학지로서는, 월간순문예지로 가장 지령이 오래된 『현대문학』과 해외문학에 초점이 가 있는 『문학예술』, 그리고 자유문인협회의 기관지였던 『자유문학』, 한국문인협회에서 발행하는 『월간문학』 등이 있었다. 이런 상황에서 창간된 『문학사상』은 창간호부터 야심 차게 박경리의 『토지』 연재를 시작했는데, 이미 지령이 오랜 『현대문학』으로부터 연재를 이어받은 만큼 순문학지로서 자리잡기 위해 치열한 경쟁을 했을 것으로 추측된다. 여기에는, 위에서 본 『토지』 단행본 발간에 대한 언론의 조명과 광고도 큰 역할을 했을 것이다. 그러나 이런 상황하에서 작가는 편집자의 까다로운 요구와 '무제한 연재'의 부담감을 이기지 못하고 몇 차례의 휴재를 고비로 창작을 숭단하고 말았다.

『토지』가 팔리는 작품이라는 데에 동의가 이루어지자, 3부는 동시연재라는 기이한 상황에 이른다. 1977년 1월 『토지』는 이제 순문예지를 떠나 성격이 전혀 다른 두 잡지, 『주부생활』과 『독서생활』에 동시에 연재되기 시작했다. 다음 글은 이러한 사정을 잘 설명해 주고 있다.

들자니 『토지』 제삼부를 싣자고 말을 해서 먼저 그러자는 약속을 받은 곳이 『주부생활』이고, 『독서생활』은 『토지』의 제일부와 제이부를 책으로 낸 영문출판사와 오누이 사이 같은 곳이어서, 군침을 삼키던 다른 잡지들은 고사하고 이

▲ 1977년 3월 『독서생활』에 실린 삼성출판사 『토지』 광고. '만 10년간 집필된 15,000매에 달하는 신문학 70년 사상 최대의 장편, 최고의 걸작을 백만 독자의 열광적인 기대 속에 완간!'이라고 『토지』를 소개하고 있다.

두 잡지가 서로 겨루다가 둘이 다 조금씩 물러서서 이렇게 되었다고 한다.[2]

이로 보아 당시에 『토지』를 연재하고자 많은 잡지들이 경쟁을 했는데, 여기에도 『토지』 단행본을 발간한 출판사와 연재지의 관계가 작용했음을 알 수 있다. 『주부생활』의 연재[3] 역시 이런 사정과 다르지 않다. 『여원』이 1950~60년대 한국여성지의 대표 자리를 누리고 있는 가운데, 4x6배판 크기에 화려한 원색화보면을 대폭 증면하여 창간된 『주부생활』(학원사 발행, 1965년 4월 창간)은 여러 면에서 여성 잡지계에 새바람을 일으켰다. 여기에 신문사까지도 뛰어들어 『여성동아』·『여성중앙』을 창간하자 여성잡지는 무모한 출혈경쟁을 지속하였다. 이런 상황에서 『주부생활』은 『토지』의 3부를 3년간 연재하며 여성잡지 경쟁에서 유리한 고지를 차지했을 것이며, 이 사실은 또한 『토지』가 순문학 독자에게 뿐 아니라, 여성 대중의 관심 대

---

2) 「두 잡지가 함께 싣는 『토지』」, 『뿌리깊은 나무』, 1977.1, 16면. 영문출판사와 『독서생활』의 관계는 당시 영문출판사에서 발간된 『토지』의 광고가 『독서생활』에 지속적으로 실려 있는 것에서도 확인할 수 있다.

3) 『토지』 2부는 『여성동아』에 연재되기로 이미 약속되어 있었는데, 『토지』 1부를 단행본으로 발간하기로 한 삼성출판사가 그 회사에서 내는 문예지 『문학사상』에 연재하기를 제의한 까닭에 『여성동아』가 양보했다고 전한다. 그러나 후에 『여성동아』의 편집장이 『주부생활』의 부사장으로 자리를 옮기자 작가는 그 약속을 지키기 위해 3부를 동시 연재하였다고 전한다(이지선, 「『여성동아』에 연재될 뻔했던 『토지』」, 『수정의 메아리』, 솔, 1994, 159~160면). 이로 보아 『토지』는 1부 연재시기에 이미 여성 독자들의 관심의 대상이 되고 있었음을 알 수 있다.

상으로도 떠오르게 되었음을 의미한다.

1977년 6월에는『독서생활』에서『한국문학』으로 지면이 바뀌어 3부가 연재되기 시작했다. 이 갑작스런 변화 이유를『한국문학』의 편집 후기로부터 추측할 수 있다.

> 오늘의 한국문학에 기념비가 될 박경리씨의 대하소설『토지』를 이번 호부터 연재한다. 때늦은 감이 있지만, 이 땅의 문학독자가 꼭 읽어야 할 작품이기에 본지는 문학지로서의 사명을 다하기 위해 연재를 단행한 것이다. 대작에 전념하는 박경리씨의 노고를 치하하며 임헌영, 김병익 씨의 평론으로『토지』의 문제성을 밝히고자 한다.

우리 문학사의 대작이 될 것으로 기대되는 작품을 연재하는 것이 '문학지로서의 사명'이라는 것이 그 궁색한 이유이나, 그 이면에는 순문예지와의 경쟁, 무엇보다 당시 한국문학의 편집인이 무명의 박경리를 등단시킨 김동리라는 사실도 이와는 무관하지 않을 것으로 보인다. 이 무렵『토지』는 KBS에 의해 처음으로 드라마화되었다. 1979년 11월부터 1980년 8월까지『토지』1, 2, 3부가 방영되면서 독자들의『토지』에 대한 관심은 무척 커졌다. 이에 따라 1980년대 중반부터 본격적인 작품론이 발표되고 언론에서는『토지』4부 연재에 대한 독자들의 강한 기대를 반영하기 시작했다. 그러나 작가는 4부의 연재에 거듭 실패하고 만다. 작품은 이미 처음에 계획했던 규모를 훨씬 넘어서고 있었고, 그것을 감당하기 위해 시간적 여유가 절대적으로 필요했음에도 불구하고 작가는 외부의 요구를 냉정하게 차단하지 못했기 때문이다.

원래 4부는『문학사상』에 연재하기로 약속이 되어 있었다. 창간호부터 2부를 연재했던『문학사상』은 지령 100호를 맞아 다시『토지』를 연재하겠다는 광고를 내고, 김치수의 작품 해설을 3개월이나 연재했다. 또 1981년 5월호에는 '내달부터 고대하고 있던 박경리 씨의『토지』4부가 게재

된다'는 후기를 덧붙여 놓았다. 그러나 어찌된 사정인지 『토지』 4부는 그
로부터 4개월이나 지난 후 『마당』 창간호에 연재되기 시작했다. 『마당』
은 『뿌리깊은 나무』에 이어 1970년대 후반부터 가로쓰기와 기사의 한글
화 추세를 주도하며 경제·사회·문화 등의 기사를 새로운 편집스타일로
제작하여 독자의 호응을 받았다. 이러한 가로쓰기 추세는 『정경문화』로
바로 이어졌는데, 공교롭게도 『토지』의 4부가 이어서 연재된 잡지도 『정
경문화』였다. 『토지』는 새로운 한글세대의 구미에 맞는 편집으로 독자들
과의 거리를 한결 좁혔던 것이다.

　그런데 『토지』의 4부가 1980년대의 시사종합지에 몸을 싣게 된 것은,
당시의 시사종합지의 신장세와 무관하지 않다. 1980년대는 5·16으로부
터 20여 년에 이른 정치·사회적 논픽션을 본격적으로 게재하기 시작한
종합월간지와 스캔들 시각에서 이를 인물별, 화제별로 추적한 여성지들

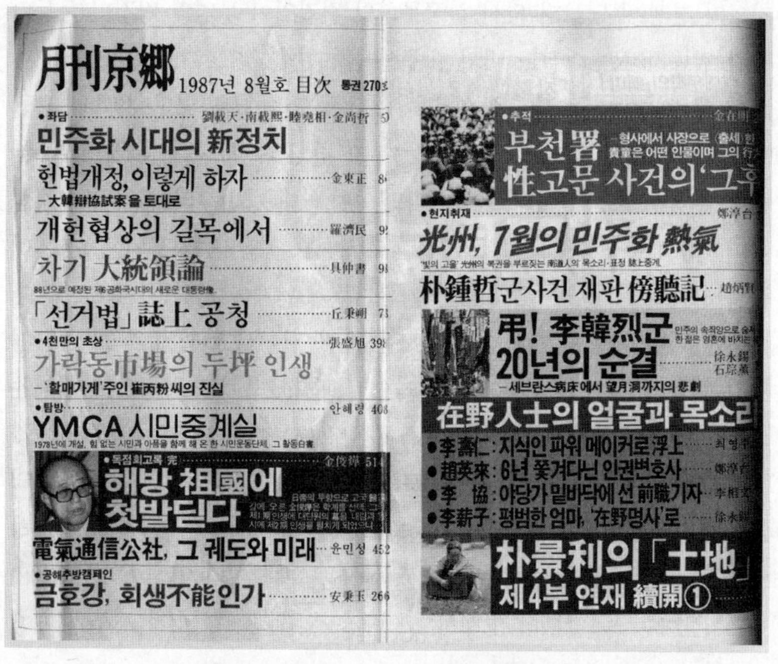

▲ 『토지』 4부가 연재된 『월간경향』 1987년 8월호의 목차.

이 폭발적인 반응을 일으켰다. 그리하여 종합월간지는 사회적 교양 영역을 리드하는 제 역할에 충실하지 못한 채 정치비화와 흥미위주의 선정적 화제에 고착되어 경쟁을 지속했다. 『토지』 4부의 연재 역시 1980년대 잡지경쟁의 한 가운데에 있었던 것이다. 그런데 1980년 말부터 시작된 컬러 TV방송과 경제불황으로 출판 경기가 급속하게 나빠졌던 사정까지를 감안한다면 『토지』 연재에 대한 이 같은 경쟁은 당연한 것이라고까지 할 수 있을 것이다.

1980년대 말 다시 드라마로 만들어진 『토지』는 굉장한 반향을 불러일으켰다. 4부 연재를 끝내고 작가가 낸 시집 『못 떠나는 배』와 중국기행문 『만리장성의 나라』가 큰 주목을 받았으며, 1979년부터 지식산업사에서 출간되기 시작한 『토지』가 매년 판을 거듭하며 팔려나갔다. 그리고 1992년 9월 1일 새로운 포맷의 특수지인 『문화일보』에 5부가 연재되기 시작했다. 대기업이 운영하는 신문의 문화적 위상을 높이기 위해 신문사는 연재에 유리한 조건을 제시했을 것이고, 더욱이 당시의 『문화일보』는 대부분의 종합일간지와 차별화된 색깔을 고집했으므로 『토지』에 대한 폭넓은 호응이 확인된 마당에서 신문의 연재는 자연스러운 것이었는지 모른다. 어쨌든 1994년 8월 30일, 『문화일보』에 연재된 지 꼭 2년 만에 『토지』는 그 화려한 막을 내렸다. 신문과 잡지는 앞 다투어 이 사건을 보도했고, 최초로 『토지』를 연재했던 『현대문학』은 무려 125면을 할애한 특집을 실었으며, 『작가세계』 역시 박경리를 특집으로 다루었고, 『토지』에 대한 평문과 단행본들이 집중적으로 쏟아져 나오면서 『토지』라는 거대한 '탑'을 기리는 문학적 잔치가 1994년 하반기를 시끌벅적하게 만들었다. 그리고 『토지』는 그 모든 잡지와 신문의 손쉬운 망각 속으로 거짓말처럼 사라져버렸다. 『토지』는 끝났기 때문이다.

지금까지 보아온 대로 1969년부터 1994년까지 『토지』 연재를 둘러싼 잡지와 언론의 기록은 『토지』에 대한 수용층의 반응을 역으로 추적할 수 있는 자료이면서 바로 우리 잡지의 역사를 훔쳐보는 미시사적 성찰이

되었다. 그러나 이 기록의 검토로부터 분명해진 것은『토지』는 당시 잡
지사간의 경쟁 및 상업적 전략과 긴밀한 관계 속에서 연재되었고, 작가
는 이 외적 상황의 변화에 의해 창작의 충분한 여유를 가지지 못한 채
상당한 부담감 속에 작품을 창작할 수밖에 없었으며, 이것이 작품의 서
사적 특수성과 무관하지 않으리라는 사실이다. 그러나『토지』의 유랑이
이것으로 끝난 것은 아니었다.


## 2)『토지』의 수용과 작가의 위상 변화

1989년 9월 27일 한 신문은『토지』가 20년 통산 판매 1위의 작품으로
그때까지 120여 만 부가 판매되었다는 종로서적의 집계결과를 싣고 있
다. 그런가 하면 2002년에 재출간된『토지』는 발간되자마자 일주일간 4
천 질(8만 4천 부) 가량이란 엄청난 판매량을 기록했다고 전해진다.

조남현은 해방 후 50년간 한국소설을 정리하는 글에서 한국문학에서
베스트셀러라는 개념은 1970년대 중반을 지나면서 그 속살을 갖추게 되
었다고 평가하고 있다. 즉,『별들의 고향』이나『겨울여자』·『영자의 전
성시대』같은 효용가치와 관계없는 작품이 베스트셀러이던 1970년대 초
반을 지나, 조세희의『난장이가 쏘아 올린 작은 공』, 이문열의『사람의
아들』등 문학적 성취도가 높은 작품들이 그에 상응한 큰 교환가치를 드
러낸 시기를 1970년대 중반 이후로 잡고 있는 것이다. 우리 출판 역사상
'본격적인 상업출판의 시대'로 불리는 1970년대는『토지』가 단행본으로
출간되어 많은 독자층의 호응을 얻기 시작한 시기4)와 일치한다. 특히

---

4)『토지』는 1973년 6월 20일 문학사상사에서 1부 전5권이 발간되었으며, 이어 1976년
5월 20일 삼성출판사에서 1, 2부 전10권이 발행되었다. 이어 1980년에 삼성출판사에서
3부 3권이, 다시 1979년 10월 10일에서 1980년 4월 12일에 걸쳐 1, 2, 3부 전6권이 발행
되었다.

『토지』가 베스트셀러의 반열에 올랐다고 하는 1980년대는 이른바 출판의 황금시대로서 서점의 대형화 바람이 출판 규모의 급격한 성장과 맞물려 출판사간의 경쟁이 한층 치열해졌던 시기였다.[5]

『토지』는 꾸준히 독자를 확보하였지만 분명히 한 때 특별히 잘 팔리는 책이었는데, 아마도 두 차례에 걸친 드라마화와 이에 발 빠르게 대응한 출판과 언론홍보의 영향이 없지 않았을 것이다. 1979년 11월부터 1980년 8월까지 첫 드라마화를 전후한 시점의 판매 기록을 찾아보기는 어려우나, 이 시기 신문과 잡지에서는 작가의 4부 연재와 관련된 기사를 집중적으로 내보내기 시작하였다. 이 기사의 70%는『토지』를 집필 중인 작가에 대한 인터뷰 기사로서 이제 독자들의 관심이 작품을 넘어서 작가에 대한 관심으로 확대되고 있음을 알 수 있다.

1987년 10월에서 1989년 8월 6일까지 4부까지의 내용을 담은 드라마가 다시 방영되었을 때,『토지』는 더 많은 사람들의 관심의 대상으로 떠올랐다. 이 시기『토지』는 어찌된 일인지 지식산업사와 삼성출판사에서 동시에 간행되었으며, 삼성출판사의 가로쓰기에 맞추어 지식산업사는 가로쓰기 개정판을 서둘러 내기도 했다.『토지』의 인기는 이 무렵 최고조에 올랐던 것으로 보이는데, 이 시기에 작가의 시집『못 떠나는 배』의 발간이 주목받는가 하면, 작가에 대한 인터뷰가 줄을 이었으며 1989년 9월 19일부터 총 15회에 걸쳐『조선일보』는「작가 박경리의 중국기행 - 만리장성의 나라」를 연재하기도 했다. 이러한 언론의 조명은 역시 드라마화의 결과 대중의 관심이 집중되었기 때문인데, 2002년 1월『토지』가 재출간 되었을 때, 인터넷교보문고가 'TV에 방영된 드라마〈토지〉에 대한 기억과 향수에 영향 받아', '386선두 세대 및 475세대들이 중년을 넘긴 가장이 되어 다시 이 소설에 눈길을 주고 있는 셈'이라고 분석한 것에서도 충분히 짐작되는 부분이다. 어쨌든 통산 판매 1위라는 기록은 바

---

5) 이중한 외,『우리출판 100년』, 현암사, 2001.

▲ 1990년 동광출판사에서 발간된 박경리 중국기행 『만리장성의 나라』. 여기에 실린 글은 1989년 9월부터 총 15회에 걸쳐 『조선일보』에 연재되었다. 2003년 1월 나남출판사에서 재출간되었다.

로 드라마가 끝날 무렵의 수치로서 당시 드라마화가 이 작품의 판매에 적지 않은 영향을 끼치고 있음을 말해주는 것이다.

그러나 실제로 『토지』는 단행본으로 간행된 1973년부터 2001년까지 단 한 번도 그 해의 베스트셀러 10위권에 오른 적이 없다.[6] 1990년대 말 한국출판마케팅연구소의 조사결과에 의하면 20세기 통산 베스트셀러에서 『토지』는 1979년 이후의 집계로만 볼 때, 출판 부수 3백 55만 부로 전체 중 9위에 올라 있다. 이것은 『토지』가 일시적인 유행을 타던 여타의 작품들과는 다른 작품임을 보여준다. 현재 우리나라의 베스트셀러의 허와 실을 날카롭게 짚어보고 있는 한 글에서도, 다른 작품에 대한 평가와는 상반되게 박경리의 『토지』에 대해 '한국의 현대문학은 박경리의 『토지』로 인해 풍요로울 수 있었다'고 하며 찬사와 존경의 글을 싣고 있다.[7] 이것은 『토지』가 현재의 출판관행에 영향을 받고는 있

---

6) 이 통계는 1973년에서 1994년까지는 국립중앙도서관의 『베스트셀러 50년사』(1994), 1991년에서 1999년까지는 대한출판문화협회의 『출판연감』(2000), 그리고 2000년에서 2001년까지는 교보문고의 집계자료에 의한 것이다. 김선남, 『독서문화와 베스트셀러』, 일진사, 2002, 132~158면.

7) 이 책에서는 현재 한국의 베스트셀러 작가로 조앤 롤링, 마이크 크라이튼, 존 그리샴 등과 한국 소설가로 공지영, 이윤기, 김진명, 최인호, 박경리 등을 꼽고 그들의 작가로서의 능력을 가늠해 보고 있는데, 몇몇 작가에 대해서 언론과의 공생관계를 들어 비판하고 있는 반면, 박경리에 대해서는 작가의 능력이 바로 베스트셀러의 요인이 되었다고 말하고 있다. 이휘현, 「박경리―한국문학의 대모신」, 『베스트셀러와 작가들』(최을영 외), 인물과사상사, 2001, 235~263면.

으나, 언론과 광고의 포장을 뜯어내고도 독자들 속에 오래 생존하는 작품임을 말해준다. 작품의 완간에 가까워질수록 작품의 주제와 규모가 가진 무게가 비로소 제대로 평가되기 시작했으며, 작가에 대한 반응도 달라졌다는 데에서도 그것은 잘 알 수 있다.

작가의 위상 변화는 독자의 반응에 의해 이루어지는 것이지만, 그것은 다시 독자에게 영향을 끼치게 마련이다. 지난 30여 년간 『토지』의 창작과 출판과정 및 그 반응을 살펴보자. 연재가 진행된 26년간 작가는 40대 초반의 중년에서 70이 다 된 노인으로 늙어갔으며, 중견작가에서 어느덧 원로작가로, 그리고 이제는 이 시대의 몇 안 되는 영향력 있는 '문사'로 대접받고 있다. 이 같은 사실은 1980년대에서 2000년대까지의 설문조사의 결과에서도 확인된다. 1980년대의 한 조사에서, 『토지』는 '내가 좋아하는 한국 소설 베스트 10'에서 26.48%로 6위를 차지하고 있고, 작가 박경리는 '내가 좋아하는 한국작가 베스트 10'에서 3.58%로 5위에 올라 있다.[8] 그러나 일반 수용층에 대한 조사결과와는 달리 전문 창작인들에게서 최고의 작품으로 인정받았으며,[9] 1995년 『문예중앙』의 설문결과 완간된 『토지』가 광복 이후 대표소설로 자리매김 되었고, 2000년대에 이르면 각종 조사에서 작품 『토지』와 작가 박경리는 최고의 평가를 받고 있다.[10]

---

8) 이 조사는 1980년대의 불특정 다수의 독자 연 15만 명을 대상으로 한 것으로서 「'83 한국소설 1000년 전시도서목록」(문화방송, 1983)에 실린 것이다. 권희돈, 『소설의 빈자리 채워읽기』, 양문각, 1993, 69~73면에서 재인용. 이 조사에서 작품의 순위는 '상록수 −메밀꽃 필 무렵−무정−인간시장−흙−토지−사랑−벙어리삼룡이−날개−바람바람바람'의 순이고, 작가는 당시에 활동하던 김홍신이 3위, 최인호 7위, 김동리 9위, 이문열 10위이고 나머지는 제도적 문학교육에 의해 접하게 된 근대 작가들로서 당시의 수용 상황을 알 수 있게 한다.

9) 「『한국일보』 창간 30주년 기념 한국전후문학 30년의 최대 문제작 선정에서 선우휘 『불꽃』, 황석영의 『장길산』과 함께 『토지』 선정」, 『한국일보』, 1984.6.16.

10) 한국여성유권자연맹이 네티즌 3,683명을 대상으로 투표한 결과 20, 21세기 가장 빛나는 여성에 선정되었다. 「20, 21세기 가장 빛나는 여성은 박경리씨」(『한국일보』, 2000. 7.9) : 한국문학번역원(원장 박환덕)이 문인, 현대문학 전공 교수 등 전문 독자 300인과 일반 독자 300인 등 총 600명을 대상으로 설문조사를 실시한 결과, 박경리 씨와 『토지』는 각각 60.7%와 58.3%의 압도적 지지를 받았다. 「소설가 박경리, 세계에 알리고 싶은

▲ 1977년 6월 『한국문학』에 실린 3부 연재 시작을 알리는 광고 (1977.6~1978.1). '필생의 작업으로 우리의 수난의 근대사와 대결, 민족의 서사시로 승화시켜 가는 『토지』의 박경리 씨. 손자를 업고 있는 그의 얼굴에는 한국여인의 참 모습이 어려 있다'고 소개한다.

그렇다면 이러한 위상 변화는 작가 박경리에게, 또 『토지』의 창작과 수용에 어떤 영향을 끼쳤을까. 1960년대의 박경리는 『표류도』를 발표한 후 차츰 독자들에게 알려지기 시작하여 『김약국의 딸들』이 베스트셀러로 자리잡은 후 주목을 받았다. 그러나 그저 등단한 지 20년이 안 되는 여류 소설가에 불과했을 뿐 문단의 중심에 있던 이청준·최인훈·김승옥 등이 보여준 당대적 문제의식과는 거리가 있었다. 『토지』 연재가 시작된 1960년대 말에도 그 작품에 대해 누구도 특별한 주목을 하지 않았을 뿐 아니라 그 미래를 점친 사람도 없었다.

1973년 『토지』가 간행되었을 때, 「자서(自序)」에서 작가가 고백한 대로 한때 암을 이긴 인간 승리의 작가로 비쳐지기도 했다. 이것은 3부가 연재된 『주부생활』의 편집후기에 '여사 개인의 삶과 영혼을 시험하고 있는 살신(殺身)의 작품이라는 데서 일독을 권한다'고 적고 있는 데에서도 알 수 있다. 이 부분은 작품에 대한 특별한 평가 외에 작가가 전쟁미망인이

---

문인 1위」(『조선일보』, 2001.7.31; 『동아일보』, 2001.8.1): EBS '라디오문학관' 제작팀이 교보문고와 함께 실시한 인터넷설문조사 결과, 총 응답자 3,843명 중 1,129명의 지지를 얻어 『토지』는 한국인이 가장 좋아하는 소설로 뽑혔다. 「한국인이 가장 좋아하는 소설 박경리의 『토지』」(『국민일보』, 2002.2.19) / 「한국인이 가장 좋아하는 소설, 박경리씨 『토지』 1위에 뽑혀」(파이낸셜 뉴스, 2002.2.19): EBS 문화 프로그램 'Inside Culture 문화문화인, 전문가 326명 설문조사 결과 한국의 대표 예술인으로서 문학분야 박경리(20.0%)가 선정되었다. 「문화계 인사들이 꼽은 한국 대표 예술인」(『연합뉴스』, 2002.11.15)

며, 유암 수술을 이기고 창작에 몰입하고 있다는 사실 등 박경리의 개인적 사실들이 『주부생활』 독자에게 유인책이 되고 있음을 암시한다. 그런가 하면 1977년 6월 『한국문학』에 실린 연재예고 광고에는 손자를 업고 있는 사진과 함께, '손자를 업고 있는 그의 얼굴에는 한국 여인의 참 모습이 어려 있다'고 적혀 있어 한 작가이기보다 할머니로서 사적인 삶이 주목되고 있다. 이제 한 작품의 작가에서 사생활까지 낱낱이 알고 싶어 하는 대중들의 욕구에 의해, 자유롭지 못한 공인(公人)이 되어 가고 있었던 것이다.

박경리는 자신에게 창작의 동인은 사적인 고통이었다고 고백하고 있으나, 수용층의 호응이 없었다면 그 같은 창작은 불가능했을 것이다. 그러나 그의 작가적 자존심은 '세속적인 성공'을 애써 무시하게 했다. 『토지』 창작기간 내내 작가는 독자와 만나기를 꺼려했다고 전해지며, 심지어 한 기자로부터 '보지 않고 듣지 않고 말하지 않고 사는 박씨'[11]로 지칭되기도 했다. 이 모든 것에 대해 변명이라도 하듯, 박경리는 1980년대 초반 『중앙일보』의 인터뷰에서 작가의 위치에 대해 다음과 같이 말하고 있다.

> 작가란 한 마디로 그 시대에 순응해서는 안 됩니다. 앞으로 나아가든지 뒤로 가든지 시대에 역행하는 것이 작가입니다. 왜냐하면 작가는 자기가 살고 있는 '오늘'이란 상황은 그것이 어느 시대이든 만족스러운 것이 아니기 때문이지요. 시대에 순응한다는 것은 변명에 지나지 않습니다. '이 시대가 그러니까'하고 변명하면서 작품을 쓸 수는 없지요. (…중략…) 작가가 글을 쓴다는 것은 원초적인 자기 문제를 해결하기 위한 것이지요.

박경리는 이 인터뷰에서 자기에게 붙여진 '인기작가'에 대해 심한 굴욕감을 느끼며 독자들의 구미에 맞추는 것이 아니라 자신과의 고독한

---

11) 정규웅, 「박경리씨」, 『중앙일보』, 1982.1.18.

싸움을 해야 한다는 의지를 보여주고 있다. 이런 부분은 당시의 독자층의 간섭과 언론의 조명이 이 작가에게 어떤 중압감으로 작용했는지를 알 수 있게 하지만, 작가의 확고한 의지는 이 작품이 '연재소설'이 흔히 감당해야 하는 대중의 간섭에서 비교적 자유로웠을 것으로 추측케 한다.

이처럼 『토지』의 독자와 만나는 것을 꺼리는 대신 박경리는 환경파수꾼으로서 대중에게 계몽적 담론을 펼치기 시작했다. 집필지를 원주로 옮긴 1980년 무렵부터 박경리는 인터뷰를 통해 작가로서이기보다 주로 생활인으로서의 모습을 보여주었다. 작가는 밭을 매고 연탄을 갈며 고추를 따고 잡풀을 뽑는 등 언제나 일하는 사진과 함께 실린 기사에서 그 모든 것이 『토지』 창작의 원천이 되고 있다고 고백했다. 이런 생각은 1984년 3월 2일부터 9월 7일까지 『중앙일보』에 연재한 「박경리 시평」에서 구체적으로 나타나기 시작했고, 작품 속에도 적극적으로 반영되었다. 환경에 대한 특별한 관심이 표면화된 것은 5부 연재시 환경운동연합공동대표직을 맡은 것이었는데, 이 무렵부터는 환경에 대한 칼럼을 쓰고, 강의를 하며, 청계천복원운동에서 앞장서는 등 환경운동의 실천에 적극적으로 나섰다. 박경리가 간여하고 있는 '토지문화관'이 환경문제에 대한 학술대회를 열고 환경과 문학을 공동주제로 하는 계간지 『숨소리』를 간행한 것도 그 실천의 하나이다. 이제 『토지』의 작가는 스스로 야인(野人)이라 칭하면서 이 시대의 문제를 찾아

▲ 토지문화관에서 발간한 『숨소리』 표지.

서 지적하고, 작품 밖에서도 자신의 철학을 적극적으로 실천하는 존재가 되었다. 그렇다면 이 같은 작가의 변모는 또한 수용층의 『토지』 해석에 어떤 변수로 작용하는지 이제 그 변화 양상을 검토해 보기로 하자.


## 3. 전문 독자의 기대지평과 비평권력


일반적으로 소설의 독자는 일시적인 흥밋거리로 소설을 보는 렉테에르(lecteur : 독자)와 문학을 본질적인 목적으로 삼는 리세에르(liseur : 정독자)로 나눌 수 있다. 이 중에서 이 글이 고려 대상으로 삼는 독자는 리세에르가 될 것인데, 이는 『토지』라는 작품이 렉테에르의 대상이 되기 힘든 방대한 규모의 작품인 까닭이다. 이런 리세에르를 전문 독자와 일반 독자로 나눌 수 있는데, 이때 전문 독자는 특정한 가치 기준에 의해 문학작품을 해석하고 가치를 결정하고 문학 행위를 능동적으로 이끄는 소수의 고급 독자 그룹이며, 일반 독자는 다수의 대중 독자, 문학의 소비의 자리에 위치한 불특정 다수의 모습 없는 독자들을 이른다. 그런데 전문 독자들은 작가와 늘 긴장관계를 갖고 작가를 경계하거나 작가와 매우 가까운 거리에 존재하고 있어 작가 혹은 작품에 대한 선입견을 가지기 쉽고 오히려 객관성을 잃는 평가를 내리는 경우가 허다하다. 반면, 일반 독자층은 작가를 존경하며 작가의 인기와 명성에 갈채를 보내기도 하는 등 작가와 너무 멀리 떨어져 있어서 오해로 독서를 하는 경우가 문제가 된다. 그러므로 수용층의 해석을 위해서는 이 같은 문제에 유의할 필요가 있다. 특히, 『토지』 비평의 새 차원을 열기 위해서는 방대한 텍스트의 불편한 수용 상황과 중개자의 의도, 혹은 문학 해석의 패러다임이나 작가의 표현미학 등이 어떤 영향을 주는지 검토해야 한다. 그것은 수용의 부정적 매개항들을 지워나가는 일이 될 것이며, 이런 연후에야 비로소 우리는 작가와 작품, 수용의 순수한 소통 상황을 만나게 될 것으로 생각한다.


## 1) 『토지』 비평의 기록

『토지』가 처음 간행되기 시작한 1970년대에는 이 작품이 과연 어떤 소설인가에 대한 다양한 규정이 있었다. 그 첫째는 작품 배경이 구한말부터 시작하여 과도기 한국 역사라는 점에 초점을 둔 역사소설론적 접근이었는데, 『토지』가 역사소설로서 일정한 성과를 거두고 있다는 지적과 역사소설로서의 한계를 지적하는 논의가 함께 이루어졌다. 아이러니컬하게도 역사학자는 이 작품이 역사적 진실에 가깝다고 하고 있고, 문학자는 역사적 개연성이 없다고 하는 극단적인 평가가 동시에 이루어지고 있다. 이 역사소설론이라는 잣대는 김진석의 표현대로 참 '놀라운 기준'이기는 하지만 작품에 내재한 역사적 다면성을 반증하는 것이기도 하다. 둘째, 1~2부의 주요인물들이 농민들이었고, 제목이 또한 '토지'라는 사실에서 농민소설로서의 면모가 부각되었는데, 이에 대해서도 역시 농민소설로서의 성취를 지적하는 글과, 실패를 지적하는 글이 동시에 쓰여졌다. 그러나 집필이 진행되어 가면서 이 지적은 『토지』 전체에 대한 평가가 될 수 없음이 드러나, 더 이상 진전된 논의는 없었다. 다른 한편에서 이 소설은 총괄체소설, 가족사소설, 민족사소설, 혹은 총체소설이라는 다양한 이름으로 규정되기도 했다.

작품의 전체적인 윤곽이 서서히 드러나기 시작하던 1980년대는 당시의 문학적 주류인 리얼리즘적 시각에 의한 분석이 많이 이루어졌다. 대개 그것은 『토지』가 역사소설로서 한계를 지닌다는 앞의 시각과 동일한 맥락을 보이고 있다. 그러나 그 글들은 완결된 작품을 대상으로 한 것이 아니어서 온전한 평가가 되지 못하고 있다. 그럼에도 불구하고『토지』가 보여주는 일제하 한국인의 삶에 대한 진지한 성찰 속에 당대 현실에 대한 비판이 잠재되어 있고, 또한 3부 이후 주요갈등이 일제와의 민족문제로 수렴되고 있다는 점에서 완결된『토지』에 대한 이 관점은 매우 유용할 것으로 보인다.

작품이 거의 완결되어 가던 1990년대에 비로소 다양한 시각이 확보되었는데,『토지』는 다양한 인물들을 통해, 민족의 문제, 한의 문제, 사랑의 문제, 일본비판, 그리고 '생명사상' 등을 포괄하여 보여주고 있음이 4, 5부를 통해 극명하게 드러나기 시작했기 때문이다. 이 연구의 결과,『토지』의 주제는 한(恨), 생명사상, 삶에 대한 진정성의 문제로 정리되었다. 이 외에도 여성주의적 접근이나 이 작품의 독특한 서술구조에 대한 연구도 틈틈이 이루어졌다. 이 작품의 특성을 제대로 짚어내기 위해 새로운 접근 방법이 필요함을 역설한 정현기의 일련의 논문들은 새로운 가능성을 열어주었다. 완간 이후에는 현장비평에서보다 학위논문 중심으로『토지』의 평가가 이루어졌는데, 최근 약 10년 동안 각 대학의 석·박사 학위논문만 수십 편이 쏟아져 나오고 있다. 초반에는 주로 인물과 서사 구조 연구에 집중되어 있었으나, 최근에는 생명사상, 대화성, 죽음의 문제, 한의 양상, 동학문제 등을 다루거나 비교문학적으로 고찰하는 등 다양한 접근이 시도되고 있다.

한편, 우리 문학사에서는 적어도 1970년대 대하역사소설 유행의 한 부분으로『토지』는 자리매김되고 있다. 권영민은 1970년대 소설의 장르적 특성으로 연작형식과 대하장편소설을 꼽고 있으며, 이 자리에서『토지』를 언급하고 있다. 또한 이 소설들에 대해 분량상 규모의 방대성, 상업적 성공, 소설적 주제의 문제성에 있어 관점과 폭의 증대에 그 의미를 두고 있다. 한편 이재선은 한국현대문학사에서 역사문학 내지 역사를 다룬 소설의 시기를 네 단계로 나누고 1970년대를 역사소설의 제4시대로 규정하고 있다. 그는 이 시기에 역사소설이 등장한 필연적 원인으로 역사의

식의 성장, 한국사교육에 의한 역사의 정치적 수단화, 민중의식적인 역
사해석의 대두, 급격한 산업화에 대한 반동으로서의 과거 향수, 이념의
역사적 제약과 위력에 대한 자각 등을 들고 있다. 또한 이 시기 역사소
설의 특징을 '역사적 상상력'에 의한 창안적, 배경적 역사소설의 등장으
로 보고, 그 예로 박경리의 『토지』를 들고 있다. 이에 비해, 김윤식 등은
'우리문학 100년'을 논하는 자리에서, '전후 소설의 세계'라는 항목에서
1950년대의 문제작 「불신시대」에 이어 『토지』를 자리매김하고 있다. 이
는 박경리를 1950년대 중요 작가로 보고 있다는 뜻이고, 『토지』를 1960~
1990년대의 어느 문학사적 특성과도 별개로 취급하고 있다는 단적인 시
각을 드러내는 것이며[12] 동시에 『토지』의 애매한 위치를 보여주는 것이
기도 하다. 대표적인 문학사에서도 알 수 있듯, 『토지』는 당대의 문학사
적 관습(convention)과 어느 정도의 관계는 있으나, 장시간의 창작기간 문제
로 문학사적 영향관계를 논하기 어려운 점이 있다. 이 문제는 차후의 문
학사적 자리매김의 문제로 남게 될 것이다.


## 2) 문예지의 상업적 전략과 비평

지금까지 『토지』에 대한 현장 평가의 기록을 보면, 비평가의 자발적인
글쓰기이기보다는 잡지의 상업적 전략과 편집 방향에 의해 주도되어 왔
음을 알 수 있다. 이를테면 완결되지 않은 작품을 대상으로 한 서평 신
기, 『토지』를 게재하는 문학지의 (상업적) 의도에 의해 씌어진 해설적 논

---

12) 이는 전후세대에 대한 문학사 서술의 치명적 문제를 보여주는 예가 된다. 이동하는
대부분의 문학사 서술이 전후세대의 1960년대 이후의 작품에 대한 언급이 전무하며,
박경리와 이호철 정도는 이에서 예외적이라고 지적하고 있다. 이동하, 「해방후 문학사
를 서술할 때 유의할 일들」, 『현대한국문학 100년』(유종호 외 31인), 민음사, 1999, 711
~715면. 그러나 이런 예외에 속하는 박경리의 작품조차 제대로 언급되지 않고 있다는
점에서 문제적이다.

문 등이 그것인데, 이 글들은 그 자체로 한계를 드러내는 것으로 잡지사
가 한 작품에 대해 섣부른 평가를 유도했다는 혐의를 둘 수밖에 없다.
　우선, 『토지』의 단행본 출간에 맞춰 짧은 평가로 작품을 개괄한 서평
형식의 글을 보기로 하자. 『토지』가 단행본으로 묶일 때마다, 세 차례에
걸쳐 서평을 썼던 송재영의 글을 보면 미완의 작품에 대해 간단하고 신
속한 평가를 해야 한다는 데에 대한 부담감이 고스란히 드러나고 있다.

> 미리 밝혀 두거니와 우리는 다 같이 『토지』에 대하여 확실한 이야기를 할 수
> 없다. 미완의 작품을 두고 붓대를 함부로 옮긴다는 것을 자칫 돈키호테와 같은
> 만용에 빠지기 쉽기 때문이다. (…중략…) 따라서 이 작품이 완간되는 날 이 글
> 또한 보완되어져야 할 것이며, 어떤 점에서는 전면적으로 수정되어져야 할지도
> 모른다. 이 글은 처음부터 이런 약점을 내포하고 있음을 고백하지 않을 수 없
> 다. (1부에 대한 서평)

> 이제 이런 리뷰 형식으로는 나로서 더 이야기할 것이 없다. 아니, 사실은 이
> 것은 겸양적인 표현이고 어쩌면 너무나 많은 이야기가 있는지 모른다. 분명히
> 말하자면 나로서는 이미 1부의 서평에서 논급한 것을 되풀이하지 않겠다는 뜻
> 이다. (2부에 대한 서평)

　송재영이 3부까지 『토지』에 대해 서평을 쓰면서도 그 논점이 지속되
지 못했을 뿐 아니라 4부 이후에는 더 이상 『토지』에 대한 평가를 시도
하지 않았던 것은 그의 글들이 작품의 일부를 대상으로 신속하게 씌어
져야 했던 서평의 형식이었던 때문으로 생각된다. 실제로 송재영의 서
평 세 편은 모두 작품에 대한 개괄과 줄거리 소개, 그리고 평가의 형식
으로 되어 있으며, 비교적 줄거리의 소개가 길게 차지하고 있는데, 서
평으로서 매 번 작품의 전체(해당되는 부)에 대한 평가가 중요했기 때문
일 것이다. 이런 이유에서인지 1부에 대해서 농민소설로 평가했던 시각
이 2부 이후에는 전혀 드러나고 있지 못하며, 1부에서 구체적인 비판

내용은 후반부로 갈수록 약화되며 3부에 이르러서는 전반적으로 긍정
적인 해설 수준에 머무르고 있다. 이는 점차 작품 전체를 아우르게 되
면서 2부 서평에서도 밝혔듯 리뷰의 형태로서는 더 이상 구체적인 평
가가 어렵다는 자각의 결과일 것으로 보인다. 그러나 서평의 형태가 언
제나 문제가 된 것은 아니다. 적어도 이런 서평이 있었기에 작품은 연
재 내내 새로운 문제제기가 있었으며, 이후의 작품 평가도 순조로울 수
있었음은 물론이다.

한편, 『토지』를 게재하는 문예지의 의도에 의해 해설적 논문도 많이 쓰
여졌다. 1, 2부까지는 연재된 작품에 대한, 특히 단행본에 대한 서평이 주
류를 이루었으나, 3부부터 작품에 대한 반응이 커지자 연재를 앞둔 게재
지의 특집으로 '『토지』론'이 실리는 일이 많아졌다. 가장 먼저는 1972년
10월 『문학사상』에 2부 연재가 시작되
면서 편집자인 이어령의 작품 정리가
실렸다. 1977년 6월에는 『한국문학』에
3부가 연재되면서 특집으로 김병익·
임헌영의 글이 실렸다. 이 두 평론은 3
부를 읽는 독자를 위한 해설적인 논조
가 강하지만, 무엇보다 임헌영의 글은
1987년에 『월간경향』에 발표한 글과
일관성을 가지고 있어서 더욱 주목된
다. 즉 역사를 배경화하면서 인간의
운명이란 문학적 주제에 강점을 주고
있다고 평가하면서, 일제하 독립운동
의 변화 양상을 『토지』 속에서 찾아
내어 보여주고 있는 것이다. 각 인물
의 세대 교체와 신분의 변동이 시대의
변화 양상과 맞물려가고 있는 것을 포

▲ 『문학사상』 1981년 4월호 『토지』 4부 연재 예고. 그러나 4부
는 4개월 후 『마당』 창간호에 연재되었다.

착하여 변혁의 주체를 모색하고 있는 특별한 시각을 찾아낼 수 있다. 반면, 김병익의 글은『토지』가 한국 근대사의 부교재라는 극찬과 함께 작품의 줄거리와 시대의 변화 양상을 제시하는 해설적인 글에 그치고 있다. 그러나 여기에서 김병익이 인물의 갈등에서 한국인의 전통적인 정서로서의 한(恨)의 문제를 짚어낸 것은 중요한 발견이라고 생각된다.

1981년 2~5월『문학사상』특집으로 실린 김치수의 세 편의 글은 이 문예지에 4부가 연재되는 것을 전제하고 독자의 흥미를 유도하기 위해 씌어진 것이다. 이 글에서 김치수는 1~3부까지의 줄거리 요약과 인물의 관계 분석, 서술 양상의 해석 등 그야말로 매우 객관적인 해설을 하고 있어 4부를 읽는 독자에게 매우 친절한 안내 역할을 하고 있다. 흥미로운 것은 비판의 대상이 될 만한 부분에 대해 작품에 대한 애정을 가지고 변명을 시도하고 있다는 점이다. 다음은『토지』1, 2부의 갈등관계가 삼각관계의 대치로 이루어지고 있다는 분석에 이어진 설명이다.

> 삼각관계를 토대로 남녀의 관계를 전개시키는 것은 그 자체가 흔한 동기이며 통속적이기까지 하다. 여기에서 통속적이라고 하는 말은 이미 판에 박힌 동기라는 의미이다. 그리고 그런 점에서는『토지』라는 작품이 통속적인 재미에 많은 호소를 하고 있는 것도 사실이다. 그러나 다른 측면에서 볼 때 남녀관계란 가족 형성의 기본적인 틀이기 때문에 가족 형성의 여러 가지 유형을 드러낸 것이라고도 할 수 있을 것이다.

삼각관계의 문제는『토지』의 통속적 속성으로서 분명한 비판이 될 수도 있는 부분임에도 불구하고 김치수는 가족형성의 기본적인 틀이라는 의미에서 그 비판의 날을 감추고 있다. 뿐만 아니라, 2부의 서술이 집단의 서술로 확대되지 못하고 있다는 지적을 하고서도 이와 같은 지적이 '아직 완결된 작품이 아니기 때문에 온당하지 않을 수 있다'는 말을 덧붙이는가하면, 1부 주요인물의 일상생활이 2, 3부에서 약화된 것에 대해서 '생존을 위한 갈등과 투쟁이 약화된' 것으로서 세대 교체의 결과라는 방식으로 설명하고 있다. 물론 이 같은 김치수의 해석이 잘못되었다는 것이 아니라, 이것으로 미루어 처음부터 이 작품에 대한 긍정적인 시각을 가지고 글을 썼다는 혐의를 둘 수밖에 없다는 것이다. 그러나 그것이 이 글을 실은 문예지의 요구인지 평가자의 생각인지는 알 수 없다.

이 점에서 단행본 발간 출판사의 해설적 논문으로 씌어진 김병익의 「한의 민족사와 갈등의 사회사」 역시 같은 맥락에서 이야기 될 수 있다. 이 글은 1~4부까지를 대상으로 한 글로서 각 부별 줄거리 요약과 친절한 해석, 그리고 긍정적인 평가로 시종일관하고 있다. 어쨌든 이러한 해설적 글들은 작품을 읽는 독자를 위해서는 매우 중요한 안내가 되고 있지만, 과연 작품에 대한 객관적 거리를 확보하고 있는가에 대해서는 의심을 떨쳐내기 어렵다.

문예지의 편집상 의도에 의해 특집으로 다루어진 경우 역시 양상은 비슷하다. 정호웅의 『토지』에 관한 첫 번째 평문인 「『토지』론—지리산의 사상」을 예로 들어보자. 이 글은 『동서문학』에서 마련한 한국대하소설연구 시리즈의 두 번째 연재물인 까닭에 '대하소설'로서 작품을 보는 특집 의도에서 벗어날 수 없다. 이것은 이 글의 전반부와 후반부의 작품에 대한 평가 기준과 내용이 상이한 데에서 잘 알 수 있다. 즉, 전반부에서는 『토지』에 대한 역사소설론적 접근에 대한 기왕의 평가 내용을 반복하면서 작품의 문제를 지적한 반면, 후반부에서는 이 작품의 참 주제로 한맺힘과 해한의 문제를 내세우면서 비교적 긍정적인 평가를 하고 있다.[13] 이것은 문예지의 요구와 평자의 이중 잣대가 결국 글의 균열을 가져오고 있음을 단적으로 보여주는 부분이다. 그런가 하면, 『문학사상』에 발표한 이태동의 글, 「동학혁명과 역사소설—박경리의 『토지』의 경우」 역시 동학혁명 100주년 기념으로 기획된 것으로서 『토지』에서의 동학문제가

---

13) 이 부분은 이후의 정호웅의 글을 보면 더욱 확실해진다. 정호웅은 『토지』에 대해 두 편의 글을 더 쓰면서 역사소설론적 접근은 접어둔 채 한과 해한, 생명사상의 문제로 『토지』의 해석을 넓혀갔다.

텍스트 외적 조건에 의해 발견케 된 특집이라고 볼 수 있다.

이 외에 『토지』 완간을 기념하여 문예지가 특집으로 다룬 글들이나, 토지 완간 기념 세미나[14]에서 발표된 글들은 작가의 26년간의 창작에 답하는 잔치와도 같은 성격인 까닭에, 작품에 대한 비교적 긍정적인 평가와 찬사로 일관되고 있음을 새삼스레 덧붙일 필요가 없을 정도이다.

그러나 이 모든 것이 문예지와 출판사의 상업적 전략에 의한 것이라고 함부로 매도하거나, 문예지의 생존전략으로서 어쩔 수 없이 내용과 필자를 선별하는 청탁제도에 대해서 이의를 제기하기도 어렵다. 작품의 창작과 수용이 맞물려 있듯, 현장비평 역시 작품의 수용 상황과 긴밀한 관계에 놓여 있기 때문이다. 또한 최유찬의 지적대로 많은 비평가들이 무리가 있는 것을 알면서도 이러한 노력을 한 결과 『토지』는 연재 26년 내내 풍성할 수 있었고, 작품에 대한 기본적인 관점을 형성해주고 세부에 대한 이해를 증진시키는 등 실질적인 기여를 했기 때문이다. 즉, 이런 평가 덕분에 완간 이후 비교적 빠른 시간 안에 작품에 대한 평가가 훨씬 풍요로워질 수 있었고, 당대에 행해졌던 장르적 문제나, 한의 문제, 인간의 운명에 대한 저항의 방식 등 몇 가지의 평가는 여전히 『토지』를 해석하는 열쇠가 되고 있음을 결코 잊어서는 안

▲ 솔출판사에서 출간된 『토지』 독후감우수작선집 『『토지』 속의 우리를 찾아서』.

---

14) 『토지』 완간 기념 세미나는 1994년 10월 5일 연세대학교 동문회관에서 성황리에 열렸는데, KBS의 후원과 현대그룹의 협찬으로 이루어진 완간 기념 잔치의 성격이 강했다. 이 세미나에서는 황현산·권오룡·정호웅·박명규가 작품에 대한 평문을 발표했다.

될 것이다.

이에 비해 현재 『토지』비평은 학위논문으로 거의 이루어지고 있을
뿐, 그런 평가를 논쟁적으로 아우르는 자리는 마련되고 있지 못하다. 완
간 이후 솔출판사에서 보여준 여러 가지 노력(4차례에 걸친 비평집 발간, 토지
학술대회 주최, 토지 사전 발간, 독후감 공모 등)은 『토지』판매 수익을 사회에
환원하려는 의미 있는 사건이었으며, 그 덕분으로 1990년대 중반은 『토
지』의 연재와 출판사상 가장 풍성한 수확을 거둔 시기가 되었음은 토지
연구사에 길이 기록될 부분이라 할 수 있다.


## 3) 해석적 전략과 문학권력

『토지』에 대한 위와 같은 해설적 평론이나 서평이 문예지의 의도나
작품의 수용 상황과 미묘한 관계를 가지고 있었던 반면, 이러한 문예지
의 의도와 관계없이 게재되었던 몇 편의 평론들은 당대의 비평적 지배
전략에서 자유롭지 못했음도 역시 지적할 부분이다. 현재 상당한 반성적
검토를 거치고 있기는 하나, 1960년대 후반에서 1980년대까지 우리문학
사를 지배했던 민족문학론적 시각 및 역사소설에 대한 비평전략은 이
문제적 작품을 매우 부정적으로 재단해왔음은 이미 잘 알려진 사실이다.
당대 대부분의 전문비평가들의 기대지평은 시대적 배경에 대한 현실인
식과 그에 대한 주체적 대응이 리얼리즘적 성취에 기반하는가에 있었다.
이들은 이른바, '의미의 성질에 관한 공통의 가정을 지니고 텍스트 읽기
에서 공통의 책략을 구사하는 독자(혹은 기호해석자) 집단'으로서 당대의
비평적 전략으로 작품을 읽어내는 재단비평적 성격이 강했다.

서정미의 「『토지』의 한과 삶」, 김철의 「운명과 의지-『토지』의 역사의
식」, 김성희·성은애·이명호의 「『토지』에 나타난 여성문제 인식과 역사
의식」[15] 등에 나타나 있는 해석적 전략이 바로 그것이다. 이들은 한결같

이 당대의 지배적인 역사소설론에 기대어 『토지』를 재단하고 있는데, 그 결과 『토지』에는 20세기 초반 역사의 주체로서 민중의 힘이 미약하게 그려져 있으며, 그들의 미약한 저항 역시 타율적인 자각에 의지하고 있고, 역사의 구체적인 계기가 제대로 형상화되어 있지 못하다는 요지의 비판을 하고 있다. 역사에 대한 평면적이고 추상적인 인식이 이 작품을 지배하고 있으며, 작가는 허무주의적 운명주의적 역사관을 지니고 있어 역사 발전의 시각을 담보하지 못하고 있다는 것이다. 더구나 이 작품이 지나간 역사를 그리고 있는 역사소설이며, 총체성 획득을 지향하는 대하장편 소설이라는 점에서 더욱 심각한 문제를 지니고 있다는 지적이다.

이와 같은 지적은 『토지』의 배경이 되는 구한말에서 일제하의 시기가 지니는 민족 모순의 발견과 이에 대한 구체적인 극복 의지가 당대의 민족문학론의 핵심적인 문제였다는 사실과, 당시에 적지 않은 영향을 끼치고 있었던 루카치의 '역사소설론'이 역사소설 분석과 비평의 교과서처럼 쓰이고 있었다는 것과 깊은 관련을 맺고 있다. 그러나 지나간 시절의 문제를 다루고 있다고 해서 무조건 역사소설로 본다든가, 우리의 문학풍토에 대한 면밀한 분석도 없이 서구의 이론을 추수하여 작품을 재단하고 있다는 비판을 벗어나기 어렵다.

당시의 문단을 지배했던 해석적 패러다임으로서의 역사소설론과 리얼리즘적 시각은 해석적 전략이기 이전에 문학권력이었으며, 개별작품의 특성을 무화시키고, 왜곡하는 매우 배타적인 방법론이었다. 김진석은 이 같은 비평 풍토에 다음과 같이 '항의'하며 교양의 차원과 진부한 삶에 대한 끈을 모두 잊은 그 '허당 같은 자리'에서 『토지』는 시작되고 있다고 말한다.

물론 오늘날 대부분의 사람들은 이미 역사와 문학의 교육을 받은 사람들이다.

---

15) 이 각각의 논문은 차례로 『토지』의 연재와 무관했던 계간지 『창작과비평』(1980년 여름), 무크지인 『문학의 시대』 3호(1986), 『여성』 3호(1989.4)에 실렸던 것이다.

이 교양교육은 살아있는 복합체들을 이분법적 개념으로 가공시켜왔다. 따라서 사람들은 바로 그 교육이 심어준 교양을 잊어야 한다. 잊어버리기, 털어버리기.

또한 최유찬은 이 작품에 가해진 역사소설 논의에 대해 '작품 자체가 너무나 독특한 성격을 띠고 있어서 기왕의 역사소설 개념이 이 작품에 잘 들어맞지 않는다'고 하며, 『토지』는 『토지』일 뿐이라고 일침을 가하고 있다. 정현기 역시, 이것은 이 작품에 들이댄 기왕의 해석전략이 『토지』라는 작품 해석에 맞지 않음을 간파하고 독특한 작품분석의 틀을 제시하였다.

1980년대의 배타적인 해석 전략 문제와 더불어 여기에서 다시 언급해야 할 부분은 완간을 즈음할 무렵, 작가도 의도하지 않았던 문단적 권력과 작품의 거대한 규모가 끼친 영향의 문제이다. 1980년대 말에 이르면서 어찌된 까닭인지 위와 같은 비판의 날은 무디어지고 대신 작품에 대한 해설과 찬사로 일관된 평문들이 주류를 이루게 되었다. 이것은 일차적으로 이미 작품에 대해 선이해를 가진 비평가들이 『토지』를 더 이상 평가하지 않기 때문이며, 완간된 작품의 규모와 그 중층적인 의미구조가 그런 비판을 무력화시킬 만한 힘을 가지고 있기 때문이다. 또한 중견비평가들이 내놓았던 기왕의 긍정적 평가들이 작품을 읽어내는 비판적 분석의 힘을 잃게 했다는 지적도 가능하다. 이제 평자들은 이 '거대한' 텍스트를 읽어내기에도 힘이 부치고 작가의 생각을 따라가기에도 버겁다는 것을 고백하기 시작했다. 텍스트의 거대한 의미망 속에 연구자들이 함몰된 형국의 새로운 해석적 공동체가 만들어진 것이다.

①『토지』의 문학성을 파악하는 일은 따라서 하나의 자연을 거기서 읽어내는 데 있다. (…중략…) 그러나 생명은 그것을 정의하는 몇 마디 말에 그 비밀을 드러낸 적이 없다. 그럼으로 우리는 우리가 원하는 일을 거꾸로 할 수밖에 없다. 다시 말해서 이 소설이 이용하는 고유한 방법들을 점검하여 그 의의를 이해함으로써, 이 작가가 4반세기에 걸쳐 파악해낸 생명의 한 실상에 대한 이해

를 대신하는 일이다.16)

②이제부터 내가 읽은 『토지』 이야기를 하고자 한다. 거대한 산맥의 한 계곡
물에 손을 담그는 형상이 될는지도 모른다. 그러나 변죽을 두드리며 중심을 울
릴 수도 있다는 희망으로 작은 계곡물을 휘저으며 그 물의 원천과 성질과 방향
을 가능해볼 수도 있겠다는 소망으로 논의를 시작하고자 하는 것이다.17)

③어떠한 글도, 어떠한 찬사도 『토지』의 의의를 담아내기에는 부족하다. 세
월의 시험에 견뎌내면서 만들어지는 것이 고전이듯, 아마 『토지』에 대한 정당
한 평가는 여러 세대의 논의가 축적된 후에나 가능할 것이다. 이 글이 애시당
초 『토지』에 대한 총체적인 평가를 포기하고 들어가는 것은 바로 이러한 이유
에서이다.18)

④연구자가 작품과 일정한 거리를 가져야 함은 당연한데도 나는 자꾸 『토지』
가 주는 강한 메시지에 이끌려 가고 있었고, 급기야는 푹 빠져버렸다. 그래서
이 연구는 '『토지』 속에서 본 『토지』'가 되었다. 『토지』 같이 큰 작품은 안에서
보는 연구도 필요하리라는 생각으로 비평적 거리는 포기한 셈이다. 언제고 다
시 작품 위로 내가 솟아오를 수 있으면 그 때 나는 이 연구를 소신 있게 수정
하면서 안팎을 살펴보리라.19)


이런 고백으로 시작되고 있는 비평문 중 ①은 『토지』의 완간을 축하
하는 기념행사에서 발표된 논문으로서 작품 속에서 작품을 읽는 고유의
방법을 찾아내는 '거꾸로 된 접근'을 시도하겠다고 하고 있고, ②는 작품
의 방대한 규모에 값하는 평가는 포기한 채 주변적인 해석을 통해 중심
에 도달하기를 소망하겠다고 고백하고 있다. 또한 ③을 쓴 성은애는 1989
년에 이명호·김성희 등과 공동 집필한 논문에서 『토지』를 여성주의와
역사소설적 관점에서 신랄한 비판을 가한 바 있는데, 어쩐 일인지 찬사
로 가득한 매우 겸손한 태도로 일관하고 있다. ④에서는 가장 긴 학술논
문의 형태임에도 불구하고 비평적 거리를 포기하고 ①과 같은 '거꾸로

---

16) 황현산, 「생명주의 소설의 미학」, 『한·생명·대자대비』, 솔, 1995, 12면.
17) 우찬제, 「지모신의 상상력과 생명의 미학」, 『한·생명·대자대비』, 솔, 1995, 34면.
18) 성은애, 「『토지』 5부의 세대교체와 그 성과」, 『한·생명·대자대비』, 솔, 1995, 155면.
19) 이상진, 「머리말」, 『『토지』연구』, 월인, 1999.

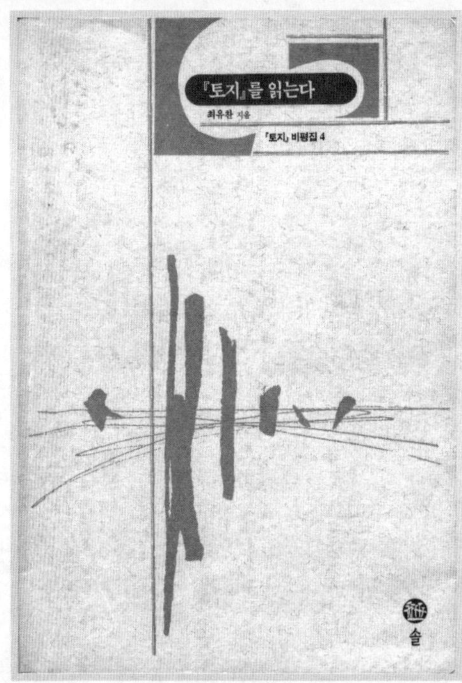

▲ 1996년 솔출판사에서 간행된 최유찬의 『『토지』를 읽는다』.

된 접근'을 시도하고 있다.

어쨌든 완간된 『토지』는 비평가들로 하여금 '거대한 산맥의 한 계곡물에 손을 담그는 형상'의 비평이 될 것을 염려하게 하고, '정당한 평가는 여러 세대의 논의가 축적된 후에나 가능할 것'이라는 평가 보류를 하게 하며, '토지 속에서 본 토지'도 필요하다는 맥 빠지는 서문을 쓰게 하고 있다. 이것은 『토지』가 전문비평가들이 오랜 시간 공들여 내면화시킨 서구적 문학이론으로 분석하기 어려운 독특한 서술구조를 가지고 있어서, 그대로 자족적인 하나의 해석적 전략과 사상으로 기능하고 있기 때문이다.

그 구체적인 논의는 최유찬의 분석 방법에서 분명히 확인할 수 있는데, 최유찬은 『토지』의 구조를 동양의 중심적 철학사상인 역(易)으로 풀어내면서, 동서양의 고전이 이 작품 속에 어떻게 수용되었으며, 우리의 문화전통이 『토지』 속에 어떻게 형상화되어 있는지를 면밀하게 검토하여 보여줌으로써 이 작품이 문학을 보는 새로운 전략의 필요성을 요청하는 중요한 작품임을 발견해내고 있다. 그러나 이후 이런 논의에 대한 소통의 장이 마련되지 못한 채 연구는 침체를 거듭하고 있다.

이 작품이 기왕의 혹은 현재의 어떤 비평적 전략으로도 풀기 힘든 난제이며 이해하기 힘든 사상적 깊이를 지니고 있다는 것은 1980년대 후반부터 『토지』에 대한 평가 중 작가의 '생명사상'에 대한 발견을 통해서도 반증된다. 실제로 이 작품의 생명사상에 대한 논의는 자발적으로 이루어진 것이기보다 작가의 대사회적 메시지의 영향으로 이루어졌음을 평가의 기록으로부터 찾아볼 수 있다. 즉, 작가가 내놓은 수많은 글들과 인터뷰의 내용이 생명 담론으로 일관된 상황에서 비로소 이런 평가가 나오기 시작했던 것이다. 『토지』에 대한 비평에서 생명사상에 대한 본격적인 언급은 황현산의 글에서 가장 먼저 발견되는데, 이후·정호웅·최유찬·이상진·조윤아의 글에서 생명사상에 대한 검토가 이루어지고 있다. 그러나 그 분석은 지극히 추상적이거나 작가의 에세이를 근거로 해설하는 선을 넘지 못하고 있다. 여기에서 그 어떤 잣대도 들이댈 수 없는 상황이 혹여 완간을 전후하여 형성된 작품에 대한 경외심과 작가의 사상에 대한 지나친 의존에서 비롯된 것이라면, '자신의 비평이 탈권력적이라고, 혹은 자신의 글쓰기가 권력에 대한 저항이라고 주장하는 태도가 아니라, 자신의 글쓰기도 거의 무의식적인 차원에서 권력과 연계될 수 있다는 사실에 대한 뼈저린 자각'[20]이 부재하는 기계적인 비평이 아니었는지 반성할 필요가 있다.

스탠리 피쉬는 해석적 공동체는 고정되어 있는 것이 아니라, 커지고 다시 쇠퇴하는 변화를 겪는다고 말하고 있다. 마치 토마스 쿤이 말한 패러다임의 변화에 비견될 만한 변화를 겪는데, 물론 스탠리 피쉬는 이 변화를 긍정적으로도 부정적으로도 보지 않았지만, 분명히 해석적 공동체의 틀로 이해되는 정신은 자체의 변형을 위한 메커니즘을 내포하고 있다고 말하고 있다. 이런 까닭에 그는 변화가 패러다임의 변화처럼 근본적인 차이나 진보가 아니라 이미 존재하는 것을 의식하게 하고 이용할 수 있게 하는 것이라고 정의한다.[21] 이 지적대로 현재 『토지』의 해석적 공동체에 요구되는 것은 그러한 변화를 찾아내는 작업이며, 이 시대가 공유하고 있는 비평적 전략이라는 패러다임으로부터의 혁명을 꿈꾸는

---

20) 권성우, 「비평과 권력」, 『비평과 권력』, 소명출판, 2001, 212면. 권성우의 이 글은 현재의 문단권력의 문제에 대한 자기고백적 성찰로서 비평의 기능에 대해 자각과 반성을 요청하고 있다.
21) 스탠리 피쉬, 송홍한 역, 『문학연구와 정치적 변화』, 동인, 2001, 282~286면.

것이다. 이제『토지』의 비평은 다양성을 담보한 새로운 해석의 차원으로
비상할 때가 되었다고 본다.


## 4. 디지털시대의 수용 방식, 탈권력적 대화


### 1) 일반 독자의 수용풍경과 '토지문학관'

작품의 일반 독자는 몇몇 작가의 특별한 기억에 남지 않고는 문학사
에 기록되지 않는 익명으로 존재한다. 그들은 그저 발간된 작품의 판매
부수에 남겨진 숫자이며, 설문조사에 응해서 집계된 결과로 파악되는 유
령이다. 무엇이 그들을 작품에 끌어들였는가는 오로지 그 숫자와 전문가
의 억측에 의해 허구화될 뿐이다. 따라서 일반 독자층에 대한 자료를 찾
아 문학사의 한 부분을 규명한다는 것은 쉬운 일이 아니다.
『토지』가 연재되고 단행본으로 출판되던 무렵 그들은『토지』를 어떻
게 만났는가. 당시 무명의 작가였던 김성동은 '삼성출판사에서 나온『토
지』제1, 2부 열 권을 6개월 월부로 샀'으며, '사흘 밤낮에 걸쳐 전 열 권
을 다 읽고' 소설 창작에 대한 정열을 되찾았다고 회고하고 있다. 이런
사정은 한수산의 경우도 마찬가지여서 급한 마음에 출판사로 찾아가 월
부로 산『토지』를 읽고 이상한 감동에 젖었던 시간을 아름답게 기억하고
있다.

① 제가 지금 31세인데, 좀 어린 나이였던 중2때 세로조판의 엄청나게 두꺼운
『토지』를 읽기 시작했었습니다. 아마 지금은 개정판이 나와 읽기 쉽겠습니다만
그땐 안경 낀 눈으로 그 작은 촘촘한 글씨를 읽다 엄마한테 종종 혼이 난 적도

한두 번이 아니었습니다. 어려운 사상이나 그런 것 전혀 모르고, 그냥 줄거리만 읽던 시절이었는데도 왜 그렇게 책에서 눈을 뗄 수 없었던지 ……. 어린 학생이었고, 돈이 없어서 『토지』를 한 권 한 권 사 모으느라 뻔뻔스럽게도 “나 용돈 주고 싶지 않아, 이모? 그렇담 책 한 권만 사줘.” 이런 애교로 전질을 다 사 모았습니다. 그땐 물론 대여점도 없었지만, 남의 손때 묻은 그런 책으로 읽고 싶지 않았었습니다. 박경리 선생님이 어떻게 생기셨는지 몇 살이신지 아무것도 몰랐지만 정말 제 사춘기 시절, 유일한 낙이었던 『토지』에 대한 감동은 지금까지도 제가 책을 고르는 기준이 되어버렸습니다. 지금은 먼지가 뽀얗게 쌓여 책장에 가지런히 꽂혀 있지만 오늘 가서 먼지 털어내고 다시 읽어야겠습니다. 더구나 해외 출판까지 추진중이라니 ……. 정말 자랑스럽고 뿌듯합니다. 어찌어찌하다보니 출판사에서 7년을 근무하게 됐었는데 ……. 좀 과장하자면 『토지』의 영향이 아닐까요? (백세진, 회사원)

②제가 『토지』를 읽기 시작한 때는 70년대 말 『문학사상』을 통해서 연재될 때였습니다. 그때 하루 밭 매는 품삯이 500원이였는데 월간 문학지·한 권도 또한 500원이었지요. 그때 품을 팔아서 월간 문학지를 사보곤 했답니다. 일년치 구독신청을 해서 매달 받아보던 그 기쁨이란 말할 수 없었지요. 이 홈에 와보니 그때의 일이 아련히 떠오릅니다. (안승희)

③이제는 마흔을 넘고 있는데 ……. 20대에 『토지』에 빠져 살던 때가 생각납니다. 다 읽고 나서 그 얼마나 기다렸었던가. 그 후 다시 한 권을 맞이했을 때 그 반가움이라니 ……. 그랬었습니다. 얼마나 빨리 빨리 『토지』가 태어나기를 기다렸었는지. 그리고 지금 원주의 토지문학공원의 탄생을 알고서 가보고 싶은 맘이 하루 이틀 ……. 최씨 성을 갖은 사람을 보면 서희가 생각나고 ……. 때론 『토지』 속 용이의 사랑도 생각해보고 서희의 삶을 통해 가끔씩은 우리의 뿌리도 생각해보고, 그 강인함으로 내 삶도 보듬어 보고 ……. 참으로 『토지』는 지금껏 내 생에 많이 녹아있음을 봅니다. 지금도 박경리님의 모든 책을 사 모으고 싶을 만큼. (필자 미상)[22]

위에 인용한 것은 1970~80년대 『토지』 독자층의 풍경을 짐작케 해주는

---

22) 여기에 인용한 글은 토지문학공원 홈페이지(http://www.tojiliterarypark.com, 운영자 : 신진용, 2001년 3월 1일 개설)의 방명록에서 뽑은 것으로 무리한 이모티콘의 사용 부분은 삭제하고 오자 등은 필자가 임의로 수정했음을 밝혀둔다.

▲ 매년 경남 하동군 하동읍 평사리 최참판댁에서 토지문학제가 열리고 있다. 제2회 토지문학제(2002) 사진.

부분이다. 토지문학공원 홈페이지를 방문할 정도로 여전히『토지』에 대해 관심 있는 독자라는 점에서 일반 독자와는 거리가 있겠지만, 어쨌든 이들은 한결같이 당시『토지』에 대한 기다림과 작품에 몰입했던 행복한 기억을 말하고 있다. 용돈을 모아서 또 하루 밭을 매서 연재지를, 단행본을 사 모으고 기다리던 독서의 풍경에서 이들의 순수한 열정을 엿보게 된다. 어쨌든 이들 일반 독자의 회고로 짐작컨대, 1970년대에도『토지』는 줄거리나 읽어 내려가는 수준인 10대 학생23)이나 밭을 매서 생활하던 농사꾼에게나, 또 문학창작을 지망하던 젊은이들에게 똑같이 가슴을 설레게 할 만큼 폭넓은 독자층을 확보하고 있었다. 한편『토지』1부의 배경이 되었던 평사리에 허구상의 공간이던 '최참판댁'이 건립되고 '평사리문학공원'이 조성되어, 이 공간을 통해 매년 '토지문학제'가 성황리에 치러지는 것이나, 1980년 이후 작가의 집필 공간이던 원주시의 단구동에 '토지문학공원'이 조성되고 전시관이 만들어진 것은 단지 지자체의 지역문화발전 계획의 실천으로만 설명할 수 없다. 이 역시『토지』의 연재시기부터 익명의 독자들에게 축적되어 온 순수한 열정의 결과라고 볼 수 있다.

이처럼 많은 세대에게 읽혀진다는 것은 작품에 대한 새로운 분석과 해석이 작품의 수용폭을 넓혀 새로운 지평융합을 향해 운동하고 있다는 뜻

---

23) 당시의 한 설문조사에 의하면 우리나라 작가들은 주요한 문학 독자로 학생을 가장 많이 꼽고 있고, 그 다음 차례로 교사와 지식인, 그리고 문학 지망생을 들고 있다.「특집 : 한국의 작가와 독자—작가가 바라본 우리나라 독자」,『현대문학』, 1970.12.

▲ 『토지』 독자들의 인터넷 동호회 '땅' 홈페이지(http://cafe.daum.net/ttang). 2000년 9월 26일에 개설되었으며 인터넷상 국내 단일 작품 동호회로서 최대 규모이다.

이다. 그러나 아쉽게도 당시에는 이런 열정으로 『토지』에 몰입했던 독자들을 구체적으로 끌어 모을 장치가 없었으므로 이런 열정을 엿보는 것 이상을 확인할 수 없다. 다만 작품이 완간된 이후인 1990년대 말부터 확산되기 시작한 인터넷 보급에 의해 전문적인 동호회 활동이 이루어지면서 수용층의 욕구와 생각을 알 수 있는 통로가 제공되고 있다. 인터넷에서 가장 많은 회원을 확보하고 있는 토지문학관(http://cafe.daum.net/ttang, 주인 : 현동훈, 2000년 9월 26일에 개설, 2004년 5월 현재 인원 2500명)의 활동은 이 점에서 많은 시사점을 제공하고 있다. 이 카페에 등록된 회원 중 지속적인 활동을 벌이고 있는 정회원 이상을 보면 여성이 남성의 2배 정도의 비율이고 인터넷 사용이라는 매체적 특성에 의해서인지 회원의 연령분포는 20대 〉 10대 〉 30대 〉 40대 〉 50대로 이루어져 있다. 그러나 가장 활발한 활동을 벌이는 운영주체는 주로 30대 남녀이며, 20대 대학생들이 뒤를 이어 동호회는 비교적 활발하게 움직이고 있다. 이들의 활동 내용은 다음과 같다.

①작품의 심층 분석 및 텍스트의 기본 이해를 위한 안내
②작품과 관련된 행사 참여 및 작품의 배경 공간 답사
③관련 자료 등『토지』의 2차 텍스트 정보 공유
④『토지』및 박경리 작품 수용에 대한 공동의 실천

그들은 작품의 구입부터 작품 내용의 기초적인 이해를 위한 자료의 수집을 공동의 통로를 통해 수행하고 있으며, 정기적인 모임과 작품의 배경이 되는 공간 답사, 토지문화관 행사와 '토지문학제' 참석 등으로 작품 이해를 위한 전반적인 정보의 공유에 힘쓰고 있다. 뿐만 아니라 2002년 1월 나남출판사에서 재간행된『토지』의 오·탈자 지적 및 리콜제 요청[24]을 시작으로 2003년 4월부터 박경리의『나비야 청산 가자』가 연재된『현대문학』을 공동으로 구매하는 등『토지』의 수용주체로서 적극적인 역할을 하고 있다. 이러한 독자공동체의 활동은 물론 인터넷이 제공하는 정보공유와 접근의 용이성을 기반으로 이루어진 것이지만, 이들이 이런 모임을 지속하고 확대할 수 있는 것은 '가상공동체' 내지 '의사공동체(pseudo-community)'의 문제를 오프라인상에서의 정기적인 모임을 통해 보완하고 강화하고 있기 때문이다.


## 2) 탈권력적 대화로서의 읽기

『토지』는 그 규모에 있어서 뿐 아니라 서사전개의 형식적인 특성상 공백이 많은 작품이다. 볼프강 이저는 그 미정성의 지점, 곧 공백이 생기

---

24) '토지문학관'은 2002년 2월에서 4월 사이 이 카페를 통해 나남출판사본『토지』의 오·탈자를 지적하고 이를 출판사측에 전함으로써 출판사의 공식적인 사과를 받고 (『한겨레신문』2002년 4월 6일자, 3면 하단의 광고에 게재) 독자들이 구입한 책을 전면 수정된 3쇄본으로 교환해준다는 약속을 받아냈다. 이에 대해서는 원주투데이 서연남 기자의 기사문 참조.

는 형식적 조건들로 단절기법, 몽타주 기법, 서술된 이야기를 관점적으로 와해시키면서 독자에게 보다 넓은 평가 가능성을 부여하는 화자해설, 서술의 초섬세화, 넓은 의미에서의 낯설게 하기 등을 들고 있다. 『토지』의 경우 수백 명의 인물이 펼치는 다초점화된 사건의 전개, 빈번한 생략과 단절의 구조, 회상과 전언의 서술 방식, 서술자의 돌연한 개입과 냉정한 거리 두기의 반복 등은, 이전의 서사습관과는 다른 참으로 '낯선' 것이다. 따라서 독자는 기본 스토리의 전개를 이해하기 위해서도 공백을 채우는 수고를 해야 하고, 읽고 난 후에도 그 공백의 의미 때문에 다시 작품 읽기의 유혹을 느끼게 된다.[25]

이런 공백을 채우는 행위, 곧 미정성을 확정성으로 만드는 과정이 바로 독서의 심미적 행위인데, '토지문학관'의 '심층 : 토지 속으로 잠행' 게시판은 바로 이런 독서의 과정을 보여주는 적절한 예가 될 수 있다. 이들은 활발한 의사소통으로 작품의 공백을 발견하고, 그것을 채워가는 공동의 읽기 과정으로서 브레인스토밍을 거쳐 작품에 접근하고 있다. 이 게시판에서 많이 제기된 부분 중 하나인 서희와 길상의 혼인장면에 대한 것을 예로 들어 보자. 작품 속에서는 이 장면이 서술되지 않고 그야말로 서술상의 공란(gap)으로 되어 있다. 가장 극적이고 아름다운 장면에서 작가는 냉정하게도 서술을 마감시켜버렸던 것이다. 다음은 이에 대한 문제제기와 그 대답을 요약·정리한 것이다.

---

25) 이런 사실은 한 인터넷서점의 독자서평에서 확인할 수 있다.
　"이제 『토지』를 읽는 것은 방학 기간 동안 하나의 의무같이 여겨지게끔 되었다. 아니 의무라기보다는 무의식적인 행동이었을지도 모르겠다. 도서관에서 책을 빌리려고 해도 『토지』밖에 눈에 띄지 않았으니간. 올해 방학에도 어김없이 『토지』와 함께 시작했다. 대학교 2학년이니깐 아마 9번쯤 읽은 것 같은데 아직도 읽다보면 새로운 점이 발견되기도 하고 읽을 때마다 새로운 느낌이 들곤 한다." (yes24 서점 porori99의 독자평 중)
　"이 책을 읽게 되면 안 좋은 점도 있다. 다른 책을 읽기가 어려워진다는 것. 특히 요즘 나오는 어중이떠중이 글쟁이들의 책은 아예 사기가 힘들어지거나, 샀더라도 읽지 않고 책꽂이에 고이 모셔두는 일 말이다. 이런 책을 읽으려면 『토지』 한 번 더 보지 뭐~ 하는 생각을 하게 된다." (yes24 서점 dewdrop의 독자평 중)

(문1) 서희와 길상이가 마차에서 굴러 입원하고 나서 어느새 부부가 되어 있는
　　　 장면으로 넘어간다. 내가 그 내용을 놓친 건가. 안 나오는가. (현빈, 학생,
　　　 20대, 여, 2002.12.20)

(문2) 서희와 길상의 결혼 장면이 바로 안 나왔으나, 박경리 선생님의 글쓰기
　　　 특징이라고 생각되어 나중에 나오겠거니 하고 읽었으나 안 나온다. 혹시
　　　 어디에 나오는지 아는가. (최서희, 학생, 10대, 여, 2003.2.19)

(답1) 혜관과 기화가 용정에 가서 서희의 집에 갔을 때, 응칠이가 얼마 전 상전
　　　 결혼식때 얻어 쓴 박래품 모자를 다시 고쳐쓴다는 내용 외에 결혼장면에
　　　 대한 언급이 없다. 작가는 독자의 궁금증을 일으켜 놓고 극적인 장면은
　　　 비워둔다. 독자의 상상에 맡기는 것이다. 이런 부분은 토지를 읽다보면
　　　 가끔 보인다. (달맞이꽃, 공무원, 30대, 여, 2002.12.20)

(답2) 길상과 서희의 첫날밤 이야기를 기대했는데 응칠이 이야기로 암시만 주
　　　 고 지나가서 아쉽다. 작가가 쓰지 않고 건너 뛴 그 부분, 두 사람이 결혼
　　　 하기까지는 어떠했을까? 길상은 적극적으로 애정표현을 하고 서희는 다
　　　 소 격식을 차리는 방식으로 길상에게 함부로 못했을까. (가루소녀, 학생,
　　　 20대, 여, 2002.12.4)

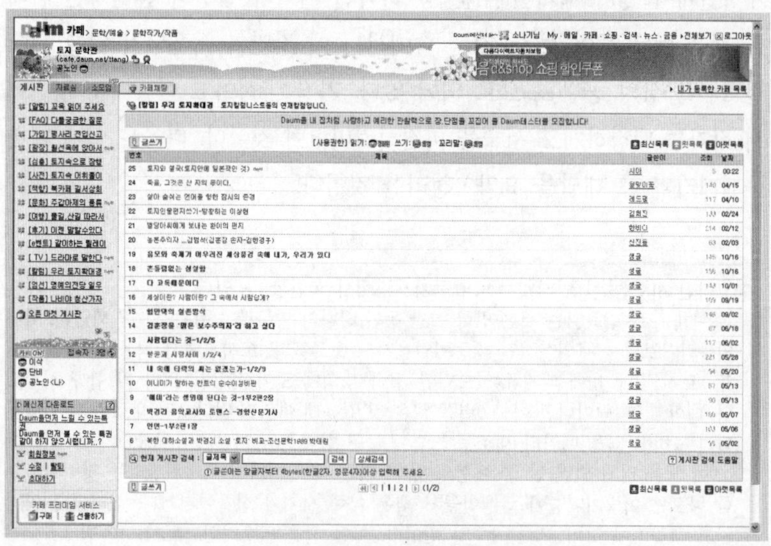

▲ 『토지』 독자들의 인터넷 동호회 '토지문학관'의 게시판.

이 전자게시판에서 가장 자주 논의거리가 되는 이 부분에 대한 질문은 작가가 둔 공란이 맞는가이다. 워낙 긴 작품이고 사건의 서술이 중층적으로 이루어지다 보니까 독자가 놓치고 읽을 수도 있다는 고백이다. 그러나 이 질문에 대한 답변들은 일단 공란임을 확인시킴으로써 텍스트에 대한 이해를 공유한 후에 그것이 『토지』의 서술 특성이라는 데까지 나아간다. 한편 독자들의 즐거운 상상으로 채워 넣기도 시도하고 있는데, 이것이야말로 작가가 공란으로 둔 그 의도에 부합하는 독서 행위이다.

이런 독서 행위는 『토지』의 가장 큰 공백이라고 할 수 있는 종결에 대한 의문과 그 해석에 대한 다음 글들에서 더욱 잘 나타난다. 『토지』의 비종결적 특성에 대해 작가는 '끝이 없는 이야기'라고 규정한 바 있으며, 기존의 서사관습으로 이해하기 힘든 이런 특성이 이미 많은 비평가들 사이에 논쟁거리를 제공하기도 했다. '토지문학관'에서 '『토지』의 마지막에 대한 여러분의 생각은?'이라는 한 남자 대학생의 문제제기로 시작된 다음의 글들은 차례로 『토지』에 대한 이해를 심화하는 방향으로 나아가고 있다.

①사람마다 느끼는 게 다르겠지만 전 우선 『토지』를 1류라고 말하고 싶네요 단지 그 분량이 광대해서만은 아니죠 암튼 소설을 다 읽고 나서 생각해 본 건데. 만약 이 『토지』라는 소설이 3류 소설로서 재미나 흥미 위주로 또는 현대 드라마처럼 독자가 원하는 식으로 구성이 바뀐다거나 내용이 바뀌었다면 어떻게 되었을까 하는 생각도 해 봤습니다. 그냥 재미로 읽어 주세요

3류였다면 우선 길상이의 숨겨진 신분에 대한 이야기가 있었을 겁니다. 『토지』 첨부터 끝까지 길상이는 어떤 출신인지를 모릅니다. 단지 최참판댁에서 일했을 뿐 그 전에 어떤 사유로 절에 들어갔고 태생이 어떠했는진 안 나오죠 3류였다면 알고 보니 뭐 대감댁 아들인데 절에 맡겨졌더라……. 또는 버려진 왕족이었더라. 이렇게 밝혀짐으로써 서희와의 계급 갈등이 해결되고 둘이 너무나도 어울리는 모양새로 만들어졌을지도……. 또한 김두수에게 정의의 이름으로 엄청난 보복이나 처벌이 이루어졌을지도 모르죠 권선징악의 결말로서…… 그

리고 상의는 지난번 살짝 얼굴을 보고간 집이 굉장히 잘 나가는 집으로 그 집 며느리가 되고, 명희는 어느 멋진 남자를 만나서 행복하게 살고, 상현은 돌아와 서 후진 양성에 힘쓰겠죠 양현도 병원 차려서 상의를 간호사로 두고 좋은 남 자 만나서 잘 살고 석이도 돌아와서 부모님 모시고 잘 살고……. 두만이도 사 업이 실패해서 그동안의 일을 뉘우치고…….

하지만 엊그제 제가『토지』의 결말을 언급했듯이 그런 내용이 없이 해방으로 끝을 낸 것. 그래서 1류가 아닐까요? 해방이란 단지 조국 해방으로만 해석되지 는 않습니다. 몇 가지 의미를 더욱더 두고 있는 것 같은데요. 그게 뭘까요? 그 건 독자들에게 남겨진 과제인 것 같네요.『토지』를 2~3번은 더 읽어보고 나서 야 찾을 수 있는…… 저처럼 아직 뭐 모르는 초보에게는 큰 과제일 듯한…… (주갑이, 대학생, 20대, 남, 2003.4.22)

② 해방이 되었다. 영광이는 상현이와 같이 있다 해방의 소식을 듣는다. 영광 이와 상현인 서로는 모르는 채 동시에 하동에 있을 양현일 생각한다. 해방은 귀국을 의미하기에 조국에서 부딪혀야 하는 두려움이면서도 달콤한 유혹인 양 현. 영광인 간간이 환국이로부터 양현이의 소식을 들었다. 자신을 기다릴지도 모르는 그래서 더욱 귀국이, 만남이 두려운 영광. 또 하나 자신이 당신의 딸을 사랑하는 것을 알았을 때, 상현인 어떤 반응을 보일까? 지금까지·보였던 동류 의 따뜻함으로 자신을 봐 줄지, 감히 백정의 자손인 주제에……하며 내칠 것 인지? 난 오늘도 3류를 꿈꾼다. 선생님이 남겨주신 그 여백을 메꾸며 나만의 3 류를…… (한바다, 공무원, 40대, 여, 2003.4.22)

③ 한 사람이 이 세상에 나와 다른 사람과의 관계를 맺으며 살아가는 것이 삶 이라고 생각합니다. 그리고 그 사람의 삶은 그 후손에게로 계속해서 이어지는 거지요.『토지』속 인물들의 삶도 마찬가지였습니다. 살아가며 계속 새로운 사 람들과 인연을 맺으며 자신의 삶을 후손에게 넘기고……. 그렇게 우리들이 살 아가는 모습을 담아가는 것 같았습니다. 해방이 되고 사람들이 돌아오고……. 좌우대립, 단독정부수립, 육이오……. 그리고 우리나라의 현재까지 ……. 아마 얘기를 담아내자 했다면 이 모든 이야기를 해야했겠지요……. 그래서『토지』는 끝날 수가 없습니다. 우리들 삶이 그렇게 이어져온 것처럼『토지』속 삶들도 계 속 이어질 수밖에 없는 것이니까……. 우리민족이 이 한반도를 지키며 살고 있 는 한『토지』는 끝날 수 없다고 생각합니다. 그리고 그 뒷이야기들……지금 우 리들이 만들어가고 있다 생각합니다. (달맞이꽃, 공무원, 30대, 여, 2003.4.21)

④저도 책을 읽어나가면서 결말이 무척 궁금했습니다. 도대체 이렇게 얽혀 있는 실타래를 어떻게 푸실 것인가? 16권을 읽어나가는데 점점 불안해지더군요. 아니 ……남은 권수는, 아니 남은 면수는 이제 채 얼마 남지도 않았는데 아직까지 선생님의 문제는 '현재 진행형'인 것입니다. 사건이 마무리 되도 모자란 판에 새로운 사건이 또 팡팡 터지고……책을 덮은 후 알았습니다. 그 실타래 푸는 것은 우리의 상상의 몫이라는 것을……. (…중략…)

암튼, 밑에 달맞이님이 말씀하신 것처럼『토지』는 절대 끝날 수 없는 이야기입니다. 느끼셨겠지만『토지』의 문장은 언제나 'ing'이니까요. 지금 우리가 살고 있는 모습 그 자체가 살아있는『토지』이니까……. 지금 제가 글을 쓰고 있는 바로 이 장면도 살아있는『토지』의 한 장면이니까요~ (레드필, 대학생, 20대, 여, 2003.4.22)

①의 글에서 독자는 만일『토지』가 독자들이 아마도 기대했을 권선징악적 결말들을 하나씩 서술하면서 끝을 맺었다면 3류 소설에 불과했을 것이라는 의견을 내고 있다.『토지』가 1류 소설이 될 수 있는 것은 바로 그와 같은 공백이 독자들에게 과제로 남기 때문이라는 것이다. 이에 대해서는 앞의 독자와 같은 세대의 비슷한 글이 이어지고 있다. ②의 글은 작가가 풀지 않고 내버려 둔 공란들을 채워 가는 것이 독자의 큰 쾌락이 될 수 있음을 시사하고 있다. 반면 ③과 ④는 여기에서 한 걸음 나아가 '우리의 삶이 이어지듯『토지』도 끝이 있을 수 없다'는 결론을 내고 있다. 이는 창작 당시 작가의 생각과 또 이후의 몇몇 전문가들의 논의 속에서 내려진 결론과 매우 유사하다.

이들은 결코『토지』가 어떤 작품이라고 함부로 재단하거나 하나의 결론을 향해 논지를 정리하려는 접는 해석(infolding : 텍스트를 단일한 의미로 환원하려는 충동)을 하지 않는다. 그들은 다소 산만하게『토지』를 펼쳐놓는 해석(unfolding)을 하며 작품을 충분히 즐기고 있다. 이처럼 작품과 독자간의 매개항에 비교적 영향을 덜 받으면서 작품의 공백을 찾고 구체화하는 가운데 가장 '대화적인' 소통을 하고 있다. 이러한 공시적 확장은 작품 전체를 아우르는 새로운 평가의 차원이 아닌, 작품의 부분 부분에 대한 세심한 관찰과 감상, 향유이며, 이들이 보여준 남다른 열의는 작품에 대한 탈중심적·탈권력적 수용풍토로서 전문비평가들의 수용과 대조를 이룬다. 반면, 이 글들은 '동호회'라는 특별한 집단구성원에 의해 쓰여진 만큼, 작가와 작품에 대한 존경과 애정이 비평적 거리를 허락하지 않는 까닭에 역시 긍정적인 수용모델로 보기 어렵다. 그러나 많은 문제점에도 불구하고, 분명한 것은 이들 '가상의 문학적(혹은 해석적) 공동체' 내에서 이루어지는 진솔한 대화와 그 즉시적이고 쌍방향적인 소통구조, 무엇보다 문학에 대한 표현과 소통의 순수한 열망들을 이제 우리 문학담당층이 고려하지 않을 수 없다는 점이다.

글쓰기 방식은 단지 하나의 읽기 방식이다. 이럴 때 무더기(텍스트)로부터 골라내는 행위는 선별이며 그것을 수행하는 능력이 지능이다. 그리고 무엇을 골라야 할지 알고 고르는 것, 즉 기준들에 따라 고르는 것을 '비평(critic)'이라고 부르고 무작위로 고르는 것을 추정하기 곧, '읽기(to read)'라고 한다. 인간은 골라내어 배열하고 질서화시킬 수 있는 능력을 가지고 있고 이러한 비판적 사고는 글쓰기에 선행되는 것으로 여겨왔으며 그 결과 가치를 평가하는 데 힘써왔다. 그러나 모든 것이 다 골라내어 질 수 있는 것은 아니다. 즉, 해독할 수 없는 것도 있는 것이다. 기준의 지나친 정교화는 결국 세계를 해독 불가능한 것으로 만들고, 가치를 배제한다고 여겨지는 수수께끼 풀이식의 과학적 해석 역시 모든 가치를 상대화시킴으로써 공허한 진리의 세계에 도달하게 한다. 이 점에서 역사나 예술이나 정치, 그리고 과학의 경계는 무의미해져 버리며 이런 기준들은 결국 어떤 의미에서든 '이데올로기적'이다. 그러므로 이런 '낡은 읽기 방식'은 버려져야 하며, 역사적·가치평가적·정치적 의식으로부터 벗어난 새로운 읽기 방식, 곧 유희적이고, 창조적인 공동의 읽기로 도약해야 한다. 빌렘 플루서는 이런 읽기 방식만이 미래에도 지속될 것이라고 천명하고 있다.26)

디지털시대의 수용층이 텍스트(세계)를 이해하는 방식은 빌렘 플루서가 말한 이런 비유적 설명과 매우 닮아 있다. 그들의 '공백찾기-구체화 작업'은 어떤 역사적 문예비평적 기준에도 의지하지 않는 대신 추정과 수수께끼 풀이식의 해석을 추구하고 있다는 점에서 얼핏 과학적 해석 방식과도 유사하다. 그러나 그 배후에도 여전히 상대적인 기준이 도사리고 있으며 그것은 다시 새로운 기준에 의해 뒤집히기 일쑤이다. 그러나 누구도 그것에 결론을 내리고 있지 않다. 모든 것은 의미부여적이면서 동시에 무의미로 투사되고 있다. 이런 소통구조는 탈권력적이고, 대화적인 네트워크의 특성을 반영하고 있으며 이것은 문예작품의 수용에 있어서도 예외가 아닌 것이다.

## 5. 열린 해석을 위하여

완간되기 이전부터 하나의 '문학사적 사건'으로 엄청난 찬사를 받았던 『토지』는 1994년 8월 그 화려한 막을 내렸다. 그러나 종결을 전후하여 앞 다투어 내놓았던 문예지의 특집과 신문기사와 비평집 발간 등의 후속 작업은 순식간에 사그라지고, 완간된 지 10년이 채 못 되는 사이 『토지』의 해석과 평가는 휴지기에 접어들고 있다. 이 작업은 『토지』의 연재기간을 중심으로 이루어진 매개항과 그 해석의 상황을 검토함으로써 이런 휴지기를 넘어 새로운 해석의 지평을 열기를 소망하면서 시작되었다.

『토지』는 연재기간과 휴지기, 단행본 발간의 단속(斷續)으로 수용하기

---

26) 빌렘 플루서, 윤종석 역, 『디지털시대의 글쓰기-글쓰기에 미래는 있는가』, 문예출판사, 2002, 144~156면.

불편한 작품이었음에도 현재 독자 대중과 전문비평가들에 의해 가장 영향력 있는 작품으로 인정받고 있으며, 이것은 작품의 규모와 연재기간, 텍스트의 공백과 미정성에 있다고 볼 수 있는데, 텍스트의 외적 원인으로서 중개자 내지 전달자에 의한 매개항—연재시의 보도 자료, 서적 출간과 광고, 장르 변용, 비평가의 매개, 교과서 수록 등등—역시 작품의 수용과 해석에 적지 않은 영향을 끼쳤음을 알 수 있었다. 그러한 문단과 출판계의 상업적 의도는 2부의 연재와 단행본 출간시기부터 두드러졌으며 이를 시작으로 『토지』가 문단과 독자의 조명을 받기 시작했다. 이후 『토지』 연재는 단행본 출판사와 연재지의 공생관계(2, 3부), 당대의 잡지 경쟁(3, 4부)의 한 가운데서 이루어졌으며, 게재지의 변화로 순문학 독자로부터 대중에 이르는 폭넓은 독자층을 확보했음을 역으로 추적할 수 있었다. 반면 작가는 이런 잡지사와 출판사의 경쟁에 의해 상당한 부담감 속에 작품을 창작할 수밖에 없었는데, 이 같은 외부환경의 변화가 『토지』의 서사적 특수성과 무관하지 않다는 점은 앞으로 반드시 짚어보아야 할 과제로 남는다.

1970년대 중반은 베스트셀러가 양산되기 시작한 시기로서 『토지』가 단행본으로 간행된 시기와 맞물린다. 『토지』가 베스트셀러가 된 데에는 두 차례에 걸친 드라마 방영과 출판관행의 영향이 없지 않았을 것이다. 그러나 『토지』는 언론과 광고의 포장을 뜯어내고도 생존하는 작품임은 완간에 가까워지면서 변모된 작가의 위상변화만으로도 충분히 짐작할 수 있다. 연재 26년간 작가는 중견에서 원로로 늙어갔고, 이제 이 시대의 몇 안 되는 영향력 있는 '문사'로 대접받기에 이르렀으며 현재는 '토지문화관'을 중심으로 환경포럼을 열고 계간지를 간행하며 간간이 언론을 통해 자신의 생각을 역설하는 등 실천하는 지식인으로 살아가고 있다. 작가의 이런 변화는 작품 수용 양상의 변화에도 상당한 영향을 끼쳤음이 확인된다.

『토지』 비평의 새 차원을 열기 위해서는 전문 독자층의 글로부터 방대한 텍스트의 불편한 수용 상황과 중개자의 의도, 혹은 해석적 공동체의 권력, 작가의 표현미학의 영향에 대한 검토가 필요하다. 검토 결과, 연재 시기 『토지』에 대한 평가는 잡지의 상업적 전략과 편집 방향과 무관하지 않았다고 추측된다. 한편, 한때 민족문학론적 시각 및 역사소설은 해석적 전략이기 이전에 문학권력으로서 『토지』의 개성을 왜곡하고 함부로 재단하여 평가하는 결과를 낳았다. 반면 완간을 즈음하여 발표된 『토지』 비평문들은 대개 찬사와 해설적 태도를 취하고 있다. 또한 이 작품에 나타난 '생명사상' 논의는 작가의 생명담론이 충분히 알려진 후에 시작된 것으로 작가에 대한 지나친 의존과 경외심이 역시 작품 해석에 걸림돌로 작용하고 있음을 확인할 수 있다.

이에 비해 인터넷의 『토지』 동호회인 '토지문학관'의 경우 접근 기회의 동등성, 사회적 탈맥락성(곧, 익명성을 전제로 한 자격의 동등성), 개방적이고 탈권위적 특성, 명시적 검열(곧, 반응 받을 기회의 동등성) 등 개방적이고 평등한 커뮤니케이션이 이루어지고 있다. 이것은 인터넷이 가지는 긍정적 측면, 곧 민주적 잠재력으로서 『토지』의 수용에 있어서 새로운 국면을 구체적으로 보여주고 있다. 곧 정교한 해석전략과 비평 기준이 요구되는 전문비평가 집단의 권위적이고 개인적인 글쓰기, 폐쇄적인 소통구조와는 대척섬에 있다고 볼 수 있다. 그러나 동호회의 성격에 의해 작가와 작품에 대한 비평적 거리를 확보하지 못하고 있다는 점에서 결코 긍정적이지 못하다. 작품에 대한 해석과 수용이라는 것이 무엇을 지향하든 결국 '삶의 진리'를 발견하기 위한 욕망의 반영이라면, 이제 작품의 해석은 어느 지점에서 이루어져야 하는가 되물어야 할 차례이다.

『토지』는 어디에 있는가, 그리고 어디에 있어야 하는가.

# 2부

# 서사와 공간, 공간과 역사

## 제1장

# 일제 상업자본의 유입과 식민지 근대의 양상

김성수

## 1. 자본주의적 근대사회로의 변동과 『토지』

20세기 한국 소설사에서 그 유례를 찾아보기 힘든 한민족의 장대한 서사시 『토지』는 26년간에 걸친 집필 연재 기간, 방대한 길이의 작품 신(線), 무려 '600여 명'에 이르는 작중인물들의 여러 대에 걸친 종횡의 역사적 사건들, 경남 하동의 평사리와 진주를 주요 무대로 아래로는 일본의 동경으로부터 위로는 만주에 이르는 광활한 지리적 공간을 배경으로 하여, 구한말에서 해방에 이르기까지 반세기에 걸친 수난과 극복의 근대사를 기록하고 있는 작품이다. 그런 의미에서 『토지』에 구현된 20세기 전반(前半)의 한국 근대사에 관한 서사적 기록은 역사적 진실을 포괄하면서 문학의 형식과 내용이 도달할 수 있는 소설적 진실의 최대치를 반영해 내고 있다. 요컨대 『토지』는 20세기 한민족의 역사와 사회와 문화와 인사(人事)에 관한 총체적 양상을 거시적인 전망 속에서 탐구하고 있는 작품이라고 할 수 있다.

『토지』에 관해서는 지금까지 여러 연구자들이 심도 있게 논의를 한 바 있고, 그 성과 또한 풍부하다. 특히 주제와 사상적 범주에서 『토지』의 핵심을 '민족주의'와 '한(恨)', 그리고 '생명사상'이라는 시각에 초점을 맞추어 탐구하기도 하였다. 가령,『토지』는 존재론적인 차원에서 "'한'의 문제를 생명의 가장 기본적인 문제로 형상화하고 있는" 작품으로 해석되고 있을 뿐만 아니라,『토지』에서의 '한'은 단순한 정서적 차원을 넘어선 형이상학의 문제이며 인간 조건의 부조리에 대한 문제를 풀어 가는 방식이 작품의 주요 내용을 이루는 것으로 평가되기도 한다. 더 나아가,『토지』의 중심 사상으로 평가되는 '생명사상'은 "한 개체로서 생명이 지니는 우주적 의미를 통해 생명의 존엄성과 평등을 강조하며, 생명의 본질인 한(恨)이라는 정서를 통해 민족적 정체성을 이끌어내"는 것으로 이해되고 있다. 다시 말해 "한민족 해방 역사의 재현"을 핵심으로 하는 『토지』의 '사상'은 다음과 같이 압축된다.

> (…중략…)『토지』가 나타내는 사상을 한마디로 이야기한다면 '생명사상'이라고 할 수 있다. 작가는 이 '생명사상'을 통해 한민족의 세계관이 지닌 인류 보편적인 가치를 드높이고 있다고 할 수 있다. 곧 영성이 깃들인 생명, 한을 삭이고 사랑으로 승화시켜 창조적으로 변용하는 인간을 그리는 것은 실제로 한민족에게 있었던 인간의 모습이기도 하고 있어야 할 인간의 모습을 작가가 만들어낸 것이기도 하다. 그것은 모든 생명들이 자신을 창조성의 존재로 고양시키는 세계에의 기대이며 참다운 생명에의 희망이라고 볼 수 있다.[1]

한편,『토지』는 인물의 형상화 원리나 서술 구조 등에서 역사소설의 범주를 포용하면서도 그것을 넘어서는 서사적 특징과 서술 원리를 복합적으로 내포하고 있으며, 다양한 층위의 세계가 중층적인 이야기로 구조화된 작품으로 이해되고 있다. 그러나 『토지』가 많은 주목을 받고 있는

---

1) 최유찬, 『『토지』를 읽는다』, 솔, 1996, 505면.

이유는 앞서 밝힌 대로 작품과 관련된 여러 기록적인 수치들 때문이 아니라, 식민지시대를 살아가는 한민족의 역사적 '경험'이 작가의 문학적 상상력을 통해 장구한 이야기 마디마디에 숨쉬고 있기 때문이다. 즉『토지』는 일제강점기의 한반도 남쪽 어느 마을에서 '토지'를 둘러싸고 벌어지는 '수난과 극복'의 거대한 드라마로 읽히는 한편, 식민지·반봉건 사회로부터 근대적 자본주의 체제로 이행되어 나가는 과정에서 일제로부터의 해방을 위해 투쟁하는 인물들의 고뇌와 욕망, 분노와 연민, 좌절과 희망의 서사를 역동적 모멘트로 형상화해 낸 작품으로 읽을 수 있다.

그러나 여기서 좀더 주목해야 할 점은『토지』가 지나간 시절의 빼앗긴 역사에 관한 이야기를 거대한 스케일로만 형상화한 작품은 아니라는 사실이다. 『토지』의 진정한 의미는 이야기 시간의 '길이' 차원을 넘어, 이민족으로부터 '빼앗긴 토지'를 회복하기 위해 투쟁하는 수많은 인물들의 숭엄한 행동에서 한민족의 삶에 내포된 보편적 진실을 총체적으로 복원해 내고 있다는 데 있다. 더 나아가『토지』를 구축하고 있는 작품의 의미를 생각할 때 좀더 주목해야 할 점은 방대한 서사 전체를 관통하고 있는 일제 자본주의의 유입 양상과 그 전개 과정에 대한 작가의 비판적 인식이다.『토지』의 시간적 배경인 1897년을 전후한 구한말로부터 1945년의 해방에 이르는 한민속의 반세기 역사는 일제의 상업사본과 상품들이 쇄도하면서 근대적 사회체제로 급격하게 변화해 가는 시기로,『토지』에는 일제강점기 아래에서 식민지 자본주의를 체험한 사람들의 경험과 삶의 진실이 작가의 역사적 상상력을 통해 재구성되어 있다.

이 글은 앞서 밝힌 여러 견해들을 수용하면서,『토지』이야기의 세목(細目)과 서사의 중추를 이루고 있는 식민지 자본주의의 유입과 그 전개 과정에서『토지』가 자본주의적 근대사회로의 변동을 어떻게 인식하고 반영해내고 있는지 살펴보려는 데 목적이 있다. 한민족 해방의 역사적 도정을 '총괄적'으로 반영하고 있는『토지』는 일제의 자본주의가 유입되고 전개되는 과정에서 빚어진 한민족의 삶에 대한 경험을 문학적 상상력의 원근법으로 형상화하고 있는 작품이다. 식민지 수탈의 상징인 '조선총독부'(이하 '총독부')와 '동양척식주식회사'(이하 '동척'),[2] 더 나아가 식민지 본국으로서 동아시아를 침탈한 일제의 정치·경제적 부조리함과 일본문화의 호전성에 대한 비판을 기조로 『토지』는 한민족의 삶으로부터 생성되는 역사적 경험의 진실을 작품 전편에 구현해내고 있다. 그리하여 작가는 식민통치 과정에서 이루어진 통계적 숫자나 기록들 뒤편으로 사라져 삭제된 당대인들의 경험적 진실을 복원하여 『토지』의 세부 서사를 구성하면서, 일제의 침략과 식민지 자본주의화의 과정에서 나타난 수난과 투쟁의 역사를 거시적 전망 속에서 탐구하고 있다.


## 2. 일제 상업자본의 성격과 유입 과정


일제 상업자본의 한반도 진출은 1876년의 개항 이후부터 시작되었지만, 1904년의 제1차 한일협정을 계기로 본격화되면서 조선은 빠르게 변화하기 시작한다. 개항기로부터 일본 상업자본의 조선 농촌 시장에 대한 침투가 확산되면서 1890년 무렵이 되면 일제의 셔츠류, 각종 화학염료 및 궐련과 성냥 및 모직물·금속품·석유 등이 면세특권을 누리며 수입되어 조선 농촌의 공황이 초래되기에 이른다. 가령 일본 상점의 대리점 직원들은 조선의 농촌을 일일이 방문하여 소비자들의 취향과 시장의 요구를 조사한 다음 상품을 공급하는 방식을 취했는데, 구한말 당시의 정

---

2) 당시 '동척(東拓)'에 대한 인식은 '조선인 전체의 원부(怨府)'라는 표현에서 나타나듯이 극도로 부정적일 수밖에 없었는데, 토지 수탈의 원천으로서 작가의 '동척'에 대한 인식 역시 매우 비판적이다. 이에 대해서는 『동아일보』 1923년 3월 25일자 '동척' 관련 기사인 「조선인 전체의 원부(怨府)」라는 글과 『토지』 4부의 '서' 부분을 참조할 것.

황을 담고 있는 한 외국인 관찰자의 기록은 농촌사회의 심층부에까지
침투한 일본 상품의 유입 현상을 잘 보여준다.



동학혁명의 실패와 갑오경장의 실시 이후 대한제국기(1897~1910)의 여
러 제도적 개혁이 19세기 말과 20세기 초에 걸쳐 의욕적으로 실시되었지
만, 그 정치적 실험은 1910년의 강제 병합에 이르는 동안 일제에 의해
왜곡되면서 민족의 주체적 소망과는 다른 방향으로 전개되었음은 주지
하는 사실이다. 동학혁명과 갑오경장을 경험한 1894년 이후, 서울에는
석유를 사용한 가로등이 최초로 설치되고(1897), 경인철도(1900) 및 경부철
도(1905)가 개통된다. 또한 신식 화폐조례가 공포되어 금본위제가 채택된
이후(1901) 일본 은행의 설립과 일본 화폐의 대량 유통으로 인한 조선 화
폐의 가치 폭락(1903) 등 조선은 이전의 사회에서는 경험하지 못한 변동
을 겪게 된다.

개항 이후부터 1919년에 이르는 동안 조선사회는 정치적으로는 식민
지 지배를 위한 총독부의 정지작업이 본격화되는 한편, 경제적으로는 일
본의 자본과 상품이 유입되면서 식민지 자본주의 체제로 전환되기에 이
른다. 이 기간 동안 일제는 도로·철도·통신·항만 등 사회 간접자본을
개발하고, 식민지 본국의 식량자원을 원천적으로 확보하기 위해 1910~
1918년에 걸쳐 '토지조사사업'을 실시하였을 뿐만 아니라, 조선의 기업
활동을 제한하기 위해 1910년 '회사령'을 공포하여 실시하는 등 조선을
상품 소비시장 및 대륙 진출의 병참기지로 삼으려는 장기적 계획을 실천

---

3) 이사벨라 버드 비숍, 이인화 역, 『한국과 그 이웃나라들』, 살림, 1994, 46면.

▲ 경성주식현물취인시장(1920년대). 일제의 식민지 자본주의가 뿌리내리면서 화폐가 자본시장으로 빠르게 몰려들었고, 자본을 소유한 사람들에게 증권시장은 일확천금을 노릴 수 있는 매력적인 장소였다. 사진은 당시 명동에 있던 현물취인시장.

▲ 농공은행 본점 영업실(1920년대 초). 일상생활에 깊숙이 침투해 들어와 자본의 근대적 거래를 가능케 한 식민치하의 은행. 은행의 높은 벽이 보여주듯이, 극소수의 사람들을 제외하고는 돈을 예금하거나 대출을 받기가 어려웠다.

▲ **칠패길(1930년경).** 대한제국 시기까지 성세를 유지했던 서울의 칠패시장은 일본인들이 유입되고 경성역이 들어서면서 흔적도 없이 사라져갔다. 대신 그 자리에는 일본인들에게 어물(魚物)을 공급하는 경성 수산시장 건물이 들어섰다.

해 나간다. 1910년대와 1920년대 일제의 식민지정책은 '토지조사사업' 및 1917년에 개시된 '임야조사사업'에 의한 '본원적 축적과정'의 강행을 기축으로 하여, 화폐 및 재정제도의 확립, 교통운수 시설의 건설 등 식민지 통치의 경제적 기반을 확보하게 된다. 1920년대에는 '산미증식계획'을 중심으로 자국의 상품 판매시장 및 식량과 원료의 공급지로서 조선을 전형적인 식민지 경제체제로 강화해 나감으로써 1930년대 이후에는 경제적 사회구성체로서 식민지 자본주의 체제를 구축하게 된다.[4] 다시 말

---

4) 권영욱, 「일본제국주의하의 조선의 노동사정―1930년대를 중심으로」, 『1930년대 민족해방 운동』, 거름, 1984, 216~217면. 그는 이런 '식민지 자본주의' 체제를 규정하는 근거로, 상품 화폐경제의 지배, 자본주의적 금융, 화폐제도의 정비와 확장, 운수·체신·교통기관의 발전, 국민경제 내에서의 기계제 대공업의 지배적 지위 점유, 자본주의 생산에 기초한 생산물의 확산, 농업에서의 근대적인 법적 토지 소유권 확립, 생산의 사회화 촉진, 노동자 계급의 성장에 따른 탈자본주의화를 위한 물질적 전제 조건의 조성 등을 제시하고 있다(같은 글, 220면).

▲ **조선물산공진회 관람객 행렬(1915년).** 일본의 한국 강점 5주년을 기념하고, 식민 지배의 성과를 국내외에 과시하기 위해 경복궁 경내에서 개최한 조선물산공진회의 모습. 일제는 이를 통해 조선인들의 전통과 권위가 붕괴었음을 확인시키고자 전국 각지에서 무려 160여 만 명에 달하는 관람객을 반강제적으로 동원하였다.

해, 일제는 원료 및 식량 공급지와 상품 판매로를 얻고 대륙 침략의 발판을 마련하기 위해 1910년대에는 토지조사사업을, 1920년대에는 산미증식계획을, 1930년대 이후에는 만주와 중국대륙에 대한 침략을 도발하면서 조선의 공업화 정책과 병참기지화 정책을 실시하였고, 전시동원체제로 들어서면서부터는 문화와 사상과 민족의 정체성마저 일제에 동화시키기 위한 황민화 정책을 실시해나간다.

이와 같이 조선에 유입된 일제의 상업자본과 자본주의를 토대로 실행된 제반 식민정책들은 조선을 식민지 본국의 자원 생산과 식량 공급지 및 영토 확장의 대상으로 편입시키려는 의도 아래 전개되어 나간다. 그러나 인도에 대한 영국의 식민정책이 '자치주의'를 원칙으로 하고 있었던 것과 비교할 때, '동화주의'에 바탕을 두고서 총독부와 동척을 중심으로 진행된 일제의 조선에 대한 식민화 과정은 근본적인 한계를 안고 있는 것이었다.5) 1897년으로부터 1945년의 해방에 이르기까지 일제강점기

---

5) 일제는 총독부를 통해 조선을 일본의 영구적인 식민지로 만들기 위해서 '동화주의 정책'을 실시하였는데, 이 정책은 조선이 일본에게 그만큼 중요했음을 반증해 준다. 동화주의 정책 가운데 몇 가지 중요한 사항을 들면, 총독부는 일본의 상법·민법·민

에 실시된 조선의 식민화 과정과 작품의 서사가 맞물려 전개되는『토지』
전편의 이야기들은 일제의 침탈로부터 비롯된 수난과 그 극복의 역사적
도정을 일제 자본주의의 유입과 식민화에 관한 저항의 서사로 담아내고
있는데,『토지』의 서사가 구체적으로 일제의 식민지 자본주의를 어떻게
수용하고 있는지 작품에 서술된 주요 내용들을 통해 살펴본다.


## 3. 『토지』의 서사와 식민지 자본주의의 양상


　『토지』는 일제의 상업자본과 상품이 유입되고 새로운 형태의 업종들
이 다양하게 형성되면서 도시와 농촌을 비롯한 한반도 전역이 식민지 자
본주의 체제로 재편되는 과정을 총괄적으로 서술하고 있다. 최서희를 중
심으로 한 주동인물들이 일제를 상징하는 인물 조준구에게 빼앗긴 '토지'
를 되찾으려는 집념을 핵심 서사로 하여 한민족의 주체성 회복을 향해
투쟁하는 인물들의 삶의 과정을 그리고 있는『토지』는 봉건적 신분제 사
회로부터 근대적 자본제 사회로 바뀌는 변혁기의 역사적 상황과 삶의 형
태에 관한 이야기를 식민지 자본주의 유입 과정과 맞물려 서술하고 있다.
　작품 전체를 통해서 읽을 수 있듯이 정치·경제론적 시각에서 일제강
점기를 인식하는 작가의 입장은 '수탈론'에 근거하고 있는 것으로 보이
는데, 이런 시각에 맞춰『토지』를 읽을 때, 1897년 가을 무렵부터 1945년

---

사소송법 등 민사관계 주요 법령이나 형사관계 주요 법령을 거의 그대로 조선에 적용
하였으며, 공교육 중심의 교육체제 속에서 초등교육을 보급하여 일본적인 사고 방식
과 생활양식을 흡수하도록 하였으며, 더 나아가 '창씨개명'의 강제시행 과정에 나타나
듯이 조선인 고유의 성 대신 일본식의 씨를 사용하게 하였다. 일제의 동화주의 정책에
대해서는 박섭의 『식민지의 경제 변동—한국과 인도』, 문학과지성사, 2001, 32면 및
58~59면을 참조할 것.

8월 15일의 해방에 이르는 작품의 서사적 진행은 대체로 일제의 상업자본과 상품들이 유입되어 확산되어 가는 과정과 맞물려 있음을 알 수 있다. 즉 일제의 침략과 강제합병 이후의 식민화 정책은 궁극적으로 자본주의 이식을 통해 조선을 안정된 상품 소비시장과 원료 공급지로 만들고 병참기지화하여 대륙 진출의 발판으로 삼으려는 것으로, 『토지』의 전체 이야기는 이 과정에서 벌어지는 한민족의 삶과 경험을 총괄적으로 기록하려는 의도로 전개되고 있다.6) 『토지』 전체의 '서'(제1부)에서 작가는 향후에 전개될 역사적 정황을 암시하기라도 하듯, 20세기를 얼마 남겨두지 않은 1897년의 한가위 무렵을 비감 어린 정조로 다음과 같이 서술하고 있다.

팔월 한가위는 투명하고 삽삽한 한산 세모시 같은 비애는 아닐는지. 태고적부터 이미 죽음의 그림자요, 어둠의 강을 건너는 달에 연유된 축제가 과연 풍요의 상징이라 할 수 있을는지. 서늘한 달이 산마루에 걸리면 자잔한 나뭇가지들이 얼기설기한 그림자를 드리우고 소복 단장한 청상의 과부는 밤길을 홀로

---

6) 『토지』는 "1897년의 한가위"(1권, 제1부 제1편, 이후 인용은 솔출판사본 『토지』를 텍스트로 한다)라는 작가의 서술('서(序)')로부터 시작하여, "외치고 외치며, 춤을 추고, 두 팔을 번쩍번쩍 쳐들며, 눈물을 흘리다가는 소리내어 웃고, 푸른 하늘에는 실구름이 흐르고 있었다"(16권, 제5부 제5편)는 장연학의 '독립 만세!' 외침에 대한 서술에 이르기까지 50여 년에 이르는 이야기를 서사적 시간으로 하고 있다. 1부에서 5부에 이르기까지 각부의 이야기 시간을 요약하면 다음과 같다.
제1부 1897년의 8월 한가위로부터 서희 일행이 부산에서 화륜선을 타고 청진을 거쳐 간도로 이주하는 1908년 5월까지.
제2부 1911년 5월의 용정촌 대화재로부터 서희 일행의 상업적 성공과 평사리 귀환을 향한 집념을 다룬 1917년의 여름까지.
제3부 1919년의 3·1운동에서부터 1929년의 광주학생운동에 이르는 시간 동안 최서희의 조준구에 대한 복수와, 김환을 비롯한 동학 잔류세력들의 활약 및 신지식인·신여성의 삶을 그리고 있는 부분.
제4부 1930년 이후부터 1937년의 중일전쟁과 1938년의 남경학살에 이르기까지 광활한 공간에서 펼쳐지는 여러 인물들의 다양한 활동.
제5부 1940년에서부터 1945년 8월에 이르기까지 3세대인 이홍과 정석을 비롯하여, 환국과 윤국 형제, 송영광 및 이양현 등 4세대에 속하는 인물들의 이야기가 주류를 이루는 부분.

가는데 —팔월 한가위는 한산 세모시 같은 처량한 삶의 막바지, 체념을 묵시(默示)하는 축제나 아닐는지. 우주 만물 그 중에서도 가난한 영혼들에게는.[7]

작품 전체의 방향과 분위기를 압축하여 제시해 주는 첫머리의 「어둠의 발소리」 '서'는 향후에 닥쳐올 시대의 먹구름을 '어둠'의 이미지로 묘사하고 있다. 비록 평사리의 민중들이 느끼는 한가위의 충족감을 '황금빛 들판'과 '읍내 씨름판', '타작마당'과 '굿놀이' 등의 흥성한 정조로 환기시키고 있음에도 불구하고, 바깥으로부터 몰려오는 어두운 그림자를 작가는 비애 섞인 어조로 서술하고 있다. 이 점은 '1897년의 한가위'라는 『토지』 전체의 첫 문장에 잘 나타나 있는데, 여기서 '1897년'은 단순한 연대의 표식을 넘어 역사의 급전을 암시하는 기표로 작용한다. 가난의 궁핍함에 늘 고통을 받는 가운데서도 인정의 유대가 살아 숨쉬던 시절은 지나가고, 속도의 분주함과 상품의 물신성이 바야흐로 자본의 시대, 정치적 영토 확장과 경제적 소비시장의 안정적 확보를 위한 식민주의의 침탈이 도래하고 있음을 작가는 '1897년'이라는 연대로 제시한다. 마르크스가 지적했듯이, 사물들이 인격화되고 사람들은 물화되는 자본주의의 전도현상이 이제 제국주의의 첨예한 식민화 과정 속에서 전개될 것임을 『토지』의 1부 '서'는 암시하고 있다. 『토지』 전체의 서사화 과정에서 주요 항목들을 구성하는 자본주의의 성격과 본질에 대해서 작가는 다음과 같은 인식을 하고 있다.

> 20세기는 인본에서 물질주의로 넘어가는 시기였습니다. 소위 유물론의 시대이지요. 그러나 사회주의 국가만이 유물론을 신봉했던 것은 아니었습니다. 뿌리를 살펴보면 자본주의 역시 생산고(生産高)가 모든 것의 기준이 되는 철저한 물질주의였습니다. 20세기는 불확실한 것, 가시 밖의 것에는 가치를 부여하지 않았어요.[8]

---

7) 박경리, 『토지』 1권, 솔, 1993, 13~14면. 이하 작품의 인용은 따로 각주를 달지 않고 솔출판사본을 기준으로 본문 속에 권수과 면수를 부기토록 한다.

작가가 밝히고 있듯이 인간과 세계를 바라보는 기준이 인본주의에서 물질주의로 넘어간 20세기는 철저히 유물론의 시대였다는 것, 그런데 사회주의 국가만이 아니라 자본주의를 채택한 국가에서도 생산고를 신봉하는 이 유물론의 사상이 기준이 되었다고 작가는 비판한다. 따라서 '물질주의', 즉 자본주의의 물신성에 대한 작가의 비판의식을 기저로 한『토지』의 서사는 일제의 식민화 정책이 실시되는 과정과 밀접하게 연계되면서 전개된다. 작품의 제목에 초점을 맞추어『토지』의 서사를 이해할 때, 평사리가 주요 무대인 1부에서 '토지'(최참판가의 땅)를 둘러싸고 벌어지는 인물들의 삶에 대한 이야기는 2부 이후 '자본(돈)'의 형성과 축적에 관한 이야기로 옮겨간다.

오랜 동안 전통적 삶의 형식에 적응하며 살아가는 사람들의 이야기는 점차 자본주의화의 흐름 속에서 이전과는 다른 경험을 하게 되고, 그 과정에서 새로운 형태의 삶의 세계로 변화해 나간다. 이를테면 '최참판가'의 몰락과 복원을 향한 주인공들의 삶의 도정으로『토지』를 읽을 때 1부의 주요 공간인 하동 평사리의 원환적인 삶은 2부의 용정이라는 공간에서부터 자본의 축적과 관련된 형태로 전환된다.9) 또한 용정으로부터 귀

---

8) 박경리,『문학을 지망하는 젊은이들에게』, 현대문학사, 1995, 253면.

9) 1부에서 서희의 할머니 윤씨 부인이 장롱의 받침대로 위장하여 숨겨둔 '금괴'가 용정이 주무대인 2부에서 서희 일행의 사업 성공을 뒷받침하는 결정적인 역할을 하는 것은『토지』의 구체적 서사가 자본주의화 과정과 밀접하게 관련되어 있다는 사실을 보여주는 중요한 모티프라고 할 수 있다. 이와 관련하여 작가의 다음과 같은 발언은『토지』를 자본주의와의 관련 속에서 파악하는 데 중요한 참조점을 제공해 준다. "소설 속에서는 최서희가 망명한 간도 땅에서 곡물무역을 하게 됩니다. 전쟁으로 인하여 백두(白豆)의 국제시세가 뛰는 바람에 백두를 매점해 놨던 최서희는 엄청난 이윤을 남기는데 1차 세계대전은 한 개인 최서희의 운명을 결정적으로 바꾸어놨습니다."(박경리, 위의 책, 14면) 또한, "뒷일을 예견한 서희 할머니 윤씨 부인이 장롱 받침대처럼 숨겨 놓은 막대한 금괴를 상업 자금으로 하여 자본주의의 기본항인 사재기로 독점하였다가 되파는 방식의 돈 모으기는 제국주의자들의 방식 그대로이며 당 시대를 가로지르는 가장 명쾌한 현실이었다"(정현기,「세 틀의 '새집 짓기' 이야기 떨기」,『현대문학의 연구 6-『토지』와 박경리 문학』, 한국문학연구회 편, 솔, 1996, 176면)는 평가는『토지』를 자본주의의 유입과 그 전개 과정이라는 시각에서 이해할 때 핵심을 지적한 분석이라

환한 3부 이후부터 마지막 5부에 이르기까지 『토지』는 자본주의 세계 속에서 인물들의 삶이 어떻게 형성되고 분화되어 가는지 그 변화의 과정을 다양한 스펙트럼으로 그리고 있다. 이렇게 볼 때 2부 이후에 전개되는 『토지』 이야기는 1부의 잉여가 아니라 일제강점기 전체를 아우르는 시간 속에서 각 세대의 인물들이 자본주의적 삶의 변화에 대응해나가는 과정을 총괄적으로 제시한다. 이런 맥락에서 가령, 조선의 전 국토에 대한 토지 상황을 조사하여 식민통치의 자료를 확보하기 위해 실시한 '토지조사사업'에 대해 농민들이 격앙된 감정을 표출하고 있는 2부의 다음과 같은 대목들은 일제의 식민화 정책을 바라보는 작가의 시각이 어디에 있는지 잘 보여준다.

> 네. 도장을 한 바가지나 만들어서, 토지조산가 뭔가 한다는 작자들과 짜고서 말이오 말이 둔답이지 그놈의 나라땅 속을 들여다볼 것 같으면 가난뱅이 한두 섬지기 땅도 숱하게 묻혀 있으니 말씀이오 셋돈 안 물려고 맡긴 땅 솔랑 날아가지 않았소? 벼룩이 간까지 꺼내먹은 게지요 (5권 70면)

> 토지조사란 무슨 놈의 낮도깨비냐. 괴상한 측량기구를 둘러메고 산산골골에 스며들어온 주사(主事)라 하고 통역이라 하고 기수(技手)니 측량원이니, 그 양복쟁이들이 칼 차고 통 멘 순사 헌병보다 더 부서울 줄이야. 아이고오, 하느님 맙소사! 땅을 치고 통곡한들 감나무를 쳐다보고 집어대는 것은 강아지뿐이었다.
> (…중략…)
> 영세농민의 소유지는 도처에서 국유지로 흡수되고 탐욕스런 무리들이 횡령하고, 아이고오 하느님네! 명천의 하느님네! 한들 산천이 말을 할까. (5권 79면)

합방 이후 총독부와 동척은 조선을 식민통치에 적합한 체제로 만들기 위해 가장 먼저 토지조사사업을 실시한다. 토지조사사업은 조선의 지형과 지모를 조사하여 자본을 가진 일본인들의 토지소유를 원활히 하고,

---

고 할 수 있다.

일본의 자국 내 식량부족 문제의 해결과 식량수출 증대를 도모하기 위해 총독부의 주도로 실시된 중요한 식민정책이었다.[10] 그런데 이 토지조사사업은 표면적으로는 근대적 토지 소유제도의 확립과 지세제도의 변화를 가져왔음에도 불구하고, 결과적으로 총독부의 소유지만을 크게 증가시킴으로써 이후 식민지 조선에서 토지의 상품화를 급격히 진행시키는 결정적 계기가 된다. 물론 토지와 관련된 소작문제를 다루고 있는 일제강점기의 여타 작품들과 달리 『토지』가 최참판가와 농민들 사이의 소작제도에 대해 너무 온정적으로 묘사함으로써 토지제도를 둘러싼 구조적 문제를 핍진하게 그리지 못했다는 비판이 있음에도 불구하고,[11] 궁극적으로 『토지』는 작품 전편을 통해 소작제도와 그것을 둘러싼 식민지 농촌사회의 구조적 모순을 문제삼는 데에만 서사의 초점을 맞춘 것이 아니라 일제의 식민지 자본주의 정책의 수탈적 성격을 역사적 전개 과정에서 총괄적으로 그리려는 의도를 반영하고 있다는 점에 주목할 필요가 있다. '토지'에 관한 문제를 중심으로 작품을 읽을 경우 작가는 이른바 '도덕경제론적 시각'이나 '정치경제론적 시각'[12]을 포괄하여, 조선 백성들의 경제적 여건과 도덕 및 풍습이 더욱 피폐해진 원인을 총독부와 동척이 주도한 토지조사사업에 돌려 다음과 같이 비판한다.

> 일본인 왈, 조선인은 게으르다, 조선에는 웬 거지가 이리 많으냐, 그 실정은 누구보다 잘 알고 있을 총독부에 가서 물어볼 일이다. 가렴주구에 항거하는 민란도 수없이 있었지만 조선조 오백 년, 나라에서는 공전(公田)이라 하며 농민으로부터 땅을 걷어들인 일은 거의 없었고 설사 걷어들였다 한들 결국 조선백성이 경작하기 마련, 사유지의 경우도 땅문서라는 것이 애매모호했으나 땅문서 이상으로 윤리 도덕이 견고하여 남의 땅을 도적질하는 일은 없었다. 항상 족하지 못

---

10) 윤철홍, 「박경리의 『토지』에 나타난 토지법 사상」, 『법과 사회』 11권, 1995.5, 346면.
11) 윤철홍, 위의 글, 353면.
12) 도덕경제론적 시각과 정치경제론적 시각으로 나누어 『토지』에 나타난 작가의 경제관을 분석하고 있는 글로는 박명규의 「『토지』와 한국 근대사―사회사적 이해」(『한·생명·대자대비』, 『토지』 비평집 2, 솔, 1995, 143면)를 참조할 것.

했지만 마을마다 대개 객사라는 것이 있었고 여염집에서도 한두 끼의 끼니, 잠자리를 거절하는 풍속이 아니었기에 나그네는 있었으나 거지는 흔치 아니했다. 그런데 어찌하여 삼천리 강산, 남의 땅으로 쫓겨간 사람이 부지기수인데 이 불운한 강산 거리거리에 거지들이 떼지어 방황하고 있는 것인가. 일인들 왈 조선에는 웬 거지가 이리 많으냐, 총독부에 가서 물어볼 일이다. 땅을 약탈하여 배가 불러 터지게 된 동척(東拓)에 가서 물어볼 일이다. 조선인은 게으르다, 어째 게으른가 그것 역시 총독부, 동척에 가서 물어볼 일이다. (10권 13~14면)

거시적으로 생각하면, 『토지』는 '빼앗긴 토지의 회복'이라는 최서희 일행의 서사를 목표로, 김환 등이 중심이 된 동학 잔류세력들이 국내에서 벌이는 독립 투쟁과 함께, 이동진을 비롯하여 권필응·장인걸·강두메 등으로 이어지는 인물들이 간도에서 벌이는 독립 투쟁의 활동이 서사 전개의 주요 축을 이루고 있다. 여기에 일제에 의해 시행된 토지조사 사업을 비롯한 제반 식민정책의 양상들, 그리고 그로 인해 겪게 된 조선인들의 피폐한 삶이 『토지』에는 구체적 서사의 내용으로 구성되어 있는데, 이 모든 과정의 발생적 원인을 『토지』는 총독부와 동척에 의해 이루어진 식민지 자본주의 수탈적 성격과 양상을 통해 규명해 나가고 있다. 『토지』는 이 점을 인용문에 나타나 있듯이 친일지주 조준구의 모습을 바라보는 평사리 농민들의 시선으로 포착하면서 전개해나간다.

"아니, 저기이 뭣꼬?"

둑을 치고 있던 영팔이 큰소리로 외쳤다. 그의 옆을 지나가던 평산이 돌아본다. 모자를 쓰고 양복을 입은 사내가 말을 타고 마을 어귀에 들어선 것이다. 길섶에서 소를 먹이고 있던 아이들은 도망을 친다.

"온 세상에 별스런 꼴을 다 보겠구마. 왜놈 아닌지 모르겠소"

영팔이 평산을 향해 불안스럽게 말했다. 들판에서 일하던 대부분의 농부와 아낙들도 일어서서 먼 빛의 말을 타고 가는 양복차림의 사나이를 불안스럽게 바라본다. (1권 137면)

　　뽕잎을 따가던 마을 처녀들이 준구를 보자 왜인인 줄 잘못 생각하였던지 옆
　　길로 빠져 부리나케 달아난다. (1권 151면)

　　'조준구'13)는 "검정빛 양복에 모자, 구두를 신은 서울의 신식 양반"(1권
140면)으로, 식민지 자본주의화가 진행되는 기회를 이용하여 최참판가의
토지를 비롯한 전재산을 빼앗는 인물이다. 조준구가 평사리에 나타났을
때 그를 바라보는 농민들의 눈길은 사뭇 적대적이다. 평사리 사람들이
이런 태도를 취하는 이유는 조준구가 이전에 평사리를 찾아왔을 때와는
현저하게 달라진 외양을 하고 나타났기 때문인데, 조준구가 등장하는 이
지점에서부터 마을에는 어떤 불행과 음모의 그림자가 서서히 드리워지
기 시작한다.

　　작품의 1부에서 조준구가 본격적으로 등장하는 시기는 일제의 상업자
본과 상품이 본격적으로 유입되면서 조선의 사회체제를 변화시켜 가기
시작하는 무렵이다. 평사리 사람들에게 '왜놈'('왜인')으로 비쳐지는 조준
구는 그 차림새는 물론 의식과 행동에 이르기까지 일제를 표상하는 인
물이다. 이 점은 최참판가를 찾아온 조준구가 현실을 인식하는 시각을
두고 최치수와 이동진과 벌이는 가벼운 논쟁14)에 잘 부각되어 있다. 빠
르게 문명화되어 가는 세상의 감각을 남들보다 먼저 습득한 조준구가
신식 복장의 모습을 한 채 일제의 뒷배를 업고 등장하는 장면에서 최참
판가와 평사리에 벌어질 격정의 폭풍우가 몰려오고 있음이 암시되고 있

---

13) 조준구의 득세와 몰락 과정이 일제의 흥함과 망함을 상징하고, 그의 최참판가 탈취
　　과정이 일제의 식민지 침탈과정과 긴밀하게 결합된 하나의 상징적 상황으로 해석하는
　　견해가 이 점을 뒷받침해 준다. 이에 대해서는 임진영의 「『토지』의 삶과 역사 의식」
　　(한국문학연구회 편, 『『토지』와 박경리 문학』, 솔, 1996, 69면)을 참조할 것.
14) 제1부 제1권 11장 「개명 양반」에서 조준구와 이동진이 나누는 다음과 같은 대화를
　　보면, 조준구가 가지고 있는 의식이 어떤지 알 수 있다. "알맹이를 모르고서 겉치레만
　　따른다고 문명인이 된다 할 수는 없을 것 같"(145면)다는 이동진의 말에 조준구는, "태
　　초부터 사람은 살기 편한 것을 좇게 마련이오. 그래 연장이라는 것도 생겨나고 모든
　　것이 발전해간다고 소생은 생각하오. 등잔불보담이야 전등 켜는 편이 편리하지요"(146
　　면)라고 말한다.

는 것이다.

일제의 힘을 등에 업은 조준구는 최참판가의 재산을 빼앗기 위해 김평산과 귀녀 등을 은근히 부추겨 최참판가의 당주 최치수를 살해하도록 조정한다. 호열자(괴질)의 창궐로 윤씨 부인을 비롯하여 강청댁·윤참봉·김서방·봉순네·문의원 등 평사리 사람들이 죽음을 당하는 1902년 무렵을 전환점으로 최참판가는 몰락하고 조준구는 평사리를 지배하는 세력으로 등장하게 되는데, 조준구의 최참판가 탈취 과정과 일제가 조선을 지배해 가는 역사적 상황이 맞물리면서 『토지』의 서사는 빠르게 전개되기 시작한다.

서희 일행이 간도로 집단 이주한 2부 이후부터 1부에서의 '토지' 개념은 자본화되고 상품화된 대상으로 바뀌게 된다. 곡물이 생산되고 저장되며, 원환적 세계 안에서 자연의 흐름에 순응하는 대지적 원천으로서의 토지가 아니라, 이제 자본의 형태로 교환되고 금전적 가치를 증식시키는 토지 개념이 부각된다. 물론 『토지』에는 농본주의자 김범석의 '토지관'[15]이 작품의 종반부인 5부에 잠깐 나타나긴 하지만, 이런 시각은 자본주의적 체제로 편성되어 가는 역사의 흐름에 적응하지 못하는 낭만적 세계관에 불과할 뿐으로, 『토지』 전체의 서사를 지탱하는 중심 사상으로서의 역할은 하지 못한다. 이에 비추어 2부에서 서희 일행이 토지를 담보로 재산을 증식해 나가는 과정에서 핵심 역할을 하는 '공노인' 같은 인물의 토지관이 오히려 『토지』 전체의 자본주의적 감각을 훨씬 설득력 있게 보여준다.[16] 서희와 공노인이 나누는 다음과 같은 대화에서 『토지』의 자본

---

15) 토지의 사유뿐만 아니라 국유조차 원천적으로 부정하는 원시적 농본주의자 김범석의 토지관은 다음과 같다. "나는 농본주의(農本主義)다. 첫째 나는 토지(土地)의 국가소유를 반대한다. 일본이 조선의 땅을 소유하는 것을 반대하는 것은 말할 나위도 없고, 땅이란 경작자가 가져야, 아니, 아니지. 땅은 경작하는 사람이 자연에서 빌려야 한다는 생각이다. 사람이 생명을 빌려서 세상에 나온 것처럼, 생명이 나왔기 때문에 자연은 경작자에게 땅을 빌려주어야 한다. 살아 있는 자의 권리지. 땅의 임자는 자연이며, 총대 든 이민족은 물론 국가소유도 개인소유도 아니며 자연에서 빌릴 수 있는 자는 오로지 경작자뿐인 것으로 나는 생각한다."(『토지』 14권(제5부 제2권), 92~93면)
16) 작가가 『토지』를 통해 획득하고 있는 것은 바로 근대사의 전개 과정에서 나타난 자

주의적 인식은 훨씬 구체성을 얻고 있다.



(…중략…) 기왕이면 왜인들보다는 조선 사람들이 땅이든 돈이든 틀어쥐고 있어야 한다 그 말씀이지요 앞으론 땅값이 오르게 마련일 게고, 이자라는 것도 딱 정해져 있는 거니까 장사보담 못할는지 모르겠습니다마는 그 대신 손해보는 일은 없고 빚 쓴 사람들한테는 못할 짓이지마는 빚을 못 갚을 경우는 잡은 땅이 있으니, 하기는 어차피 어렵게 된 사람들, 같은 조선 사람끼리라야 맘도 놓일 .게구 말입니다.17)

일제의 자본주의화가 진행되는 동안 전통적 의미의 지주는 몇 가지 유형으로 분화되기 시작한다. 온정적인 지주로 예전과 같은 방식으로 토지를 관리하는 유형(윤씨 부인과 최치수)과, 새로운 농업 경영 방식을 도입하여 재투자를 확대해나가면서 식민지 환경에 적응하는 대지주로 성장해 가는 유형(양재문), 전통적인 농업 경영 방식을 고수하면서 농민들로부터 수탈을 강화하는 한편, 광산이나 '미두'18)와 같은 투기적 경제활동에

---

본주의의 추동력에 대한 인식인데, 이 점은 다음과 같은 논의를 통해 보충될 수 있다. "최씨 가문의 소유권 회복은 옛날의 삶을 그리워하는 촌민들의 여망이기도 했지만, 서희가 그 일에 성공할 수 있었던 것은 무엇보다도 한층 더 자본주의화한 산업, 다시 말해서 곡물 무역에 종사했기 때문이다."(황현산, 「생명주의 소설의 미학―『토지』의 문학성」, 『말과 시간의 깊이』, 문학과지성사, 2002, 140면)

17) 『토지』 4권(제2부 제1권), 183면. 또한 이와 관련하여 서희의 땅투기에 대해 공노인이 권서방에게 하는 다음과 같은 대화를 참고할 수 있다. "그때 형편부터 애기해야겠구만. 경상도 댁에서 산 땅이라는 게 너도 알다시피 한 사람의 것이 아니었지. 지금이야 넓은 길이 나고 해서 일등 요지가 될 기다마는 그때만 해도 시내 복판이면서 가난한 사람들이 옹기종기, 기십 평 땅에 게딱지만한 집들을 세우고 살았는데, 해서 땅값도 쌌고 그러니 상부국에서 땅을 사들일 기미를 알아차린 되놈 노가가 가만히 손을 쓴 거라. 평에 오 원 주겠다. 얼시구 이 무슨 횡재냐 할밖에, 그렇기 해서 바로 넘어가게 된 것을 경상도 댁에서 육 원의 값새를 놔가지고 발등치길 한 게지. 아슬아슬하게 말이다."(『토지』 4권, 221면)

18) 공노인과 임역관, 그리고 김환이 가세하여 조준구를 계략에 빠뜨리는 장면에서 작가는 '미두'에 대해 다음과 같이 설명하고 있다. "기미란 미두(米豆)라고도 하는데 오늘날의 증권 매매 비슷한 투기업으로서 세계대전 중 곡가(穀價)의 오름세 내림세가 조석으로 급변하는 시기, 흥한 사람 망한 사람이 속출했었는데 현물 없는 약속 거래인 만큼 모험이 따르는 일종의 도박인 것이다."(『토지』 6권, 350면)

참여하는 유형(조준구),[19] 토지를 자본화하여 상업적 성공을 거두는 유형
(최서희) 등이 그것이다. 이 가운데 『토지』는 당연히 친일지주의 유형에
속하는 조준구와, 토지를 자본화하여 상업적 성공을 거두는 최서희 일행
의 대결 양상에 초점이 맞추어져 전개된다. 결국 『토지』는 일제를 상징
하는 매판지주 조준구에게 빼앗긴 토지를 탈환하고 그의 악행을 응징하
려는 최서희의 염원이 서사의 주축을 이루는 한편, 이 과정에서 식민지
자본주의의 파행성과 그에 대한 인물들의 저항이 서사를 진행시키는 단
위를 이룬다. 이렇게 볼 때 『토지』 전체의 서사는 일제의 식민지 자본주
의 정책이 조선에 뿌리내리는 전반적 과정 속에서 일제를 상징하는 '기
생지주' 조준구의 악행에 대한 최서희 일행의 저항과 응징의 욕망을 '토
지'를 매개로 전개해나간다.


## 4. 식민지 자본주의의 전개와 비판적 인식


『토지』에서 일제의 식민지 자본주의화 과정과 그에 대한 작가의 비판
은 비단 '토지' 문제뿐만 아니라 조선인들의 회사 설립에 관한 통제정책으
로 구상되었던 '회사령'에 대한 서술을 통해서도 잘 드러난다. 토지조사사
업과 함께 총독부가 민간 자본의 투자 방향을 장악하여 일제의 자본주의
적 요구에 순응하는 공업 구조를 구축하기 위해 실시한 '회사령'에 대해
지식인 인물들이 비판적으로 서술하고 있는 다음의 장면을 읽어보자.

　"어두울 것도 밝을 것도 없어. 자세한 내막은 모르겠으나 그놈의 신회사령인

---

가 뭔가 땜에 사실 조선 사람들 사업하기가 어렵게 되었지 않어? 지금 이 마당에 조선 사람치고 고래심줄 같은 정치줄 잡은 사람도 없지만 말이야. 조준구 그자의 경우는 친일파치고도 피라미거든. 시골 바닥에서 헌병대장이나 군수 따월 삶아보는 실력, 그러니 자네 말대로…… 하기야 실력이기보다 처지라 해야겠지. 그 처지로서 사업이랍시고 벌이는데 일인과 합자했다는 것은, 또 적당한 시기에 떠밀어내는, 그거 괜찮은 술수라고”

  (…중략…)

  임명빈이 말한 신회사령(新會社令)이란 작년 십이월 조선총독부에서 기왕에 있었던 회사령을 한층 보강하여 공포한 것이다. 말할 것도 없이 그것은 가혹한 식민 정책의 일환으로서 일본의 경제계 독점을 조장하고 조선인 자본의 진출을 막아보자는 데 목적이 있었다. 소위 회사 설립을 허가제(許可制)로 해서 까다롭고 악랄한 조건으로 조선인에게는 되도록 허가를 아니하는 방침, 그것은 조선인이 설립한 회사가 삼십 개에도 미달인 데 비하여 일인이 설립한 회사는 백 개를 넘어서고 있다는 실정만으로도 설명이 된다. (5권 105면)


위의 두 인용문 중 하나는 임명빈으로부터 일본어 강습을 받고 난 뒤 황태수와 서의돈 등이 폐광 직전의 광산을 사들였다가 사기를 당한 조준구를 화제에 올리며 '신회사령'에 대해 대화를 나누는 장면이고, 다른 하나는 지식인들의 대화 내용에 대해 작가가 다시 부연하여 서술하고 있는 대목이다. 1910년 12월에 발포하고, 1911년 1월부터 실시한 '조선회사령'은 총독부가 조선 민족자본의 발생을 억압하고, 일본을 제외한 외국자본의 진출을 원천적으로 봉쇄함으로써 조선을 일제의 원천적인 원료 공급지와 상품 소비시장으로 장악하려는 계획으로, 회사 설립에 대한 허가주의를 채택하여 조선인 기업의 활동을 원천적으로 제약하려는 식민정책 가운데 하나였다. 결국 이 회사령은 “조선 산업의 견실한 발달을 도모하는 것을 주안으로 한다”[20]는 총독부의 의도와 무관하게, “허가를 얻지 아니하고 회사의 설립행위를 하는 자는 5년 이하의 징역이나 금고

---

20) 「회사령에 대하여」, 『조선휘보』, 1915.9. 이에 관해서는 김용덕의 「일제의 경제적 수탈과 민요(上)」, 『역사학보』 41, 1969, 14~15면에서 재인용.

▲ 동상전(東床廛, 1930년경). 조선 후기 이후 전통적으로 서울의 상권을 장악하고 있던 시전(市廛)은 일제의 조선 강점 이후 급속하게 몰락하고, 식민 당국의 비호 아래 대규모의 도매업들은 모두 일본인의 수중으로 넘어갔다. 그에 따라 각 시전자리도 신흥자본가들에게 팔리게 되면서 그 자리에는 신식 건물들이 들어서기 시작하였다. 사진은 혼례용품을 비롯한 전통 잡화들을 판매하던 최후의 시전 '동상전'.

또는 오천원 이하의 벌금에 처한다"[21]는 규제조항을 강제함으로써 조선인들의 기업 활동을 억압하고 일본인들에게 특권을 주는 결과를 가져오게 된다. 인용문에서 임명빈이 말하고 있는 '신회사령'이란 바로 '조선회사령'을 강화하여 조선인 자본의 성장을 원천적으로 봉쇄하려는 식민정책이었음을 보여준다.

이와 함께 『토지』에는 비판의 화살을 조선인 내부의 문제로 돌려 식민지 자본주의 체제하의 조선인들의 경제적 독립운동, 즉 민족자본을 육

---

21) 『조선휘보』의 '회사령'. 김용덕, 위의 글, 위의 책(1969)에서 재인용.

성하기 위한 운동이었던 '물산장려운동'에 관해서도 언급하고 있는 대목
이 나온다.

    "주권이 없는 곳에 민족자본을 육성한다는 것은, 뿌리 없는 나무에 열매 맺
기를 바라는 것과 다를 것이 없다. 그리고 되어가는 꼴을 보아, 저항정신의 구
심운동과도 거리가 멀어. 선우일의 이론대로라면 더욱 그러하다. 사실 물산장
려회란 빛좋은 개살구야. 민족분열의 씨앗이지. 총독부놈들 그 일에 대해선 아
주 소극적이거든. 그럴 만한 이유가 있기 때문이지. (…중략…) 살찐 돼지 몇 마
리 만들어두었다가 필요할 때 잡아먹자, 그놈들 내 땅을 먹었지만 국으로 먹은
줄 알어? 횡재한 것도 아니구. 식민지 통치에는 귀신이 다 된 놈들인데, 정책면
에선 상당히 길게 내다보는 게야. 쓸개 빠진 놈들은 삼일운동 때문에 왜놈들이
혼비백산하여 유화정책을 쓰게 됐다면서 뭐 하나 따낸 듯 말하지만 어림없는
소리, 총칼보다도 그놈의 유화정책이라는 게 더욱 효과적이라는 것을 그들은
알고 있어. (…중략…) 내가 물산장려운동을 반대하는 것도 바로 지금까지 말한
이유 때문이야." (8권 116~117면)

물산장려운동은 일제의 침략자본에 의해 민족의 생활권이 잠식되어
가자 1920년대 초반부터 1930년대 말까지 "민족의 자각을 촉구하여 민족
의 단합된 힘으로 근대 기업을 일으켜 자주·자립 경제를 수입, 일제의
침략으로부터 우리 민족의 경제권을 수호하고자"[22] 거족적인 차원에서
민족의 경제적 힘을 모으려는 운동이었다. 그러나 이 물산장려운동은 서
의돈의 주장에 나타나 있듯이, 문화정치라는 미명 아래 "유화라는 올가
미"를 씌운 문화정치의 한 과정이었을 뿐으로, 민족자본을 육성한다는
대의명분에도 불구하고 인도의 간디를 중심으로 한 저항운동의 경우처
럼 경제적 자립 운동과는 거리가 멀게 됨으로써 결과적으로 일제의 식
민지 경제정책을 순조롭게 한 운동이었다. 이 점을 작가는 서의돈을 통
해 좌파의 입장과도 다른 시각에서 비판하고 있는 것이다.

---

22) 임우기·정호웅 편, 『『토지』 사전』, 솔, 1997, 604~605면.

▲ 본정의 야경(1935년). 기린 맥주 간판이 선명하게 보이는 본정통(충무로)의 야경.

▲ 종로의 야경(1935년). 가로등이 처음으로 설치된 종로의 야시장 밤거리 풍경. 1935년 이전까지 남대문이나 본정은 화려한 네온사인으로 불야성을 이루었던 반면 종로는 어둠에 묻혀 있었다.

한편, 『토지』는 1930년 이후부터 1937년의 중일전쟁과 1938년의 남경 학살에 이르기까지를 배경으로 한 4부에서 일제 강점기의 식민지 자본주의가 유입되어 어떻게 삶의 일상적 영역으로까지 확대되는지 서술하고 있다. 「삶의 형태」라는 제목의 4부 '서(序)'에서 작가는 아이들의 먹거리에서부터 어른들의 기호품, 나아가 목욕과 이발 같이 신체의 일상성에까지 파고든 일제의 식민지 자본주의가 심화된 현상을 다음과 같이 서술하고 있다.

각설하고 편리하다는 것, 소위 그 위생적이라는 것, 혀끝에 감칠맛이 남는다는 것, 그걸 누가 모르겠는가. 그렇다고 해서 금종이 은종이에 싼 유리통 속의 꿈과 같은 고급과자 무슨 옥(屋)이니 헌(軒)이니 하는 명(銘)이 찍힌 생과자를 아무나가 먹는가. 사십 전 하는 'GGC', 십오 전의 '가이다', 그런 고급담배를 아무나가 피우는가. 재주껏 발돋움을 해보아야 '메이지 캐러멜', '모리나가 밀크'가 고작이며 담배는 십 전짜리 '피전'이 상한선, 조선인은 그 정도로 상류에 속한다고 착각들 한다. 거의 모든 사람은 엽초를 피웠고 젊은 층은 '마코'라는 오 전짜리 담배를 피운다. 아이들 역시 동전 한 닢으로 향료도 없는 흑설탕의 눈깔사탕 한두 개, '센베이'가 두세 개, 그걸 입에 물면 행복해지는데 단순한 그 행복도 위협을 받고 마음에 상처를 받아야 얻어진다. 과자점의 하얀 앞치마 입은 오카미상(여주인)은 동전을 내미는 아이를 노려보기 일쑤였고 과자집게가 아이 손에 닿지 않게 사탕을 떨어뜨려주곤 했었다. 식민지의 서민들과 일본인 업주와의 관계는 늘 그런 식이었고 거래라는 것도 대강 그런 정도였지만 '마코'를 피우고 눈깔사탕을 먹는 편이 절대 다수인 만큼 영업성패에 무관하다 할 수 없건만 일인 업주는 소비자를 거지 보듯 오만불손하였고 식민지의 가난한 백성은 내 돈 내고도 빌어서 먹는 시늉을 해야만 했다.
(…중략…)
상투가 잘렸으니 이발소라는 곳에 가서 머리를 깎아야 하고 등물할 내 집, 마을의 시내도 잃었으니 목욕탕에 가서 몸도 씻어야 한다. 이발관에서는 머리에 바르는 지쿠 냄새가 났다. 활동사진관 주변에서 올백한 건달들이 사이다, 라무네 등을 마시며 오가는 사람들에게 시비를 걸곤 하는데 그들에게서도 지쿠 냄새가 났고 손가락 사이에 면도날을 숨긴 새로운 직종, 일본서 기술을 배운

▲ 상점 간판(1919년). 장례 행렬 뒤의 간판에 씌어 있는 글귀들. 일제의 상업자본이 유입되면서 도시의 풍속과 모습은 이전과는 비교할 수 없을 정도로 변화하기 시작하였다. 의복(중절모)과 신발(구두)에서 급격한 변화가 일어났고, 거리에서는 '대륙 고무', '양품 잡화' 등 과거에는 볼 수 없었던 자본주의의 상품들이 대중의 시선을 끌어들이고 있다.

쓰리꾼 그들도 지쿠 냄새를 풍겼고 이다바(요리사), 일인 상점의 점원 등, 쥐꼬리만한 급료를 받는 부류의 청년들도 월급날에는 이발하고 목욕하고 지쿠 바르고 유곽을 찾는다. 일인들이 들어오면서부터 곳곳에 세운 성곽과도 같은 거대한 청루(靑樓), 그러고 보니 쓰리꾼, 유곽도 과연 새로운 직종이요 업체다. 칼날과 섹스, 그것이야말로 진실로 일본의 수천 년 역사의 진수가 아니었던가. 목욕탕에선 '가오세켄'이라는 비누 냄새와 '우데나' 크림의 냄새가 났다. 그 냄새는 등바닥까지 회칠을 하는 일본 기생을 연상하게 한다. 목욕탕에서는 언제나 그들 일본 기생을 볼 수 있었다. (…하략…)[23]

조선의 식민화가 본격적으로 진행된 1900년대 초부터 1930년대에 걸쳐 일본의 새로운 상품과 업종들이 유입되면서 조선인들의 삶의 형태는 크게 바뀌기 시작한다. 백화점, 양과점, 담배 가게, 이발소, 목욕탕, 여관, 활동사진관 등의 업종, 담배(GGC, 가이다, 피전, 마코), 과자(메이지 캐러멜, 모리나가 밀크, 눈깔사탕, 센베이), 우동, 음료(사이다, 라무네[24]), 지쿠(머릿기름), 가오세켄(얼굴비누)과 우데나 크림을 비롯한 일제 화장품, 쓰리꾼, 이다바(요리사), 상점 점원, 이발사, 운전수, 우편국원, 철도국원, 구둣방 견습공 등과 같이 이전에는 존재하지 않았던 직종 등 자본주의적 요소들이 식민지 조선의 시장을 재편하고 소비 양상을 바꾸어 나간다. 위의 인용문에서 알 수 있듯이 작가는, 일제의 상업자본과 상품들이 조선의 일상에 스며들어 민중들의 의식을 지배하게 된 근본 원인을 한일합방 이후부터 본격화된 '총독부'와 '동척'의 식민정책에서 찾고 있다. 이처럼 '토지'의 자본화가 본격화되기 시작한 2부로부터 역사의 후속세대들이 세대를 거듭해 삶을 꾸려 가는 5부에 이르기까지『토지』는 일제의 식민지 자본주의가 어떻게 일상에까지 스며들고 있는지 총독부의 주요 정책들을 비롯하여 소비재 상품들을 대하는 인물들의 심리를 통해 폭넓게 보여준다.

총독부의 식민지 정책은 삶의 터전인 토지로부터 일상 생활과 의식의 심층에 이르기까지 광범위하게 확대되고 식민지 자본주의의 뿌리를 내려간다. 1930년대 이후 일제의 자본주의는 전쟁 준비에 필요한 노동력을

---

23)『토지』10권(제4부 제1권), 12~14면.
24) 라무네(ラムネ, lemonade) : 탄산수에 시럽·향료를 가미한 청량음료수의 한 가지. 병에 담아 유리구슬로 마개를 하였음[玉ラムネ]. 일본의 에도[江戸]시대에 나가사키[長崎]에 라무네가 들어와 '오란다(네덜란드)물'로 불리기도 하였지만, 이 청량음료가 일본에 유행하기 시작한 것은 개항 이후부터로, 나가사키에서 1856년 일본인에 의해 처음으로 만들어졌다고 알려져 있다. 그러나 라무네를 전문적으로 파는 '라무네屋'은 중국인 蓮昌泰라는 사람이 쓰키지[築地]에서 제조하여 판 것이 시작이었다. 라무네는 메이지 원년인 1868년 여름 콜레라가 유행하였을 때 천연 얼음보다 안전하다는 소문이 퍼지면서 급속하게 일반인들이 애용하게 된 청량음료수의 일종이다. 이에 대해서는『日本風俗史事典』(日本風俗史學會 編, 弘文堂, 1980)의 '라무네' 항목을 참조.

▲ **화신백화점 매장(1930년대 중반).** 만주사변과 중일전쟁이 일어난 1931년부터 1937년까지 이른바 '만주특수(滿洲特需)'에 힘입어 일본은 물론 조선 경제도 눈부시게 성장하였다. 이런 호황을 배경으로 욕망을 소비하는 군상들이 급증하기 시작하였는데, 백화점은 이들 군상들의 소비 욕망을 충족시켜 주는 근대의 표상으로 자리잡는다.

확보하기 위해 식민지 공업화 정책을 실시하고, 거기서 더 나아가 조선의 영구 식민화를 위해 '황민화 정책'을 강행하게 된다. 이처럼 일제의 자본주의와 식민정책들이 심화되는 가운데 조선사회는 이전에는 접할 수 없었던 새로운 형태의 상품과 다양한 직종들이 형성되고 분화되기 시작하는데, 이러한 양상을 『토지』는 주로 3부 이후부터 여러 인물들의 다양한 '직업'을 통해 형상화하고 있다.

## 5. 근대적 직업의 형성과 분화

토지조사사업과 회사령을 비롯한 각종 총독부령을 실행함으로써 조선 사회의 체제를 식민통치에 적합하도록 바꾸어 나간 일제는, 1919년의 기미독립운동 이후 문화정치를 표방하여 유화정책을 실시하면서 식민지 자본주의 체제를 한층 공고히 한다. 그러나 일제강점기의 자본주의는 그 수탈적 성격에도 불구하고 통신·철도·도로·항만 등 새로운 형태의 산업을 발생시키면서 그에 상응하는 근대적 직업을 형성시키기도 하였다. 『토지』에서 식민지 자본주의화가 진행되는 과정에서 다양한 인물들이 새로운 교육을 받고 근대적 삶의 영역에 참여하는 양상에 대해서는 좀더 세밀한 관찰이 필요하다. 이와 관련하여, 『토지』는 기업 활동, 개인 사업, 근대적 의료 활동, 대중예술 활동, 교육사업 등에 이르기까지 다양한 영역에서 근대적 삶을 영위해 가는 인물들을 풍부하게 그리고 있다는 점에 주목할 필요가 있다. 특히 간도의 용정이 무대인 2부 이후부터 작품의 후반부에 이르기까지 『토지』에는 다양한 직업을 가지고 살아가는 인물들의 의식과 변화되어 가는 생활 양상이 풍부하게 그려져 있는데, 다음의 분석은 식민지 자본주의의 현실을 구체적으로 구성하고 있는 『토지』의 모습과 관련하여 중요한 시사점을 제공해 준다.

> 수백 명의 인물이 부침하며 무수한 관계의 고리를 이어 엮어 가는데 그 핵심에는 신분질서의 해체가 자리잡고 있다. 봉건적인 질서 아래서는 거의 불가능했던 서로 다른 신분 출신의 남녀들이 맺어지고 신분의 울을 넘어 직업을 선택한다. 무더기로 설정되어 있는 이 같은 결연과 상대적으로 자유로운 직업 선택은 근대사회로 나아가던 당대 조선 현실의 중요한 측면을 반영하는 것으로, 이것의 형상화는 『토지』가 거둔 중요한 성과이다.[25]

---

25) 김윤식·정호웅 공저, 『한국소설사』, 예하, 1993, 464~465면.

위의 분석에 나타나 있듯이, 『토지』에는 다양한 직업을 가진 인물들이 등장한다. 구세대의 대지주(양재문)나 마름(장연학) 및 소작인들이 평사리를 동심원으로 예전의 전통적 삶의 형태를 유지하며 살아가는 반면, 『토지』의 주요인물들은 점차 평사리를 동심원으로 하여 진주로, 경성으로, 동경으로, 간도로, 상해로, 북경으로 활동 반경을 넓혀나가는 한편, 이전과는 확연하게 다른 새로운 형태의 근대적 직업을 갖게 된다. 양반의 딸인 최서희나 점아기가 상민 출신인 김길상이나 이홍을 남편으로 맞아들이는 행위, 또는 허정윤과 양소림의 결합으로부터 송영광과 이양현의 관계에 이르기까지 남녀가 신분의 경계를 뛰어넘어 결합하고 자유롭게 직업을 선택하는 작품 속의 현실은 식민지 자본주의의 부정적 양상에도 불구하고 근대사회로 변화해 가는 역사적 과정을 입체적으로 수용하고 있는데, 이 점을 『토지』는 어느 작품보다 구체적으로 형상화하고 있다.

가령 1부에서 볼 수 있듯이, 전통적 의미의 교사라고 할 수 있는 '훈장'(장암선생이나 김훈장)은 근대적 의미의 '교사'로 바뀌고, 전통적 방식의 의료 행위를 하는 문의원 같은 '한의(韓醫)'도 점차 근대적 의학교육을 받은 박효영과 허정윤, 그리고 이양현과 이시우 등의 '양의(洋醫)'로 대체된다. 조용하·황태수·이도영·제문식처럼 근대적 형태의 규모를 갖춘 회사의 경영에 참여하는 인물들로부터 여관, 양재점, 소규모 회사 등 근대적 업종에 종사하는 강혜숙·김두수·이홍·윤광오, 이외에도 간호사(김숙희 및 간호부의 꿈을 가지고 있는 정남희), 은행원(서영돈), 잡지사 기자(최인기, 배형광), 연극 연출가(권오송), 작가(이상현) 및 자동차 운전수(윤씨, 마천일), 대중예술가(악단의 연주자, 유인배, 나일성(송영광)), 무용가(배용자), 성악가(홍성숙), 우편국원(김기태), 철도국원(김기동), 구둣방 견습공(김풍기), 어업조합원(김영호), 이발사(상길), 국밥집을 운영하며 착실하게 돈을 벌어 재산을 축적하는 쪼간이(서울댁) 등 새로운 형태의 다양한 직업군을 형성하는 인물들이 『토지』에는 무수히 산포되어 있다.

이처럼 『토지』는 각각의 인물들이 운전수·식당업·여관경영·이발소·

양재점·우편국원·철도국원 등 자본주의적 사회 변동에 부응하는 새로운 직업의 영역으로 편입되어 가는 양상을 상세하게 보여준다. 이 점에서 『토지』는 작품의 제목에서 연상되듯이 식량을 생산하고 자급자족하는 농촌공동체의 삶의 양상에 초점이 맞추어져 있다기보다는, 전통적 봉건사회가 자본주의적 근대사회로 이행해 가는 양상을 반영하는 데 서사의 주요 관심을 두고 있는 것으로 파악된다. 이것은 결국 『토지』의 외연과 내포가 식민지 자본주의의 전개 과정에 대한 거시적 전망을 서사의 큰 틀로 삼고 있으면서, 인물들의 직업에 따른 삶의 형태에 대한 작가의 세밀한 관찰이 작품 전체의 저류에 흐르고 있음을 보여주는 것이라고 할 수 있다.

그러나 무엇보다 『토지』에서 관심을 가져야 할 부분은 근대적 교육을 구성하는 주체인 '교사'라는 신분 혹은 직업에 관한 사항이다. 근대적 자본제 사회로 진입해 가는 제도 아래에서 교사라는 직업은 식민지 유지에 필요한 인력을 양성하는 교육의 주체라는 의미에서 매우 중요한 의미를 갖는다. 이런 영역에 종사하는 인물들을 구체적으로 열거해 보면

▼ **여성들의 가내공업(1935년).** 1930년대 대륙 침략을 위한 조선의 병참기지화 정책이 개시되면서 일제는 '조선공업화' 정책을 진행하였는데, 영세한 가내부업적 공장들이 속출하면서 여성과 어린이들의 노동력이 본격적으로 사회화되기 시작하였다.

임명빈, 임명희, 유인실, 일본인 오가다, 송장환, 정석, 최상길, 최환국, 남천택(전문학교 고수), 엄기섭, 정귀애, 윤이병, 심금녀(수냥), 노영신, 김기완 등으로, 그들은 모두 교사라는 직업을 가지고 있거나 경험한 인물들이다. 『토지』의 2부 이후부터 동경 유학을 다녀온 남녀 지식인 그룹이 대거 등장한다든지, 3부 이후부터는 근대적 교육을 받은 지식인들이 조선 사회의 요처에서 사회활동을 하는 장면에서 알 수 있듯이, 식민지 체제하의 교육에 대한 작가의 관심은 『토지』에서 매우 각별하게 의미화 되어 나타난다. 다시 말해, 전통적 의미의 교사라고 할 수 있는 장암선생이나 김훈장으로부터 배움을 얻은 최치수와 이동진, 그리고 최서희와 김길상 등을 분기점으로, 일본 유학을 다녀왔거나 국내의 교육기관에서 근대적 교육을 받는 인물들이 비중 있게 작품에 등장하는 이유는 조선의 자본주의화 과정과 관련된 교육의 문제가 이 시기의 중요한 사안이었음을 작가가 정확하게 포착하고 있었기 때문이다. 즉 교육사업에 종사하는 인물들이 『토지』의 주요 구성원들로 포진된 것은 자본주의 사회로 전환되는 변화의 과정에서 근대적 교육사업에 종사한다는 것 자체가 그만큼 큰 의미를 갖는다는 반증일 수 있고, 『토지』는 특히 3부 이후부터 이 부분에 많은 비중을 두고 할애를 하고 있다.

식민지 자본주의가 심화되면서 점차 사회의 요구에 부응해야 할 노동력이 필요하게 되는데, 이를 위해서는 먼저 근대사회에 적응할 수 있는 지식과 사고 체계를 갖춘 인력을 양성해야만 한다. 간도 용정의 민족학교로부터, 용정에서 귀환한 후 '상의'와 '상근'이 다니게 되는 진주의 학교에 이르기까지 『토지』에는 근대적 교육에 관한 문제를 매우 비중 있게 다루고 있다. 민족의식을 고취시키면서 민족교육을 베푸는 용정 상의학교의 송장환 같은 존재와, 그 교육의 결실이라고 할 수 있는 강두메, 박정호, 이홍 등도 근대적 의식의 성취를 보여주는 구체적인 사례들이다. 이런 시대적 상황에 부응하기 위해 근대적 교육이 요청되면서 보통학교를 비롯한 각급 교육기관들이 들어서게 된다.

다시 말해 1920년대를 거쳐 1930년대에 이르면 일제의 식민지 공업화가 진행되면서 그에 필요한 노동력을 확보하기 위해 초등교육 및 전문 시설이 확충되기 시작하였으며,[26] 식민지의 공업화가 급속하게 진행되는 과정에서 식민지 정책 당국과 조선인의 근대교육에 대한 열망이 초등교육의 확산을 불러오게 되었다는 점이다.[27] 왜냐하면 지금도 그렇듯이 근대적 교육을 받지 못한 노동자는 특별한 지식이 필요 없는 분야에서는 일을 할 수 있지만, 기술적 숙련이 필요한 공장 노동자로서는 적합하지 않기 때문에 근대적 교육을 통해 새로운 업종에 필요한 인력을 양성하는 일은 식민지 체제를 유지하기 위한 중요한 과제였다. 그러나 일제 강점기의 초등교육은 산업자본주의의 경제구조에 편입할 수 있는 인력의 양성이라는 목표와 함께, 그 교육과정에서 식민정책에 순응하는 인간형을 규율하는 이중적 성격을 띠고 있다는 점에 주목해야 한다. 조선인의 근대교육에 대한 열망과 식민지 공업화라는 일제의 정책적 요구에 의해 조선에서는 점차 교육시설이 확대되고, 제한된 범위에서나마 직업훈련이 시작되기에 이른다. 이런 상황이 『토지』의 종반부에 해당하는 4부 이후부터 5부에 걸쳐 드러나고 있다.

중일전쟁과 태평양전쟁으로 접어드는 시기를 배경으로 한 4부와, 1940년대 이후를 다루는 5부에서 이른바 '황민화교육'과 관련된 작품 속의 여러 사건들은 일제의 식민지 공업화 정책이 어떻게 연결되고 있는지 잘

---

26) 식민지 조선에서는 1930년대 이후 식민지 공업화가 진행되면서 초등학교의 취학률이 급속하게 높아져 갔는데, 1930년대에는 14.5%이던 것이 1940년에는 33.8%로, 10년간 2배 이상 증가한다. 이에 대해서는 안병직의 「식민지 조선의 고용구조에 관한 연구─1930년대 공업화를 중심으로」(『근대조선의 경제구조』, 안병직 외편, 비봉출판사, 1989), 412~413면을 참조.

27) 전통적인 신분제도가 붕괴되고 새로운 사회제도가 형성되면서 전통교육을 대신하여 새로운 교육에 강한 기대를 걸고 있었던 1920~30년대 조선인들이 추구한 교육 행위의 이면에는 "첫째는 학교를 통해 정치적 실력을 양성한다는 것이며, 둘째는 학교를 통해 상향적인 사회 이동의 통로로 이용한다는 것이고, 셋째는 정상적인 사회 생활을 위한 기본 조건을 확보하기 위해 학교를 다닌다는 것"(오성철, 『식민지 초등교육의 형성』, 교육과학사, 2000, 202면) 등 세 가지 동기가 있었던 것으로 파악된다.

▲ 방공훈련(1940년대 초반). 패전이 임박한 상황에서도 일본 군국주의는 '1억 옥쇄(玉碎)'와 '본토 결전'을 주장하면서 학교와 직장과 마을에서 주민들을 미군의 공습에 대비한 방공훈련을 시키는 등 여러 영역에서 일상의 규율화 정책을 시행하였다.

보여준다. 이 시기의 식민지교육이 목표로 삼은 것은 사회체제를 유지하기 위해 '노동자형'의 인간을 양성하고, 전쟁을 수행하는 데 적합한 '병사형 인간'을 훈육하는 일이었다.[28) 5부에서 '상의'가 다니는 학교의 교육과정에서 신사참배 강요나 학교의 병영적 일상화는 식민지 체제의 유지와 전쟁에 필요한 인력을 양성하는 데 식민지교육의 이념과 목적이 있었음을 적시해 준다. 특히 국민학교의 의무교육은 천황에게 충성을 바칠 수 있는 인간을 만들기 위한 황민화교육의 핵심 과정으로,[29) 조선인의 '국민'으로서의 정체성을 황국신민으로 각인시키기 위해 교육목표와 내용 및 방법의 요목들을 강조하고 있었는데,[30) 『토지』는 이러한 정황을 '상

---

28) 식민지 근대적 인간형의 형성에 관해서는 김진균·정근식·강이수의 「보통학교 체제와 학교 규율」(『근대주체와 식민지 규율권력』, 문화과학사, 1997)을 참조할 것.
29) 君島和彦, 「조선에 있어서 전쟁동원체제의 전개과정」, 『일제말기 파시즘과 한국사회』(최원규 편), 청아출판사, 1988.

의’가 다니는 ES여고의 학교생활과 여러 사건들을 통해 구체적으로 서술하고 있다.31) 요컨대 『토지』는 다양한 형태의 직업과 식민지교육의 풍경을 통해 일제의 자본주의가 어떻게 전개되었으며, 그 과정에서 한민족이 무엇을 어떻게 인식하였는지 비판적 시각으로 서술하고 있다.


## 6. ‘토지’의 은유


『토지』는 특정한 역사적 시기의 ‘땅’에 발을 붙이고 살아가는 사람들에 관한 이야기를 다루고 있는 작품으로, 제목인 ‘토지’의 의미 속에는 원시적 자연성으로서 ‘땅’이나 ‘대지’와는 또 다른 정치·경제적 함의가 내포된 개념으로 이해된다. 즉 ‘토지’는 삶의 기본 터전이라는 의미를 갖고 있으면서도, 다른 한편으로 전통적 봉건사회의 붕괴 이후 자본주의 체제의 교환 대상으로서 자본 개념이 투입된 의미를 갖는다. 그런 의미에서 ‘토지’는 특정한 역사적 시기를 살아가는 사람들의 욕망이 분출하

---

30) 김경미, 「‘황민화’ 교육정책과 학교교육」, 『일제하 파시즘 지배정책과 민중의 생활상』(연세대 국학연구원 2003년도 국제학술회의 논문집, 2003.5.16~17), 86면.

31) 예컨대 상의가 다니는 진주의 ES여고에서 일어난 ‘봉안전(奉安殿) 방변(放便)사건’은 일제의 황민화교육에 대한 비판적 저항의 한 예로 삽입된 것이다. ‘봉안전’이란 “일본 천황의 어진영(御眞影)을 모셔놓은 곳”(『토지』 14권(제5부 제2권), 325면)으로, 1890년 10월 23일 메이지 천황에 의해 내려져 1945년 이전까지 일본 근대교육의 최고 이념으로 간주되었던 ‘교육칙어 등본’(일본 천황이 1911년 10월 조선 총독에게 하사하였음) 및 천황의 사진(즉 ‘어진영’)을 보관하고 있는 학교 내의 사당을 말한다(이에 관해서는 오성철, 『식민지 초등교육의 형성』, 교육과학사, 2000, 237면 및 349면을 참조). 일제는 황민화교육의 주요 과정으로 이 ‘교육칙어 등본’을 봉안전에서 꺼내 학생들로 하여금 조회 등의 의식에서 낭독케 하였는데, 『토지』의 봉안전 방변사건은 일제 및 그 교육 정책에 대한 통렬한 비판을 보여주는 에피소드라고 할 수 있다. 이외에도 『토지』의 5부에는 진주의 ES여고를 중심으로 일제말기의 황민화 교육과정으로서 ‘신사참배’나 ‘합동 방공 훈련’ 등의 풍경이 구체적으로 서술되어 있다.

고 충돌하며 갈등을 빚어내는 삶의 기본적 터전이라는 의미와 함께, "평사리와 조선을 연결하는 토지라는 은유"[32]를 함축하고 있는 개념으로 정리할 수 있다. 그래서 다양한 인물들이 관계를 맺고, 공간을 이동하며, 다시 회귀하는 구조를 취하고 있는 『토지』는 '평사리'라는 특정 장소의 토지에 관한 제유를 통해 조선의 국토와 역사를 은유적으로 포괄하면서, "공간적으로 평사리에서 조선의 국토 전체로 확대되는 거대한 구조"를 구축하고 있는 작품으로 읽을 수 있다. 『토지』의 제목에 함축된 의미에 대해서 작가는 다음과 같이 밝히고 있다.

> '토지'라는 제목과 관련해서는 처음에는 막연하게만 생각했지 확실히 정하지는 않았습니다. 그러다가 '土地'라고 정한 것은 대지도 아니고 땅도 아닌 것, 즉 땅이라고 하면 순수하게 흙냄새를 연상하게 되고 大地라고 하면 그냥 광활하다는 느낌만 들어 그 밖의 것을 찾다가 나온 겁니다.
> 이것은 제 느낌입니다만 토지라고 하면 반드시 땅문서를 연상하게 되고 '소유'의 관념을 포함하고 있습니다. 그런데 이 소유라는 것은 바로 인간의 역사와 관련되는 거라고 생각합니다. 인간이 원초적인 상태에서 오늘에 이른 것은 다 소유의 관계에서 나온 것이 아니냐 하는 거지요. 한마디로 말할 수는 없지만 대개 이런 정도의 생각으로 출발해서 그것이 씌어지면서 자꾸 생각이 넓어지기도 하고 깊어지기도 하여 간 것이 아니냐 하는데요[33]

작가가 밝히고 있듯이 '토지'라는 제목은 땅문서를 연상케 하면서, 더 나아가 '소유'의 관념을 포함한 자본제적 소유 욕망이 투여된 의미를 내포하고 있으며, 역사적 체제 안에서 토지라는 '자본'을 자기 확장이라는 목적을 위해 특수한 방식으로 사용(투자)하는 '역사적 자본주의'[34]의 한

---

32) 나병철, 「『토지』의 시점 연구」, 『현대문학의 연구 6―『토지』와 박경리의 문학』(한국문학 연구회 편), 솔, 1996, 122면.
33) 김치수, 「박경리와의 대화」, 『박경리와 이청준』, 민음사, 1982, 167면.
34) 이매뉴얼 월러스틴, 나종일·백영경 역, 『역사적 자본주의 / 자본주의 문명』, 창작과 비평사, 1997, 14면.

양상을 보여준다. 그래서 ‘토지’라는 말에는 “농경을 곧 땅의 문명화로 여기는 농경 사회의 이데올로기와 함께 봉건주의적이건 자본주의적이건 간에 소유의 개념이 들어 있”[35]는 것이다. 이를테면 작품에서 동학 잔류 세력들의 ‘오백섬의 토지’를 관리하며 김환에게 투쟁 자금을 공급하는 토지관리인 ‘길노인(송안거사)’의 의식이나, 조선의 토지를 전형적으로 보여주는 평사리라는 공간을 중심으로 숱한 인물들이 배움을 익히고 삶을 꾸려나가며 투쟁하는 전 과정에서 작가가 의도한 ‘토지’의 중의적 의미는 잘 드러나고 있다. 요컨대 ‘토지’는 땅을 매개로 삶을 영위해 가는 순환적 터전이라는 기본 의미를 포괄하면서, 그것을 넘어 전체 서사의 내용에 반영된 자본제적 소유와 욕망의 개념, 더 나아가 식민지 자본주의 형성 과정을 통해 근대사회로 변화해 가는 역사적 도정에서 한민족의 존재를 새롭게 규정하는 의미를 내포한 것으로 이해된다. 이 점은 다음과 같은 해석에 의해서도 보충된다.

박경리에 있어 『토지』는 단순한 농토를 의미하는 것이 아니다. 그것은 한국인의 삶의 터전 전체를 의미하는 대지적 이미지이다. 따라서 그의 『토지』는 어쩌면 영국에서의 바다, 미국 서부에서의 초원, 동부에서의 공장 굴뚝과 같은 성격을 대변한다. 『토지』에 나타나는 인물들의 상당수가 농민이지만 그에 못지 않게 대지주·선비·포수·목수 등 우리 근대사의 사회 계층적 구조를 그대로 반영한다는 점에서 이것은 더욱 명백해진다. 따라서 그의 『토지』는 이 땅과 그 땅 위에 살고 있는 모든 사람들을 가리키며, 그 사람들이 어울려 살고 있는 숱한 형태의 삶과, 그 삶들의 관계·가치관·인생관을 내포하고 있다. 박경리는 이처럼 다양한 인간들과 그들의 정서·사유를 통해 전통 사회의 붕괴와 가치관의 몰락, 인간관계의 파탄을 묘사하면서 각양의 인간상들이 이 같은 사회적 변모 속에서 어떻게 고민하고 패배하며 혹은 어떻게 극복하고 생존해왔는가를 거시적 관점 아래, 그러나 미시적 치열성을 갖고 포착하고 있다. 그럼으로써 『토지』

---

35) 황현산, 「생명주의 소설의 미학―『토지』의 문학성」, 『말과 시간의 깊이』, 문학과지성사, 2002, 135면.

제1부의 주무대가 되는 평사리라는 농촌의 전형적인 폐쇄사회는 사랑과 아집, 음모와 반항, 불륜과 살인, 증오와 자학, 고뇌와 해탈의 뭇감정과 행동 양식이 전율적으로 부각되는 삶의 종합적인 풍경이 되는 동시에 이념적·사상적 갈등과 사회·정치적, 경제·문화적 격변과 진통의 압축장이 된다. 다시 말하면 여느 마을과 조금도 다를 바 없는 전통적인 농업 촌락인 평사리가 이『토지』에서는 한국과 한국인의 삶 전체를 보여주는, 한국 사회의 생생한 현장으로 화하는 것이다.36)

위의 분석을 토대로 정리해보면, 『토지』에서 '토지'는 "구한말의 역사에 대한 은유"를 포함하고 있으며, 한민족 근대사의 비극적 운명에 대한 복합적인 은유로 이해될 수 있을 것이다. 동시에 '토지'의 정주성에 대한 믿음을 토대로 토지의 '상품화'가 이루어지는 식민지 자본주의화의 역사적 과정에 대한 인식, 나아가 '토지'의 온전한 회복을 염원하는 한민족 전체의 삶에 대한 소망이 '토지'라는 개념에는 총괄적으로 반영되어 있다. 결국『토지』는 나라를 빼앗길 위기에 처한 구한말로부터, 이민족에게 국토를 빼앗긴 1910년대를 거쳐, 다시 삶의 온전한 터전으로서 나라의 영토를 되찾는 1945년의 해방에 이르기까지 장구한 투쟁을 통한 수난 극복의 대서사를 식민지 자본주의의 서사화 과정을 통해 조명하고 있는 작품으로 정리할 수 있다.


# 7. 『토지』의 성과와 의의를 넘어서


일제의 식민통치에 대한 근원적 비판을 서사 구성의 원천으로 삼고

---

36) 김병익, 「한(恨)의 민족사와 갈등의 사회사」, 『恨과 삶』, 정현기 편, 솔, 1994, 226면.

있는 『토지』는 '한'과 '민족주의'와 '생명사상'이라는 주제를 식민지 자본주의의 전개 과정 속에서 형상화하고 있는 작품으로 이해할 수 있다. 『토지』 전체의 서사를 이처럼 식민지 자본주의의 유입과 전개 과정이라는 시각으로 읽을 때 작품의 사상과 주제가 발현하는 문학적 리얼리티는 한층 풍부하게 읽힐 수 있다.

지금까지 『토지』의 주제와 사상 및 작품의 형식에 관해서는 다양한 시각에서 분석된 바 있지만, 일제의 식민지 자본주의에 대한 총괄적 대항서사로 읽는 경우는 그리 많지 않았다. 일제강점기에 생산된 많은 작품들은 잘 알려져 있는 것처럼 넓은 의미에서 수난극복과 국권회복의 사상을 서사의 목표로 삼고 있는데, 같은 시각에서 『토지』는 작품의 서사적 길이와 공간적 범위가 보여주듯이 우리 근대사가 포착할 수 있는 한민족 삶의 소망스런 형태에 관한 염원을 가장 포괄적인 서사를 통해 복원해내고 있는 작품이다. 특히 작품의 서장으로부터 종결부에 이르기까지 『토지』는 '땅'·'농토'·'소작료'·'지주(제)' 등 농민들의 생존 문제를 포함하여, 식민지 자본주의의 유입과 그에 따른 근대화 과정에 대한 비판적 성찰을 작품 전체의 기조로 삼고 있다. 『토지』를 통해 식민지 자본주의의 유입과 그 전개 과정에서 벌어지는 한민족의 삶과 역사적 진실을 읽어낼 수 있는 가능성은 여기에 있다. 왜냐하면 『토지』는 단지 자연 상태의 대지나 소유 개념이 불분명한 땅에 얽힌 생존의 문제만이 아니라, 근대적 의미의 소유 개념이 당대를 사는 사람들의 삶과 의식과 제도를 어떻게 변화시켜 나갔는가에 대한 작가의 정치·경제적 상상력을 총괄적으로 보여주고 있기 때문이다.

자본주의의 역사적 전개 과정에서 자본과 토지 소유 사이에는 근본적으로 모순 관계가 생겨날 수밖에 없는데, 특히 식민지를 경영하기 위한 정치적 과정에서 이 점은 매우 중요한 사안이 아닐 수 없다. 앞서 살펴보았듯이 일제가 1910년 조선을 합병하자마자 가장 먼저 실시한 토지조사사업은 토지조사령을 통해 조선의 토지를 합법적으로 몰수하려는 의도에서 실시된 일제의 주요 식민지 정책이었다. 또한 농가의 궁핍을 해소하고 농업생산력을 높이기 위해 1933년부터 총독부와 친일지주들에 의해 시행된 '농촌진흥운동' 같은 식민지 농업정책 등이 그런 파행성을 보여주는 대표적인 사례 가운데 하나이다. '토지'를 모티프로 한 1930년대의 작품 가운데 한설야의 「탁류」 3부작이나 이기영의 『신개지』 같은 작품에서도 이런 예들을 발견할 수 있듯이, 박경리의 『토지』는 친일권력을 이용하여 토지투기를 하고, 그 축재의 과정에서 발현되는 식민지 근대화의 부정적인 양상을 친일지주 조준구의 행위를 통해 보여주고 있다.

한편, 『토지』는 무수한 인물들이 세대를 이어가며 근대적 형태의 직업을 가지고 생업을 유지하며 살아가는 모습을 보여준다. 이것은 넓게 보면 『토지』가 역사와 문화와 언어를 일제에 동화시키려는 장구한 식민정책에도 불구하고 한민족의 정체성과 존재는 어떤 타율적 의도에 의해서도 결코 소멸되는 것이 아니라, 세대와 세대를 거듭하여 이어지는 영속성을 갖게 된다는 작가의 사상을 서사적 장치로 반영해낸 것으로 이해할 수 있다. 이 점에서 『토지』의 사상으로 거론되는 '생명의 문제'란 민족과 문화의 소멸하지 않는 영속성을 구성원들의 유대와 교류를 통해 발현되고 이어지는 보편 원리임이 『토지』 전체의 거대한 서사적 스케일 속에서 구현되고 있다.

요컨대 『토지』는 '자본'의 자기 확장이라는 목적이 가장 폭력적으로 구현되는 식민지 자본주의의 역사적 장(場)을 서사 구성과 전개의 주요 모티프로 삼아 '한과 민족주의와 생명사상의 고양(高揚)'이라는 주제를 축조해 낸 작품으로 평가할 수 있다. 또한 『토지』는 한과 민족주의와 생명사상을 큰 주제로 삼고 있으면서도, 전체 이야기의 흐름과 굽이를 이루는 한민족 공동체의 역사적 경험과 진실을 일제의 자본주의화의 과정 속에서 기억해내려는 작품이다. 이런 시각에서 『토지』를 읽을 때, 작품에 담겨 있는 다양한 의미들이 좀더 새롭게 부각될 수 있을 것이다. 그런 의미에서 『토지』는 작품에 내장된 일제강점기의 여러 현상, 즉 지식

인, 신여성, 식민지교육과 파시즘의 관계, 근대적 애정관, 일제강점기의
도시화 과정과 풍속 등에 관한 미시적인 분석과 해석을 통해 여전히 작
품의 의미를 한층 세밀하게 탐구해나가야 할 과제를 안고 있다.

* 이 논문에 사용한 사진과 사진설명은 『서울, 20세기—100년의 사진기록』(서울시정개발
  연구원 서울학연구소)을 참고로 하였음.

# 공간의 성격과 공간 구성

조윤아

## 1. 공간 지도와 공간 연구

현대소설에 있어서 공간에 대한 논의는 크게 조셉 프랭크(Joseph Frank)의 '공간성(Spatiality)'과 등장인물의 행위가 이루어지고 사건이 벌어지는 '공간(Space)', 둘로 나누어 살펴볼 수 있다.[1]

조셉 프랭크는 1945년에 발표한 「현대 문학에서의 공간 형식(Spatial Form in Modern Literature)」[2]에서 현대 문학의 중요한 특질로 '공간 형식(spatial form)'을 제기했다. 현대 문학의 미학적 형식은 공간적 논리에 기반하므로, 시간의 흐름에 따라 연속적으로 읽어서는 이해할 수 없는 단어군들을 공간적

---

1) 여기에서 '장소(Place)'는 논외로 한다. 이푸 투안에 의하면 공간은 트인 자리나 자유로운 자리를 뜻하는 외부 지향적 용어인 데 반해 장소는 대체로 정주(定住)할 자리나 보호되는 자리를 뜻하는 내부 지향적 용어이다. Yi-Fu Tuan, *Space and Place*(London : University of Minnesota Press, 1977) 참조.

2) Joseph Frank, "Spatial Form in Modern Literature", *The Widening Gyre*, Rutgers UP., 1963.

으로 동시에 지각할 때 비로소 의미가 파악되는데, 이처럼 언어를 새롭게 사용하는 방법을 문학에서의 '공간 형식'이라고 했다.[3] 그가 말하는 공간성은 작가가 의도적이고 직접적으로 텍스트에 형상화하여 그려내는 것이라기보다, 텍스트에 형상된 공간을 독자가 해석하는 데서 창출되는 것이어서 대상 공간의 실체에는 거의 의미 부여를 하지 않는다. 최근 문학에서의 공간 논의는 이렇듯 대상 공간의 실체를 부정함으로써 거두는 반리얼리즘 효과에 경도되어 있는 상태다. 다시 말해 '실재와 정합한 공간보다는 작가의 의식과 독자의 체험으로써 새로이 기획되고 창출되는 공간'[4]에 관심이 기울어 있는 것이다.

한편 '공간(Space)'은 사건이 벌어지고 등장인물이 행동을 하는 이른바 무대를 가리키는데, 이 글에서 사용하는 'Space'는 루드비히의 '행위 공간(handlungsraum)'보다는 '실제 공간·현실 공간(actual space)'에 가깝다.[5] '행위 공간'은 방이나 주택, 거리 등 행위하는 인물들과 직접 관련되면서 행위에 제약을 가하는 좀더 세부적인 구분이 가능한 공간을 가리킨다면, '실제·현실 공간'은 허구적 공간의 모형으로서 실체가 존재하며 서사에 투영되면서 굴절되는 공간이라고 할 수 있다. 본 연구가 '실제·현실 공간'에 관심을 갖는 것은 『토지』가 보여준 개연성에 근거한다. 『토지』는 '구한말로부터 식민지시대를 꿰뚫으며 민족사의 변전을 그린' 작품으로 알려진 만큼 사회적·역사적 시간과 공간이 서사에 깊이 연관되어 있다. 또 이 작품에 등장하는 공간은 허구이지만 허구가 아닌, 작가의 상상력의 소산이지만 충분한 사료를 토대로 상상된 공간이다. 따라서 『토지』의 공간 연구는 실체를 부정하는 것보다 실체를 전제로 출발할 필요가 있다. 따라서 본 연구는 '실제 공간·현실 공간'을 연구 대상으로 하되, 실

---

3) 이호, 「소설에 있어 공간 형식의 가능성과 한계」, 『공간의 시학』, 예림기획, 2002, 39면.
4) 장일구가 힐레브란트의 논의를 설명한 구절이다. 장일구, 「소설 공간론, 그 전제와 지평」, 『공간의 시학』, 예림기획, 2002, 23면.
5) 장일구, 위의 글 참조.

체와 동일한 지리적 위치의 그 공간들이 어떠한 공간적 패턴의 특징을 나타내며, 어떤 역할을 하는지, 서사에 어떻게 이용되고 있는지, 각 공간과 등장인물은 어떤 관계의미를 지니는지 알아보고자 한다. 이때 활용되는 방법적 도구는 지도이다.

프랑코 모레티는 소설의 공간 지도가 "더러 소설처럼 읽힐 수 있기 때문에 흥미로운 것이 아니라, 그것들이 소설을 읽는 방법을 변화시키기 때문에 흥미롭다"[6]고 주장한다. 공간 지도는 서사의 공간이 단순한 배경이 아니라 연구의 대상이 되게 한다. 여기에서 지도는 '진짜' 지도라기보다 '지리적 평면에 부과된 도식'[7]이라고 할 수 있다.

본 연구는 가능한 한도 내에서 작품에 등장하는 지명들을 지도에서 찾아내어 표지(標識)를 하려고 한다. 표지의 방법은 행위자[8]들의 이동과 사건의 진행에 따르는 공간 이동이나 사건 현장을 하나의 선으로 나타내는 것이다. 그 선은 서술의 특성에 따라 모양을 달리하는데, 일정 공간에서 다른 공간의 일화를 회상하는 경우, 공간으로의 이동 과정이 생략된 채 공간에 도착한 것으로 서술하여 행위가 과거로 처리된 경우, 어떤 공간에서 벌어진 사건에 대한 서술자의 주석적 해설이 장황하게 제시된 경우, 혹은 여타 등장인물들의 대화에 의해 전언되는 경우, 공간이 서술 시간에 있어서 현재 사건 진행의 공간으로서 기능하는 경우 등으로 살래를 나누어 나타내었다. 그리고 총 5부 구성에 각 부별 5편으로 이루어져 있는 『토지』의 구조를 고려하여 편별 지도를 완성했다. 이렇게 그려진 지도는 행위 혹은 이동 경로와 이동 빈도, 서사의 밀도, 서사의 방식 등이 나타나게 된다. 이때 패턴이 생기기도 하고 독특한 현상이 나타나기도 하는데, 이것이 바로 언어서사로써는 파악하기 힘든 작품의 특징을

---

6) Franco Moretti, *Atlas of the European novel 1800~1900*, New York : Verso, 1999, p.5.
7) Franco Moretti, 「문학의 지도 : 이론, 실천, 실험들」, 『안과 밖』, 2002년 상반기, 255면.
8) 등장인물이나 캐릭터로 이름하지 않고 행위자(agent)로 지칭하는 것은 본 연구가 등장인물의 성격보다 행위나 이동 등에 더 관심을 가지기 때문이다.

보여주는 것이다. 지도로써 발견하게 되는 공간적 패턴은 "지도로 보게 되기 전까지는 암시적으로만 존재하는, 심지어는 숨겨져 있는 것이다."[9] 암시적이거나 숨겨져 이미 존재하는 것은 정밀한 연구를 통해 드러내 보여줄 필요가 있다. 그리고 이렇듯 지도에 기하학적 패턴이 존재한다는 것은 작품의 배후에 지속적인 힘들이 존재한다는 것을 보여주는 것임을 상기한다면, 지도를 통해 작품의 새로운 해석에 도전할 수가 있다.

> 어떠한 비중의 형식이건, 그것이 살아 있든 죽었든 모든 경우에 형식은 힘의 발현이라고 할 수 있다. 간단히 말해 물체의 형식은 '여러 가지 힘들의 도식'인 것이다. 이렇게 보았을 때 우리는 최소한 그 형식을 통해 대상에 작용한 힘들을 추론해내거나 판단할 수 있다.[10]

D'Arcy W. 톰슨이 주장하고 있는 것처럼 패턴을 존재하게끔 한 힘들이 없었다면 규칙성은 생겨날 수 없었을 것이라는 전제하에 미흡하나마 부분적으로 패턴의 해석을 시도하려고 한다. 또 한편으로는 표지의 방식이 이동 서술 방식을 갈래지어 나타내고 있으므로, 지도를 통해 살펴볼 수 있는 『토지』의 서술적 특성을 분석해 보려 한다. 그리고 마지막으로는 주요 공간들을 통해 본 『토지』 공간의 전체 구성적 특징을 살펴 볼 것이다. 지도는 복잡한 서사를 단순화하고 통합한다.[11] 이로 인해 작품을 대하는 새로운 시각이 생겨나서 독창적이고 차별화된 작품 분석을 시도해 볼 수 있을 것으로 기대한다.

---

9) Franco Moretti, 「문학의 지도 : 이론, 실천, 실험들」, 『안과 밖』, 2002년 상반기, 244면.
10) D'Arcy Wentworth Thompson, *On Growth and Form*, London : Dover Publication, Inc, 1992, p.16.
11) Franco Moretti, 앞의 글, 242면.

## 2. 행위자의 공간 이동과 중심 이동

### 1) 지도에 나타난 공간의 특성

지금까지 『토지』의 공간에 관한 연구는 4부 연재를 앞둔 상태에서 김치수가 발표한 '텍스트 분석'과 완간 2주년 기념 학술집에 조정래가 발표한 「생존의 원리와 역사성」,[12] 그리고 최유찬의 『『토지』를 읽는다』에 실려 있는 「『토지』의 구조」[13] 등이 주목된다. 김치수가 세 차례에 걸쳐서 발표한 텍스트 분석 중 공간에 대한 중요한 언급은 두 번째 글 「간도, 그 공간의 개방성」[14]에 있다. 그에 의하면 평사리는 공간 자체가 폐쇄되어 있어서 등장인물 전체가 자연스럽게 관계를 맺고 있고 개개인의 생활 자체가 그 집단 속에서 자아를 드러내기에 충분했던 데 반하여, 간도는 그 공간의 개방성 때문에 개개인의 생활만으로는 집단 속에서 자아를 규정할 수 없는 곳이다. 무엇보다도 간도라는 열린 공간을 선택함으로써 다양성을 담보할 수 있었던 반면, 평사리에서 보여주었던 '강력한 응집력, 서술의 힘을 희생시켰다'는 지적은 눈여겨볼 만하다. 조정래의 글은 공간에 대한 본격적인 연구가 아니라 시간 구조를 분석하는 데에 그쳤던 기존 연구에서 벗어나 시간과 공간의 긴밀한 관계를 역설하면서 '공간 구조의 특성과 환경'을 분석해 놓은 것이다. 그에 의하면 평사리는 '대한제국 설립부터 한일 합방까지의 조선 사회가 당하는 충격을 대표하는 전형적 공간'이다. 이 주장은 재고해야 할 여지가 있지만, 『토지』의 공간을 시간 구조와의 관련하에서 살펴본 것은 의미 있는 일이다. 한편 최유찬은 『토지』의 시공간 구조를 음양오행과 최제우의 우주론을 근거

---


12) 조정래, 「생존의 원리와 역사성」, 『『토지』와 박경리 문학』, 솔, 1996.
13) 최유찬, 「『토지』의 구조」, 『『토지』를 읽는다』, 솔, 1996.
14) 김치수, 「間島, 그 空間의 개방성」, 『문학사상』 통권 102호, 1981.4.

로 풀이하여 세계의 이치를 파악하는 동양철학의 원리가 『토지』에도 적용될 수 있음을 보여주었다.

『토지』 제1부의 주요 공간인 평사리에 대하여 지금까지의 연구는 대체로 '지리적으로 외지와 단절되어' 있다거나 '봉건적이고 폐쇄적인 삶의 질서를 유지하고 있는 작은 농촌의 공동체'라고 하였다. 물론 작품 내에서 보여지는 지주 최참판가와 소작인 마을 사람들의 관계가 상당히 유교적이고 봉건적인 것으로 비쳐질 소지가 있기 때문에 그렇게 파악될 가능성이 많다는 것을 부인할 수 없다. 그리고 사실 시작 부분인 1부 1편에서 행위자의 공간 이동은 평사리를 크게 벗어나지 못하고 있다고 해도 과언이 아니다. 총 19장으로 구성되어 있는 1편의 경우 대부분의 서사는 평사리 내에서의 사건을 주로 다루며 읍내로의 이동이 가끔 눈에 띌 뿐이다. 이런 점에 있어서 폐쇄성을 지적하는 것인지도 모른다.

그러나 평사리는 닫혀 있거나 정체되어 있는 공간이 아니라 끊임없이 외부와 소통하려 하고, 또한 소통하는 공간이다. 『토지』에서 평사리 마을 사람들은 뱃길을 이용하거나 혹은 육로로 쉽게 하동읍이라든지 화개읍, 지리산, 구례 등지를 오간다. 강청댁은 하룻밤 사이에 평사리에서 하동읍 월선의 주막을 다녀오기도 한다(1부 1편 17장). 지리적으로 섬진강가에 위치하고 있는 평사리는 북서쪽으로 약 8Km 정도 거리에 화개장터가, 남동쪽으로 약 12Km 정도 거리에 화동읍이 위치하고 있다. 화개장터에서 구례까지는 약 16Km, 쌍계사까지는 약 6Km 거리이며, 이 부근에는 지리산이 위치하고 있다. 평사리에서 지리산 자락으로 들어서는 길에는 의병활동의 근거지가 되기도 하였던 연곡사가 있다. 이는 평사리가 하동읍에서 내륙쪽으로 40여 Km를 가야 하고 다른 지역과의 연계가 힘든 지리산 청학동처럼 외진 곳이라기보다 오히려 각지로 이동하기 편리한 곳에 위치하고 있다는 것을 말해준다. 그림은 평사리가 중심 공간인 1부 각 편의 이동 성향을 지도에 나타낸 것인데 평사리와 여타 지역과의 밀접한 관계가 잘 나타나 있다.

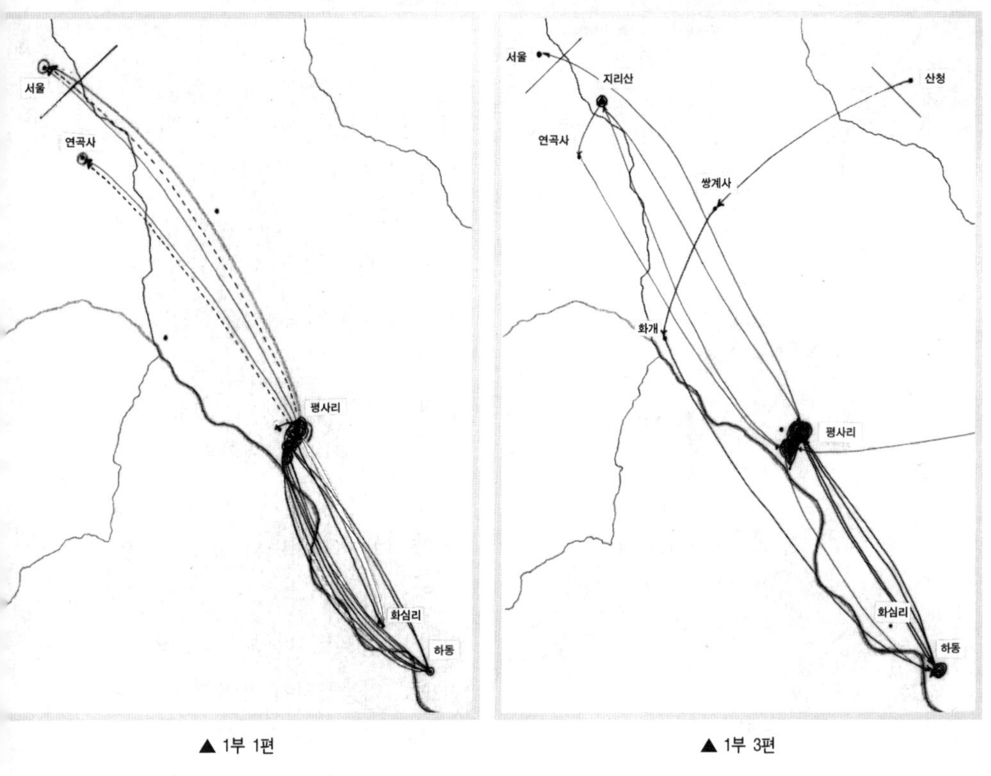





▲ 1부 1편

▲ 1부 3편

　1부 1편의 주요 공간은 평사리와 하동읍, 연곡사, 서울 등이다. 평사리는 마을 초입 섬진강가의 주막, 용이 등이 살고 있는 마을, 최참판 집, 누각이 있는 당산, 그리고 고소산성 등으로 세분할 수 있다. 이 공간들은 하나의 점으로 표시되며, 한 공간에서 다른 공간으로 이동하지 않고 주로 공간 내 이동이 이루어지는 경우 그 지점을 원으로 둘러 그곳에서 사건이 벌어지거나 행동이 일어나고 있음을 표현하였다. 예를 들어 1부 1편의 서(序)에서 1897년 한가위 평사리 마을의 타작마당에 모인 사람들이 농악 놀이를 벌이는 일화가 여기에 해당된다. 이런 방식으로 지점이 원으로 둘러지는 횟수를 살펴 보면, 평사리의 마을 3회, 최참판 집 5회, 하동읍 1회 등이다. 그 외에는 행위자들이 이동한 출발지역과 도착지역을 선으로 이어 표현하였다. 최참판 집에서 마을로 내려가거나 마을에서

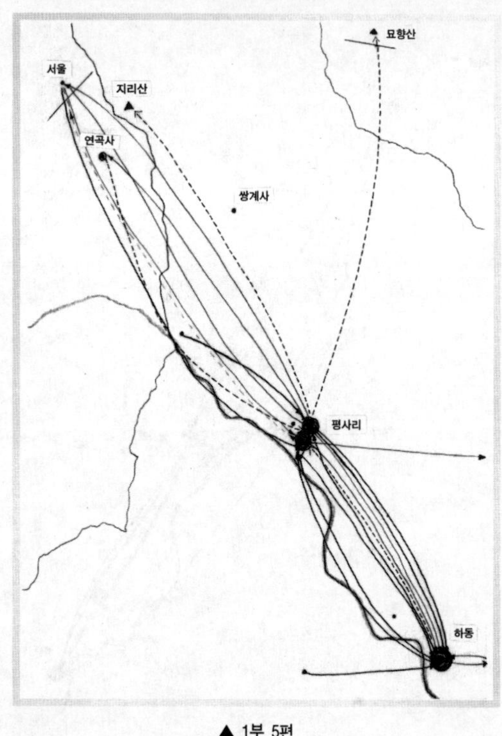



▲ 1부 5편

최참판 집으로 올라오는 이동, 마을과 주막 사이의 왕복, 최참판 집 혹은 마을에서 누각으로의 왕복 이동, 평사리 마을 혹은 최참판 집과 하동읍 사이의 이동 등이 있고, 이외 서울·연곡사·고소성·화심리 등으로의 이동이 있다.

지도를 보면, 행위자들이 끊임없이 평사리에서 나오거나 평사리로 들어가거나 하면서 움직이고 있음을 쉽게 알 수 있다. 평사리는 다양한 경로로, 다양한 특색의 공간으로 이동하기에 용이한 곳이다. 신분제도의 변화에도 불구하고 평사리의 농민들은 최참판 가와 관습적인 주종관계에서 크게 벗어나지 못한 것으로 보이나, 사실 그와 같은 관계를 유지하는 인물은 몇몇에 불과하다. 대개 평사리의 농민들은 최치수와 윤씨 부인의 연이은 죽음으로 조준구가 토지의 실질적인 주인으로 행세하게 되자 그저 자기 앞가림에 바쁠 뿐이다. 좀더 눈치 빠른 축들은 조준구의 하수인 삼수에게 줄을 대기 위해 애쓴다. 그런 야박한 인심에 더럽다고 침을 뱉는 용이나 한조는 오히려 예외적인 인물들이다.[15]

---

15) 임진영, 「『토지』의 삶과 역사 의식」, 『『토지』와 박경리 문학』, 솔, 1996, 68면.

## 2) 힘의 분산과 중심 이동

『토지』 제1부 지도에 나타난 현상을 통해 발견할 수 있는 또 다른 것은 공간 패턴16)이다. 평사리를 중심으로 하여 북서쪽의 연곡사와 서울, 남동쪽의 하동읍으로 이어지는 사선 구도이다. 1편의 경우를 보면 평사리에서 가장 멀리 이동한 지점은 위로는 서울, 아래로는 하동읍이다. 평사리에서 하동읍까지 내려가기 조금 전에 최치수가 장암선생 병문안을 가곤 하는 화심리가 그 사이에 있다. 2편은 평사리를 중심으로 북서쪽의 공간이 지리산까지로 확대되면서 지리산 부근의 구례에까지 이동 경로가 생기고 있다. 3편은 북서쪽으로 쌍계사, 북동쪽으로는 산청이 추가되면서 기본 패턴(연곡사–평사리–하동을 잇는 사선)에 약간의 변화가 생긴다. 4편은 연곡사가 사라지고 연해주·강청·함안·용수골 등 새로운 공간이 등장하면서 기본 패턴이 흔들린다. 5편은 평사리 북쪽으로 묘향산이, 동쪽으로는 진주, 동남쪽으로는 부산 등이 새로이 등장하여 기본 패턴인 사선을 내포하면서도 이동 경로가 사방으로 흩어지는 현상이 나타난다. 그리고 1편에서 평사리에 일방적으로 집중되어 있던 움직임이 5편에서는 평사리와 하동읍 두 곳으로 분산되어 있음을 알 수 있다.

그렇다면 어떤 이유로 이와 같은 현상이 일어난 것인가. 행위자들의 움직임이 활발하게 펼쳐지고 있는 곳은 그렇지 못한 곳에 비해 더 많은 에너지를 지니고 있다고 할 수 있다. 그런데 이 에너지가 분산되는 원인은 그 힘이 커질 대로 커져 더 이상 그 상태로 머무를 수 없으므로 폭발하여 퍼져나가는 경우와, 에너지를 이끌고 있는 중력이 약화되어 유대관계가 느슨해짐으로 인해 에너지가 흩어져 버리는 경우로 나누어 생각해 볼 수 있을 것이다. 평사리의 에너지가 점차 다른 곳으로 분산 이동되는 것은 후자의 경우에 해당된다고 볼 수 있다. 그들의 움직임에 막강한 영

---

16) E. M. 포스터, 『소설의 이해』, 문예출판사, 1975, 163면.

향력을 미치던 힘은 최참판 가였는데, 최참판 가는 힘을 상실하고 말았
으며 평사리를 중심으로 모이면서도 끊임없이 왕래하던 그 힘들은 머무
를 곳을 찾아 움직인다. 최참판 가에 부여되어 있었던 힘의 불안정성은
이미 『토지』의 서두부터 예고되어 있었던 것이다. 문제는 최참판 가가
힘을 잃어가면서 평사리의 응집력이 약화되고 그로 인해 분산되는 힘이
어디로 이동할 것인가 하는 점이다. 1차적으로 평사리에서 하동읍으로
이동해간 힘은 북간도의 용정에서 다시 모여든다.

　2부의 서사 공간이 용정으로 옮겨간 것을 두고 무조건 공간이 확대된
것으로 보는 경우가 있는데, 사실 공간은 확대된 것이라기보다 이동해간
것이다. 엄밀하게 말하자면 중심 공간의 이동 후 확대이다. 확대란 시초
의 공간을 포함하여 다른 공간으로까지 나아감을 의미하는데, 지도에서
볼 수 있는 것처럼 행위자들은 평사리에서부터 용정까지 움직임을 활발
히 하고 있는 것이 아니라, 평사리를 벗어나 용정에 정착한 것이다.

　그렇다면 중심 공간이 옮겨지도록 움직여간 행위자들은 누구인가. 1
부 1편에서 연곡사로 이동하는 행위자는 윤씨 부인과 서희이며, 하동읍
으로 이동하는 행위자는 용이·칠성·길상·봉순·월선·강청댁·평산
등이다. 그리고 서울로 이동하거나 서울에 대해 회상하는 행위자는 조준
구와 최치수 등이다. 2편에서 연곡사로 이동하는 행위자는 최치수와 그
를 수행하는 하인 삼수인데 이들은 지리산까지 올라가고 있다. 그리고
하동읍으로 이동하는 행위자는 용이와 평산이다. 3편에서 하동읍으로 가
는 행위자는 강포수 길상·돌이·용이 등이다. 평사리 북쪽으로 추가된
공간 중 죽림골은 윤씨 부인과 서희가 이동해 가는 곳이며 산청, 쌍계사,
화개 등은 강포수의 이동 경로이다. 4편에서 가장 북쪽에 위치한 공간은
연해주인데 이곳은 이동진이 서울에서 하동으로 귀향하면서 회상하는
과거의 공간으로 등장한다. 다음으로 북쪽에 위치한 서울은 앞의 3편까
지에서 조준구와 관련하여 회상, 과거화 등으로 등장했다가 연해주에서
돌아오는 이동진의 경로로 이용됨으로써 현재의 공간이 된다. 4편에서

하동읍으로 이동하는 행위자는 용
이와 이동진이다. 5편에서 평사리
북쪽에 위치한 공간과 관련된 행
위자는 환이이며 하동읍으로 가는
행위자는 용이·월선·봉순·두
만아비·장서방·홍이·임이네·
길상 등이다. 이들의 움직임을 크
게 대별해 보면 평사리를 중심으
로 하여 상향 이동하는 계층은 주
로 양반들이고 하향 이동하는 계
층은 주로 평민들이다. 이동진은
양반의 신분이기는 하나 독립운동
을 위해 주로 연해주에서 활동하
며 단 한 번 하동읍으로 귀향하면

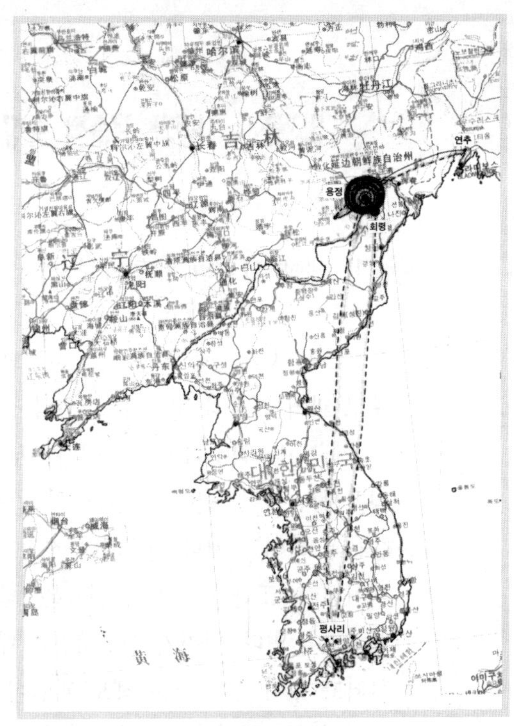

▲ 2부 1편

서 하향 이동을 하고 있는데, 그의 양반 계층적 성격은 극히 미약하게
발휘되고 있다. 따라서 최서희가 부산, 청진을 거쳐 용정으로 가기 위해
하동읍으로 하향 이동한 것은 눈여겨볼 만하다. 이것은 그의 양반 계층
적 성향이 상당히 약화되었음을 드러내는 것으로도 읽힐 수 있기 때문
이다.

공간의 이동을 중심으로 그려진 지도를 통해서 우리가 새롭게 발견할
수 있는 것은 우선, 평사리가 폐쇄적이고 닫혀져 있는 공간이라기보다 오
히려 끊임없이 외부와 소통하고 있는 공간이라는 것이다. 그리고 최참판
집을 중심으로 응결되어 있던 평사리의 힘은 최참판 가의 불안정성으로
인해 분산되고 이동되는데, 이동되어 나아가 힘이 정착한 곳은 간도의 용
정이다. 용정으로의 이동은 단순하게 공간의 확산으로 오해되기 쉬우나
지도는 중심 이동임을 확연하게 보여주고 있다.

## 3. 공간 이동과 서술적 특징

### 1) 생략 서술의 유형과 특성

『토지』의 서술적 특징으로 지목되어 온 것은 회상·전언·후일담 등 주로 과거 진술의 방식과 '작가의 설명' 혹은 '주석적 설명'으로 풀이되는 서술자의 직접적인 진술이다. 『토지』에서 "소설의 원경으로 물러앉은 정치사적 사건들은 대개 소설 속 인물들의 회상을 통해 그 부분적인 모습을 드러내"[17]거나 서술자가 직접 나서서 요약, 설명, 평가하는 것으로 제시된다. 또한 허구적 사건들은 "행위의 묘사가 과감하게 절제되거나 생략되어 있다. 마찬가지로 사건에 대해서도 행위의 차원에서는 거의 묘사되고 있지 않다"[18]고 해도 과언이 아니다.

회상이란 행위자에게 초점화된 회상을 말하며, 행위자 없이 지난 일에 대한 서술자의 회고나 요약 설명은 '주석적 설명'이다. 『토지』의 서술자는 숨어 있지 않고 표출되어 있는데, 1부에서 5부로 갈수록 표출 정도는 더욱 심해진다. 또한 전언이란 등장인물간의 긴장관계가 고조되었을 때, 혹은 사건을 전개해 나가다가 그것을 덮어두고 다른 장면으로 돌려 독자들의 마음을 그 일로부터 잠시 거리를 두게 하였다가, 갑자기 인물들이 나누는 대화를 통해 사건의 결말을 알게 하는 방식이다.[19] 그리고 과거화란 한 행위자가 공간을 이동하되 이동의 동기나 과정은 생략된 채 도착을 알리는 과거형 서술로 이동이 완료되는 것을 지칭한다.

회상의 예로는 평사리의 최치수가 서울에서 조준구와 기생집이며 여

---

17) 임진영, 「『토지』의 삶과 역사 의식」, 『『토지』와 박경리 문학』, 솔, 1996, 65면.

18) 김진석, 「소내하는 한의 문학―『토지』」, 『한·생명·대자대비』(『토지』 비평집 2), 솔, 1995, 248면.

19) 정현기는 이러한 생략법을 고대소설이 자주 사용했던 의도적인 틈보이기로 설명한다. 정현기의 「『토지』 해석을 위한 논리 세우기」, 『작가세계』, 1994년 가을, 110면 참조

기저기를 방탕하게 전전하던 몇 해 전의 일을 회상하는 것, 용정에서 용이가 용정촌 대화재가 일어나 임이네 등과 지옥같이 보냈던 며칠 전을 회상하는 것 등을 들 수 있다. 주석적 설명은 후경으로 제시되는 정치적·역사적 사건들이나 실존인물들에 대한 설명에서 가장 많이 찾아볼 수 있고, 허구적 등장인물들에 대한 이해를 돕기 위해 주석적 설명이 가해진 것도 쉽게 찾아볼 수 있다. 예를 들자면 "올해 들어 서울서는 정부 전복을 모의하다가 발각된 사건이 두 번인가 있었다"(1부 1편 7장)로 시작하여 갑신정변이 일어난 서울의 정치적 상황에 대해 상세하게 설명하는 것과, "윤보는 정말 속 편한 사내였다"고 하면서 윤보에 대해 장황하게 설명하는 것이 여기에 속한다. 전언으로는 노루 고기를 먹고 죽은 최치수 부친의 죽음을 간난할멈이 봉순네에게 들려주는 것이라든가, 기화의 죽음을 전하는 대화 등을 예로 들 수 있다. 과거화의 경우는 조준구가 김훈장과 장시간 대화를 나누고 난 후 다음 행적은 생략된 채 "이튿날 부랴부랴 채비를 차린 조준구는 서울로 떠났다"(1부 5편 7장)고 하여 조준구의 이동을 과거화한 것, 이상현이 서희를 찾아갔다가 길상과의 혼인 운운하는 말을 듣고 나온 이후 행적이 생략된 채 연추로 떠난 것으로 서술되는 것 등이 예가 된다. 사실, 회상이나 전언, 주석적 설명, 과거화 등은 모두 행동의 생략이자 사건의 축약이다. 이러한 방법이 장편소설, 대화소설의 경우에 복잡한 플롯을 처리하는 방법으로 용이하기는 하지만 한편으로는 아쉬움을 남기기도 한다.

　생략의 예로 가장 많이 지적되어 온 사건은 서희와 길상의 결혼이다. 대지주 최참판 가의 자손 서희가 근본도 모르고 머슴처럼 지내던 길상과 결혼할 수도 있음을 짐작케 하는 것은, 평사리를 떠나 용정에 정착한 후 서희가 자신을 사모하는 상현을 앞혀 놓고 의도적으로 길상과의 결혼 가능성에 대해 의견을 타진하는 장면에서다. 길상은 회령에서 잠시 옥이네와 인연을 맺고 있었는데, 서희는 그 소문을 들은 때문인지 회령행을 고집한다. 결국 회령에 간 서희가 옥이네를 만나고 용정으로 되돌아오는 길에 달리던 마차가 전복되는 사건이 벌어지는데, 이 사건이 "그들에게 결정적인 계기"가 되어 이후 서희와 길상은 혼인한 것으로 서술된다. 그러나 그들의 결혼과 관련된 장면은 작품 어느 곳에서도 찾아볼 수가 없다. 서희와 길상의 결혼이 성사되기까지의 과정이라든지 결혼 장면은 신분제도의 파괴라든지 문화·풍속의 재현 등과 같은 측면에서만 주목을 끄는 것이 아니다. 길상과 봉순의 어릴 적 감정, 서희에 대한 상현의 연정, 상현과 길상의 갈등, 길상과 옥이네와의 관계, 김훈장·이동진·송애 들의 갈등 등 숱한 관계망 속에서 그들의 결합은 지금까지 진행된 하나의 커다란 플롯이 정리되고 새로운 플롯이 형성되는 계기로 작용하고 있으므로 보다 극적인 구성이 요구되기도 하는 것이다.

　서희와 길상의 결혼 장면이 생략되어 있는 것과는 대조적으로 홍이와 보연의 결혼 장면은 비교적 상세하게 서술되어 있다. 3부 2편 16장 '혼례' 항목에서 홍이의 결혼을 자세히 다루었다. 결혼이 성사되기까지의 과정은 물론 홍이의 이동 경로에 대해서도 "이월 열 하룻날, 늦은 아침을 먹을 시각쯤 드디어 홍이는 친영(親迎)길을 떠나려고 말에 올랐다. 통영까지는 당일에 갈 수 없었으므로 남해로 돌아서 그곳에서 하룻밤 중방에 들었다가 내일 아침 뱃길로 통영에 갈 것이다"로 시작하여 구체적으로 제시되었다. 또한 폭우가 쏟아지고 초례청에 쓰였던 닭이 죽는 등 불길한 징조들을 내세워 긴장감을 조성하면서 이 결혼에 주목하게끔 하고 있는 것이다. 이처럼 결혼이라는 동일한 사안이라도 작가는 때로는 생략하고 때로는 상술한다. 그럼에도 불구하고 『토지』의 서술적 특징이 생략에 있는 것처럼 여겨지는 것은 대개의 독자가 중요하게 여기는 사건, 결정적인 순간의 행위, 그리고 역사적인 사건 등을 생략하거나 축약하여 우회적으로 서술하고 있기 때문으로 보인다.

## 2) 지도에 나타난 서술의 실제

지도에는 ① 행위자에게 초점화된 회상, ② 지난 사건에 대한 서술자
의 주석적 설명, ③ 인물들이 나누는 대화를 통해 사건의 결말을 알게 하
는 전언, ④ 한 행위자가 공간을 이동하되 이동의 동기나 과정은 생략된
채 도착을 알리는 과거화, 그리고 ⑤ 서술 시간의 현재 등을 각기 다른
선으로 표시하였다.

이렇게 그려진 지도를 살펴 보면 ⑤ 서술 시간의 현재에 이동하는 빈
도가 가장 많고, 그것은 대부분 한 공간 내부에서의 짧은 이동이다. 대체
로 한 장(章)에는 한 공간 내에서 벌어지는 사건들이 다루어지는데, 일정
공간 안에서 사건이 진행되다가 행위자의 공간 이동이 일어날 경우 특

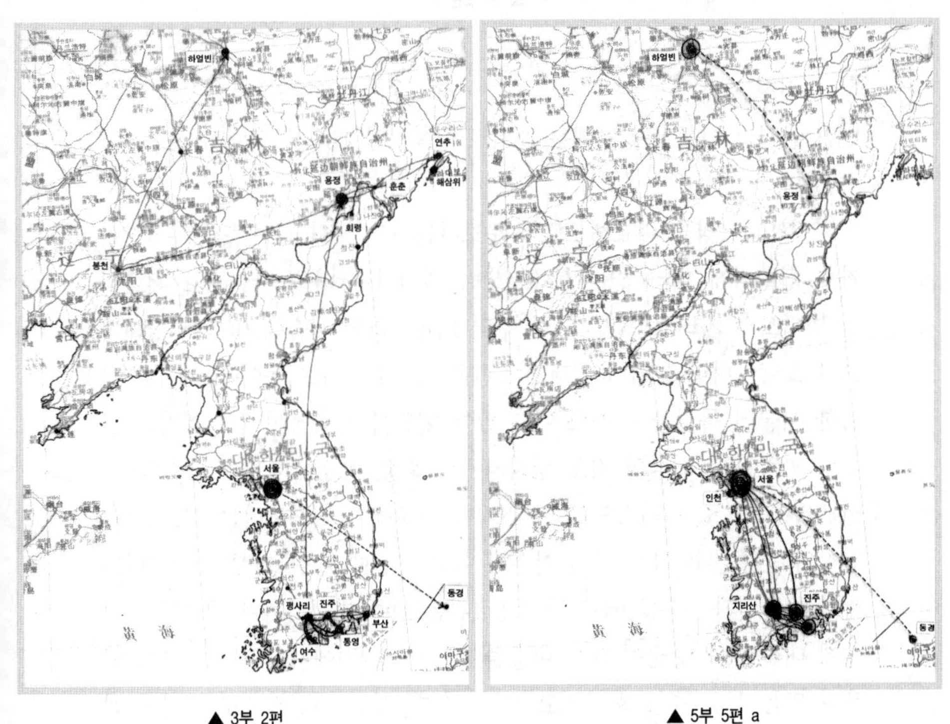


▲ 3부 2편          ▲ 5부 5편 a

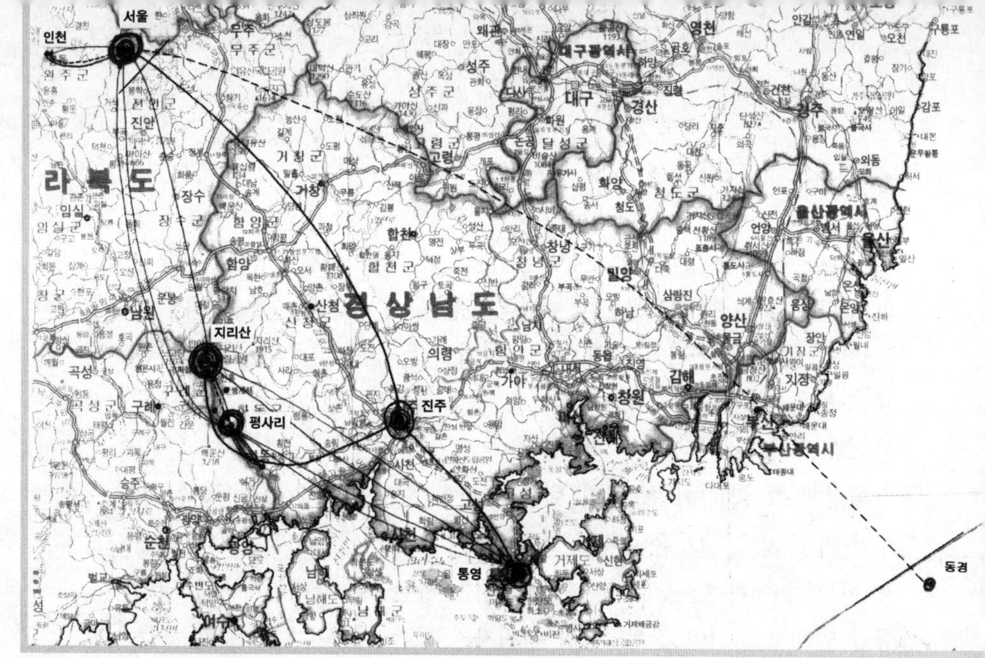

▲ 5부 5편 b

히 장거리 이동의 경우 동기·과정·경로 등이 생략되는 경우가 많다. 반면 단거리 이동인 경우에는 대체로 구체적인 묘사를 하면서 현장화하고 있다.

각 부별 특징을 비교해 보면 1부보다는 5부가 회상과 주석적 설명이 자주 장황하게 나타나며 3부에서부터 과거화가 더욱 빈번해져 서술의 한 방법으로 자리잡는다. 또 각 부의 1편이 회상 서술에 있어서 상대적으로 조금이나마 늘어나 있다면, 5편은 곳곳으로의 이동이 많아지고 다양한 서술적 특성을 두루 보이고 있어 행위자의 활동이 활발해지는 것으로 파악된다. 회상의 경우 평사리에서 용정, 용정에서 진주, 평사리에서 장춘 등으로 지리적으로 먼 거리를 이주해간 직후보다는 어느 정도 정착의 분주한 시기가 지난 이후에 이전 공간에 대한 회상이 나타나는 특징을 보인다. 3부를 예로 들자면, 1편은 진주 정착기이기 때문인지 진주에 대한 현재 진술이 많은 비중을 차지하고 2편에서 용정, 3편에서 연추와 일본 등을 주로 회상하고 있다. 한편 4부는 전반적으로 회상이 적고 대화가 압도적으로 많다. 그리고 대부분의 이동은 과거로 처리되어 있다.

평사리를 출발지점과 도착지점으로 삼고서 지리산·하동읍·진주·통영·여수 등의 지역으로 왕복할 때나, 경남 지역간의 이동, 용정에서 회령 혹은 퉁포슬에서 용정으로 이동할 때, 또 서울 안에서의 이동 등엔 대개 행위자에게 초점을 맞추어 이동 경로에 나타나는 외경이 구체적으로 묘사되는 현재 진행의 서술인 경우가 많다.

반면 간도나 만주·일본 등으로의 장거리 이동 과정은 거의 생략되어 있다. 오가다 지로의 만주 여행은 예외적인 경우에 속한다. 장거리의 이동을 서술의 현재로 이끌어내었을 경우 서술의 어려움이라든가 작품 구성의 문제 등은 짐작해 볼 수 있겠는데, 특기할 만한 것은 용정에서 회령이나 연추로의 이동은 상대적으로 짧은 거리이면서도 이동 경로의 구체적인 묘사를 찾아보기 힘들며 이동 과정이 거의 생략되어 있다는 점이다. 용정과 회령 사이 수차례의 이동이 있었음에도 불구하고 신흥평에서 길상이와 옥이네가 조우하게 되는 사건과 서희와 길상이 타고 있는 마차가 전복되는 사건만이 현재진행 서술로 다루어지고 현장 묘사가 들어가 있다. 그러고도 이 사건들은 과거 회상으로 처리되는 부분이 많다.

『토지』의 서술적 특징으로 지목되어 온 회상·전언·후일담 등은 생략함으로써 독자의 호기심을 부추기고, 다양한 해석을 낳는 특성으로써 독자의 상상을 적극적으로 유도한다는 점에서 긍정적으로 평가되어 왔다. 그러나 지도를 통해 확인해 본 것처럼 이 서술적 특징은 어떤 창작 원리로 작용하고 있는 것으로 보기는 힘들다. 오히려 작가가 체험한 공간에 대한 적극적인 진술과 체험하지 못한 공간에 대한 소극적인 진술로 볼 수 있다. 그렇다면 서술의 생략은 부정적으로 그리고 극단적으로 비판을 가할 경우 서술의 회피로 받아들여질 우려도 있음을 부인할 수 없을 것이다.

# 4. 주요 공간의 의미와 공간 구성

『토지』의 주요 공간으로는 평사리·용정·진주·서울·신경·지리산 등을 꼽을 수 있다. 이 공간들은 작품 외적으로 벌어진 역사적 사건에 의한 변화를 논외로 할 때, 작품 전체를 통해 정체된 특성을 갖는가 하면 서사의 흐름에 따라 성격이 변화하기도 한다. 이러한 현상은 각 공간을 왕래하는 행위자의 이동에서 그 원인을 찾을 수 있다. 평사리나 용정·진주·신경·지리산 등은 행위자들의 많은 이동이 있기는 하지만 그곳은 고향이거나 거주지여서 공간을 왕래하는 계층적 성격이 크게 변하지 않는다. 그러나 서울의 경우 다른 공간과 비교해 볼 때 실로 다양한 계층의 다양한 인물들이 왕래하고 있어서 서사에 따른 변화는 여느 공간보다 두드러져 보인다.

## 1) 주요 공간의 특성과 의미

### 평사리

『토지』는 평사리의 최참판 가를 중심으로 농민을 비롯한 마을 사람들이 강한 응집력을 가지고 있음을 전제로 한 상태에서 서사를 시작한다. 이후 사회신분제도가 폐지되었음에도 불구하고 최참판 가와 평사리 마을 사람들의 관계는 여전히 종속적인 것처럼 보이는데, 이것은 제도가 실질적으로 사람들에게 체득되어 정착하기까지는 어느 정도 시간이 필요함을 드러내 보이는 것이기도 하겠지만, 지주와 소작인의 관계에서 있을 수밖에 없는 경제적 강제성도 영향을 미치고 있는 것으로 보인다.[20] 그러나

---

20) "조선왕조 말기 지주제도에 있어서는 경제외적 강제 그 자체는 대체적으로 소멸되

이러한 관계는 최치수가 살해당하고 윤씨 부인과 그의 심복들이 전염병으로 죽은 후에 급속도로 변한다. 최참판 가의 유일한 핏줄인 최서희는 더 이상 권력으로 마을 사람들과 관계를 유지하는 것이 아니라 친일파 조준구에 맞서는 운명적 공동체가 되는 것이다.

결국 최서희와 평사리 마을 사람 일행은 간도 용정으로 함께 도피해가는데, 그들이 평사리를 떠나면서 조준구의 세력은 강화되고 남아 있는 평사리 마을 사람들은 조준구와 '지주-소작인'의 관계를 맺게 된다. 그렇다고는 해도 평사리 마을 사람들이 최참판 가와의 관계 속에서 보여주었던 결속력을 조준구와의 관계에서도 발견할 수 있는 것은 아니다. 지주와 소작인의 관계라는 점에서는 유사하지만 최참판 가와 마을 사람들 사이에 내재되어 있는 오랜 시간 동안 쌓여온 관습적 친분 관계는 친일파 조준구가 얻어낼 수 있는 성질의 것이 아니었다. 요컨대 평사리는 농촌 공동체로서 지주와 소작인의 관계가 지속되는 공간이기는 하나 지주가 최참판 가에서 조준구로 다시 최참판 가의 서희로 바뀌면서 관계의 성격을 달리하고 있는 것이다.


## 용정

한편 최서희와 그의 일행이 새로운 정착지로 선택한 용정은 평사리와는 전혀 다른 사회 구조를 지니고 있어 적응과 모색의 공간이 된다. 서희의 일행이 용정에 도착한 것은 1908년이며, 실제로 당시 간도에는 10만 명이 넘는 한국인 이주민들이 거주하였다고 한다.[21] 물론 서희 일행

---

고 그 遺制가 남았으며 경제적 강제가 더 중요한 작용을 한 것으로 보인다. (…중략…) 봉건지대의 다른 하나의 본질적 구성요소인 소작인의 잉여생산물의 '전부' '직접적' 수취라는 요소가 경제외적 강제의 해체와 더불어 완전히 해체될 때 이른바 봉건지대의 완전한 해체를 말할 수 있는 것이다." 신용하, 『한국근대사회사 연구』, 일지사, 1987, 187면.

21) 그 당시에 간도에는 10만여 명의 한국인이민과 약 2만 명의 청국인이민들이 거주하

의 이주 동기는 당시 실제 조선인들의 이민 동기와는 차이가 있다. 당시 조선인들은 동척 등 일제의 경제적 침탈과정에서 빈곤에 견디지 못하고 이주하였다면, 서희 일행의 이주 동기는 범박하게 말해 일제를 등에 업은 조준구와의 대결에서 실패한 때문이라고 할 수 있다. 용정에서 서희는 공노인의 도움을 받아 부를 축적해나가고, 길상과 결혼하여 최참판가의 재건을 도모하는데, 봉건적 양반 계층이 근대적 상업을 통해 부를 축적하고 다시 고향 땅으로 귀환한다는 이와 같은 설정은 사실 어떤 사회적·역사적 조건에도 뒷받침되어 있지 않은[22] 예외에 속한다.

평사리의 친일파 인물이 조준구였다면, 용정의 친일파 인물로는 김두수를 꼽을 수 있다. 김두수는 최치수를 살해한 김평산의 장자로서 아버지의 죄업으로 평사리를 떠나게 된 김거복이다. 그는 연해주와 간도를 중심으로 일경의 끄나풀로 활동하다가 높은 지위에까지 오르게 되는데, 관수는 이것을 이용해 김거복의 동생 김한복에게 독립운동자금 운반책임을 맡기기도 한다.

이렇게 용정은 김한복이 오랫동안 소식이 끊겼던 형 김거복을 만나러 가는 곳이며, 역시 오랫동안 소식이 끊겼던 봉순이(기화)가 서희와 길상을, 김환이 길상과 서희를 만나러 가는 곳이기도 하다. 조선땅에서 헤어져야만 했던 인물들이 조우하고 화해하게 되는 공간이 바로 용정이라고 할 수 있다. 또한 용이와 월선이나 서희와 길상이가 평사리에서는 이루지 못하였을 인연을 지속할 수 있게 되는 공간이 용정이다.

그렇다면 용정은 서희가 부를 축적하여 잃었던 힘을 되찾게 되고, 월선이 삼촌 공노인과 용이의 보호 아래 홍이와 더불어 인간답게 살게 되

---

고 있었다고 한다. 청국인이민의 대부분은 관리·군인 및 상인들이었으며 한국인이민은 많은 사람들이 농업생산활동에 종사했다. 조선총독부가 조사한 바에 의하면, 간도에 거주하는 한국인이민 수는 1912년 16만 3천 명에서 1922년에 32만 3천 8십 6명으로 증가, 1926년에는 35만 6천 16명이었으며 1929년에는 38만 2천 4십 5명, 1936년에는 45만 8천 명으로 증가했다. 고승제, 『한국이민사연구』, 장문각, 1973, 23~30면 참조.
22) 임진영, 「『토지』의 삶과 역사 의식」, 『『토지』와 박경리 문학』, 솔, 1996, 74면.

는 곳이자 끊어졌던 인간관계들이 회복되는, 그 어느 공간보다도 건설적인 공간이라고 할 수 있다. 역사적으로 볼 때 용정, 간도는 중국인 지주들의 횡포나 일경의 폭력이 난무한 지역이지만 『토지』에서 그러한 성격은 부각되어 있지 않다. 『토지』에서 용정은 암울한 조선땅을 벗어나 있는 상대적으로 자유롭고 개방된 공간으로서 상처가 회복되고 새로운 관계가 형성되기도 하는 생동하는 공간인 것이다.

## 진주

서희와 그 일행은 용정에서 귀향하면서 바로 평사리로 돌아가지 않고 진주를 거쳐 평사리로 들어간다. 진주는 보수성과 진보성이 팽팽하게 긴장 관계를 형성하면서 공존하는 공간이다.

> "진주란 참 묘한 곳이야."
> "묘하다면 다 그렇지."
> "아니 특히 그렇다는 얘기지. 극과 극이 공존해 있는 본보기 같은 도시 아닐까?"
> "여러 가지 여건이 그렇게 만든 거야. 역사적으로도 모든 것이 수용될 수 있는 공간인데 또 그게 알맞게 크니까 서울 같을 수도 없고, 유동이 안 되니까 부산 같을 수도 없는 거 아니겠어?"
> "그건 그래. 사회주의의 온상 같은 형평사운동의 시발점이 진준가 하면 보수적 기풍이 강하고, 기생문화에 절은 부패가 있는가 하면 서릿발 같은 열부의 절개를 숭상하고, 민란의 소용돌이 속에서도 근왕사상(勤王思想)은 확고하고, 상중하의 계급의식은 여전히 투철하지."
> "그건 이 나라의 축도(縮圖)일 게야."23)

이처럼 진주는 '조선의 축도'로 여겨지면서 한·일문화가 비교되거나

---

23) 박경리, 『토지』 9권, 솔, 1993, 75면. 이하 작품의 직접 인용은 솔출판사본으로 하며, 각주를 따로 달지 않고 본문의 괄호 속에 권수와 면수를 표기하도록 한다.

항일의식을 적극적으로 드러내는 공간으로 설정되어 있다. 일제에 의해
경남도청이 진주에서 부산으로 옮겨질 당시 불매운동이 펼쳐졌던 상황
이 주석적 설명으로 제시되어 있고, 교육 현장에서 벌어지는 식민지교육
의 폐해와 그것에 저항하는 학생들의 모습은 상당히 구체적으로 그려져
있다.

## 신경

세대 교체가 이루어진 후 그 중심에 있는 홍이와 영광 등이 활동하는
주요 공간은 만주의 신경이다. 4부 5편과 5부 1편은 한반도 내에서 벌어
지는 사건이나 행위가 거의 나타나지 않고 있으며 이때의 중심 공간이
곧 신경인 것이다. 신경은 오늘날의 장춘(長春)을 가리킨다. 사실 신경의
본래 지명은 장춘이었으나 1934년 일본에 의해 만주국이 성립된 후 수도
로서 '신경(新京)'이라 개칭되었고 정치·문화·경제의 중심지가 된다. 이
곳은 『토지』에서 줄곧 신경으로 일컬어지고 있는데, 2부에서 단 한번 장
춘으로 언급되는 일이 있다. 송장환이 홍이와 정호 등 학생들에게 민족
의식을 심어주는 장면에서다.

송 선생의 백묵 든 손은 아래로 내려와서 요동반도 끄트머리쯤 동그라미 하
나를 더 그려넣는다.
"안시성에서 훨씬 내려온 이곳이 지금의 대련(大連)입니다. 그리고 올라간 여
기가 요동성이며 한참을 더 올라가서 지금의 장춘(長春)이지요. 부여성(夫餘城)
은 장춘 후방에 있고 지금의 하얼빈은 여기"
대련, 요동성, 장춘, 할 때마다 만주 지도 속에는 동그라미 하나씩 늘어난다.
(…중략…)
송 선생은 강줄기를 죽 그어나갔다. 역사를 가르치는지, 지리를 가르치는지
어쩌면 그 두 가지를 다 가르치고 있는지도 모른다.
"훈춘에서 송화강까지 그 사이의 거리는 족히 이천 리는 될 것입니다. 우리

조선 땅의 길이를 삼천 리라 하는데 여러분들도 지도상으로 대개는 짐작이 될 줄 압니다. 자아 그러면 그 당시의 국경선을 그어봅시다.”

안시성과 요동성 밖에 있는 요하(遼河)를 따라 백묵이 힘찬 줄을 그어나간다. 부여성 외곽으로 해서 하얼빈까지 왔을 때 백묵이 부러졌다. 나머지 짧아진 백묵이 송화강을 따라 시베리아로 쭉 빠져나간다.

“어떻습니까, 여러분! 압록강 두만강 밖에 있는 이 땅덩어리의 크기 말입니다. 오늘날 우리의 잃어버린 강토, 조선의 땅덩어리만 하다고 여러분은 생각지 않습니까?”

“예! 그렇습니다!”

“그러니까 오늘날 우리의 강토 조선, 조선의 땅덩어리만 한 것이, 어쩌면 더 클지도 모르는 땅덩어리가 압록강 두만강 너머에 또 하나 있었다고 생각한다면 틀림없을 것입니다. 아시겠습니까, 여러분!”

“예! 알겠습니다아!”

“이 넓은 땅덩어리가 고구려 적에는 우리 영토였었다는 것을 알았습니까?”

“예! 선생님.” (4권 125~126면)


이처럼 민족의식을 드러내는 곳에서는 장춘으로, 세대 교체가 이루어진 이후에는 신경으로 지명을 구분하여 쓰고 있다. 일제가 만주국을 세운 1934년 이전과 이후 지명의 차별적 사용은 당연한 것처럼 여겨질 수도 있다. 그러나 『토지』에는 무수한 주석적 설명이 있음에도 불구하고 이것과 관련된 주석적 설명이 없는 상태에서 일본에 의해 지어진 새로운 수도를 뜻하는 ‘신경(新京)’이라는 지명이 거리낌 없이 사용되고 있는 점은 『토지』의 주제의식이나 작가의식과도 어울리지 않는 처사로 여겨진다. 아무튼 용정으로 되돌아간 홍이가 굳이 장춘에서 정착하는 것으로 설정된 것은 아마도 그곳이 조선의 영토였다는 역사적 의미에다, 홍이의 직업이 운전사였고 장춘은 중국 역사상 최초로 자동차 공장이 세워진 공업이 발달한 곳이라는 데에 주안점이 있었을 것으로 보인다.

장춘의 도시적 특성은 서울과 비교된다. 서울은 지식인들의 방황, 신여성들의 서양문물에 대한 무비판적 수용, 민족 정체성을 잃어버린 상류층의 갈등이 빈번하게 서술되고 있으나 장춘에서는 그러한 점을 찾아보기가 쉽지 않다. 이것은 장춘이 새로운 수도이면서 한편으로는 만주의 특성을 지닌 때문으로 보인다.

차츰 만주는 지리산과 함께 독립운동의 거점이 된다. 중국과의 합동투쟁을 주장해왔던 권필응은 만주 윤광오의 집에 머물면서 송장환이나 정석 등과 계속 교류를 한다. 일본인 오가다 지로를 사랑하게 되면서 심한 정신적 갈등을 겪던 유인실이 다시 자신을 회복해가는 곳도 바로 만주 윤광오의 집이다. "중일전쟁이 발발하면서 국내사정은 일제가 날로 목을 죄고 있는 실정이지만 이곳은 보다 험난하고 보다 살벌했지만 확실히 활기를 띠고 있었다."(12권 277면)


## 지리산

한편 지리산은 공동체적 성격을 띤다는 점에서 평사리와 유사성을 지닌다. 평사리가 농촌 공동체라면 지리산은 저항적 공동체라고 할 수 있다. 이때 지리산은 독립운동·항일운동의 근거지로서 저항적 성격을 가질 뿐만 아니라, 가난·핍박·차별 등 온갖 억압으로부터 풀려나기를 희망하는 사람들이 모여들어 공동의 선(善)을 회복해가는 공간이라는 점에서도 저항적이다. 평사리 마을 사람들은 "지리산 숲속에 수백명의 의병이 있어 곧 치고 나올 것이라는"(8권 42면) 희망을 가지고 있다.

이와 같은 저항적 성격은 은신처·도피처로서의 역할을 하면서 더욱 배가되는 것이기도 하다. 구천이와 별당아씨는 야반도주를 하여 지리산 연곡사를 찾아가며, 환국의 친구 김제생은 일경에 쫓기다가 환국의 도움을 받아 지리산 쌍계사의 도솔암으로 도피한다. 무엇보다도 동학 무리들의 은신처가 되었다가 그들이 다시 모여 훗날을 도모하는 곳이 바로 지리산이다. 그리고 만주의 독립운동가들과 선이 닿아 있는 이범호나 형평사 운동을 통해 관수, 석이 등과 알게 된 이범준 등도 지리산에 머물면서 독립운동을 모의한다.

뿐만 아니라 지리산은 안또병 가족처럼 땅을 빼앗기고 소작인으로 전락하였다가 빚 독촉에 쫓기어 숨어드는 곳이자 가난으로 가족을 잃은 어린아이 몽치가 살아가는 곳으로 억압과 착취에 시달리던 민생들의 안식처가 되기도 한다. 이 밖에도 지리산은 일제의 징용을 피해 장정들이 몸을 숨기고 있는 곳이며, 양반 신분의 소지감과 하기서, 중인출신의 성도섭 등이 중생의 번뇌를 이기지 못하고 해탈하고자 찾아드는 곳이며, 서울 중인의 임명빈이 요양차 머무는 곳이기도 하다.

지리산은 이렇게 다양한 사연을 가지고 차츰 많은 사람들이 모여들게 되면서 갈등이 일어나기도 하지만, 서로가 의견을 나누고 도움을 주고 받으면서 어려움을 극복해 나가는 곳이다. 요컨대 지리산은 억압, 핍박, 착취, 차별 등의 고통이나 생사의 번뇌를 안고 모여든 다양한 계층의 사람들이 공동의 선을 모색하고 추구하는 공간이라고 할 수 있다.


## 2) 공간 특성의 변모―서울의 경우

일반적으로 시간과 공간의 개념은 사회적으로 습득되고 강제되는 사회제도로서의 성격을 지니고 있어서, 역사적인 기원이 망각된 채 개개인의 경험과 행동, 판단을 선험적으로 규정하곤 한다. 그러나 『토지』에서 서울은 통념적으로 인지되는 도시 혹은 수도로서의 특성, 그리고 앞에서 지적되었던 '지식인들의 방황'과 '신여성과 같은 서양문물의 부정적인 영향', '민족 정체성을 잃고 흔들리는 상류층의 반민족성' 등 작품 전체에 공통적으로 전제되어 있는 서울의 특성 이외에 서사 흐름에 따라 성격이 변모되는 독특한 공간으로 부각된다.

우선 제1부에서 서울은 조선이 처해 있는 역사적 소용돌이의 현장으로 언급되면서도 현장의 실감이 아니라 떠도는 소문으로 존재한다. '듣

자니까 서울서는’, ‘소문에 의하면 서울서는’, ‘듣자니께 서울사람들은’
등과 같은 전제하에 서울에서 벌어진 사회적·역사적인 사건들이 전언
되는가 하면, 서울을 왕래하는 사람들에게 그곳의 정황을 묻고 서울에
대해 대화를 나누는 것이 전부다. 그러나 그 서술의 비중은 1부에서 상
당한 무게를 가지고 있다. 서울의 변화는 곧 시국의 변화이며, 서울 사람
은 개명한 사람으로 여겨지기 때문이다.

  1부에서 서울과 가장 밀접한 연관을 맺고 있는 인물은 조준구라고 할
수 있다. 평사리 마을 사람들에게 있어서 조준구는 서울 양반으로 통하며
서울의 소식을 전해주는 통로가 되기 때문이다. 조준구와 더불어 서울에
긴밀하게 닿아 있는 또 다른 인물은 윤보다. 평사리 마을 사람들에게 윤
보는 가끔 서울에서 목수 일을 할 뿐만 아니라, 일본에 저항하는 독립운
동과도 관련 있는 인물로 여겨진다.

  우선, 최참판가 사람들에게 ‘서울 손님’으로 등장하는 조준구에 대한
첫인상은 주목해볼 필요가 있다.


  윤씨 부인에게 인사를 올리고 물러난 서울 손님이 길상을 따라 사랑으로 발
길을 돌렸을 때 어정대고 있던 하인들과 계집종들의 눈은 일제히 그의 뒷모습
으로 쏠렸다. 육 년 전이었던지 서희가 갓 났을 무렵, 잠시 동안 다녀간 일이
있는 최치수의 재종형 조준구였다. 그러니까 치수의 조모, 조씨부인 오라버니
의 맏손자인 것이다.
  조준구가 사랑으로 사라지자 하인들, 계집종들이 수군거리기 시작했다.
  “몇 해 전에 한분 오싰제?”
  “와 아니라. 그때는 갓 쓰고 도포 입고 인물이 훤하더마는 지금은 영 숭없게
됐구마.”
  “옷이 망했네. 까매귀가 보믄 아재비라 안 카겠나.”
  “제비가 보믄 할아배야 하겠다.”
  킬킬 웃는다. 검정빛 양복에 모자, 구두를 신은 서울의 신식 양반 조준구는
상체에 비하여 아랫도리가 짧은데다 두상은 큰 편이었으므로 하인들 눈에도

병신스럽게 보였을 것이며, 하인들은 그것을 양복 탓이라 생각하는 모양이다. 조씨댁의 내림이 그러하였던지 생시 조씨부인도 작달막한 몸집에 다리가 무척 짧았었다. (1권 139~140면)

위의 인용문을 살펴보면 최참판 가의 사람들은 '서울의 신식 양반'인 조준구를 우스꽝스럽다고 여긴다. 이것은 1900년을 전후로 한 당시 조선의 일반 백성들이 가지고 있었던 신문물에 대한 가치관과 크게 다르지 않다. "새로운 문물제도는 오백 년 세월 동안 쌓아올린 가치관을 뒤죽박죽으로 만들어놓고야 말았"으며 "상층에 이를수록 그것은 심하였고 중앙에 가까울수록 급격한 것"(1권 86면)이었기에 평사리의 사람들은 오히려 그 변화를 합당치 않은 것으로 받아들이는 것이다.

다음 제2부에서 서울은 서희가 조준구로부터 평사리의 땅을 되찾을 수 있게 되는 계략의 공간이다. 그 계략의 주동자는 공노인이며 여기에 기화나 황태수 등이 협력한다. 조준구가 금도 나오지 않는 광산을 속아서 사면서 장안의 갑부 황춘배(황태수의 아버지)에게 땅문서 절반을 잡히어 빚을 내게 되는데, 황태수는 아버지를 설득하여 그 땅을 공노인에게 넘겨줌으로써 서희의 것이 되게 한다. 공노인은 서희의 부탁을 받고 서울에 도착한 뒤 '조준구와의 지략적(智略的) 싸움'에 열중하며, 이때 공노인을 돕는 것은 서울에서 이름난 기생이 된 봉순이, 기화이다.

제3부에서 서울은 성장의 공간이라고 말할 수 있다. 길상이 용정에서 체포되어 서울 서대문 구치소에 수감생활을 하게 되자, 서희와 환국은 면회를 하기 위해 서울을 오가며 정신적인 성숙을 이루어간다. 또한 석이는 기화를 만나 신교육을 받고 한편으로는 아름다운 청춘의 추억을 간직하게 된다. 용정에서 함께 돌아오지 않은 길상에 대해서 서희가 품고 있었던 원망이나 비난의 심정이 변화하는 것은 바로 길상의 수감 생활 때문이라는 것을 다음과 같은 장면에서 엿볼 수 있다.

왜 돌아왔을까. 반드시 조선으로 돌아와야만 했을까. 아버지와 아들이, 남편과 아내가 헤어져야 했던 이유가 이제 와선 무의미한 것이 되어버렸다. 서대문의 붉은 담벽은 뉘우침의 매질을 하였고 아들의 창백한 얼굴도 뉘우침의 매질을 한다. 과거는 무의미한 것이며 없는 것이며 죽은 것이다. 현재만이 살아 있는 것, 미래만이 희망이다. (9권 17면)

그러나 길여옥은 서울에 대해 상당히 부정적이다. "서울 오면 안일해지고 마음에 벌레가 생길 것 같다"고 하는가 하면, 이와는 달리 시골에서는 "개척자가 된 기분이 들어서" 보람을 느끼게 되고 또한 시골의 가난한 사람들의 믿음은 서울의 부자들보다 확실하고 순수한 것으로 여기고 있다. 사실 임명희나 이상현 등 몇몇의 신교육 수혜자들은 지식인이라기보다 룸펜에 가까운 생활을 하고 있어 서울의 지식인들에 대한 작가의 부정적인 시각을 드러낸다.

다음 제4부에서 서울은 자주 등장하지는 않지만 사회 운동이나 독립운동의 본원지가 되고 새로운 경험의 공간, 실험적 공간이 된다. 윤국은 가출한 뒤 기대에 부풀어 서울로 간다. "가슴을 펴고 서울거리를 걷던 생각이 난다. 하늘은 높고 넓었으며 두려울 것이 없었던 자기 자신의 넓은 가슴, 젊음이 자랑스러웠고 입은 채 집 나갔기 때문에 몰골은 말이 아니었지만 비로소 자기 자신은 자기 능력에 의해 가고 있다는 확신, 희열에 전율을 느끼곤 했었다."(10권 200면) 그러나 『청조』 발행인들과의 만남 이후 학생신분의 한계, 현실에 대한 좌절감 등을 안고 평사리로 돌아온다.

마지막으로 제5부에서 서울은 전운이 가득한 암울한 공간에 다름 아니다. 일본은 전쟁물자보급을 위해 수탈의 수위를 높이고 육군지원병제도를 채택하는 등 많은 조선인을 강제 징용하여 전쟁터로 내모는 한편, 독립운동 혐의자들을 대대적으로 검거 구속한다. 이에 권오송이나 길여옥 등이 구속 수감되어 고초를 겪게 된다. 서울의 암울한 상황은 다음과 같은 환국이의 심정에도 잘 나타나 있다.

> 요즘 서울에서도 심심찮게 공습경보의 사이렌이 울리곤 했다. 그러면 서울은 순식간에 암흑천지가 되는 것이었다. 어쩌다가 꾸무럭거리거나 잘못되어 불빛이라도 새나오는 경우가 있으면 경방단원들이 쳐들어와서 집주인을 구타하기 예사, 파출소까지 끌려가는 등 거의 광란의 소동이 벌어지는 것이다. 무시무시한 그 암흑의 세계, 숨막히는 시간, 도시는 한동안 가사상태에 빠진다. (16권 284면)

한편 친일파 김두수 역시 서울에 머무르면서 전쟁에 대한 불안을 드러내는데, 그가 불안한 것은 정황에 있어서 일본이 불리해지고 있다는 판단 때문인 것으로 보인다. 서울로 찾아온 한복에게 두수가 "대일본제국은 절대로 지지 않는다"고 강변하는 장면은 오히려 역으로 그의 불안감을 드러내 보이는 것이기도 하다.

이처럼 서사가 진행되면서 행위자들이 서울에 대한 인식의 변화를 보이고 있다는 점이 여타 다른 공간과 서울의 큰 차이점이다. 그렇다고는 해도 기본적으로 서울에 대한 통념 자체가 사라진 것은 아니다.


## 5. 공간 연구의 기대와 전망


서사를 지도에 옮겨 놓고 그것을 통해 소설의 공간을 연구하는 것은 아직까지 실험적 시도에 불과하다. 따라서 지도 작성의 방법과 구체적인 분석의 방법 등 해결해야 할 문제가 산재해 있다. 그럼에도 불구하고 소설의 지도화는 공간 연구에 있어서 유용한 작업이다. 소설의 배경이 실체로 존재하는 경우나 지리적·역사적 특성이 작품에 반영된 경우는 더

▲ 원주 토지문화관에 전시되어 있는 『토지』의 공간지도

욱 그러하다.

본 연구에서 지도의 작성과 분석을 통해 얻은 『토지』의 공간적 특징은 다음과 같다. 우선 1부의 경우 평사리를 중심으로 하여 북서쪽에 위치한 연곡사, 남동쪽에 위치한 하동으로 연결되는 사선의 패턴을 발견할 수 있었다. 이 패턴은 행위자들이 끊임없이 평사리를 오고가며 서사의 흐름에 따라 점차로 그 이동의 폭이 넓어지고 있음을 알게 했다. 특기할 만한 것은 상향 이동하는 계층은 주로 양반들이고 하향 이동하는 계층은 주로 평민들이라는 것이다. 그리고 2부의 경우 새로운 공간으로 용정이 등장하는데, 행위자들 대부분이 용정과 그 근처 회령이나 연해주 등을 오가고 있어 서사의 중심 공간이 용정으로 이동해 갔음을 명확하게

보여준다. 한편 지도에 나타난 서술의 방식을 검토해 보면, 빈도수를 살펴보았을 때 현재의 이동이나 단거리 이동이 상당히 많았다. 이것은『토지』서술 방식의 특징으로 지적되어온 과거의 회상이나 전언 등이 사실 빈도수에 있어서는 적은 분량에 불과함을 보여주는 것인데, 그럼에도 불구하고 그와 같은 지적을 받아온 것은 서사 맥락에서 중요하다고 여겨지는 부분들이 현장 묘사가 이루어지지 않고 과거 서사로 처리되면서 생겨난 현상이라고 할 수 있다.

다음 각 공간의 의미와 공간 구성적 특징은 다음과 같이 분석되었다. 평사리는 농촌 공동체로서 지주와 소작인의 관계가 지속되는 공간이기는 하지만 지주가 최참판 가에서 친일파 조준구로, 그리고 다시 최참판 가의 서희로 바뀌면서 그 관계의 성격을 달리하고 있다. 용정은 최서희와 평사리 마을 사람 일행이 새로운 정착지로 선택한 공간으로서 적응과 모색의 공간이며, 무엇보다 조선땅에서 헤어져야만 했던 인물들이 만나서 화해하거나 평사리에서는 이룰 수 없었던 관계를 형성하는 건설적인 공간임이 주목되었다. 진주는 보수성과 진보성이 팽팽하게 긴장관계를 형성하면서 공존하는 공간이면서 한편으로는 한일문화가 비교되는 등 항일의식이 적극적으로 드러나는 공간이다. 만주는『토지』에서 세대교체가 이루어진 후 주요인물들이 신경에서 수로 활동하면서 떠오른 공간이다. 이 만주는 차츰 독립운동의 거점이 되고 있다. 지리산은 저항적 공동체로서 독립운동의 근거지이기도 하지만 은신처·도피처·안식처 등의 역할을 하면서 그곳에 모여든 사람들이 공동의 선을 추구하는 이상적 공간이기도 하다. 서울은 다른 공간들과는 현격하게 다른 차이점을 보인다. 그것은 작품 전체에 전제되어 있는 서울의 특성, 즉 서양문물의 부정적인 영향이나 지식인들이 방황하는 공간으로서의 특성 이외에 서사 흐름에 따라 소문으로 존재하는 공간, 계략의 공간, 성장의 공간, 실험적 공간, 전운(戰雲)의 공간 등 성격이 변모되는 특징을 갖는 것이다.

무엇보다『토지』의 공간지도는 데이터베이스 구축을 위한 중요한 컨텐츠로 활용 가능성이 높다. 데이터베이스 구축을 위한 학제간 연구가 시작되면, 『토지』의 전문 파일과 지도를 연결하는 프로그램을 개발할 수 있을 것이다. 작중인물과 지명을 미리 지정해 주면, 『토지』의 전문 파일의 단어를 검색하면서 인물들의 이동 경로를 지도상의 점과 선으로 표시해 주는 프로그램을 개발하는 일은 전혀 어려운 일이 아니다. 물론 이동의 성격을 다시 회상, 언급, 중간 경유지 등으로 구분하는 것까지 프로그램이 처리하기에는 현실적으로 어려움이 있으므로, 프로그램을 최초 구동하면서 각각의 이동 성격을 수작업으로 직접 지정해 주어야 할 것이다. 하지만 이 작업은 그리 복잡하지 않으며 한 번만 지정해 주면 이후부터는 다양한 옵션을 지정하면서 『토지』의 공간 지도를 비주얼하게 웹상에서 구현할 수 있다. 즉 서희나 길상이의 이동 경로, 2부 1편에서 인물들의 전체 이동 경로, 3부에서 5회 이상 등장한 공간, 회상 경로 등 다양한 옵션하에서 『토지』의 공간 지도를 실시간으로 찾아볼 수 있는 데이터베이스의 구현이 가능한 것이다.

　많은 결점이 있음에도, 본 연구에서 시도된 지도를 이용한 『토지』의 공간 연구는 여타 역사소설이나 대하소설의 공간 연구에도 유용한 초석이 되기를 기대한다. 지도는 길고 복잡한 서사를 분석 가능하게 단순화하고 특성화하며, 볼 수 없었던 것을 보게 하기 때문이다.

# 3부

# 장르 변용과 『토지』의 대중적 성격

제 1 장

# 소설에서 서사음악극까지

이승하

## 1. 소설 『토지』가 영상화된 네 번의 경우

　박경리의 소설 『토지』는 흔히 '대하소설 『토지』'로 일컬어진다. 작가는 1969년 9월호 『현대문학』을 통해 연재를 시작했는데 제5부의 집필이 완료된 것은 『문화일보』 1994년 8월 30일자였다. 즉, 제1부 작품의 구상에 소요된 기간을 빼고 지상에 연재된 기간만 해도 정확히 25년이다. 작가는 25년이란 긴 세월 동안 발표지면을 바꿔가며 연재하면서 한 개의 부가 끝나면 한참씩 쉬기도 했고 한 부를 지속해서 연재하지 않고 도중에 쉰 적도 여러 번 있었다. 하지만 분명한 것은 4반세기를 거의 이 한 작품에 매달려 혼신의 열정을 바쳤다는 사실이다.

　제5부까지를 다 실은 전집이 출간된 것은 1994년 9월 5일, 솔출판사를 통해서였다. 1993년 6월 30일에 제4부까지가 12권 전집으로 나왔고 바로 다음해인 1994년에 전5부 16권으로 출간되었다. 연재가 끝나고 5일 뒤에

곧바로 완간본이 나올 수 있었던 것은 출판사가 소설이 연재되는 도중에 이미 제5부의 제작에 들어가 있었기에 가능하였다. 출판사를 옮겨 나남출판사간 전집이 나온 것은 2002년 1월 1일로, 총 21권에 부록 인물사전이 덧붙여 출간되었다. 지금까지 나온 소설 『토지』에 관한 석·박사 논문은 50편을 상회한다. 『토지』에 대한 단행본 연구서는 6권, 작가 박경리에 대한 연구서는 4권이 나와 있다. 전5부가 완간된 지 이제 겨우 10년이 지났는데 소설만큼이나 많은 양의 연구가 축적되어 있는 셈이다.

그간 소설 『토지』는 도합 네 차례에 걸쳐 영상화 작업이 진행되었다. 1974년 주식회사 우성사의 대표 김용덕이 제작한 영화 〈토지〉는 제1부만을 갖고 만들었다. 영화 〈토지〉의 시나리오는 재단법인 한국영상자료원에서 보관하고 있으며, 영화 필름은 (주)백록비디오프로덕션에서 상·하 2개의 비디오로 만들어 출시하였다. 영화 〈토지〉의 감독은 국내 감독 중 명장의 반열에 올라 있던 김수용[1]이 맡았고, 각색 작업은 사극과 시대극의 경험이 풍부한 이형우가 하였다. 윤씨 부인을 배우 김지미가, 최치수를 이순재가 맡아 열연했으며, 허장강·주증녀·도금봉·최남현·양광남·황해·김희라 등 당대 1급의 배우들이 망라된 호화 출연진이었다. 영화는 1974년 대종상 시상식에서 최우수작품상·감독상·여우주연상(김지미)·여우조연상(도금봉)·녹음상 등을 수상하여 그해 최고의 영화로 평가받았다.

두 번째 영상화 작업은 흑백텔레비전시대였던 1979년 11월 12일부터 1980년 12월 29일까지 KBS에서 드라마로 만들어 방영한 것이다.[2] 박정희

---

1) 김수용 감독은 문예영화의 대표적인 감독으로 일컬어지고 있다. 출세작 〈혈맥〉은 김영수 원작이었고, 〈저 하늘에도 슬픔이〉(1965), 〈갯마을〉(1965), 〈사격장의 아이들〉(1967), 〈야행〉(1977), 〈화려한 외출〉(1977), 〈웃음소리〉(1978), 〈만추〉(1981) 등 그의 대표작은 거의 전부 소설을 각색하여 만든 것이다.

2) 제1부는 1979년 11월 12일에 시작되어 1980년 4월 14일까지 방영되었고, 제2부는 1980년 5월 12일부터 1980년 8월 4일까지, 제3부는 1980년 8월 18일부터 1980년 12월 29일까지 방영되었다. 문화방송 TV제작국, 『TV 드라마 편람』 제5집, 266면.

대통령의 유고와 12·12사태, 5·18광
주항쟁 등으로 시국이 뒤숭숭한 가운
데에서도 방영이 중단되지 않고 이어
져 1980년 말에 종영되었다. 60회분이
만들어져 방영되었는데 현재 필름과
대본 모두 찾을 길이 없다.

　KBS에서는 8년 뒤인 1987년에 텔레
비전 드라마로 다시 〈토지〉를 제작했
다. 김하림 극본 주일청 연출로 제작
은 1월부터 시작되었으나 보다 철저한
준비기간을 거쳐 10월 24일부터 방영
에 들어가 1989년 8월 6일자로 종영되
었다.[3] 단일 드라마의 1년 10개월여
방영이란 그리 긴 것은 아니었지만 대

▲ 이승하 작시, 김영동 작곡의 광복 50주년 기념 서사음악극
팸플릿 표지

하소설을 갖고 만든 드라마여서 '대하드라마 토지(土地)'라는 이름으로 선
전되었다. 103회의 총 방영시간은 126시간 30분으로, 소설의 제1~4부가
제작, 방영되었다.[4]

　네 번째는 영상화 작업이라기보다는 논자가 『토지』를 시극으로 고쳐
쓴 것을 대본으로 하여 국악작곡가 김영동이 작곡, '서사음악극'이라는
이름을 붙여 1995년 9월 5일 세종문화회관 대강당에서 공연한 것이다.
공연은 모두 4막으로 진행되었는데 1~3막이 소설의 제1부이며 4막이 소
설의 제2부이다. 1시간 반 공연이라는 시간상의 제약 때문에 소설의 제2

---

3) 각부의 방영기간은 다음과 같다. 제1부 1987.10.24~1988.4.9, 제2부 1988.4.16~1988.8.
　28, 제3부 1988.10.26~1989.3.19, 제4부 1989.4.2~1989.8.6. 문화방송 TV제작국, 『TV 드
　라마 편람』 제6집, 140·143·151면.
4) 제1부 2400분(60분×40회), 제2부 1890분(60분×6회＋90분×17회), 제3부 1980분(90분
　×22회), 제4부 1320분(90분×8회＋60분×10회). 하지만 이 시간 속에 타이틀백과 광고
　선전이 포함되어 있으므로 각 회당 10분 정도는 감해져야 한다.

부를 한 막에다 몰아넣어 서사음악극은 사실상 제1부를 갖고 만들었다고 보아야 할 것이다.

이 글은 소설 『토지』가 영화화, 드라마화, 음악극화가 되는 과정에서 서사기법의 측면에서 어떤 차이가 오는지, 원작이 어떤 식으로 굴절되는지 고찰해보고자 한다. 영화화된 『토지』는 시나리오와 영화 필름을 볼 수 있어 대조가 가능하지만 텔레비전 드라마로 만들어진 것의 1차분은 필름과 방송대본이 소실되어 대조가 불가능하다. 소설의 제4부까지를 갖고 제작된 2차분 중에서도 제1부 40회분만을 갖고 서사기법의 차이점을 살펴볼까 한다. 그래야만 장르가 바뀌면서 소설의 서사기법이 어떻게 달라지는가 상호 비교할 수 있기 때문이다.

그간 엄청나게 많이 나온 논문 가운데 『토지』의 장르 변용에 따른 문제점을 다룬 논문은 딱 1편밖에 발견할 수 없었다. 『토지』가 텔레비전 드라마로 만들어져 한창 방영되고 있던 때인 1988년 겨울은 마침 박완서의 장편소설 『그해 겨울은 따뜻했네』가 KBS 2TV에서 주간연속극으로 만들어져 방영된 직후였다. 그래서인지 중앙대학교 신문방송대학원에서 논문을 준비하던 윤오숙은 「각색된 텔레비전 드라마와 원작의 비교연구-『토지』와 『그해 겨울은 따뜻했네』를 중심으로」를 갖고 석사학위를 받았다. 이 논문은 텔레비전 드라마의 제1, 2부를 보고 원작과 대조연구를 했다는 점에서 소중한 작업을 한 것으로 간주할 수 있다. 윤오숙은 본론에 가서 작품 줄거리 소개→등장인물의 분석→모티브의 분석(사랑을 주제로 한 모티브, 시대 혹은 역사에 대한 모티브, 극적 전개를 위한 과장된 모티브)→분석의 결과로 연구를 진행한다. 하지만 방송학 전공자의 논문이어서 그런지 소설이 드라마로 바뀌는 과정에서 달라지는 점은 무엇인지, 또 어떤 문제점이 발생하는가에 대한 정치한 분석은 하지 못하고 있다. 그래도 각색의 특징을 짚어냈으므로 소중한 작업을 한 것으로 간주할 수 있다.[5]

---

5) 각색의 특색으로 윤오숙은 ① 원작에 충실함, ② 역사적 사실 부각으로 역사 드라마의 모습을 갖춤, ③ 시간적·공간적 무대 변화의 영상화 미흡, ④ 역사와 인간관계 묘

그래서 이 글은 원작을 영상화한 영화 〈토지〉와 KBS 드라마 〈토지〉를, 소설의 제1부만을 갖고 비교·연구해보고자 한다. 김영동이 작곡과 지휘를 맡아 공연한 서사음악극 〈토지〉는 논자가 쓴 시극을 대본으로 한 것이기에 평가 대상에서는 제외한다. 하지만 대하소설의 시극화, 또는 서사음악극화 과정에 대해서는 간단히 언급해두고자 한다.

## 2. 원작소설 각색화의 의미

각색(adaption)의 사전적인 의미는 어떤 소설이나 사건을 영화 및 연극으로 만들기 위해 각본으로 고쳐 쓰는 일이다. 즉 활자를 다시 활자로 재구성하되 영화 및 연극을 만들기 위한 각본으로 대폭 고쳐 쓰는 일이다. 영화의 역사가 시작된 이래 소설은 영화감독과 시나리오 작가가 가장 선호하는 대상이 되었다. 서구 문예사조는 고전주의와 낭만주의를 거쳐 사실주의에 이른다. 고전주의의 주된 장르가 희곡과 에세이라면 낭만주의는 시와 시극이요, 사실주의는 장편소설이다. 19세기 초 사실주의의 시대에 이르러서야 비로소 장편소설이 주된 장르로서 전성기를 맞이하게 된다. 사실주의는 공상이나 이상을 배격하고 자연과 인생 등을 객관적인 상태 그대로 충실히 그려내는 문학상의 사조인데 사실주의 작가들의 작품치고 영화화되지 않은 것이 거의 없다.

본격적인 예술영화의 효시로 일컬어지는 그리피스(D. W. Griffith)의 〈국가

---

사에서 미흡한 점이 많음, ⑤시대적 배경에 충실한 묘사, ⑥애정 및 갈등의 모티브와 관련된 인물들의 심리와 의식 동향은 면밀히 재현되었으나 기타 인물들의 역사의식이나 가치관은 모호하게 처리됨, ⑦야외녹화로 인한 현장감의 생동 등 일곱 가지를 거론하였다. 윤오숙, 「각색된 텔레비전 드라마와 원작의 비교연구─『토지』와 『그해 겨울은 따뜻했네』를 중심으로」, 중앙대 석사논문, 1988, 60면.

의 탄생(The Birth of a Nation)〉(1915)은 토머스 딕슨(Thomas Dixon)의 전혀 알려지지 않은 소설 「클랜즈맨(Klansman)」을 각색한 것이다. 세르게이 에이젠슈테인(Sergey Eisenstein)은 무성영화사상 가장 뛰어난 편집의 예로 종종 거론되는 오뎃사 항구의 계단 장면을 담은 영화 〈전함 포템킨(Potemkin)〉(1925)을 감독하였다. 에이젠슈테인은 논문 「디킨스·그리피스, 그리고 오늘날의 영화」에서 영국의 사실주의 소설가 찰즈 디킨스가 초기 영화에 미친 영향력을 논한 바 있다.

그 글에서 에이젠슈테인은 그리피스가 디킨스로부터 차용해 온 것 중 가장 유명한 것이 크로스커팅이라고 지적하면서 몽타주—영화 구성에서 가장 중요한 원리—의 공인된 발견자인 그리피스가 "동시 진행 액션의 기법을 통해 몽타주에 도달했으며, 이런 아이디어를 얻게 된 것이 바로 디킨스에 의해서였다"고 주장한다. 게다가 에이젠슈테인은 디킨스가 비범한 시각적 감각으로 영화에서 구현할 수 있는 캐릭터를 창조할 수 있었다고 주장한다.[6]

세계영화사에 불멸의 이름을 남긴 두 감독 그리피스와 에이젠슈타인이 찰즈 디킨스의 소설을 읽으면서 배운 것을 영화를 만들 때 적절히 응용했다는 것이다. 이렇듯 영화 역사의 초기에는 영화가 소설로부터 촬영과 편집을 비롯한 각종 제작 기법을 배웠다. 오늘날에는 소설가가 영화의 여러 가지 기법(원근법, 편집기술, 몽타주 등)을 소설을 쓸 때 응용해보는 경향이 있는데, 영향관계의 역전인 셈이다.

영향관계와는 별 상관없이 소설과 영화는 근본적으로 다르다. 소설은 활자로 된 '읽을거리'이며 영화는 영화관에 가서 보는 '볼거리'이다. 소설의 영화화 작업에 대해 이론적으로 접근한 사람은 조지 블루스턴(J. Blueston)으로, 그는 『소설의 영화화』라는 책에서 "소설이 관념적인 형태라면, 영화는 지각적이며 재현적 형태의 예술이다"라고 서로의 차이를 말한 바 있

---

6) 로버트 리처드슨, 이형식 역, 『영화와 문학』, 동문선, 2000, 28면.

다. 그는 시나리오 작가가 소설을 아무리 충실하게 각색한다고 해도 각색
은 근본적으로 창작된 것이며, 시나리오 작가는 언어적 감각에만 제한되
어 있는 소설의 원작을 주관적으로 해석하여 알기 쉽게 해설한다는 점에
서 창작인일 수밖에 없다고 주장하기도 했다.[7] 사이드 필드(S. Field)는 소설
을 각색할 때 본래의 소설에 충실해야 한다는 규정이 없다는 점을 전제로
하면서, 책 그대로를 시나리오로 복사해서는 안 되며, 그것을 영상으로 설
명되는 시나리오가 되게끔 시각화해야 한다고 주장하였다.[8] 이것을 다시
말하면, 각색이란 원작소설을 완전히 무시해서도 안 되지만 한편으로는
영상의 언어로 재창조해야 한다는 이중고에 시달리게 됨을 의미한다. 여
기에 늘 따라 다니는 문제가 '원작에 대한 충실도'이다. 원작자의 의도를
충분히 살리느냐, 아니면 새롭게 해석하느냐는 시나리오 작가의 재능과도
관계가 되는 중요한 문제이다. 각색자는 또한 관객 동원에 따른 제작사의
흥행 성공 여부에도 신경을 쓰면서 각색을 하게 마련이다. 각색자는 원작
을 변경하고 단순화시킨다. 또한 영화화를 위해 불필요한 부분을 제거하
고, 어떤 부분은 부각시킨다. 분명한 것은 문자의 영상화 과정에서 엄청난
굴절이 일어난다는 것이다. 소설 『토지』를 영화화하는 과정에서 제작자와
각색자와 감독[9]이 원작을 어떤 식으로 해석했는지 살펴보기로 한다.

---

7) 송희복, 『영상문학의 이해』, 두남, 2002, 47면.
8) 사이드 필드, 유지나 역, 『시나리오란 무엇인가』, 민음사, 1996, 171~172면 참조.
9) 본 논문에서 이 셋을 앞으로는 한데 묶어 '스태프'라고 쓴다. 스태프의 원래 뜻은 영
   화 제작에 따르는 배우 이외의 사람들, 즉 제작자・감독・각색자・음악감독・촬영감
   독 등을 통칭하는 것이다.

# 3. 소설 『토지』와 영화 <토지>

## 1) 시대적 배경의 무시

소설의 첫 문장은 "1897년의 한가위"다. 10월 12일에 고종의 황제 즉위식이 거행됨과 동시에 나라의 이름이 대한제국으로 바뀐 역사적인 해가 바로 1897년이다. 3년 전인 1894년에 동학농민운동과 갑오개혁이 일어났고, 1895년에 을미사변이, 1896년에 아관파천이 있었다. 비록 외압에 의한 것이었지만 근대화를 위한 준비도 서서히 하고 있던 시점이었다. 개화의 물결은 1896년 서울-인천간 전화 개통으로 파고를 높이기 시작하였다. 1899년에 서울(당시에는 '서울'이라고 하지 않고 '한양'이라고 불렀다)에 전차가 돌아다니게 되었고 경인선 철도가 개통되었다. 1900년에는 서울과 충주 사이에 전신선이 달리게 되었으며, 1902년에는 서울-인천간 공중용 시외전화가 개통되었다. 근대화를 향해 치달리던 바로 그 시대, 조선의 국권은 서구열강 중에서 일본과 러시아가 양분해 차지하고 있었다. 그러다 1904년에 러일전쟁이 일어났으나 일본의 승리로 끝이 나고, 일본은 그 여세를 몰아 1905년에 을사조약을 체결하였다.

이렇게 근대화와 식민지화가 급격히 진행되어 가던 와중에 경남 하동군 하동읍 평사리의 토지 거의 전부를 차지하고 있던 대지주 최참판댁의 당주(堂主) 최치수 일가와 그 마을 사람들이 겪는 이야기가 바로『토지』의 제1부이다. 제1부는 헤이그 밀사사건과 고종 황제의 퇴위, 군대 해산이 이뤄진 1907년경까지 10년의 세월을 담아낸다. 1907년 5월, 최참판댁의 재산을 가로챈 조준구가 일본군을 앞세우고 행패를 부리자 최치수의 딸 서희와 고아 출신의 하인 김길상 일행이 만주로 이주하는 것으로 소설의 제1부와 영화는 끝난다.

이러한 시대적 배경에 대한 이야기가 소설에 자주 나오는 것은 아니지만 원작자는 이를 결코 소홀히 하지 않았다. 박경리는 최치수와 그의 먼 외가 친척벌이 되는 조준구 사이의 대화, 몰락한 양반 김훈장과 조준구 사이의 대화, 최치수와 동문 수학한 친구 이동진 사이의 대화를 주로 이용하여 시대가 어떻게 바뀌고 있는가를 독자에게 알려준다. 최참판댁의 노비들과 평사리의 소작인들은 시대가 어떻게 바뀌고 있는가를 알아차릴 만한 판단력도 없었지만 노동 현장에 내몰려 기본적인 생계를 유지하는 것이 급선무였는지라 서울에서 일어나고 있는 일에는 과문할 수밖에 없었다.

그런데 영화에서는 시대적인 배경에 대한 설명이나 대한제국의 흥망성쇠에 대한 설명이 전혀 나오지 않는다. 내레이터도 여기에 대해서는 설명하는 바가 없다. 단지 다음과 같은 두 사람의 대화를 통해 동학혁명이 실패로 돌아간 얼마 뒤의 이야기일 것이라고 어렴풋이 짐작할 수 있을 뿐이다. 시나리오를 일부 인용한다.

> **치수**: 포악한 동학군 놈들보다 더럽게 죽은 양반들이 더 밉더군.
> **동진**: 참 그때 자네 집만은 무사했던 건 자네 어머님 불공 탓인가?
> (미간을 찌푸리는 치수)
> **동진**: 인근에서는 자네 집에서 동학의 군자금을 댔느니 뭐니 한동안 소문이 자자했었네만 자네가 그런 위인은 아니고……
> **치수**: 창칼 앞에서 재물로 명보전하겠나?

이런 대화 내용 외에 동학군 민병이 평사리 마을로 진군해 왔을 때, 그 우두머리 김개주가 최치수의 어머니 윤씨 부인을 만나고 돌아간 몇 개 신을 과거 회상장면 처리를 통해 보여줌으로써 동학동민운동이 끝난 뒤의 일임을 알 수 있다. 하지만 몇 년 뒤쯤인지, 영화를 봐서는 알 수 없다. 오히려 최치수가 이동진에게 건네는, "이 아랫마을에 김훈장이란 사람이 있어서 국모 살해의 원수를 갚아야 한다고 노상 짖어대는 모양인데 자네도 그 통속인가?" 같은 대사는 소설의 시간적 배경에 대한 오

해를 불러일으킬 소지가 있다. 을미사변(민비시해사건)은 1895년으로, 소설
시작 시점을 놓고 봐도 2년 전이다.

소설을 보면 제1부가 끝나기 직전에 마을사람 몇 명이 의병에 가담하
는 대목이 나온다. 목수 윤보와 마을 장정 몇 사람이 조준구가 차지한
최참판댁을 습격하다가 쫓겨 의병에게 가담하는데, 의병들은 간도 쪽으
로 도망을 간다. 그래서 최서희를 비롯한 몇 명 등장인물의 간도행이 이
뤄지고, 소설은 제2부로 접어들게 되는 것이다. 그 당시 의병은 을미사변
과 친일내각의 단발령에 반발하여 전국 각지에서 일어났다. 고종황제의
해산 권고 조칙에 따라 대부분 종식되었던 의병 운동은 을사조약 체결
이후 또다시 요원의 불길처럼 일어났다. 대한제국이 패망할 때 군대의
해산을 강요한 일제에 맞서 전투를 벌인 군사들이 중심이 되어 일어난
의병은 지방의 민병과 힘을 합쳐 1909년까지 활발한 저항운동을 전개하
였다. 1908년 한 해만 해도 의병과 일본군과의 교전 회수는 1,796회였고,
교전한 의병의 수는 8만 2,767명에 이르렀다.10) 작가는 의병 출현의 이유
와 결과에 대하여 여러 번에 걸쳐 설명을 해준다.11) 하지만 이러한 시대
적인 배경에 대해 영화는 그 어떤 설명도 하지 않다가 거의 마지막에 이
르러 느닷없이 의병을 출현시킨다. 영화는 조준구에 대한 마을사람들의
불만이 가택 습격으로 폭발하였고, 그것이 대규모 의병으로 이어진 것이
라고 말해주는데 사실상 전혀 설득력이 없다.

이런 것들을 보건대 '원작자의 시대적인 배경에 대한 의미 부여'는 영
화로 각색되는 과정에서 거의 전부 제거되었음을 알 수 있다. 시대적인
혹은 역사적인 배경을 지니고 전개되는 영화는 도입부에서 자막 글씨를
이용하거나 내레이터를 통해 이 이야기가 대충 어느 시점의 것인가를 알
려주는 것이 통례임에도 불구하고 영화 〈토지〉는 여기에 대해 그 어떤 고
려도 하지 않았다. 영화는 원작의 시대적인 의미 고찰에 대해 별 관심을

---

10) 한우근, 『한국통사』, 을유문화사, 1970, 516면.
11) 박경리, 『토지』 3권, 솔, 1993, 374~375 · 387 · 425면.

갖지 않았던 것인데, 영화로 만들면서 역사 드라마로 만들지 않기로 한 스태프의 의지를 느낄 수는 있지만 이것이 결코 바람직한 일은 아니었다.


## 2) 인물에 대한 각색자의 색다른 해석

역사 드라마로 만들지 않았다면 그럼 영화 〈토지〉의 스태프는 소설 『토지』를 어떻게 해석한 것일까. 소설의 주요 등장인물에 대한 각색자의 해석은 시나리오의 앞머리에 나오는 '인물' 설명 쪽에 잘 나와 있다. 설명이 이색적이라 특별히 눈에 띄는 몇 사람을 언급하면서 두 작품의 차이를 논해본다.

**별당아씨**　　(20대, 치수의 후처)
**구천(김환)**　(20대, 윤씨 부인과 김개주 사이의 불의의 아들)
**귀녀**　　　　(18~22세, 미모의 몸종)
**길상**　　　　(17~25세, 절에서 내려온 사내종)
**용이**　　　　(30대, 여난에 시달리는 농부)
**강청댁**　　　(30대, 그의 악처)
**월선**　　　　(30대, 용이의 잊지 못하는 여자)
**칠성**　　　　(30대, 씨를 잘 퍼뜨리는 농부)
**임이네**　　　(30대, 그의 아내, 이 마을 유일한 육체파)

이름 뒤의 설명은 각색자 이형우가 원작자가 창조해낸 인물을 어떻게 해석했는가를 이해할 수 있는 가장 중요한 자료가 된다. 별당아씨의 시어머니 윤씨 부인은 요절한 남편의 명복을 빌기 위해 연곡사에 불공을 드리러 갔다가 휴양차 와 있던 동학군의 접주 김개주에게 겁탈을 당해 김환을 낳는데, 이 내용은 소설 초반부를 이끌어 가는 두 가지 중요한 모티브 중의 하나이다. 또 하나의 모티브는 김환과 별당아씨의 사랑의 도피행각이다. 김환은 생모 윤씨 부인이 자신을 버렸다고 생각해 원한에 사무쳐 구천이라고 변성명하여 최참판댁에 일꾼으로 숨어든다. 김환은 일꾼 노릇을 하다가 아버지가 다른 형인 최치수의 부인 별당아씨와 눈이 맞아 지리산 쪽으로 달아난다. 애당초 의도했던 '최씨 가문에 대한 복수'가 전혀 엉뚱한 방향으로 진행되었다고 할 수 있다. 윤씨 부인은 세상에 드러내놓을 수 없는 자신의 과거가 있기 때문인지 두 사람의 사랑을 용인, 달아날 수 있게끔 은밀히 도움을 준다.

소설 『토지』의 전편을 통해 김길상은 대단히 중요한 인물이다. 그렇지만 제1부에서는 각색자의 해석대로 "절에서 내려온 사내종"의 역할밖에 하지 못한다. 길상은 사실상 용정으로 무대를 옮기는 제2부에 가서야 서희를 도와 서희가 큰 재산을 모을 때 주된 역할을 하며, 결국 서희와 결혼하여 두 아들을 둔다. 길상에 대한 이해는 그렇다 치고, 용이를 "여난에 시달리는 농부"로 본 것은 과연 잘한 것일까. 소설 『토지』에 나오는 많은 남녀상열지사 중 가장 애달픈 사랑은 농부 이용과 무당의 딸 공월선과의 사랑이다. 무당 월선네의 딸 월선은 어릴 때부터의 친구인 이용이 부모님이 점지해준 강청댁과 결혼한 후 나이 많은 보부상에게 시집을 갔으나 얼마 살지 못하고 하동 읍내로 돌아와 윤씨 부인의 도움으로 주막집을 여는데, 용이를 늘 못 잊어한다. 박경리는 이 두 사람의 '이루어질 수 없는 사랑'에 대해 섬세하고도 유려한 필체로 한국 문학사상 유래가 드물 정도로 아름다운 사랑의 몇 장면을 그려 보인다. 두 사람의 사랑은 인습이라는 장애물을 넘어서 이루어진 '사랑의 승리'일 뿐 아니라, 그 애절함이 독자의 심금을 울리게 하는 바가 있다. 영화에서도 두 사람의 애절한 사랑이 정사 신을 통해 나타나기는 하지만 관객이 감동을 받을 여지는 없어 보인다. 부인 강청댁이 호열자로 죽고 난 뒤 이용은 임이네와 같이 살게 되고 월선이와도 관계를 끊지 못하지만 "여난에 시달리는 농부"로 파악하고 있으므로 영화 〈토지〉에서 그의 중요성은 대폭 삭감될 수밖에 없다.

칠성이와 임이네 부부에 대한 각색자의 해석은 영화가 지향하는 점을 더욱 명확히 알 수 있게 한다. 칠성은 김평산과 귀녀의 음모에 동조했다가 억울하게 죽는 농부이다. 귀녀에게 씨를 빌려주어 최참판댁의 재산 일부를 차지할 꿈을 가졌으나 발각된 후 처형당하고 마는데, 각색자는 칠성이를 "씨를 잘 퍼뜨리는 농부"라고 하였다. 『『토지』 연구』를 펴낸 이상진의 인물 분석에 따르면 임이네는 "평사리에서 제일로 치는 미인"이다.

<blockquote>

칠성의 처로 건강하고 일 잘하며 평사리에서 제일로 치는 미인이다. 성적 매력과 유난스런 식탐 때문에 강청댁을 비롯한 마을 사람들의 미움을 받기도 한다. (…중략…)

</blockquote>

솔출판사 16권 전집 제1권의 말미에는 1부 주요인물에 대한 설명이 나오는데 거기서도 임이네는 "왕성한 소유욕과 잡초와 같이 끈질긴 생명력을 지닌 여인"으로 설명되어 있다. 하지만 영화에서 임이네는 오로지 "이 마을의 유일한 육체파"로 그려져 있다. 성격 묘사를 제대로 할 여유가 없기도 했겠지만 '끈질긴 생명력'으로 대변할 수 있는 민중의 삶에 대한 고찰이 스태프에게는 없었기 때문이다. 그렇다면 이들은 도대체 『토지』의 무엇을 가지고 영화로 만들려고 한 것일까.


## 3) 불륜극 혹은 가정비극

박경리는 『토지』를 쓸 때 시대적인 배경 묘사를 결코 소홀히 하지 않았으며, 그와 아울러 복잡한 줄거리의 원활한 흐름에도 많은 신경을 썼다. 인물의 심리 묘사와 성격의 일관성 유지 및 창조는 특히 신경을 많이 쓴 부분이다. 평사리 일대의 자연 경관 묘사에도 신경을 썼고, 인간 관계의 부조리와 부조화 묘사에도 상당 부분을 할애하였다. 그러나 영화

▲ 김수용 감독의 영화 〈토지〉의 한 장면. 윤씨부인과 김개주의 만남.

스태프는 소설 『토지』를 불륜극 내지는 가정비극으로 해석하였다. 불륜극으로 본 것은 총 8회나 나오는 정사 신 때문이며, 가정비극으로 본 것은 최치수 살해사건을 가장 중요한 사건으로 다루었기 때문이다.

첫 번째 정사 신은 김환과 별당아씨가 불륜의 관계를 맺는 장면이다. 소설에서 두 사람의 사랑은 그저 암시되고 있을 뿐이다. 게다가 반상의 차이를 넘어선, 플라토닉러브로 처리한 반면 영화에서는 두 사람의 사랑을 주인아씨와 하인의 불륜의 사랑으로 처리하였다. 시나리오에서는 "삼수와 돌이가 엄청난 사건을 목격하고 숨을 죽이고 있다"로 은유적으로 표현되어 있는 것을 감독은 김환과 별당아씨의 확실한 정사 신으로 처리하였다. 이 장면 외에도 영화는 칠성과 귀녀의 정사, 윤씨 부인과 김개주의 정사, 강포수와 귀녀의 정사, 구천과 별당아씨의 두 번째 정사, 김평산과 함안댁의 정사, 조준구와 삼월의 정사, 용이와 월선의 정사 등 도합 8회에 걸쳐 정사 신을 보여준다. 다 불륜의 관계이다. 소설에서는 암시했던 것을 영화에서는 일일이 전부 실현해 보여줌으로써 이 영화가 어떤 점을 목표로 만든 것임을 알아차리게 한다. 문학적 향기는 도외시하고 흥행 위주로 가기로 마음먹고 만든 영화가 바로 〈토지〉로서, 박경리의 작가정신은 전혀 안중에 두지 않았다. 『토지』는 그 당시에도 모르는 사람이 없을 정도로 유명한 작품이었다. 그런데 스태프는 작품성과 상품성 가운데 작품성을 무시하고 상품성을 취하기로 하였다. 박경리 원작소설이 아니었다면 대종상 작품상과 감독상 수상은 불가능했을 것이다.

가정비극의 측면을 중시했다고 본 것은 신(scene)으로 따져 최치수 살해가 모의되기 시작하는 신24부터 살해에 성공하는 신109까지, 즉 210개의 신 가운데 41%가 이 사건이 차지하고 있기 때문이다. 여기에 윤씨 부인과 김개주의 관계와 별당아씨와 구천의 도주를 포함하면 영화는 가정파탄 이야기에 집중하고 있는 셈이다. 그래서 살해를 모의한 김평산과 귀녀 및 그들에게 동조한 칠성이는 영화의 전반부를 이끌어 가는 가장 중요한 인물이 된다. 후반부의 주요인물은 조준구와 그의 아내 홍씨12)이다. 이들 내외는 최치수가 살해되고 윤씨 부인이 호열자로 죽자 집안의 어른으로 자처하며 집과 재산을 차지하여 떵떵거리며 살아가게 되는데, 그 과정이 영화 후반부의 기둥 줄거리이다. 결국 최참판댁이 완전히 몰락하고 서희와 길상이 등 여러 명이 간도로 이주하면서 제1부는 끝난다. 영화는 북쪽으로 가는 중선 위에 서희가 올라서 고국산천을 바라보며 눈물짓는 것으로 끝난다. 영화는 이처럼 최씨 집안이 여러 가지 연유로 풍비박산하는 과정을 주된 내용으로 삼았다.

소설을 제목과 연관시켜 보면 제1부가 토지의 상실이며 제2부는 토지 되찾기이다. 그러나 제1부만을 갖고 영화를 만들게 된 이상 토지의 상실과 회복이라는 큰 주제는 사라질 수밖에 없었다. 그래서 또 하나의 카드로 내세운 것이 에로티시즘의 강화이다.

---

12) 홍씨 역을 맡은 도금봉이 열연하여 대종상 여우조연상을 수상하였다.

『토지』를 영화화한 주식회사 우성사에서는 영화 포스터를 만들 때 2가지 점을 강조하여 카피 문구를 만들었다. "한국문학 60년사의 최고봉!"이라는 것과 "전생애의 승부를 건 박경리 필생의 역작 완전 영화화!"가 그것이었다. 그러나 (주)백록비디오프로덕션에서 비디오로 만들어 출시하면서 내세운 카피는 그 내용을 완전히 달리한다. "19세기의 사랑 방정식", "그대와 함께라면 죽어도 좋으리 ……", "별당아씨의 빗나간 사랑!". 이 세 가지 카피 문구에는 문학성이나 작품성이 껴들 여지가 없다. 비디오테이프 케이스 앞면의 사진에는 김환과 별당아씨의 정사 신을, 뒷면에는 귀녀와 칠성이의 정사 신을 실어 원작의 향기는 온데간데없고 완전히 에로영화로 탈바꿈한다. 비디오테이프 케이스의 뒷면에는 작품 줄거리가 다음과 같이 나와 있다.

> 하동의 만석꾼 최치수의 이복동생 김환은 머슴으로 가장하여 별당아씨를 유혹하고 만석 살림을 탐낸 조준구 내외는 최씨 일가를 위기로 몰아 서희는 을사조약 후 북간도로 떠나는데 ……

하나의 문장으로 되어 있지만 세 가지 기둥 줄거리를 제시하였다. ① 최치수의 이복동생[13] 김환이 별당아씨를 유혹함, ② 최치수의 만석꾼 살림을 조준구 내외가 빼앗아감, ③ 무남독녀 서희는 하는 수 없이 북간도로 떠남. 이 세 가지 기둥 줄거리는 영화에서 실제로 기둥 줄거리가 된다. 특히 영화 〈토지〉는 정사 신이 계속해서 나옴으로써 작가의 의도를 처음부터 완전히 무시한다. 여기에 대해 스태프는 확실한 자기 논리를 갖고 있었을 것이다. 영화는 장 클로드 카리에르(Jean-Claude Carrière)의 말마따나 계산된 도박이다. 소설은 독자를 염두에 두지만 영화는 관객을 염두에 둔다. 전자의 제작비는 자료취재비까지 합쳐도 큰 금액이 아니지만 후자는 영화사의 흥망이 걸려 있을 수도 있다. 전자에게 문제가 되는 것

---

13) '이복동생'은 사실상 잘못된 표현이다. 최치수는 동복형이며 김환은 동복동생이다.

은 작품성이지만 후자에게 문제가 되는 것은 흥행성이다. 카리에르는 이런 말을 한 적이 있다. "여인의 하얀 육체, 붉은 대형 선박에서 타오르는 불길, 그런 것들은 글로 씌어진 것보다는 이미지로서 기억하는 편이 훨씬 더 정확하고 생생하다."14) 이 말에는 활자와 영상이 지향하는 것이 다를 수밖에 없다는 뜻이 담겨 있다. 영화 〈토지〉의 스태프는 소설을 갖고 영화를 만들되 철저히 영화의 문법에 따르기로 한 것이다.


## 4) 영화의 원작 왜곡

영화 〈토지〉에는 몇 가지 엉뚱한 장면이 나와 관객을 당혹케 한다. 첫 번째 장면은 귀녀의 발고로 죄상을 뒤집어쓰게 된 칠성을 하인 삼수를 앞세워 조준구가 고문하는 것이다. 소설에서는 관아에 잡혀가서 고문을 당하며 이실직고를 강요당하는데 영화에서는 엉뚱하게도 이 집에 식객으로 와 있는 조준구가 사건 해결을 위해 앞장서는 식으로 처리하고 있다.

조준구는 하인 삼수가 배신할 것 같고 자신의 모든 약점을 알고 있는 것이 두려워 일본군을 이용해 총살형으로 죽게 한다. 조준구로서는 이유가 있기 때문에 그를 죽이는데, 영화에서는 아무린 설명 없이 일본군이 권총으로 죽이는 것으로 처리해 관객의 이해를 구하지 않는다. 평사리 주민에 대한 대규모 학살 장면도 전혀 설득력이 없다. 학살된 주민의 사진을 보여주면서 내레이터가 다음과 같이 비장하게 말하는데 시나리오에는 나오지도 않는 것이다.

> 살육! 무참히 학살되는 나라 잃은 백성들. 대지와 강물은 영원히 기억하리라. 침략자의 총부리를. 이 강산의 원한을. 그리고 조상이 뿌린 피를. 우리는 한치의 영토도 남에게 빼앗길 수 없다. 그리고 이 욕된 역사를 한사코 용서할 수 없다.

---

14) 장 클로드 카리에르, 조병준 역, 『영화, 그 비밀의 언어』, 지호, 1997, 102면.

비장미를 조성해주는 것은 확실하지만 감정의 오버로 어색하기만 하다. 영화는 종반부로 접어들어 완전히 활극으로 바뀐다. 강포수, 윤보, 용이, 길상이 등 조준구를 습격했던 무리가 지리산으로 피신을 하고, 일본군이 그들을 추적해 대규모 전투 신이 전개된다. 피신한 무리는 수십 명에 이른다. 그리고 각색자는 간도로 이주하는 과정에서 여러 가지 에피소드를 만들어 넣는데, 영화를 이상한 방향으로 끌고 가 엉뚱한 파국이 야기된다. 소설을 따라가면 종반부의 이야기가 약해질 것이라는 생각에서 만들어 넣은 것 중에는 이런 장면도 있다. 시나리오를 일부 소개한다.

**순사** : 가마 안에 탄 사람이 누구냐?

**가마 안의 소리** : 어떤 놈들이냐. 평사리 최참판댁의 당주 서희이다.

**순사** : 음, 최서희, 기다리고 있었다. 나오너라.

**가마 안의 소리** : 이 무례막심한 놈, 여기는 아직 내 땅이야. 누가 감히 최참판댁 주인 보고 나오라 말라 하느냐. 아무리 왜놈의 앞잽이로서니 반가의 규수에 대한 예도 모른단 말이냐.

**순사** : ……

(왜헌병을 돌아본다.)

**가마 안의 소리** : 비키지 못할까.

(왜헌병이 허리의 일본도를 뺀다. 이미 땅 위에 내려져 있던 가마 안을 향해 장도를 내지르는 왜헌병)

악! …… 음 ……

(안에서는 서희가 쓰러지는 듯 가마가 흔들린다. 이윽고 가마 안에서 땅 위로 새어나오는 피가 흙 위를 기기 시작한다.)

칼에 찔린 것은 서희가 아님이 확실하다. 바로 다음 장면에서 서희가 출현하기 때문이다. 이런 장면은 스테프가 소설에 대한 왜곡을 보통 이상으로 심하게 했다는 생각을 갖게 한다. 결론적으로 말해 영화 〈토지〉는 소설 『토지』와는 완전히 다른 코드에서 진행이 되었다.

# 4. 소설 『토지』와 드라마 〈토지〉

영화와 텔레비전 드라마는 '영상'이라는 면에서는 같지만 다른 모든 점에서 큰 차이가 있다. 일단 화면의 크기와 음향이 완전히 다르다. 영화는 영화관에 가서 지정된 좌석에 앉아 봐야 하지만 텔레비전 드라마는 집에서 마음 내킬 때 본다. 전자는 갔으니 일단 봐야 하지만 후자는 언제든지 채널을 다른 곳으로 돌릴 수도, 돌렸다가 돌아올 수도 있다. 영화 관객은 비용과 시간15)을 의식하지만 텔레비전 시청자는 시청료와 시간16)을 의식하지 않는다. 영화는 흥행성과 작품성을 저울질하며 만들게 되지만 텔레비전 드라마는 공공성과 시청률을 의식하며 만들게 된다. 둘의 차이를 재미있게 표현한 글이 있다.

> 드라마는 인간에게 꿈과 거울을 준다고 한다. 누군가 TV 드라마를 꿈과 거울 사이에 가로놓인 무지개라고 표현하기도 했다. 꿈(理想)과 거울(現實)의 기준에서 본다면 영화는 아무래도 꿈의 요소가 강하고, TV 드라마는 사회를 비추는 거울로서의 요소가 강한 것이 아닐까?17)

영화는 인간의 이상을 표현하고 텔레비전 드라마는 사회 현실을 비추어준다는 것이다. 영화는 또 깜깜한 공간에서 은막에 비추어 보기 때문에 인간의 관음증(觀淫症)을 충족시키는 면이 강하다. 영화 〈토지〉를 만들면서 정사 신을 과도하게 많이 넣은 것은 관객의 훔쳐보기 심리를 충족시켜주기 위한 것일 수도 있다. 하지만 가족 단위로 보게 되는 텔레비전 드

---

15) 이때의 시간은 영화 보는 시간과 영화관까지 갔다 오는 시간을 포함한 것이다.
16) 이때의 시간은 앞의 시간과 의미가 다르다. 텔레비전 드라마는 며칠 안 보다가 볼 수도 있고, 시작 시간부터 보지 않아도 그만이다. 녹화도 가능하다. 그만큼 영화에 비해 시간의 제약이 적다.
17) 최상식, 『TV 드라마 작법』, 제3기획, 1994, 163면.

라마는 아무래도 공공성을 따지지 않을 수 없다. 게다가 공영방송을 지향하는 KBS에서 만든 드라마이기에 〈토지〉는 일정한 한계를 지닌 채 제작에 들어갈 수밖에 없었다. 영화평론가 송희복은 영화가 환영(幻影)의 세계에 대한 몰입의 정도가 강한 데 비해 텔레비전 드라마는 현실과 통속적인 감각에 접촉하려는 경향이 뚜렷하다고 했다.[18] 하지만 드라마 〈토지〉는 '현실'에 밀착되지도, '통속적인 감각에 접촉'하려는 경향도 보이지 않았다. 아니, 가족이 둘러앉아 보는 '안방극장'용이었기 때문에 그렇게 할 수가 없었다.

텔레비전 드라마가 "그 시대의 사회를 나름대로 해석하여 허구적으로 재구성한 사회 문화적 구성물"이며, 텔레비전 드라마의 형식과 내용은 "그 시대의 사회 문화적 가치 및 요구들을 반영하고 설명한다"는 김승현·한진만의 말[19]에 논자는 동의한다. 그렇다면 '그 시대의 사회문화적 가치 및 요구들'이 어떤 것이었는지 알아볼 필요가 있다.

텔레비전 드라마 〈토지〉의 방영 개시일은 1987년 10월 24일이다. 아마도 그 전전 해에 기획에 들어갔을 것이며, 전 해에 제작에 착수했을 것이다. 1980년대 후반은 제5, 6공화국 정권이 민주화를 갈망하는 다수의 민중을 탄압하고, 민중이 그것에 거세게 반발한 시대였다.[20] 이러한 시절이었기에 소설 『토지』가 다시금 드라마로 만들어질 수 있었다고 본다. KBS는 국가의 운명과 민족의 삶에 암운이 드리우기 시작한 구한말과, 국권을 송두리째 빼앗긴 일제 강점기에 우리 조상이 어떤 고난을 겪으며 그 시절을 헤쳐 나왔는지 드라마를 통해 보여주기를 원했던 것이 아닐까. 이미

---

18) 송희복, 『영상문학의 이해』, 두남, 2002, 104면.
19) 김승현·한진만, 『한국 사회와 텔레비전 드라마』, 한울, 2001, 11면.
20) 1985년은 대우자동차 파업, 서울 미문화원 점거농성 사건, 농축산물 수입개방반대 시위가 일어난 해였고, 1986년은 5·3인천 사태, 부천서 성고문 사건, 건국대 애학투련 사건이 일어난 해였다. 드라마 〈토지〉의 방영이 시작된 1987년은 박종철 고문치사 사건, 이한열 최루탄 사망 사건, 6·10민주항쟁, 6·29선언, 옥포·창원·인천 등 공업단지의 연이은 대규모 파업, 전대협 결성 등 민주화를 위한 엄청난 시련과 진통을 겪은 해였다. 제6공화국 정부가 출범한 것은 1988년 2월 25일이었다.

평판이 나 있는 작품을 드라마로 만들고자 했을 때, 박경리의 『토지』만한 작품을 찾기도 어려웠을 것이다. 게다가 흑백텔레비전 시절에 자사에서 드라마로 만들어본 경험도 있었고 KBS(한국방송공사)가 갖고 있는 전파력과 재력도 '대하드라마'를 만드는 데 손색이 없었다.

텔레비전 드라마 〈토지〉에는 또 다른 측면이 있었다. 청소년 관람 불가였던 영화 〈토지〉의 관객은 한정되어 있었지만 텔레비전 드라마 〈토지〉는 대한민국 국민치고 한 번도 안 본 사람이 없을 정도로 무한정에 가까웠다. 하지만 안방을 파고든 〈토지〉는 수많은 사람이 전부 비평가적 안목으로 평가를 할 수 있었기에 영화보다 위험 부담이 훨씬 컸다. 한국의 현실에서 아무리 유명한 문학작품을 드라마로 만들었을지라도 시청률이 바닥을 기면 방영을 조기에 중단하게 마련이다. 이처럼 드라마 〈토지〉는 시대적 소명의식과 작품성의 제고, 공공성의 확보, 시청률의 유지 등 몇 가지 난제를 안고 출발하였다.


## 1) 시대적 배경에 대한 배려

텔레비전 드라마 〈토지〉의 제작진은 원작 『토지』에 충실하고자 했다. 영화처럼 원작을 과감히 재해석하지 않았고, 원작의 영상화, 즉 소설 내용 그대로의 복원에 노력을 집중하였다. 일단 소설의 진행과 보조를 거의 정확히 맞추었다. 소설 제1부를 갖고 만든 영화는 약 120분인데 드라마는 2400분이었으니, 같은 분량의 소설을 갖고 20배나 되는 러닝타임이 되게 만든 것이다. 그래서인지 드라마에서는 원작의 이야기 가운데 압축한 부분이 거의 없다. 드라마에는 시나리오와 달리 전체적인 줄거리 전개에 별 영향을 주지 않는 소소한 에피소드까지 전부 삽입하였기에 총 16권으로 나온 솔출판사 간행 제1부의 제1권이 끝났을 때, 드라마는 무려 14회나 진행이 되었다. 단순히 산술적으로 계산하여 16권을 다 드라마로 만든다면 224회를 방영해야 한다. 소설 전4부 중 제1부의 방영 시간이 31.6%를 차지한 데는 드라마가 소설의 이야기를 충실히 따라간 것이 가장 큰 이유가 되지만 소설의 제1부가 전권을 통해 가장 드라마틱하기 때문이기도 했다. 어떻든 드라마 〈토지〉의 제1부는 소설을 충실히 재현했을 뿐, 각색자에 의한 변형이 거의 이뤄지지 않았다.

시나리오와 달리 방송대본은 시대적인 배경 설명에 상당한 시간을 할애하였다. 소설의 제1부 제1권의 89~91면에 걸쳐 작가가 설명한 동학농민전쟁, 275~276면에 걸쳐 설명한 병인양요에 대해서는 방송작가가 극화를 포기했지만 다른 부분에서는 비교적 상세하게 시대적 배경을 설명해준다. 드라마에서 이 부분은 전혀 재미가 없다. 주로 2~3인의 대화 중에 시대 상황이 설명되기 때문이다. 예컨대 다음과 같은 것들이다.

- 최치수와 조준구와 이동진의 대화 : 단발령 이후의 한양 상황.
- 김훈장과 조준구의 대화 : 일본이 대국 청나라와 아라사(러시아) 세력을 꺾고 국권을 넘보는 시대상.
- 술집 두 선비의 대화 : 수구파와 개화파 모두를 비판.
- 김훈장과 문의원과의 대화 : 김훈장의 수구파 옹호와 문의원의 개화파 옹호로 말미암은 대립.
- 김훈장과 조준구의 대화 : 동학군의 말로와 동학에 대한 견해의 차이.

작가는 주로 이런 등장인물의 대화 과정에서 시대 상황을 설명하는데, 방송대본도 이런 것들을 생략하지 않고 대부분 그대로 살림으로써 드라마로서의 재미보다는 원작에 충실하고자 했다. 그래서 이야기를 진행하는 속도는 더욱 느려질 수밖에 없었다.

## 2) 등장인물에 대한 해석

텔레비전 드라마로 만드는 과정에서 거의 모든 에피소드를 원작에 있는 그대로 살려냈기 때문에 등장인물이 원작자의 의도를 벗어난 것은 거의 없다. 그러나 윤오숙은 등장인물을 분석하면서 다음과 같은 것들을 지적하였다.[21)

①서희의 인물 묘사에 있어 일면 교만하고 방자한 성품 묘사(특히 어린 시절)에 미흡하며 조준구와의 관계 설정에 있어서 누락된 점이 있다.
②최치수의 총명한 선비기질이나 독립과 독립운동에 대한 그의 유학자적인 확고한 태도, 시국에 대한 명백한 논리를 펴는 최치수의 모습이 드라마 속에는 나타나지 않고 있다.
③상현의 이중적 가치관에서 비롯한 방황의 계기를 드라마에서는 명확히 묘사하지 못하고 다만 서희와의 삼각애정관계에서의 소외에서 비롯된 것으로 묘사될 뿐이다.
④최씨가(崔氏家), 특히 윤씨 부인과 가족들이나 일부 작인들과의 인간관계 설정의 모호함이 지적된다.
⑤김환이 자청하여 최참판댁에 머슴으로 들어오는 경위나 형이자 상전인 치수의 아내 별당아씨와의 애정의 계기 등이 필연적 상황으로 이해되지 않는다.

요컨대 윤오숙은 드라마에서 인물 묘사가 미흡하거나 실패한 부분을 다섯 가지에 걸쳐 지적한 것이다. 그러나 나의 견해는 이와 다르다. 원작자가 그려낸 인물이 하나의 정답이고, 그것을 조금이라도 허술하게 다루거나 다르게 다루면 오답이라고 생각하는 연구자의 발상 자체에 문제가 있다. 비디오를 원작소설과 일일이 대조하며 본 결과 ①, ②는 드라마가 놓치지 않은 부분이다. 드라마는 소설 이상으로 두 사람의 인물 묘사에

---

21) 윤오숙, 「각색된 텔레비전 드라마와 원작의 비교연구—『토지』와 『그해 겨울은 따뜻했네』를 중심으로」, 중앙대 석사논문, 1988, 29~33면.

신경을 썼다. ③은 제2부에 해당되는 것이므로 논의 대상에서 제외한다.

④는 소설 자체가 제대로 설명하지 못한 부분이다. 아닌 게 아니라 윤씨 부인은 한 고을을 지배하는 사또 이상의 카리스마로 평사리를 다스리는 인물인데 드라마에서는 여기에 대한 설명이 거의 없다. 지주라는 자격 하나만으로 윤씨 부인이 집안의 하인과 평사리 주민들 위에 군림한 것이 아니라 고매한 인격과 신비스러운 품격, 빈틈없는 일 처리 능력이 있어 존경과 위엄이 가능했던 것이다. 각색자가 이 부분에 좀더 신경을 썼더라면 제1부에 나오는 대단히 중요한 인물 중 한 사람인 윤씨 부인의 성격 창조가 가능했을 것이다. 윤씨 부인은 겁탈에 의한 불의의 임신으로 환을 낳게 되었기에 이 사건이 윤씨 부인의 모든 인간관계(가족과의 관계를 포함하여)를 제어한다. 드라마는 윤씨 부인의 고뇌를 제대로 짚어내지 못했지만 그것이 이 드라마의 한계가 될 수는 없다. 여기에 대한 지나치게 많은 의미 부여는 이 소설을 가족사 소설로 한정시킬 수 있으며 드라마 역시도 마찬가지이다. 가정비극으로 끌고 가 실패를 노정한 영화를 답습할 필요는 없었던 것이다.

윤씨 부인은 자기 땅을 소작하는 마을 주민과의 관계에 있어서 가혹한 지주 노릇을 한 적이 없어 그것이 서희에게 큰 보호막 노릇을 해준다. 여기에 대한 설명이 소설에는 나와 있으나 드라마에는 나오지 않는다.

⑤는 원작소설에서도 거의 해명되지 않은, 아쉬운 부분이다. 드라마를 만드는 과정에서 충분히 이야기를 만들어 넣어 보완할 수 있었을 터인데 각색자는 원작을 따라가는 데 급급하여 보완할 기회를 놓치고 말았다. 김환의 성장 과정, 장성한 김환이 최참판댁으로 들어갈 결심을 하는 과정, 윤씨 부인이 아들인 김환을 하인으로 받아들이는 과정, 별당아씨와 김환이 불륜의 사랑에 빠지는 과정, 최치수와 사이가 좋지 않은 별당아씨가 하인과 정분이 나 목숨을 걸고 가출을 하는 과정 등은 대단히 중요한 모티브들인데 원작소설에서도 드라마에서도 제대로 설명되지 않음으로 해서 그만 작품의 개연성이 떨어지고 만다. 윤씨 부인의 불의의 임

신을 알고 있던 사람은 몸종 간난할멈과 그녀의 남편 바우할아범, 월선네, 문의원, 우관스님 5명인데 윤씨 부인의 시어머니를 비롯한 다른 주변 사람들이 끝끝내 눈치 채지 못하도록 한 것도 지나치게 '소설적인 비밀'이다.

작품의 개연성 확보 등 소설이 놓친 부분에 대해 드라마가 보완할 부분이 있었음에도 불구하고 원작을 그대로 따라가는 각색 태도를 견지하다 보니 드라마가 작품을 복원은 충실히 했으되 작품에 대한 창조적 해석까지는 하지 못하고 말았다. 드라마가 에피소드의 나열에 치우쳐 스토리를 일관되게 끌고 가는 인물이 없다는 점도 소설에 비해 드라마의 작품성을 떨어뜨리는 요인이 된다.


## 3) 사투리 처리의 문제

『토지』는 책의 권말에 붙어 있는 '어휘 풀이'가 없다면 제대로 읽어나갈 수가 없을 정도로 많은 순우리말과 사투리가 나온다. 영화에서는 등장인물들의 억양을 경남 지방의 것으로 했지만 어색한 부분이 많다. 특히 낱말 구사에 있어서는 사투리를 거의 완전하게 배격하였다. 영화의 어느 부분에도 타도 사람들이 알아들을 수 없는 사투리는 나오지 않았으며, 현대인(개봉 당시의 관객)이 알아들을 수 없는 순우리말도 나오지 않았다.

텔레비전 드라마에서도 대다수의 순우리말과 사투리를 시청자가 알아들을 수 있는 것으로 바꿨다.[22] 드라마에서는 '사나이'를 '소나아'라고

---

22) 예를 몇 개 든다. 괄호 속은 솔출판사판 제1권 책의 면수.
(41)댕깄는데 → 다녔는데, (109)아제씨 → 아저씨, (203)수지야지 → 야단법석, (209)대맹이 → 구렁이, (237)계영한 → 계획된, (242)도꿋날 → 도끼날, (264)성냥간 → 대장간, (264)그리매 → 그림자, (264)칠림댈까바서 → 신세질까바서, (299)푸심 → 학질, (348)제찜일 → 자기 일, (353)제집아 → 처녀, (374)소분지애씨고 → 약과고

하지 않고 '사나' 혹은 '사내'라고 하였다. 출연한 탤런트들 중 경남 하동 지방의 사투리며 억양을 제대로 구사한 사람을 발견하기란 불가능했으며, 아역 서희는 서울 지방의 말을 시종일관 사용함으로써 작품의 리얼리티를 죽이는 데 큰 역할을 하게끔 했다. 방송작가가 임의로 다음과 같이 소설 속 표현을 바꾸는 경우도 있었다.

> ①"음 오래간만에 숫정 풀겠다."(216면)→"음 오래간만에 목구멍에 때 벗기게 생겼대이."
> ②"그렇다면 여우 ×× 땜에 그러느냐?"(254면)→"그렇다면 여시 물건 땜에 그러느냐?"
> ③"내가 똥을 묵을 긴가 그년 가랭이가 찢어질 긴가 그거사 두고봐야 알겠지요."(355면)→"내가 똥을 묵을 긴가 그년이 똥을 묵을 긴가 그거사 두고봐야 알겠지요."

①은 사투리를 표준말로 풀어서 쓴 예이다. ②는 은어여서 '××'로 한 것을 방송작가가 '물건'으로 유추하여 쓴 예이다. ③은 방송이 되기에는 지나치게 거친 표현이어서 다소 순화시켜 쓴 예이다.

텔레비전 드라마는 영화와 달리 내레이션이 전혀 없다. 드라마 제1부에는 몇 년 몇 월이라든가 무대가 어디라든가 하는 내용의 자막이 나오지 않는다. 오로지 대사로서만 이야기가 전개되기 때문에 소설에 나오는 대사는 거의 전부 드라마화가 되는 과정에서 살려졌고, 순우리말과 사투리의 상당수가 표준말로 바뀜으로써 결과적으로는 문학적 향기가 많이 사라지고 말았다.

---

이밖에도 아주 많은 순우리말과 사투리가 표준말로 바뀌었다. 따라서 소설의 토속적인 분위기는 드라마로 만들어지는 과정에서 많이 감쇄되고 말았다.

## 4) '토지'에 대한 해석

소설 『토지』의 제1부에서 최참판댁의 3대 가운데 1대인 윤씨 부인, 2대인 최치수와 별당아씨가 죽는다. 천주교도 학살의 여파로 숨진 윤씨 부인의 부친 윤익로의 이름도 나오긴 하지만 과거지사에 대한 작가의 설명에 의해 잠깐 소개될 뿐이다. 을사조약 이후 일본 관헌과 끈이 닿아 있던 조준구는 형세 판단을 적절히 하여 윤씨 부인이 '농발 없는 장롱'에 은밀히 숨겨놓은 금괴와 은괴를 제외한 최씨가의 재산을 몽땅 차지한다. 그래서 3대인 최서희는 울분을 느끼며 용정으로 이주하게 된다. 제2부의 기둥 줄거리는 가져간 금괴와 은괴를 밑천으로 용정에서 사업을 해 성공한 서희가 귀국하여 조준구에게 빼앗긴 땅을 되찾는 과정이다. 즉, 소설 『토지』의 제1부는 최씨가가 몰락하면서 땅을 조준구에게 빼앗기는 과정이고, 제2부는 서희가 그 땅을 되찾기 위해 착실히 준비를 하는 과정이다. 그렇기 때문에 소설의 제목이 '토지'가 된 것인데, 이것에 대한 의미가 영화에서는 전혀 드러나 있지 않고 텔레비전 드라마의 제1부 40회분에서도 드러나 있지 않다. 소설의 제1부에서 그나마 제목에 걸맞는 내용이 있다면 농부 김이평이 최참판댁의 논 다섯 마지기를 얻는 과정이다.

윤씨 부인의 몸종 간난할매는 자식이 없는 상태에서 남편이 죽자 윤씨 부인에게 청을 한다. 김이평의 둘째아들 영만이가 조카뻘이므로 양자로 들이고, 선영 봉사를 할 수 있게끔 논 몇 마지기를 그의 집에 주자는 부탁을 윤씨 부인에게 하자 평생 최씨가에서 종 노릇을 한 간난할매의 노고를 치하하는 의미에서 윤씨 부인은 이를 흔쾌히 승낙한다. 농사꾼이 자기 땅을 얼마간이라도 갖는다는 것은 천금을 얻는 것임에 김이평과 부인 두만네는 온 동네 사람들의 부러움을 사게 된다. 왜 작가가 소설의 제목을 '토지(土地)'로 삼았는지를 알 수 있게 하는 이 에피소드가 드라마에서는 너무 약하게 처리되어 있다. 지주이건 소작인이건 노비이건 땅에 대한 집착과 갈망을 드라마 작가가 소설 작가만큼 신경을 썼더라면 드라마 〈토지〉는 충분한 의미를 확보할 수 있었을 것이다. 간혹 브라운관 가득 펼쳐지는 들판과, 들판에서 힘들게 일하는 농사꾼이 나온다고 하여 드라마의 제목이 '토지'가 된 것이 아님을 방송작가와 연출자는 알아차려야 했는데 그렇게 하지 못한 점이 아쉬움으로 남는다.


## 5) 드라마 〈토지〉에 대한 평가

앞에서도 언급했지만 소설을 갖고 만든 드라마가 1년 10개월을 넘겨 103회나 방영했다는 것은 경이적인 기록에 속한다. 이야기의 밀도가 현저히 떨어지는 소설의 3, 4부를 갖고 1980분과 1320분의 방영 시간을 채

▼ SBS 2004년 드라마 〈토지〉 세트장 1

▲ SBS 2004년 드라마 〈토지〉 세트장 2

웠다는 것도 제작진이 대단한 역량을 보여준 것으로 여겨진다. 시청률에 대한 통계를 갖고 있지 않지만 웬만한 수준을 1년 10개월 동안 유지했을 것으로 짐작이 된다. 뒤로 갈수록 시청률이 떨어졌다면 제아무리 박경리의 『토지』를 갖고 만든 드라마일지라도 조기 종영의 운명을 뿌리칠 수 없었을 것이다. 드라마에 대한 공식적인 평가가 있어 살펴본다. 이 평가는 한 개인이 내린 것이지만 드라마를 본 대다수 사람의 평가로 보아도 무방할 것이다.

　　『토지』는 원작의 탄탄한 구성이 극의 무게를 더해주었지만 연출 및 연기도 매우 좋았다는 평을 받았다. (…중략…)『토지』는 재미와 더불어 근세 민족사를 재

음미해보는 계기를 마련해주었다. 우리 삶의 터전인 토지가 그렇게도 소중하다
는 것과 우리 민족이 겪어온 역정을 되돌아보며 그렇게 살아야 했던 과거를 반추
하고, 얽히고 설킨 인간간의 갈등을 통해 인간의 문제를 되짚어볼 수 있었다.[23]

아무리 작품성이 뛰어난 드라마였다고 할지라도 시청률이 저조한 드
라마에 이런 긍정적인 평가가 내려질 리 없다. '삶의 터전인 토지'가 그
렇게 소중하다고 일깨워주었다는 평가에 대해서는 선뜻 동의할 수 없지
만 나머지 부분은 대체로 수긍이 가는 내용이다. 대하소설을 대하드라마
로 만든 것 자체가 흔치 않았던 우리 방송계에서 작품성 제고와 시청률
등에서 최소한 나쁜 평은 듣지 않았으므로 성공작으로 보아야 할 것이다.

## 5. 서사음악극 〈토지〉의 제작 과정

1995년 9월 5일 세종문화회관에서는 광복 50주년 및 『토지』 완간 1주
년을 기념하여 서사음악극 〈토지〉가 공연되었다. 작곡·지휘 김영동, 대
본 이승하, 연출 김철리, 합창 지도 최흥기·김향윤이었다. 서울시립국악
관현악단과 서울시립합창단이 주축이 되었고, 서울 중앙국악관현악단·
청소년 국악관현악단·서울시립가무단·서울 필하모닉 오페라 코러스의
일부 단원이 가세한 대규모의 음악극이었다. 좀더 정확히 말하면 국악
관현악을 배경음악으로 하여 독창·이중창·삼중창·합창 등으로 이뤄
진 국악 오페라였다. 워낙 규모가 커 지방 순회공연을 할 수 없었으며,
세종문화회관 대관상의 문제 때문에 1회 공연으로 끝나고 말았다.[24]

---

23) 김승현·한진만, 『한국 사회와 텔레비전 드라마』, 한울, 2001, 107~108면.
24) 하지만 김영동은 1회 공연으로 끝난 것을 안타까워하다가 8년 뒤인 2003년 5월 23일

『토지』를 무대에 올릴 것을 최초로 구상한 이는 임우기였다.[25] 이승하
가 대하소설을 시극으로 바꿔 쓰는 데 독서와 작품 분석을 포함해 약 1
년이 걸렸고, 김영동이 작곡 완료 후 무대화에 따른 연습을 하는 데 다
시 1년이 걸려 도합 2년의 준비기간이 소요되었다.

각색자 이승하는 드라마의 요소가 강한 소설의 제1부를 1~3막으로 나
누고, 제2부를 4막으로 삼아 줄거리를 일단 추렸다.[26] 4악장으로 이뤄진

---

자로 '김영동음악제작소'에서 서사음악극 〈토지〉를 다시금 녹음, '소리로 읽는 토지'
라는 제목의 음반 CD를 만들어 시중에 출시하였다. 이것을 바탕으로 대본과 곡을 재
정비하여 순회공연이 가능한 국악 오페라로 개작할 예정으로 있다.

25) 문학평론가인 솔출판사 임우기 사장은 『토지』 전16권이 완간된 1994년 9월 5일로부
터 정확히 1년 뒤인 1995년 9월 5일에 『토지』를 음악극으로 만들어 무대에 올리자는
계획을 갖고 여러 해 전부터 각색해줄 만한 사람을 찾았다. 여러 사람이 거론되었고
어느 소설가가 계약을 하여 원고가 완성되었지만 작곡가 김영동은 이 내용으로는 작
곡을 할 수 없다고 하여 이승하에게 다시 청탁이 가 소설을 시로 쓰는 작업을 하게 된
것이다.

26) 아래의 줄거리는 공연 팸플릿에 나와 있다.
제1막의 줄거리 : 어린 서희는 어머니 별당아씨가 머슴인 환이와 사랑에 빠져 달아나
자 눈물과 앙탈로 주변사람들을 들볶는다. 김평산은 최참판댁의 시련을 가슴아파할
수만은 없는 농투성이들의 설움을 부추기며 한 재산 차지할 욕심으로 최치수 살해를
모의, 결국 삼줄로 목을 감아 살해한다. 수려한 용모의 농사꾼 용이와 무당의 딸 월선
이 사랑하면서도 결혼할 수 없는 애달픈 사연이 곁들여지고, 용이의 처 강청댁의 질투
심이 극의 분위기를 고조시킨다.
제2막의 줄거리 : (소설 『토지』는 동학혁명이 실패한 지점에서부터 시작되지만 음악
극으로서의 웅장함을 보여주고자 동학혁명을 독립된 하나의 막으로 설정한다.) 동학의
접주 김개주는 절에 불공을 드리러 온 윤씨 부인을 겁탈하여 환이를 낳게 했고, 최참
판댁에 머슴으로 들어간 환이가 윤씨 부인의 며느리와 사랑을 하게 된다. 즉 『토지』에
서 김개주는 주요 등장인물이 아니지만 여러 가지 사건의 원인제공자 노릇을 한다. 평
사리의 머슴 중 일부가 조준구가 차지한 최참판댁의 고방을 부수고 식량을 가져간 뒤
지리산에 들어가 의병이 된다.
제3막의 줄거리 : 최씨 가문의 당주 최치수가 살해된 뒤 윤씨 부인마저 전국에 창궐
한 호열자로 목숨을 잃는다. 그러자 조준구가 이 틈을 타 서희가 보호자를 자처하면서
재산을 몽땅 빼앗는다. 역병에 이어 보리 흉년이 온 나라를 휩쓸자 평사리 주민 일부
가 조준구가 차지한 최참판댁을 습격하여 곡식을 빼앗아가고, 일본군이 이들을 뒤쫓
는다. 서희는 이 와중에 주변사람들의 말을 따라 북간도로 이주한다.
제4막의 줄거리 : 장성한 서희는 북간도에서 윤씨 부인이 몰래 남겨준 금은을 처분해
사업가로 나서지만 함께 이주해 간 농투성이들의 삶은 간난고초의 연속이다. 청인들
의 밭을 부쳐먹기도 하고 행상에 나서기도 한다. 용이는 국밥집을 하면서 자신의 아들

▲ 김영동 감독이 만든 소리로 읽는 토지 CD

교향곡을 염두에 두고서 한 배분이었다. 제1장에서 4장까지 진행되는 동안 수십 곡의 노래[27]가 나오고, 때로는 관현악곡만 나오기도 하였다.

소설을 시극으로 각색하면서 솔출판사간 16권 전집 가운데 제1부 3권을 위주로 하고 제2부 3권을 첨부하는 식으로 할 수밖에 없었던 것은 공연이 1시간 반을 넘기면 관객이 지루함을 느끼기 때문이었다. 노래 위주의 음악극이라 등장인물의 수를 대폭 줄여야 했고, 줄거리도 뼈대만 추렸다. 또한 대규모의 인물이 등장해 합창을 하는 대목이 몇 번 있는데, 이때는 다들 농사꾼 복장을 하고 나오기 때문에 누가 누구인지 알 수가 없었다. 그리고 작품의 내용을 정확히 모르는 관객이라면 서사음악극을 보면서 줄거리를 파악하거나 주요인물을 알아차리기 어려웠다. 서사구조를 그나마 갖춘 영화와 텔레비전 드라마와 달리 서사

---

을 키워준 월선의 임종을 지켜본다. 서희는 고아 출신의 하인 길상을 평생의 반려자로 삼는 대단한 용기를 보여주고, 북간도에서 두 아들을 낳는다. 북간도에서 악착같이 돈을 벌어 마침내 부호가 된 서희는 공노인을 내세워 조준구에게 빼앗긴 땅을 되찾고서 고국으로 가는 배에 몸을 싣는다.

27) 제1막 : 코러스(서곡, 혼성 합창) → 서희(독창) → 봉순(독창) → 봉순네(독창) → 코러스(여성 합창) → 코러스(남성 합창) → 김평산(독창) → 용이와 월선(이중창) → 코러스(여성 합창) → 코러스(혼성 합창) → 용이(독창) → 강청댁(사설조) → 용이(독창) → 강청댁(사설조)
　제2막 : 코러스(혼성 합창) → 김개주(독창) → 코러스(함성) → 김개주와 윤씨 부인(대사) → 함성과 총성과 비명 → 녹두가(혼성 합창)
　제3막 : 양반 1, 2, 3(돌림노래) → 3중창 → 외침 장시간 → 최치수(독창) → 외침 장시간 → 코러스(혼성 합창) → 코러스(남성에 이어 여성) → 코러스(혼성 합창)
　제4막 : 서희와 길상(이중창) → 길상(독창에 이어 후렴이 코러스) → 코러스(혼성 합창) → 용이(독창) → 코러스(혼성 합창) → 월선(독창) → 용이(독창) → 코러스(혼성 합창) → 서희(독창) → 코러스(종곡)

음악극은 사실상 '서사'를 제대로 살릴 수 없었다.

이 극에서는 오히려 전통국악을 전공한 국악인들의 노래 솜씨와 수십 명 국악 관현악단의 웅장한 음악이 큰 비중을 차지하였다. 노래는 대개 민요와 잡가의 형식을, 간혹 무가와 판소리의 형식을 취하였다. 대하소설을 3·4조와 4·4조, 혹은 7·5조의 노랫말로 바꾼다는 것은 유래가 없던 일이라 작곡자의 의견을 참조하여 대본을 여러 번 고치는 과정이 몹시 어려웠다. 처음부터 노랫말로 쓴 것이 아니라 일단 산문으로 써놓고 그것을 노랫말로 고치는 과정을 거쳤다. 공연은 성황리에 끝났지만 객석의 뒤쪽에 앉은 사람들에게 노래의 가사가 잘 들리지 않았던 것도 서사음악극 〈토지〉의 한계였다. 개량한 국악기가 다수 포함되어 연주된 관계로 서구 관현악에 못지않은 웅장한 음악을 들을 수 있는 기쁨을 누릴 수는 있었다. 서사음악극 〈토지〉는 소설 『토지』를 국악 관현악과 국악 오페라의 조화로 감상해볼 수 있었다는 이점이 있긴 했지만 대중과의 만남은 원천적으로 봉쇄되어 있었다. 사실상 소설 『토지』의 분위기만 느낄 수 있게 했을 뿐 내용을 재구성한다는 것은 애당초 불가능한 일이었다. 서사음악극 〈토지〉는 소설의 앙상한 뼈대만을 갖고 음악극을 만들어 작가정신이라든가 주제의식을 추스를 여지가 없었다.


## 6. 열린 장르를 꿈꾸는 소설 『토지』


이 글은 이제껏 소설 『토지』가 영화화, 텔레비전 드라마화, 서사음악극화 되는 과정에서 드러난 문제점들을 고찰해보았다. 영화 〈토지〉의 가장 큰 문제점은 흥행성만을 추구하여 소설가의 의도와는 상관없이 작품을 완전히 엉뚱하게 해석했다는 것이다. 특히 소설에서 암시적으로 다룬

성적인 내용들이 영화에서는 지나치게 적나라하게 그려져, 소설의 본질을 왜곡하는 우를 범하고 말았다.

텔레비전 드라마 〈토지〉는 소설의 내용을 거의 가감 없이 복원했는데, 그러다 보니 에피소드 나열의 드라마가 되고 말았다. 특히 소설의 제1부가 지나치게 길게 늘어뜨려진 감이 있는데, 그렇게 됨으로써 일관된 흐름을 유지하지 못하였다. 사투리의 표준어화, 인물 묘사에 있어 개연성의 부족도 아쉬운 부분이다.

서사음악극 〈토지〉는 작품의 내용이 독창과 이중창, 삼중창, 코러스로 이어지는 노래와 거창한 국악 관현악에 묻혀 부차적인 것이 되고 만 약점이 있다. 또한 악단의 규모와 대거 등장하는 출연자의 합창에 압도되어 등장인물의 고뇌와 인물들간의 갈등 양상이 제대로 그려지지 않았다.

지금까지 이 글은 네 번의 극화 가운데 세 번의 것을 고찰해보았다. 소설을 영상화하는 작업이 결코 쉽지 않음을 세 번의 사례는 공통적으로 보여주었다. 그래도 관객 혹은 시청자는 소설 『토지』를 영상과 음향을 통해(영화), 인물들의 클로즈업된 얼굴과 실감나는 대사를 통해(텔레비전 드라마), 노래와 음향(서사음악극)을 통해 보다 확실히 기억할 수 있게 되었다. 『토지』가 활자매체에 묶여 있지 않고 영상과 음향을 통해 거듭 부활할 수 있었던 것은 이 소설이 지닌 드라마성 때문이다. 이 부분에 대한 연구가 앞으로 행해져야 할 것이다.

# 제2장 멜로극·운명극·역사극, 드라마 변용의 원리

최유희

## 1. 문자와 영상매체의 교섭

컴퓨터가 종이를 없앨 것이라는 우려와 마찬가지로 문학의 종말에 대한 공포는 기우일지 모른다. 실제로 컴퓨터의 사용 이후 종이는 더 많이 소비되고 있다는 통계에서 보듯이, 새로움에 대한 공포에서 나온 성급한 판단일 것이다. 마샬 맥루언이 활자문화의 종말과 영상매체시대의 도래를 선언한 지 30년이 지난 현재까지도 문자매체는 여전히 영상매체의 근간이 되고 있다. 영상매체를 위한 콘텐츠의 의미로이기는 하지만 오히려 더 다양한 문자 서사가 요구되고 있다.

문학자들이 다매체시대에 갖게 되는 공포도 마찬가지가 아닐까? 물론 다매체시대에 우리의 감각은 급변하고 매체 자체가 감각과 이성을 재단하는 측면도 있다. 그러나 영화를 소설로 재출간하거나 영화 같은 소설이 생산되는 현실에서 보듯이 영상 서사와 문자 서사의 상호 교섭 작용은 한층 활발해지고 있다. 그러므로 섣불리 문자 서사의 중심성이나 영상 서사의 중심성을 논하기 전에 상호 교섭의 상황이나 의미를 살피는 것이 일차적으로 요구되는 작업이라 판단된다.

이 글에서는 문자 서사와 영상 서사의 상호 교섭 작용의 일례인 텔레비전 드라마 〈토지〉를 분석함으로써 매체별 서사 변용 양상과 소설 『토지』의 서사적 특수성을 밝히고자 한다. 박경리의 소설 『토지』는 영화, 텔레비전 드라마, 서사 음악극 등의 매체로 다양하게 변용되었으며, 앞으로도 다른 매체로의 변용 가능성이 많은 작품이기에 문학매체와 영상매체의 서사적 특성을 살피는데 적절한 작품이라 판단된다.

일반적으로 문학 작품을 영상 작품으로 각색하는 데 문제되는 것은 두 가지이다. 첫째는 각색자가 원작을 어떻게 이해했느냐와 두 번째는 문자서사가 어떤 방식으로 영상서사로 바뀌었나이다. 특히 『토지』같이 이야기의 규모가 방대하고 서사의 갈래가 다양한 경우는 작품에 대한 각색자의 이해와 관점이 이야기의 선택과 배열에 있어서 결정적인 역할을 한다고 할 수 있다. 이러한 관점에서 드라마 〈토지〉의 각색 원리를 추출하고 드라마 〈토지〉의 갈등 구조와 문제점을 논구하고자 한다.

## 2. 장르 변용과 서사 특성

### 1) 장르 변용 현황

박경리의 소설 『토지』는 영화로 한 번, 드라마로 두 번, 서사음악극으로 한 번 제작되었다. 문학 작품의 영화화와 드라마화는 일반적인 현상이지만 서사음악극으로까지 변용된 예는 그리 많지 않다. 가장 먼저 장르 변용된 것은 1974년 김수용 감독에 의해서 만들어진 영화였다. 『토지』 1부만을 대상으로 제작된 이 영화로 김수용 감독은 제13회 대종상 감독상을 수상했다.

드라마는 1979년 『토지』 1, 2, 3부를 대상으로 KBS에서 처음 제작되었다. KBS에서 1차로 만들어진 이 드라마는 1부가 1979년 11월 12일에서 1980년 4월 14일까지 22회로 방영되었고, 2부가 1980년 5월 12일부터 1980년 8월 4일까지, 3부가 1980년 8월 18일부터 1980년 12월 29일까지 방영되었다.[1]

두 번째 드라마는 1987년부터 1989년까지 1, 2, 3, 4부를 대상으로 KBS에서 제작되었다. 이 드라마는 1부가 1987년 10월 24일부터 1988년 4월 9일까지, 2부가 1988년 4월 16일부터 1988년 8월 28일까지, 3부가 1988년 10월 16일부터 1989년 3월 19일까지, 4부가 1989년 4월 2일부터 1989년 8월 6일까지 방영되었다.[2]

1979년 1차 방영분은 김홍종 연출, 박병우 각색했다. 1987년 2차 방영분은 1, 2, 3부를 주일청, 4부를 류시형이 연출하고 1, 3, 4부를 김하림, 2부를 김원석이 각색하였다.

서사음악극은 1995년 9월 5일 광복 50주년 기념으로 공연되었다. 이승하의 대본을 김영동이 작곡 지휘를 맡고 서울시립국악관현악단이 공연했다. 이는 음악극이라는 형식 때문에 영화나 드라마에 비해 서사 변형의 진폭이 크다고 할 수 있다. 또 이 음악극은 「소리로 읽는 토지」라는 제목으로 2003년 6월 웅진미디어에서 CD로 출간되었다.

소설 원작이 영화, 드라마, 서사음악극의 형태로 변용되면서 원작 소설의 서사는 여러 양태로 변형을 거치게 된다. 이 글에서는 서사변용을 통해서 본 원작 『토지』의 서사적 특수성 규명과 장르 변용에 따른 서사 변화 탐색에 초점이 있으므로 원작 작품 가운데 1, 2, 3, 4부를 대상으로

---

1) 문화방송국, 『TV드라마 편람』 제5집, 266면 참조.
2) 문화방송국, 『TV드라마 편람』 제6집, 140~151면 참조.

제작된 1987년분 드라마만을 텍스트로 삼고자 한다. 일차 드라마 방영분
은 현재 비디오를 구할 수가 없고 영화는 원작 1부만을 대상으로 삼았으
며, 서사음악극의 경우도 원작의 1, 2부만을 대상으로 삼고 있기에 원작
의 서사적 특수성 규명에 한계가 있다고 판단되므로 2차 방영된 드라마
만을 텍스트로 삼았다.

『토지』는 원작 소설의 분량이 29483.6장에 이르고 드라마로 방영된 4
부까지 원고지 매수로 22390.4장에 이른다. 원작의 길이에 걸맞게 드라마
도 총 7590분(126.5시간)에 이른다. 1부는 60분용 40개, 2부는 60분용 6개와
90분용 17개, 3부는 90분용 22개, 4부는 90분용 8개와 60분용으로 제작되
었다. 전체 비디오 개수가 103개에 이르기에 일단 소설의 길이를 담보할
만한 형식을 갖고 있다는 점에서 소설과 드라마라는 매체별 서사 양상
을 보다 세부적으로 비교할 수 있으리라 판단된다.


## 2) 문학 작품의 텔레비전 드라마 각색

문학 작품은 훌륭한 텔레비전 드라마 콘텐츠다. 특히, 문학성이나 대중
성이 검증된 문학 작품을 드라마로 각색한 경우는 전문적인 드라마 극본
이 많지 않던 초창기 텔레비전 시장에서부터 지금까지 많은 사랑을 받아
왔다. 그 단적인 예가 〈TV문학관〉 시리즈이다. 1980년대 KBS의 〈TV문학
관〉 시리즈와 MBC의 〈베스트셀러극장〉 등은 예술성 높은 드라마 콘텐
츠인 문학작품을 통해 드라마를 질적으로 향상시켰으며, 문학 작품 또한
텔레비전 드라마 방영을 통해 대중성을 확대했다. 드라마 〈토지〉의 경우
도 1980년부터 1994년까지 방영된 KBS 〈대하드라마〉 시리즈 중 하나이
다. 〈대하드라마〉 시리즈의 경우도 전체 15편 중에서 10편이 원작 소설
을 각색한 경우이다. 유주현의 『파천무』, 이태원의 『개국』, 김교식의 『새
벽』, 선우휘의 『노다지』, 윌리엄 아더노블의 『이화』, 박경리의 『토지』, 한

무숙의 『역사는 흐른다』, 유현종의 『왕도』, 유안진의 『바람꽃은 시들지 않는다』, 이남교의 『삼국기』 등의 작품이 대하드라마로 각색됐다.3)

그만큼 문학 작품의 텔레비전 드라마로의 각색 작업은 활발하다 하겠다. 전문적인 텔레비전 드라마 작가가 많지 않던 때이기도 했지만 드라마 작가가 있다고 하더라도 기존의 소설 작품을 각색하는 작업은 또 다른 의미를 지니고 있으므로 우리나라 초창기 텔레비전 시장에서부터 지금까지 활발하게 이어져오고 있다.

그러나 문학 작품의 각색이 언제나 성공적인 것은 아니다. 소설의 상업적 성공을 바탕한 작품이든 아니든 소설 원작이 있는 경우의 드라마에 대해 시청자들은 좀더 엄격한 잣대를 들이댄다. 소설만큼 좋다는 평가가 나오기도 하지만, 대부분의 경우 기존의 문학 작품 독자들과 원작자는 각색된 텔레비전 드라마에 대해서 불만을 토로한다. 정문수는 「소설의 무한성과 TV 유한성의 문제 – 드라마는 딜레마다」, 『문학사상』, 1986년 4월 호에서 아래와 같이 말한다.

"문학작품은 활자매체로서 갖는 오소독스한 영역, 방송은 방송으로서 갖는 공공성의 제한 때문에 이 두 가지가 적정선에서 교차되기란 생각보다 실제로 어려운 겁니다. 가령 좋은 소설이 있다고 합시다. 그러나 그건 문학작품으로서 가치가 있는 것이지 드라마로서는 방송의 공익성 및 그밖의 제한 때문에 도저히 극화가 불가능할 수도 있습니다. 모든 터부의 절충선인 합치점에 이르렀을 때 비로소 방송이 가능해지는데요, 이런 경우 선택된 작품이 항상 좋은 작품이라고 할 수 없음은 자명한 일이죠. 공공성의 기준에 맞고, 드라마로서 작품성의 가치도 있을 것. 이런 두 가지의 절충선이 맞춰져야 하는데 항상 불협화음이 끊이지 않습니다. 어떤 원작자는 포기하면서 던지고 어떤 원작자는 단호하게 거절하기도 하고……."

정문수의 지적처럼, '방송의 공공성으로 인한 매체적 제한이 분명한

---

3) 「KBS 대하드라마 일람」 참조

드라마와 서사 창조 가능성이 많은 문자매체인 문학 작품은 매체별 특성으로 인하여 불협화음을 낼 수밖에 없는지도 모른다. 그래서 각색자는 기획 단계에서부터 소설의 논리를 넘어서야 한다. 원작 작품의 독자로서 작품을 다시 쓰는 것이 각색자의 임무'인 것이다.

장기오는 『문학사상』 1986년 4월호 「독자와 시청자의 차이-원작이 훼손·파괴되었다」에서 각색을 다음과 같이 분류한다. 첫째는 원작을 충실하게 각색하는 것이고, 두 번째는 원작에 충실하되 TV의 표현 양식에 맞게 새로운 인물, 사건, 에피소드를 추가하는 것이고, 셋째는 원작의 주제, 사상은 그대로 놓고 완전히 원작의 스토리를 해체시켜 재구성하는 것이다.

그런데 각색자가 원작 작품의 충실한 반영을 기본 축으로 한다 하더라도 드라마의 매커니즘을 따르려면 각색은 원작과는 다른 작품을 내놓을 수밖에 없다. 방송의 공공성과 물리적 제약으로 인해 원작의 서사는 변화를 겪을 수밖에 없는 것이다. 그 가운데서도 가장 기본적인 제약은 방송국 스케줄(편성 계획)이다. 작가가 의도한 만큼 계속될 수 있는 문자 서사와는 달리 텔레비전 드라마 서사는 편성 계획이라는 프로크루스테스의 침대에 서사의 길이와 내용을 편집해야 한다. 프로크루스테스(Procrustes)는 그리스의 신화에 나오는 인물이다. 그의 성에는 두 개의 침대가 있는데, 하나는 보통 사람크기보다 짧고 다른 하나는 길었다. 여행자들을 그의 소굴로 끌어들여 여행자가 긴 침대보다 짧으면 늘여서 침대에 맞추고 짧은 침대에 비해 몸이 길면 맞을 때까지 몸을 잘라냈다고 한다. 텔레비전 드라마 서사는 편성계획이라는 프로크루스테스의 침대와 같은 절대적 한계 상황과 시청자들의 통속성에의 요구로 인하여 이러한 속성을 만들어낸 것이다.

이렇게 형성된 텔레비전 드라마의 일반적 속성을 사라 루쓰 코즐로프(Sarah Ruth Kozloff)는 「서사이론과 텔레비전」(『텔레비전과 현대비평』, 나남, 1992, 106면)에서 아래와 같이 들고 있다.

시리얼 혹은 시리즈 형식, 예측이 가능하고 정형화된 이야기 줄거리, 복잡한 양태로 서로 얽혀있는 많은 줄거리들, 표준화된 역할에 적합한 개성적이고 호소력 있는 등장인물들, 이러한 등장인물들의 상호관계에 대한 강조, 사건의 동일한 상태로 되돌아가서 텍스트가 종결되는 것, 화려하거나 단순히 기능적인 무대장치나 장면, 대리의 피화자, 목소리만의 서술, 그리고 자주 사용되는 직접적인 언술, 박식하고 믿을만한 대부분의 서술자들, 생략과 장면에 대한 의존, 유혹(예고편들)하거나 정보(지나간 장면들)를 주기 위한 비연대기적 순서, 중단에 대한 조절, 표준 방영시간에 맞도록 길이를 커트하는 것, 그리고 보편성을 지향하고 시사적인 것을 피하려는 경향이 있다.

장편 대하소설이 대하드라마라는 형식으로 변용되었을 때도 이러한 텔레비전 드라마형 서사 변용을 거쳤을 것이라 판단된다. 그러므로 이 글에서는 텔레비전 서사가 요구하는 일반적 서사 특성과 소설 『토지』의 서사 특성상 불가피했을 서사 변용 양상을 다 함께 고찰할 것이다.


## 3) 드라마 〈토지〉 서사 요약 및 특성

드라마 〈토지〉는 새로운 인물이나, 사건, 에피소드의 추가는 거의 없이, 세부의 이야기들을 충실하게 그려냈다. 윤오숙은 『토지』가 원작을 비교적 충실히 각색하고 있어서 역사드라마의 모습을 갖추었다고 평가한다.[4] 더구나 소설에서 장면화되지 않거나 중요하게 취급되지 않은 부분들까지도 세밀하게 장면화했다. 먼저 드라마 〈토지〉의 서사를 각 부별로 요약해 보자.

1부는 서사의 흐름과 배열면에서 소설을 충실히 따르고 있다. 구천과 별당아씨의 도주, 강포수와 함께 구천을 찾아 나서는 치수, 귀녀와 김평산

---

4) 『각색된 텔레비전 드라마와 원작의 비교 연구―『토지』와 『그해 겨울은 따뜻했네』를 중심으로』, 중앙대학교 신문방송대학원, 1988.11 참조.

의 음모에 의한 치수 살해, 월선과 용이의 사랑, 호열자로 인한 죽음과 조준구의 횡포, 구천과 동학 잔당의 모습, 서희를 모략하는 조준구, 조준구가 차지한 최참판댁의 고방을 습격하는 평사리 사람들과 윤보 일행, 곱추인 조준구의 아들 병수와 서희를 혼인시키려 하자, 용이 등의 평사리 농민들과 함께 만주로 향하는 서희의 모습이 그려진다. 1부는 소설의 이야기뿐 아니라 이야기 배열면에서도 소설의 흐름과 대체로 동일하다.

2부는 간도에 정착한 서희 일행을 보여준다. 신분이 다른 길상과 서희의 혼인 문제와 밀정 노릇을 하는 김두수의 갈등이 주요 축이 된다. 이상현과 서희, 길상과 서희, 길상과 옥이 엄마의 애정 관계, 권필응과 장인걸 등을 피신시키는 길상, 혜관의 용정 방문, 봉순의 용정 방문, 조준구에게서 재산을 빼앗는 서희와 공노인의 활약, 김환의 신분을 알게 되는 서희 등의 모습이 그려진다. 그리고 결국 평사리 땅을 되찾아 고향으로 돌아가는 서희가 그려진다. 2부에서는 서사의 일부가 변경되었다. 소설에서는 혜관과 봉순이 함께 용정을 방문하는 것으로 설정되어 있는데 비해, 드라마에서는 혜관의 용정 방문이 있은 후, 봉순이는 공노인과 함께 용정을 방문하는 것으로 설정돼 있다.

3부는 조준구에게서 최종적으로 평사리 집문서를 되찾는 서희, 홍이의 성장기 갈등과 결혼, 임이네의 죽음, 지삼만의 변신, 김환의 체포와 자살, 길상의 체포, 아편쟁이가 된 기화, 석이의 기화에 대한 사랑, 조용하와 임명희의 결혼, 조용하와 홍성숙의 불륜, 임이네와 용이의 죽음, 만주로 가는 정석의 모습 등이 그려진다. 충실히 이야기의 흐름을 따라가고 있지만 홍이의 연애, 기화와 석이의 관계, 조용하와 홍성숙의 불륜, 임이네의 성격화 등에서 소설의 이야기를 통속화, 극단화한 측면이 있다.

4부는 한복의 고뇌, 용하와 찬하의 신경전, 임명희와 조용하의 파국, 유인실과 오가다의 사랑, 장이와 보연의 싸움, 길상의 출옥, 복연이와 순연이의 싸움, 나형사와 양을례의 불륜, 두만네 식구들의 불화, 윤국의 고뇌, 조용하의 죽음, 아이를 낳는 유인실 등의 모습이 그려진다. 역사적

사건은 길상과 서희의 안방 대화를 중심으로 장면화되고 있으며, 조용하,
양을례, 윤국의 애정 서사를 에피소드 별로 나열하고 있다.

　소설 『토지』는 주요 사건이 전면에 등장하지 않는 경우가 많다. 사건
이 직접 장면화되는 경우도 있지만 인물들의 대화 속에서 사건을 보여
준다. 대화 당사자도 아닌 제3자의 사건을 대화자들이 설명하고 사건에
대한 분석·평가까지 덧붙인다. 말하자면 인물들이 다른 인물들의 서사
를 말하게 함으로써 서술자의 역할을 여러 인물들에게 부과하고 있다.
이상진은 일반적인 소설의 사건에 대한 서술이 장면화되거나, 서술자에
의해서 요약, 설명되는 데 비해, 『토지』에서는 등장인물들의 대화나 제3
자들의 전언 형태로 설명하고 서술자의 설명은 필요한 경우 첨가되었기
때문에 『토지』에서는 인물들을 모두 서술자가 되게 하는 독특한 담론 형
태가 탄생했다고 말한다.5) 그래서 이렇게 분절되는 사건 서사의 틈을 이
으려면, 소설에서 사건이나 장면으로 제시된 것뿐 아니라 서술자의 요약,
대화를 통해 알려지는 정보 등을 드라마에서 장면화해야 한다. 이러한
소설의 서사적 특성으로 인하여 드라마에서는 소설 『토지』의 대화, 생략,
회상 장면 등이 전면에 등장하게 되었다.

　세부적으로 살펴보면, ① 소설에서 등장하는 사건은 모두 장면화되었
다. ② 회상을 통해서 이야기되는 부분도 거의 장면화되며, 그것이 회상
이라는 것을 알려준다. ③ 등장인물들의 대화가 장면화될 뿐 아니라 대
화하면서 알려지는 정보가 부분적으로 장면화되었다. ④ 서술자의 요약
내용이 장면화되었다. ⑤ 시공간을 나타내는 부분은 자막과 기록 필름으
로 장면화되었다. ⑥ 중요하게 언급되는 관혼상제 등이 장면화될 뿐 아
니라 언급되지 않은 부분까지 장면화되었다.

　드라마에서 장면화된 내용은 암시적으로든 명시적으로든 간에 소설에
서 언급되는 내용을 기본 축으로 하였기에 각색자는 충실하게 소설의

---

5) 이상진, 『『토지』 연구』, 월인, 1999, 210면 참조.

흐름을 따랐다고 판단된다. 그런데 지나치게 충실하게 서사 라인을 따라 갔기 때문에 드라마에서의 볼륨이나 강약은 오히려 무너지고 에피소드 의 나열 같은 인상을 준다. 텔레비전 드라마 서사에서 원작과 달라진 부 분을 중심으로 살펴보고 각색의 논리와 갈등 구조를 추출해 보자.


## 3. 드라마의 각색 원리


### 1) 소설에서 숨은 서사의 복원


소설 『토지』에서 중심 서사는 독자를 당황하게 만들 정도로 비워지고 지워지는 부분이 많다. 그것도 일반적인 소설에서는 의당 세세한 묘사에 치중했을 중심 서사가 숨은 경우가 많다. 최유찬은 『토지』의 이러한 비 어 있음이 한의학에서 말하는 몸의 경락에 해당[6]한다고 말한다. 경락은 보이지는 않지만 우리 몸의 기가 흐르는 곳이다. 그러므로 『토지』의 비 워진 서사는 핵심을 품고 있다.

드라마에서는 이러한 경락을 찾아서 보여줄 수밖에 없다. 작가가 숨겨 놓은 이야기들이 갈등을 만들거나 해결하는 중요 요소이기 때문에 드라 마에서는 경락을 찾아내고 드러내는 작업을 통해서 갈등이나 해결을 보

---

6) "이 작품의 비어 있음은 다른 소설의 빈곳, 생략된 곳과는 근본적으로 성질이 다른 것이다. 이 점에서 토지의 비어 있음을 형상화하는 데는 한의학에서 사용하는 경락의 개념이 적절하다. 경락을 사전적으로 정의하면, 몸 안의 정기가 순환하는 길을 말한다. 그러나 이 경락이 어디에 있는지는 감각적으로나 서양의 개념과학으로 확인이 안 된 다. 그럼에도 불구하고 우리가 침의 효용을 인정할 수밖에 없듯이, 실제로 존재하고 작용하는 것이 경락이다. 그러므로 토지의 비어있는 곳은 그 경락의 중심에 해당한 다." 최유찬, 『토지를 읽는다』, 솔 1996, 172면.

▲ 평사리의 최참판댁 별당

여줘야 하는 것이다. 그런데 이는 원작자의 의도와는 정면으로 배치된다. 작가는 『토지』에서 몇몇 인물이 사건의 전면에 등장하는 것을 의도적으로 배제했다고 말한다. 특히 최씨가 불륜의 네 사람(윤씨 부인, 김개주, 별당아씨, 구천) 중 김개주와 별당아씨를 실제 서사에서 일부러 제거한 것은 소설의 입체감을 위한 배려"[7]였다고 말한다. 이러한 창작 원리는 그러나 드라마에서는 여지없이 무너지고 만다. 드라마에서 각색자는 갈등을 보여주고 극대화하는 장르적 요구에 충실해야 하기 때문이다.

그래서 소설과는 달리, 구천과 별당아씨의 애정 표현, 길상과 서희의 마차 전복 사건, 길상의 체포 장면, 봉순의 자살 장면 등의 숨겨진 주요 서사가 직접적으로 장면화된다. 특히 드라마에서는 이러한 주요 서사의

---

7) 박경리, 『문학을 지망하는 젊은이들에게』, 現代文學, 1995, 285~286면.

복원을 위해 대화를 통한 전언과 서술자의 요약 등에서 전달되는 사건을 전면에 내세워야 했다. 원작자의 의도와는 달리 드라마에서는 주요 갈등을 중심으로 이야기가 전개되어야 하기에 불가피한 부분이었을 것이다.

### (1) 극적 상황의 장면화

『토지』에서 숨겨진 극적 상황 중 가장 대표적인 것이 서희와 길상의 마차 전복 사건과 결혼식 장면이다. 드라마에서는 이렇게 작가가 비워놓은 사건들이 생생하게 재현되었다. 2부에 오면 전체적인 이야기의 흐름은 서희와 길상의 혼인 관계에 초점이 맞춰진다. 소설에서 서희와 길상의 관계가 좋아지는 것을 마차 전복사건으로 요약·설명하고 있는 데 비해, 드라마에서는 전복 과정을 모두 장면화하고 있다.

길상과 서희의 마차가 전복되는 장면을 보면, 소설에서는 마차 전복 사건을 서술자가 요약하고 나서 전복 현장 장면은 비워버리고 다음 장

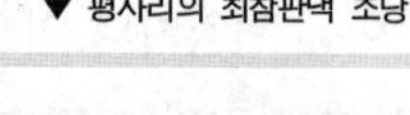

▼ 평사리의 최참판댁 초당

으로 가서 병원에 누워 있는 서희와 길상을 이야기한다. 이전까지 옥이 엄마의 일로 두 사람 사이가 석연치 않았는데, 이 사건 하나로 이야기는 완전히 반전되는 것이다. 그런데 소설에서 이 부분은 비워짐으로써 독자에게 상상의 공간과 긴장감을 선사한다. 작가 박경리의 언급을 보자.

> 네 사람들(김개주, 윤씨부인, 구천, 별당아씨) 다 안개 속에 보내 버리면 소설은 평이해지고 네 사람을 다 정면에 내세워도 평이해지는 것입니다. 들어가고 나가고 하는 것으로, 또 가로누운 것, 세운 것이 있어야 집이 되듯, 짜임새라 할까요? 또 하나, 그들 두 사람을 감추어 버린 이유는 진실 자체가 은밀하며 꺼내 보일 수 없는 것 아니겠어요? 독자들 각기의 상상에다 넘기려는, 말하자면 신비의 베일을 씌운 것입니다.[8]

작가가 의도적으로 서사를 지워버림으로써 독자들에게 긴장감을 제공했다고 설명한다. 이러한 긴장이 드라마에서는 작가가 비워놓은 부분까지 세세하게 장면화함으로써 찾아볼 수가 없게 된다.

또 시간 순을 따라야 하는 드라마의 구성 때문에 마차 전복 사건 당시 길상이의 대사를 통해서 길상이가 서희랑 결혼할 것을 결심하는 것을 알 수 있게 해준다. 마차 전복사건이 일어났음을 알리는 소설의 서술자의 설명과 드라마의 마차 전복 사건 당시 장면을 비교해 보자.[9]

---

8) "제2부 1권 380면부터 412면 끝까지의 내용은 뛰어올라야 하는 계급에 속한 사람과 뛰어내려야 하는 계급 사람의 처절한 결단을 요하는 장면인데 『토지』는 이 부분에서 숨차다. 그래서 5권에 이르면서 우연한 사건 하나를 도입한다. 그들이 탄 마차의 전복 사건이다. 우리 고대소설이 자주 도입시켜온 통속적 틈 보이기다. 통속성. 『토지』가 가지고 있는 대중적 통속성의 마디는 작가의 예리한 감수성으로 끊고 자르는 생략법의 긴장력에 의해 투명하게 기화되는데, 그것을 예술가적 장인 기질이 짐짓 독자들에게 엿보이는 의도적 틈새 만들기라고 나는 믿는다." 정현기, 『토지』해석을 위한 논리 세우기, 『한, 생명, 대자대비』(『토지』 비평집 2), 솔, 1995, 98면.
9) 소설 인용은 솔출판사본으로 하여 본문의 괄호 속에 권수와 면수를 표기하였다. 드라마는 비디오 편수를 중심으로 표기하였다. 1-1은 드라마 1부 1편을 의미한다.

# 소설

그러나 이들에게 결정적인 계기가 왔다. 그것은 용정을 향해 달리던 마차가 어떻게 되어 그랬던지 뒤집힌 사건이다. 학성(鶴城)에서 안미대(安昧臺)에 이르는 중간쯤, 계곡 사이의 좁고 가파로운 내리막길을 달리던 마차가 돌연 뒤집히면서 계곡으로 굴러떨어진 것이다. (4권, 411~412면)

# 드라마

마차가 뒤집히고 나서 길상이가 먼저 깨어나 정신을 못 차리고 신음하는 서희를 안고 울부짖는다.

"애기씨 정신 좀 차리소. 길상이가 잘못했심다. 애기씨 제가 잘못했심다. 길상이가 잘못했심다. 정신 좀 차리소 살아만 주믄 애기씨 하자는대로 다 하겠십니다." (비디오, 2-13)

서희와 길상의 결혼식도 소설에서는 비워져 있다. 아래와 같이 서술자가 이야기하는 것을 듣고 나서야 길상과 서희의 결혼식이 있었었구나를 미루어 짐작할 수 있을 뿐이다. 그러나 드라마에서는 두 사람의 혼례가 세세하게 장면화된다. 김훈장과 이동진 두 사람을 양쪽 어른으로 모시고 길상과 서희의 혼례가 거행되는 장면을 보여준다.

# 소설

응칠이는 여태껏 고향 땅에서 주인댁을 찾아온 손님을 본 적이 없어 허둥지둥 머리에 올려놓은 털모자를 고쳐 쓰며 걷는다. 털모자는 러시아 제품으로 썩 훌륭했다. 얼마 전 상전 혼인날에 썼던 신품이다. (5권 289면)

# 드라마

혼례식장인 서희 집 마당 전체를 비추다가 서희와 길상의 혼례 과정을 보여준다. 서희가 길상이에게 절을 하고 나서 길상이 서희에게 절을 한다. 김훈장과 이동진이 앉아 있는 모습을 비춘다. 이동진의 표정이 흐뭇해 보인다. 길상이가 합환주를 마시고 나서 서희가 합환주를 마신다. 공노인댁을 비롯해 많은 사람들이 마당을 가득 메우고 혼례를 구경한다. 혼례 후 서희와 길상이 방으로 들

어간다. 이동진과 김훈장을 중심으로 혼례에 온 사람들을 전체적으로 비추면서
끝난다. (비디오, 2-14)

소설에서는 응칠이가 쓰고 있는 털모자를 통해 혼례가 있었다는 것을
알려줌으로써 상상력과 긴장감을 주지만 드라마에서는 이미 길상의 결
심을 들을 수 있어서 혼인에 대한 기대와 긴장감을 느낄 수 없게 된다.
더구나 혼례 장면이 장면화됨으로써 혼례 이후 드라마의 긴장감은 다른
애정 서사로 초점이 이동된다.

이외에도 극적 상황임에도 불구하고 작가가 직접 이야기하지 않고 있
는 비워둔 장면들이 드라마에서 첨가되어 장면화된다. 특히 봉순이가 강
물에 자살하는 장면의 경우는 자살 과정을 구체적으로 보여주고 있다.
그러나 소설에서는 강쇠가 주막에서 만난 두 사내를 통해서 봉순의 자
살 소식을 알려준다.

> \# 소설
> "오늘은 속이 느글느글한 사램이 많네. 무신 일로 속이 그리 느글느글하요?"
> 강쇠가 술잔을 입으로 가져가며 묻는다.
> "송장을 만졌지요. 그것도 물에 빠져 죽은 송장 말이요 낙지 말을 하이"
> "저승차사도 사람을 물물이 잡아가는 모엥인데 이분에는 칼 맞아 죽은 송장
> 앙이고 물에 빠져 죽은 송장이라? 어디서 그랬소?"
> 수염에 묻은 술을 손바닥으로 닦으며 강쇠 옆에 앉은 사내가 얼굴을 돌린다.
> "화심리 근방이었소 배를 타고 오는데 시체가 떠 있지 않았겠소? 기생이라
> 카는데 생시에는 인물 좋았겄십디다. 비단옷에다가 살성이 어찌나 희든지."
> "여자구마."
> 우울해 있던 비연이 기생이라는 말에 귀가 쫑긋해지며
> "어디 사는 기생이라 캅디까?"
> 하고 묻는다.
> "최 참판댁에서 살았다 하고 송장도 그곳으로 옮겨갔는데"
> "최 참판댁?"

강쇠는 놀란다. (9권 144~145면)

# 드라마

강가에 나온 봉순이가 상현과의 추억, 정석과의 추억, 길상과의 추억들을 회
상한다. 천천히 강물로 걸어들어간다. 강물 속으로 들어가는 치맛자락과 발 부
분을 비추면서 봉순이의 자살을 장면화한다. (비디오, 3-19)

봉순의 자살이 드라마에서는 봉순이가 강으로 걸어 들어가는 모습, 사
람들에 의해서 수레에 실려져 평사리 최참판가로 돌아오는 모습, 봉순이
가 죽고 나서 상여가 나가는 모습 등이 장면화된다. 드라마의 장면화 논
리상 봉순이의 죽음을 알리려면 강물로 걸어들어가는 봉순이를 비춰주
는 것이 가장 직접적인 장면 제시일 것이다. 그러나 소설에서 이 장면이
여러 사람을 거치면서 의미가 다각도로 형성[10]되는 반면, 드라마에서는
봉순과 정석의 애정 관계에만 초점이 맞춰져 있다. 봉순이의 장례도 소
설에서는 석이가 분향하는 장면만 잠깐 나올 뿐인데, 드라마에서는 상여
가 나가는 행렬과 석이가 양현이를 업고 상여를 따라가는 장면이 첨가
되었다. 이는 봉순과 정석, 두 사람 관계의 조심스러움이 완전히 배제된
설정이다. 새로운 장면을 첨가하더라도 전체 분위기와 관계에 맞게 장면
화되었어야 했다.

## (2) 전언, 요약의 장면화

소설 『토지』에서 주요 서사는 사건을 중심으로 전개될 뿐 아니라 대화

---

10) 이상진은 기화의 죽음 전달 경로를 분석한 글에서 "처음에 기화와 무관한 '두 사나
이'의 눈에 포착되어 전달되고, 역시 잘 모르는 강쇠에게 전달된다. 그러나 강쇠가 실
질적인 애정관계에 있었던 석이에게 전달함으로써 한 번 마무리된다. 이 부분에서 이
야기는 단절되고, 다시 장소를 이동하여 혜관과 주갑 등 가까운 인물들의 반응으로 나
아가며, 가장 가까웠던 상현에게서 마무리된다"고 지적한다. 이상진, 『『토지』연구』, 월
인, 1999, 201면.

를 통한 전언, 서술자의 요약을 통해서 전달되기도 한다. 사건의 행위자
가 아닌 다른 인물들의 대화를 통해서 전달되던 소설의 서사가 드라마에
서는 대화자가 아니라 그 대화 속 사건의 행위자의 행동을 보여주는 것
으로 장면화되고 서술자가 소설의 진행을 위해서 필요한 내용을 요약 설
명한 경우는 그 요약문의 사건들이 행위자를 중심으로 장면화된다.

　조용하와 임명희의 결혼 과정이 소설에서는 사람들의 대화 속에서 자
연스럽게 전해지는데 드라마에서는 이 대화 내용 속의 행위자의 움직임
을 통해서 그대로 장면화된다. 아래 두 부분을 비교해 보자.

　# 소설

“그야말로 전광석화였지. 이혼 말이야. 상당한 위자료를 내놨다는 거야. 그러
고는 덕화가 만나고 싶어한다는 구실을 내걸고 학교에다 전화질이니 명희와
조용하는 병실에서 또 몇 차렌가 만나게 됐었지. 명희의 결혼은 한 마디로 비
극이야. 이들 형제 두 사내가 명희를 만나는 순간 연정을 느꼈다는 것은 참말
로 짓궂은 운명 아니겠니?” (8권 128~129면)

　# 드라마

　수업하고 있는 임명희에게 조용하가 전화해서 덕화가 찾는다고 말한다. 임명
희기 덕화를 만나러 병실로 가다가 조찬하를 만난다. 조용하가 전화해서 왔다
고 찬하에게 알린다. 임명희가 병실에 들어서자 덕화가 진통제를 맞고 잠이 들
었다고 말한다. 장면이 바뀌면서 강선혜가 임명희에게 “덕화가 널 찾은 것이
미덥지 않아. 교분도 두텁지 않은 너를, 나도 아니고 너를 조용하라는 사람 이
혼한대더라. 우연의 일치일까? 처음에 그집 별채에서 너를 보는 눈빛이 심상치
않더라. 이러다가 일이 엉뚱한 데로 가는 것 아니니? 동생도 너한테 맘이 있는
데 형이 가로채는 것 아니니?” (비디오, 3-9)


반 페이지 정도 되는 선혜의 대화 내용을 드라마에서는 여러 번에 걸
쳐서 세밀하게 장면화하고 있다. 병실에서 임명희, 조용하, 조찬하 두 형
제를 만나는 장면, 조용하가 명희에게 병실을 방문해 달라고 해서 문병

왔다고 말하는 것 등이 장면화된다. 소설에서는 선혜의 추측과 평가를 통해 이야기되는 내용이 드라마에서는 선혜의 추측과 평가가 아니라 임명희 자신의 의도와 생각이 돼버린다.

주요 사건을 행위 당사자가 아닌 다른 사람의 대화와 평가를 통해 보여주는 내용이 많은 『토지』 서사의 특성 때문에 불가피하게 이러한 부분을 드라마에서는 모두 장면화할 수밖에 없었을 것이다. 그런데 소설에서 조용하와 임명희의 결혼 과정을 세세하게 장면화하지 않고 전언으로 처리하면서 조용하와 임명희의 내적 고뇌에 초점을 맞춘 데 비해 드라마에서는 결혼 과정의 상황이나 이혼 과정의 상황 논리에 그 초점을 두게 되었다. 극적 구성을 위해 불가피한 부분이라고 말할 수도 있겠지만 이 과정에서 조용하·임명희의 심리적 측면은 사장되고 멜로드라마적 속성만 부각되었다고 판단된다.

텔레비전 드라마에서 멜로드라마의 속성은 ① 만남과 이별의 우연성 -우연한 선택, 우연한 발견, 우연한 죽음 등, ② 인물과 상황의 양극성- 부잣집 남자와 가난한 여자, 남과 북, 친일파와 항일파 등, ③ 삼각관계, ④ 약한 사람을 위한 만가, ⑤ 과거지향성(숨겨진 과거나 과거의 실수나 오점 등이 결정적 변수로 등장), ⑥ 비약과 통속이 주가 되는 비현실성과 허구성, ⑦ 해피엔딩 등이라고 오명환은 지적11)한다.

오명환의 지적에 비추어 보자면, 조용하·임명희·조찬하의 삼각관계와 조용하·임명희·홍성숙 삼각관계를 이중적으로 설정한 것은 명백히 멜로드라마적 속성이라 할 수 있다. 또 조용하와 임명희의 대립과 갈등과 해소의 양상 등에서 보이는 감정 과잉 현상 등도 명백히 멜로드라마적12)이라 할 수 있지만, 소설에서는 이 부분을 전언이나 서술자의 설명

---

11) 오명환, 『텔레비전 드라마 사회학』, 나남, 1994, 203~210면.
12) 자아 연민에 대한 집착, 악역에 대한 연민과 공포, 과장, 언어적 과잉 등을 멜로드라마적 성격으로 파악하기도 한다. 전영태, 「한국 근대 소설의 대중성에 대한 고찰-멜로드라마적 속성을 중심으로」, 『한국학보』 33집, 80면.

을 통해서 강약을 준 반면, 드라마에서는 감정 과잉의 양상을 하나하나
적나라하게 노출함으로써 멜로드라마적 속성을 강화시켰다.

다음은 서술자의 요약이 장면화된 경우이다. 소설에서 대화를 통해 전
해들은 내용뿐 아니라, 서술자의 요약도 이야기 진행상 필요하다고 판단
되는 경우에는 장면화된다. 조준구의 몰락 이후 병수의 근황을 알리는
부분을 비교해 보자.

# 소설

병수는 옛날 시원찮은 글선생이던 이 초시를 만나게 되어 그의 주선으로 통
영에서 소목방(小木房) 일자리를 얻은 것이다. (…중략…) 평사리 집에 관한 소
문을 들은 병수는 밤이면 뜰에 나가 혼자 울곤 했으나 식구를 데려올 처지는
아직 아니었으므로 서신 한 장을 들려 평사리에 사람을 보냈던 것이다. 편지
내용은 진작부터 그랬어야 했을 것을 불민한 자신의 잘못으로 오늘에 이른 것
을 아내에게 깊이 사과하고 이제는 자갈밭에도 씨를 뿌려 곡식을 거둘 만한 각
오가 서 있으니 일 년만 친정에 가서 살아 달라는 부탁이었다. 병수의 아내 유
씨는 친정어머니가 세상을 떠나고 없는 친정이 얼마나 있기에 불편한 곳인지
안다. 알지만 남편의 서찰은 구원이었다. (7권 273면)

# 드라마

"불민한 내 잘못으로 당신과 아이들을 오늘에 이르게 했소 당신에게 깊이
사과하오 이젠 자갈밭에 씨를 뿌려 곡식을 거둘 만한 각오가 섰으니 일 년만
친정에 가서 기다려 주시오. 어머니도 세상을 떠나고 없는 친정이 얼마나 있기
에 불편한 곳인지 알고 있지만 부탁하오" 조병수의 편지 내용이 내레이션으로
나간다. (비디오, 3-5)


소설의 몇 줄 요약이 드라마에서는 병수의 근황이 시차를 두고 여러
번 장면화되고 있다. 이초시가 국밥을 사주면서 병수를 측은해 하는 장
면, 일자리를 찾아주겠다고 말하는 장면, 부인에게 편지를 해서 일년 만
아이들을 데리고 친정 가서 살라는 부분이 모두 장면화된다. 그리고 위

에서 보듯이 병수의 내레이션으로 편지 내용을 들려준다. 대화에서 전해지건 서술자의 요약이건 사건은 모두 장면화되는 것이다.

이렇듯, 드라마에서 소설 『토지』의 숨은 서사가 하나하나 장면화되는 것은 드라마의 갈등과 정보를 주기 위해서 불가피했을 것이다. 그런데 소설에서 주요 서사가 지워짐으로 해서 느낄 수 있었던 긴장감이 드라마에서는 사라져 버렸다는 것이 문제적이다. 아울러 소설 『토지』의 스토리가 얼마나 멜로드라마적인 설정으로 가득한가 새삼 확인할 수 있었다. 소설에서는 그것이 생략되고 숨겨져서 긴장감이 느껴지고 인간의 내면 심리나 주제의식적 측면을 초점화하고 있기 때문에 통속의 나락으로 완전히 함몰되지 않았지만 드라마에서는 세세하게 상황 논리에 집중하고 있어서 통속적인 면만이 부각되었다고 할 수 있다.


## 2) 인물의 형상화

드라마 〈토지〉의 인물 형상화에 있어서도 드라마에서 극적 구성과 갈등을 극대화하기 위해 멜로드라마적 특성이 부각되었다. 그래서 소설의 인물 성격이 원래의 표정을 잃고 지나치게 극단화되거나 왜곡된다.


### (1) 입체적 인물의 박제화

임이네는 『토지』에서 가장 입체적인 인물이라고 해도 과언이 아니다. 임이네는 인간적 욕망을 숨기지 않고 다 드러낸다. 평사리 시절 매력적이면서도 풍부하던 성격은 간도 이주 이후, 돈과 보신을 위해 먹는 것에만 집착하는 인물형으로 변화함으로써 인간이 얼마나 어떻게까지 추악해질 수 있는가를 드러내는 인물이다. 그래서인지 드라마에서도 임이네의 행동은 하나하나 세세하게 장면화된다. 뿐만 아니라 임이네 성격을 극단화하기 위해 소설에서는 서술자의 요약으로만 전해지는 암고양이의 안태를 먹는 것을 장면화한다. 소설에서는 이 부분이 홍이가 어머니인 임이네를 원망하면서 인간 자체에 대한 절망감을 표현하는데 집중되었다면 드라마에서는 임이네가 얼마나 지독하게 자신의 삶에 집착하는가로 초점 이동된다. 서술자가 홍이의 고뇌를 설명하는 부분과 드라마 장면을 비교해 보자.

# 소설

이삼 년 동안, 만 이 년인데, 그 동안 임이네는 병으로 굿을 쳤다. 며느리를 두고 안 들어올 사람이 들어왔기 때문에 병이 난 것이라 하여 굿을 하고 보연이는 나타나지도 못하게 했다. 씻은 듯이 나았다는 것은 빈 말이었다. 좋다는 약은 다 먹었고 좋다는 한의는 다 찾아다니며 법석을 피웠다. 심지어는 새끼 낳은 고양이의 안태까지 뺏어다가 날 것으로 먹었을 지경이었으니까. (8권 203면)

# 드라마

"뭣을 그래 묵노"
"묵어 보라고 주지도 못하겠구만."
"와 혼자 묵어도 모잘래서?" "묵고 싶으믄 좀 주까?"
"무슨 고긴데?" "고양이 괴기, 암고양이 안태구만."
"하이고 세상에 그 흉측한 걸 와 묵노 옛날 흉년 때도 그 고기는 안묵었구만."
"묵고 싶어 묵나. 배가 콕콕 쑤시고 아파서 용한 할무이 찾아갔더만 암고양이 안태를 무라 캐서."
고양이 안태를 먹으면서 임이네와 마을 아낙이 이야기한다. (3-10)

가장 개성적인 인물인 임이네의 성격을 강조해서 선정성을 얻기 위해 이 부분까지 장면화했다고 할 수 있다. 또 임이네의 죽음도 소설에서는 한 줄로만 설명되는데 드라마에서는 직접 장면화된다. 한 인간의 추악함의 말로를 정확하게 보여주기 위해 인물을 극단화함으로써 임이네의 풍부한 성격을 박제화했다고 판단된다.

## (2) 심리 묘사와 내적 고뇌

인물 형상화에서 두 번째 특징은 소설의 심리 묘사나 내적 고뇌가 거의 나타나지 않는다는 것이다. 홍이가 장이와의 관계를 고민하는 부분을 보자. 소설에서 홍이가 장이를 주려고 신발을 사서 갖고 다니다가 심리적인 변화를 일으켜서 강물에 신발을 던져버리는 장면이 있다. 그런데 이 장면이 드라마에서는 신발을 사서 장이 집을 찾아와 보니까 방에 신랑 될 사람이 와 있는 것을 발견하고 심리적인 변화를 일으켜서 신발을 던져버리는 것으로 장면화돼 있다. 이는 전형적으로 드라마적 인과율의 구성을 따른 예로 보인다. 신발을 사서 갖고 다니다가 심경의 변화를 일으킨다는 것을 장면화하기 위해서는 구체적인 심정 변화의 계기를 보여 줘야만 했기 때문에 소설에서 홍이가 스스로 심리적 갈등 끝에 신발을 버리는 것과 달리, 드라마에서는 장이 집을 찾아왔을 때 장이의 신랑 될 사람이 와 있는 것을 발견하고 그 사람의 이야기를 엿듣고 신발을 버리는 것으로 설정된다. 이 과정에서 소설에서 보이는 미묘한 홍이의 심리와 신발을 버리는 충동적 행동은 인과율을 따른 극적 구성에 밀려 사장돼 버렸다.

> \# 소설
> 해거름에 장으로 나간 홍이는 예쁜 당혜 한 켤레를 골라서 샀다. 신발을 살 때 홍이는 용정의 갓바치 박 서방을 생각했다. 그리고 박 서방이 짓던 신발보다 진주의 신발이 훨씬 세련되고 아름답다고 홍이는 생각했다.
> 홍이는 애틋하고 절절한 마음으로 땅거미 지는 거리를 거닐었다. 장이를 만나 신발을 주리니, 거리를 헤매고 강변을 헤매고 밤이 깊어지는 것을 기다린다. 절절하고 애틋한 마음으로, 어떻게 하리라는 생각도 목적도 없이, 그러나 홍이는 강물에 신발을 던져버리고, 옛날 용정서 일본인 학교에 다니는 아이의 책보를 뺏아 강물에 던져버렸듯 던져버리고 밤길을 돌아가는 것이었다. (8권 29면)

# 드라마

당혜를 사들고 홍이가 장이 집으로 들어간다. 한쪽 방에서 말 소리가 흘러나온다.

"장인어른, 술잔 받으이소"

"내사 마 자네한테 술잔 받을 자격이나 있는지 모르겠구마."

"별 말씀을"

"아무튼지 고맙구만. 배운 것도 없는 아를. 델고 가서 잘 살아도고"

"걱정하지 마시소"

"오래비 잔도 한 잔 받으이소"

"암만 봐도 우리 장이가 호강에 겨운 것 같십니다." (비디오 3-9)


다음으로 임명회의 성격화의 경우, 임명회가 조용하에게 "위자료를 줘서 부인과 이혼하고 저와의 결혼을 서두르셨군요"라고 말하는 것이 드라마에 나오는데, 소설에서 이 부분은 선혜의 추측에서 나온 말인데, 명희의 대사로 돼버린다. 또 선혜가 인경과 인실에게 아마 노처녀를 청산하는 기분에서 임명회가 조용하와 결혼했을 것이라 말하는 부분이 드라마에서는 명희가 직접 선혜에게 "어떤 사람이라도 결혼하자면 갈 거예요"라고 말하는 것으로 설정된다. 소설에서 선혜가 간접적으로 추측하는 부분이 드라마에서는 명회가 직접 발언하는 것으로 바뀐 것이다. 그런데 이러한 부분에서 각색자의 인물 분석력과 창의적인 노력이 아쉽다. 소설에 있는 대화와 사건만으로 이야기를 구성하다 보니, 오히려 인물의 성격화와 극적 구성력은 더 떨어져 버렸다고 할 수 있다.


## 3) 대화와 담론

소설 『토지』에서 대화는 풍성하다. 평사리 마을 아낙네들의 대화에서부터 만주의 독립운동, 서울 지식인들의 대화에 이르기까지 대화가 곧 사건이며, 행위이며, 의미이다. 이러한 원작의 성격이 드라마로 각색하는 데 있어서 장점이 되기도 하고 단점이 되기도 하였다. 말맛이 풍부한 대화의 경우 드라마는 소설의 대화를 거의 그대로 따르고 있다. 평사리 농민과 아낙들의 대화는 어떤 경우 소설과 토씨 하나도 다르지 않다.

그런데 평민들의 대화나 행동에서 보여주던 풍부한 형상화와는 달리, 3부 이후 지식인들의 대화는 추상적이다. 지식인들의 대화와 논쟁은 사실이나 주장 전달에만 급급하며, 사실이나 주장을 전달하기 위해 주석을 달뿐, 평민들의 여유나 비유적 표현 등은 거의 없다.

그래서 각색자는 드라마에서 지식인들의 대화 부분을 의미·변형하거나 축소하거나 삭제해 버렸다. 소설 책 분량으로도 두 세 페이지를 넘는 대화를 적절하게 드라마 대사로 각색해야 하기 때문에 장면화하기 힘들 수도 있지만 이 대화들의 중요성을 인식했더라면 좀 더 적절한 장면화 방법을 찾을 수 있었을 것이다.


## (1) 대화의 변형

먼저 대화에서 의미 초점이 변형된 경우를 보자. 오가다 지로와 백부인 오가다 겐사쿠의 대화가 대표적이다. 오가다 겐사쿠가 오가다 지로에게 지에코와 결혼하라고 이야기하다가 일본과 조선의 문화로 대화 내용이 바뀌는 부분이다. 소설의 장면을 구체적으로 보자.

> # 소설
> "간단히 끝내자. 너 지에코하고 결혼하고 취직해라."
> "……"
> "네가 하고 있는 짓에는 풋내음이 난다. 연내에 혼인을 하는 거다."
> "지에코에겐 지에코에 맞는 사람이 있을 것이며 이 집에도 이 집에 맞는 사람이 따로 있을 것입니다."
> (…중략…)

"소나무란 언제 보아도 아름다워. 싫증이 나지 않아."

방금 중대한 집안문제, 지에코와의 결혼문제를 꺼내었고 그것을 거절당했는데 겐사쿠는 아무 일 없었던 것처럼 창문 밖의 소나무를 바라보며 혼잣말을 했다.

(…중략…)

"좋습니다. 하늘의 법과 일본의 법이 다른 만큼 반역자라 하신대도, 군도로 저를 치신대도 좋습니다."

겐사쿠의 얼굴빛이 싹 변했다. 오가다의 안색도 달라졌다. 서로가 서로를 노려본다. 오가다는 귀가 멍멍해지는 것을 느낀다. 한참 후 겐사쿠는 팔짱을 끼었다. 희미하게, 입술을 깨물듯 하며 웃는다.

"너 아까 중국으로 가겠다 했느냐?"

"네. 그런 말 했습니다."

"중국말고 만주로 가라!"

오가다의 양 어깨가 축 처졌다. 겐사쿠의 답변이었던 것이다. 지에코와의 혼인문제는 백지로 돌리자는 답변. (10권 339면)


# 드라마

드라마에서는 위의 소설 대화가 그대로 진행되고 끝 부분에 군도를 뽑은 겐사쿠가 오가다 지로를 노려보며 말한다.

"니놈이 조선여자와 어떻다는 소문은 헛소문은 아니었구나." (비디오, 4-9)


오가다 지로가 지에코와의 결혼을 거부하자, 겐사쿠는 군인 출신답지 않게 섬세한 그의 성격을 드러내면서 일본문화와 조선문화를 비교한다. 그런데 드라마에서는 마지막 부분에 엉뚱한 대사가 설정돼 있어서 겐사쿠의 섬세한 성격은 물론이고 문화 비교론까지도 애정 서사로 초점이 바뀐다. 드라마가 중심 갈등을 애정 서사로 집중하고 있기 때문에 일어난 현상이다.

## (2) 담론의 축소 및 삭제

조선과 일본문화를 비교하는 부분은 오가다 지로와 오가다 겐사쿠의 대화뿐 아니라 오가다 지로와 유인실의 대화에서도 언급되는데, 이 경우에는 긴 논쟁을 모두 얘기할 수 없어서 조선의 독특한 농민관에 대한 대화만을 장면화했다. 인실과 오가다의 논쟁은 조선의 농민과 일본의 농민, 조선과 일본의 문화, 언어의 차이, 기질 차이, 한에 대한 이야기에서 일본론으로까지 이어진다. 그런데 드라마에서 사용된 대사는 조선의 독특한 유교문화가 일본문화와는 근본적으로 다른 농민문화를 만들어냈다는 부분뿐이다. 소설의 일부가 그대로 드라마 대사로 사용되었다.

두 사람은 빈 배 두 척을 매둔 선창으로 내려간다. 한동안 침묵하다가

"권력에 대한 불신, 관속들에 대해서는 마음 깊이 증오하고 저항하면서도 선비에 대한 존경은 조선백성들에게 거의 보편화된 감정이었는데, 왜 그랬을까요?"

분명 두 사람 사이에는 따로 할말이 있었겠는데 무미건조한, 다분히 의식적인 화제를 인실은 부자연스럽게 잇는다.

"유교를 정치이념으로, 학문을 숭상하는 국풍 탓도 있었겠지만 선비를 부패하고 수탈을 일삼는 권력층의 대항세력으로 보았기 때문이 아닐까요?"

"그런 면에서는 어느 국가에서나 사정은 비슷했을 겁니다."

"비슷했을까요? 저는 비슷했다고 생각지 않아요."

인실은 강하게 부정했다.

"어째서"

"조선 오백 년, 그 시대의 선비들과 백성을 대표하는 농민들은 세계 어느 국가의 식자나 농민들과 매우 다르고 독특했다고 생각하고 있으니까요. 물론 제 생각이지만 다르고 독특했다는 것은 나라의 사정이 달랐다는 얘기도 되겠지요."

"나라의 사정이 달랐다……."

"그건 정치이념이 달랐다는 얘기예요. 구라파에선 십오 세기부터 마키아벨리즘이 주류를 이룬 정치사상 아니었어요? 유교가 기간(基幹)이 된 도덕을 정치이념으로 삼았던 경우와는 아주 상반된 것이에요. 식자의 경우도, 과거 지배계급이 지식을 독점했던 것은 동서 모두가 공통된 일이지만 학문의 내용이 달랐

지요. (…중략…) 아무튼 봉건제도에 있어서는 영지와 영지의 인민이 성주에 속하고 일종의 군신관계를 형성하지만, 조선에서는 성주, 정확하게는 관리인데 아시다시피 그들은 구획된 땅과 백성의 관리자에 불과한 거예요. 어느 것이 옳고 그르다는 전제 하에 하는 얘기는 물론 아닙니다. (…중략…) 수백 년 동안 유교적 도덕관이 농민들 발목을 잡아맨 사슬노릇을 했다면 했다고도 할 수 있으나 그것이 저항 없이 받아들여졌고 굳게 자리잡은 것은 농민들의 사회적 신분이 다른 나라와 달랐다는 것이 이유의 하나일 것 같아요. 노래에도 농부님네 하며 경칭을 붙인다든가, 가난한 선비들도 그 자신이 농사를 지으며 그것을 수치로 생각지 않았으니까, 해서 아까 모방이란 말이 나왔지만 선비들 언행에 준해서 선영봉사라든가 의관의 정제, 예의범절, 불문율은 엄했구요. 시골 장터에서 농민이 장사꾼에게 하대하는 것은 흔히 볼 수 있는 광경이지요. 언젠가 한번 시골로 내려갔을 때 손님을 맞이한 농부가 우선 세수를 하고 옷을 갈아입은 뒤 갓을 쓰고 손님과 맞절을 하는 것을 보았습니다. 아주 감동적이었어요. 하나의 동작도 오랜 세월을 거침으로써 아름다워지는 것이구나, 하구요.”

　인실은 한동안 말을 끊은 채 침묵했다.

　‘무엇 때문에 내가 지껄이고 있는 거지? 얼음 위로 굴러가는 수레같이 얘기는 제 마음대로 굴러갔다. 아까 난 여관방에서 왜 그렇게 극단적인 순결을 요구하고 지켜야 하는가 자문하지 않았던가?’

　“선배께서 조선은 선비와 농민으로 대표되고 일본은 무사와 상인의 나라라는 말씀을 하시더군요.”

　“오빠가 …….” (11권 279~283면; 비디오 4-12)


　유인실이 조선의 독특한 농민관에 대해서 언급하는 부분에서 “그건 정치 이념이 달랐다는 얘기예요. 구라파에선 십오 세기부터 마키아벨리즘이 주류를 이룬 정치사상 아니었어요? 유교가 기간(基幹)이 된 도덕을 정치 이념으로 삼았던 경우와는 아주 상반된 것이에요”라는 설명만 대화 속에 넣음으로써 드라마를 보는 사람들에게 두 사람의 논쟁을 더 납득할 수 없도록 만들어버린다. 예를 들어 “봉건제도에 있어서는 영지와 영지의 인민이 성주에 속하고 일종의 군신관계를 형성하지만, 조선에서는 성주, 정확하게는 관리인데 아시다시피 그들은 구획된 땅과 백성의 관리자에 불과한 거예요"나, "대체적으로 그들의 신분이나 재력은 엇비슷했다 할 수 있고 도덕을 높이 표방하면서 넉넉지 못하거나 가난했다면 우선 생활면에서도 민중과의 거리는 가까워진다 할 수 있을 거예요 권력의 번견(番犬)으로서 소속되어 있는 창칼의 기사 혹은 무사를 대하는 백성, 야인인 선비를 대하는 백성, 그 차이는 과연 어떤 것일까요?" 등의 대화를 통해서 논의의 핵심을 알려줄 수 있어야 했는데 그런 부분이 없다 보니, 드라마의 대화 장면은 핵심을 알 수 없게 돼버렸다.

또 다른 문제는 각색자가 텔레비전 드라마에 맞게 감각적으로 대사를 재구성해야 하는데 안이하게 소설의 대화를 그대로 차용하고 있다. 긴 논쟁의 경우는 핵심과 관련된 감각적 대사가 만들어지고 그런 대사를 반복함으로써 논의의 핵심에 접근해야 한다. 그런데 드라마에서 소설의 장황한 대화가 그대로 사용된다.

또 제문식과 조용하의 대화 가운데에 제문식이 민중의 속성에 대해서 이야기하는 부분이 있는데, 이 부분도 드라마에서는 인간성론으로 변질되었다. 이탤릭체로 된 부분이 드라마에서 사용한 대사이다. 드라마에서 추가한 대사는 없으므로 어떤 대사를 선택했는지 살펴보자.

"인간이란"
담배를 눌러끄고 새 것으로 피워문 제문식은
"인간이란 묘한 거야. 참말 묘하고도 신비스러워."
늦추듯, 삼가듯 하던 술을 조용하는 퍼마시기 시작했다.
"묘해, 인간이라는 것 말씀이야. 어디까지 측은하고 어디까지 악독한 건지 측량할 수가 없어. 제아무리 크다 한들 기껏 팔척 장신, 이 괴물이 전후좌우 어찌 그리도 방자한지, 복잡한지, 그런 생각 해본 일 있어? 없을 게야. 소위 그 민중이라는 것, 시쳇말로 민중인데 그들은 특수층과는 너무 거리가 멀어서 과소평가되고 그놈의 특수층은 또 너무 거리가 멀어서 과대평가가 되는데, 이것이 역사가 시작되면서 오늘까지 속성이라, 그러나 그들 양견 다 가까이 가보면 일정한 공약수가 나오긴 나오지. 그게 잘 나타나지 않는 것이 대체로 중간층에 속하는 족속들이 아닌가 싶어. 물론 상·중·하 어느 곳이든 개성에 따라 그런 부류가 없는 것은 아니지만…… (…중략…) 조용하를 냉혈 독선 오만불손, 숫자에 능하고 편집광에다, 사람이나 사물에 대하여 완상(玩賞)하는 이외 다른 가치를 느끼지 못하는 인간, 마찬가지로 운상거인(雲上居人)에 속하는 조찬하는 어떤가? 내성적이며 방관자같고 순수한 열정파, 하면서도 만만찮은 고집, 숫자에는 무관심한 듯하면서도 사물을 보는 눈은 정확하고, 물론 모두가 다 나같이 표현하는 것은 아니지만 집어내는 것은 비슷할 게야. 나 같은 인간은 엿장수 눈에 비친 것 다르고 기생 눈에 비친 것 다르고 양반 눈에 비친 것 다르고 식자 눈에 비친 것 다르고, 의식하건 아니하건 끊임없이 변신한다고나 할까. 왜 그럴까? 왜, 아마 강력한 상부층과 대다수인 하부층 사이에 끼어든 박쥐 같은 존재라서 그럴까? (…중략…)

"짐승이나 초목도 제 영역을 침범하면, 초목도…… 초목 그, 그건, 아무튼 격렬하게 싸우는 것 그거 다 생존의 본능 아니겠어? 백정과 농청의 싸움도 본능인가? 그건 인간의 싸움이야. 인간 말이지? 소위 계급 투쟁이다 이거야. 농청은 상하를 그어놓자! 백정은 아니다 상하를 지워버리자! 그게 먹는 것하고 무슨 상관이야! 뿌리깊은 인습, 그것도 있지. 하지만 그건 민중에게 내포되어 있는 분파작용인 게야. 그래서 그 거대한 무리의 행방이 묘연해지는 게야. 모이고 흩어지는 것, 운동은 운동이지. 만물이 모두 모이고 흩어지고 그게 운동인 게야. 조용하 알겠느냐고 죽는 것도 운동이고 사는 것도 운동 아니겠어? 홍수전(洪秀全)의 막하에서 가장 뛰어났던 사내, 숯굽던 사내, 나 그 사내를 참 좋아하는데 말씀이야, 양수청(楊秀淸) 있지 않아? 태평천국의 그 양수청 말일세. 그 양수청이가 전당포 아들인 동료 위창휘(韋昌輝)에게 암살당하면서 태평천국은 일시에 무너지는데 아까 내가 운동이라 했던가? 계급투쟁이라 했던가? 아니야 아니야 에고이즘, 이게 환상이거든. 측은(惻隱)의 마음이 없음은 사람이 아니요, 수오(羞惡)의 마음이 없음은 사람이 아니요, 사양(辭讓)의 마음이 없음은 사람이 아니요, 시비(是非)의 마음이 없음은 사람이 아니요, 그 사단설(四端說), 아암 훌륭하지, 군대의 사열만큼이나 반듯하지. 난세에 시달리는 백성에게선 실효가 없어도 패왕(覇王)들의 구실로 둔갑하고 보면 지팡이 지휘봉이 되기도 하고 몽둥이가 되어 부러지기도 하고"

"그, 그만 그만."

"조용하가 손을 내저었다. 비실비실 일어나다 말고 픽 쓰러진다." (12권 149~
153면)

드라마 대사 부분은 소설의 인간성론에 대한 부분뿐이다. 당대 지식인
의 민중관이, 드라마에서는 생존 본능의 문제로만 국한되고 있는 것이다.
물론 텔레비전이 공공성을 띠고 있고 시사적으로 첨예한 문제들은 피해
야 하는 것이 사실이다. 드라마가 각색되고 방영되던 1980년대 후반의
우리 정치 현실을 생각하면 민중이라는 말 자체가 공공 방송에서 등장
할 수 없었을 것이다.

또 이렇게 장황한 대화에서 몇몇 논의의 핵심 부분만을 뽑아내기는
쉽지 않다. 하지만 대사를 바꿔서라도 논의의 핵심을 드라마화했어야 한
다고 판단된다. 소설의 대화를 안이하게 부분적으로만 편집해서 대사를
만든 흔적이 역력하다.

특히 "조찬하는 어떤가?"라고 질문하고 나서 "짐승이나 초목도 제 영
역을 침범하면 ……"이라고 답하는 것으로 설정돼 있기에 백정들의 싸움
이 생존 본능에서 시작된다는 내용이 조찬하는 어떤가에 대한 답을 의
미하게 돼버린다. 그래서 드라마 대사는 대사대로 초점을 잃고 소설의
의미는 의미대로 살아나지 못하는 결과를 낳았다. 또 소설 대사를 그대
로 편집해서 쓰는 안이함에서 벗어나 좀 더 함축적인 대사를 창조했어
야 한다.

또 민감한 논쟁 부분은 아예 삭제된다. 아래는 윤도집과 혜관의 대화
이다.

"윤 도집께서 자꾸만 깝치는 바람에 생각이 무산하였소 어어 그러면 우선
잡동사니다 한 것부터 얘길 해야겠소 수운제께서는 본시 사족(士族)인 만큼 유
학에 통했을 것은 물론, 사십 가깝도록 방랑을 하다가 도를 받았다 했는데 그
동안 불경에 관심이 없었을 리 없지요 서학을 아는 분이 불교에 등한했을까요?
소승이 무슨 말을 하려 했는고? 네, 그렇소 중요한 것은 잡동사니라는 것과 민

생을 위하여 농민들을 몰고서 압제자에게 칼을 들었고 외세를 몰아내려 했던 그 점이 태평천국과 흡사하다 그 얘기요. (…중략…) 우리 조선에 있어서 민란이 빈번하였건만 농민군이 정권을 엎은 일이 없었소 수십만 동학군도 시초에는 왕가(王家)를 인정한 나머지의, 백성들 권리주장을 앞세우고 대항했던 거요 그러나 동학군은 패망했고 지리멸렬, 친일파로 많이 넘어갔지요 왜 그렇게 되었을까 그게 중요한 게요. 중국에서는 힘있는 자를 위한 종교였었다고 도집 어른이 말씀하신 유교라는 것조차 사람 사는 법의 얘기며 영신 섬기는 얘기는 아니거든. 한데 조선에선 칼을 들고 싸운 동학조차 영신 섬기는 것이 본이오, 자아 이렇게 되면 뭔가 확실해지는 게 있질 않소? 중국이란 곳엔 기껏 있어야 귀신 정도” (…중략…)

“혜관께서 불교에 바탕을 두고 말씀하시니 나도 알기 쉽게 불교식으로 얘기하겠소 도교란, 즉 노자(老子)와 장자(莊子) 같은 사람을 두고 말할 것 같으면은 소승(小乘)에 속한다 할 수 있겠는데 소승도 분명 사성문에 들어갈 수 있거늘 어찌하여 중국에는 영신이 없다 하시오”

몰린 혜관은 화를 벌컥 낸다. (…중략…)

“종교 가지고 따지잘 것 같으면은 애당초 불교 얘길 했을 일이지 무엇 땜에 동학을 쳐들었겠소 소승은 어디까지나 종교를 빌려서 중국과 조선의 사정, 백성들의 성향 같은 것을 말하려 했던 게요. 아무튼 또 거두절미하지요 아까 하던 말이오만 백련교나 태평천국이 뿌려놓은 씨앗이 오늘날 중국에선 아주 튼튼하게 자라고 있다는 것은 수천 년 사람을 본으로 하는 그곳 사상 때문이며 싹이 나자마자 짤려버린 우리네 조선국 사정과는 판이하지요 아무리 비바람이 드세어도 나무가 뿌리째 뽑혀나가는 일이란 없을 것으로 소승은 그렇게 보았소 (…하략…)” (6권 138면)


이 부분은 동학의 사상이 무엇이며, 불교적 관점에서 동학의 이상을 실천하는 문제는 어떠해야 하는가 등에 대해 윤도집과 혜관이 이야기하는 장면이다. 이 부분은 아예 드라마에서 장면화되지 않았다. 물론 소설에서 이러한 논쟁이 그야말로 논쟁에 그치고 사건이나 행위와 직접적으로 연결되는 부분은 없다. 그러나 소설적 의도가 이러한 논쟁을 통해 당대 사람들의 생각과 관념을 보여주기 위한 것이기에, 또 동학의 의미를 명확히 하려는 것이기에 드라마에서 장면화할 수 있는 방법을 찾았어야 한다고 판단된다.


## 4) 시공간과 풍속의 재현

### (1) 시공간과 세트

드라마에서 세팅은 매우 중요하다. 세팅은 배경이나 장소를 통칭하는 말로써 인물의 활동 공간을 제공하는 것에서부터, 극의 전체 분위기를 설정하는 것까지[13] 많은 역할을 맡고 있다. 드라마에서 장소나 배경이 적절하지 않으면 드라마의 실감을 느낄 수가 없고 드라마의 현실성을 현저하게 떨어뜨리게 된다. 특히 원작에서 세팅을 강조한 경우라면 드라마의 세팅은 결정적이라고 할 수 있다.

김동리는 〈TV문학관〉에서 『을화』가 방영되었을 때 비교적 만족스러운 각색이었는데도 불구하고 을화의 집이 소설에서 설명한 것과 같은 분위기가 나지 않아서 실망스러웠다고 말하면서 그 집을 분위기대로 만드는 것이 어렵겠지만, 집이 원작대로 그려지는가 아닌가 하는 것은 소설에서 의도한 효과의 3분의 1이 좌우되는 문제였다[14]고 말한다. 세트나 배경이 얼마나 중요한 것인지를 말해주는 대목이라 할 수 있다. 특히 원작자가 배경이나 공간에 의미를 둔 경우라면, 배경이나 공간의 상이함에서 오는 작품의 결은 한층 격차가 심할 것이다.

드라마 〈토지〉의 경우, 소설의 주요 공간인 평사리와 하동 포구, 지리

---

13) 장소가 갖는 기능은 작품의 성격과 스타일 설정, 가시화된 상황과 메시지 제공, 등 장인물의 환경 창조, 극의 시간과 공간을 설정, 이동, 진전, 변화시킴, 시각적 이미지와 분위기 창출, 조명 및 장치를 동원하여 사물을 구성, 상징, 초점화, 작품의 시대성, 역사성 제시, 음향과 영상을 현실화, 입체화, 캐릭터와 스토리 보강, 제작 디자인과 연출 리듬 강화 등이다. 오명환, 『텔레비전 드라마 예술론』, 나남, 1994, 378면
14) 김동리, 「원작은 각색과 별개의 것 —언급 자체도 무의미한 것」, 『문학사상』, 1984.2.

▲ 평사리에 지어진 SBS 2004년 드라마 〈토지〉 세트장 1

산 등의 자연 공간과 평사리 최참판댁, 진주 서희 집, 임명빈의 집, 진주,
용정 등의 도시 공간으로 크게 나눌 수 있다. 1부의 경우 평사리 들녘은
생생하게 공간 감각이 느껴진다. 외부 공간은 천연 조명15)과 어우러져
자연스럽고 활동적인 느낌까지 준다.

그러나 2부 이후 달라지는 도시 공간은 차별성이 느껴지지 않는다. 그

---

15) "영화사의 아주 초기에는 오직 자연 조명만이 사용되었는데, 대부분의 촬영은 옥외
에서 아니면 스튜디오라도 빛을 받아들이는 투명한 천장이 있는 곳에서 이루어졌다.
내러티브가 보다 복잡해지고(1900년대 초) 영화에 대한 수요가 커짐에 따라 촬영 스케
줄이 과중해지면서 인공 조면이 기존의 조명을 보완하는 방식으로 도입되었다. (…중
략…) 전체적으로 고전 할리우드 영화는 내러티브의 요구에 봉사하지 않는 조명에는
심한 반감을 보였고, 드라마틱한 조명이라는 엄격한 원칙에 집착했다. 조명은 극의 상
황에 맞아야지, 인위성이나 혹은 극단적 추상성으로까지 나아가서는 안 된다는 것이
다. 그들은 이런 것이 관객에게 불편함을 준다고 믿었다." 수잔 헤이워드, 『영화사전』,
한나래, 1997, 339면.

차이를 드러내기 위해서 자막을 쓰는데 이는 불가피한 선택으로 보인다. 이 경우 도시를 알려주는 자막은 배경이라기보다는 서술의 역할을 한다. 2부부터 『토지』의 무대가 만주로 넓어지면서 자막16)을 통해 공간의 변화를 알려준다. 〈문루구사〉·〈서울〉·〈연추〉·〈회령〉·〈퉁포슬〉·〈하동〉·〈묘향산〉·〈퉁포슬〉·〈평사리〉·〈하르빈〉·〈통영〉 등의 자막을 통해 공간 변화를 알 수 있다. 그런데 촬영이 가능하다면 도시의 특성을 알려줄 수 있는 적절한 장소를 선택하는 것도 하나의 방법이 될 수 있을

---

16) 시퀀스를 나누기 위한 자막의 사용은 무성영화시대의 유물이다. 그러나 오늘날에도 변형적인 한 장소의 화면이나 또는 평범한 화면을 배경으로 그 위에 장소나 그날의 정확한 시간, 사건이 일어나는 년도 등을 자막으로 표시한다. 몇몇 기록영화에서는 새로운 시퀀스로 들어갈 때 부제(sub-title)를 사용하기도 한다. 다니엘 아루흔, 최하원 역, 『영화언어의 문법』, 집문당, 1985, 684면.

것이라 판단된다. 공간의 경우는 기록물에 의존할 수도 없어서 변화의 단서를 찾을 수가 없다. 자막이 아니라면 용정 거리가 평사리 주막이나 진주 시내라고 하더라도 알 수 없는 평면적인 공간이 돼버린다. 물론 드라마 제작 당시의 관행이나 제작 여건상 적절한 세트를 만들기 힘든 구조였을 수도 있다.

다음은 자막의 경우이다. 자막은 무성영화시대의 유물이다. 무성영화시대는 자막을 통해 대화를 알려줬다. 그러나 무성영화 이후 시대의 자막은 화면을 새로운 시공간에 위치시키고 인물의 성격을 구축시키는 역할을 한다. 충분히 활용된다면 자막은 새로운 시공간의 성격을 부여[17]할 수도 있다. 그러나 드라마 〈토지〉에서는 단순히 지시적인 역할만을 하고 있다. 공간뿐 아니라 시간을 알려주는 자막도 마찬가지다.

드라마의 2부 1편은 〈1911년 용정 거리〉라는 자막과 함께 시작된다. 1부와 2부 사이의 단절된 시간을 자막을 통해 알려주고 있다. 3부에서는 3·1 만세운동을 하는 사람들과 총격으로 대응하는 일본인들의 모습을 기록 필름들을 통해 보여주면서 〈1919년 9월〉이라는 자막을 보여준다. 4부는 〈1929년 10월 13일(음력 9월 30일)〉 자막을 보여주면서 조선 학생 의거의 원인이 된 사건을 장면화한다. 역사적인 사건과 그 사건과 관련된 기록물들을 보여주면서 자막을 통해 시간 변화를 알려주는 것이다. 소설에서 시대적인 풍물의 변화나 직접적인 사건이나 시간을 언급하면서 이야기를 전개시키는 데 비해 드라마에서는 평면적으로 자막을 통해 시간과 공간을 제시해준다.

또 새로 등장하는 인물도 자막으로 처리했다. 『토지』의 경우 600여

---

17) 자막은 언어적인 효과와 서술적인 효과를 동시에 갖는다. 무성영화시대의 자막은 언어적인 효과가 강했다. 대화를 자막으로 처리했기 때문에 당시 자막은 유성영화시대의 인물의 대화를 대변했다. 무성영화 이후 시대에는 일반적으로 자막은 영상화하기 어려운 정보를 알려주거나, 시공간의 변화, 인물에 대한 정보를 제공함으로써 해석을 명확히 하는 역할을 하기도 하지만 영상서술의 진행을 방해하기도 한다. 앙드레 고드로와 프랑수아 조스트, 『영화서술학』, 동문선, 2001, 109~110면.

명에 이르는 방대한 인물들의 이름을 다 명기할 수 없는 문제여서 드라마에서는 새로 등장하는 인물 중 주요인물인 경우에는 시간과 공간 변화를 알려주는 것과 마찬가지로 자막을 통해 인물의 이름을 제시해준다. 『토지』는 새로운 사건이 만들어질 때마다 그에 맞는 새로운 인물을 등장시키고 있기 때문에 어쩔 수 없는 설정이라 할 것이다. 그런데 자막을 통해 이름만 제시하는 형태로 그치고 있어서 인물에 대한 정보가 부족한 채로 서사라인만을 쫓아가게 만든다.

또 소설 속에서 보여지는 통영의 풍부한 묘사 등은 드라마에서는 전혀 살려지지 않아서 아쉬운 부분이 많다. 배경 설정은 스튜디오 촬영을 중심으로 하는 우리 풍토에서 부차적인 것일 수도 있다. 그런데 원작 작품이 있는 소설을 드라마로 만들 경우, 원작자가 의도한 분위기를 살리기 위해 배경이 동원되었다면 드라마에서도 분명 그 부분을 충실히 반영해야 한다.

『토지』에서 행동의 주무대가 되는 대표적인 공간[18]은 방·주막·길·강가·산 등이다. 이 공간은 반복적으로 등장한다. 그래서 길·강가·산 등의 자연물 묘사는 매우 중요하다. 또 비교적 드라마에서 이러한 풍경이 잘 드러났다고 판단된다. 그러나 방과 주막 등의 실내 공간의 분위기와 배치는 대동소이해서 공간의 의미가 살아나지는 못했다고 판단된다. 풍속적인 면에서의 고찰이나 분위기 묘사를 위한 치밀한 공간 설정을 위해 각각의 공간을 의미화하고 특성을 부여해야 할 것이다.

---

18) 조윤아는 『토지』에서 방·주막·길·강·산 등이 행동이 일어나는 주무대이며, 방은 능동성의 결여와 의사소통의 단절을, 평사리 주막은 지역 공동체 지향성을, 길은 금기의 파괴와 순환성을, 강은 화해를, 산은 공생 추구를 나타낸다고 해석한다. 「박경리, 『토지』의 생명사상적 변모에 관한 연구」, 서울여대 박사논문, 1998.12, 108~137면.

## (2) 풍속의 장면화

소설 『토지』에는 통영오광대 놀이나 농악, 주갑의 노래 등 문화사적 가치가 있는 장면이 많이 등장한다. 이 장면들은 드라마 〈토지〉에서도 다양하게 장면화된다. 1부 첫 장면에서 한가위 놀이 장면과 함께 강강술래 등이 재현되고 혼례와 장례 장면은 여러 번 세세하게 장면화된다. 소설에서 장면화된 것 외에도 서술자가 혼례와 장례가 있었다고 언급하는 부분도 직접 장면화된다. 소설에서 세세하게 묘사된 간난할멈의 장례와 소설에서 언급되지 않은 최치수의 경우를 모두 똑같이 장면화하고 있다. 아래는 소설에서 두 사람의 장례에 대한 언급이다.

간난 할멈의 장례날은 쾌청했다.
나이 어려 굴건제복(屈巾祭服) 대신 천태를 두르고 도포 입은 영만이를 위시

▼ 드라마 세트장의 소품 2

하여 두만 아비와 두만이, 최참판댁 사내종들은 두건을 썼고 두만 어미, 계집종
들은 먹댕기에 북포치마를 입었다. 바우 할아범 장사에 비하면 여간 융숭하지
가 않았다. 음식도 많이 차려 마을사람들은 배불리 먹었으며 마을 상여를 빌려
오긴 했으나 만장이 여러 개 바람에 나부꼈고 자식 없는 종 신분의 일생이니
호상이랄 수는 없지만 윤씨 부인이 죽은 사람을 깍듯이 대접한 만큼 꽤 큰 장
례식이었다. 간난 할멈은 살 만큼 살았고 뜻밖의 죽음이 아니었으므로 그를
위해 뜨겁게 울어줄 사람은 없었으나 그러나 열두 상두꾼이 멘 상여, 상두채에
올라서서 앞소리를 하는 서 서방의 가락은 여전히 아낙들을 울려놓았다. 제 설
움에 울고 인간사가 서러워 울고 창자를 끊는 것같이 가락과 구절이 굽이쳐 넘
어가고 바람에 날리어 흩어지는 상두가에 눈물을 흘린다. (1권 375면)

"어느 때부터였던지 강을 내려다보는 마을 언덕에 터전을 잡았던 영천(永川)
최씨의 일가, 문벌과 재물로써 백 년을 넘게 이 지방에 군림해왔으며 특히 드
센 여인들 손으로 이룩했고 지켜왔었던 최씨 집안의 마지막 사내, 이 사내의

▼ SBS 2004년 드라마 〈토지〉 세트장 2

장례식에는 수많은 사람들이 따랐다. 상제는 하나, 여식 혼자였다." (2권, 184면)

이들 장례 장면에서 상두가와 함께 바람에 나부끼는 만장은 『토지』의 주제라고 일컬어지는 '한'의 정서를 표출하는데도 좋은 역할을 하고 있다고 판단되므로 풍속이나 자연물을 적극적으로 활용하여 의미를 확장시켜야 한다고 판단된다.

장례뿐 아니라 혼례도 마찬가지로 장면화된다. 소설에서 가장 잘 묘사되고 있는 홍이와 보연의 혼례뿐 아니라, 소설에서 장면화되지 않은 길상과 서희의 전통 결혼식, 조용하와 임명희의 신식 결혼식 장면 등이 드라마에서 모두 장면화되는데, 전통 혼례와 신식 혼례를 모두 보여준 것은 당대 풍속을 다양하게 만날 수 있었기에 좋은 설정이라 할 수 있다.

또 하나 풍속과 관련해서 드라마에서 효과적으로 장면화된 것은 주갑의 노래이다. 주갑의 역할을 맡은 윤문식의 연기와 노래는 소설 속 노래 장면의 실감을 생생하게 전달하고 있다고 판단된다. 그러나 봉순이가 노래 부르는 장면은 봉순의 역할을 한 배우가 노래를 직접 부르지 않아서인지 실감이 훨씬 떨어진다. 이는 풍속을 장면화하는 경우 캐스팅 단계에서부터 세밀한 준비와 고증이 요구됨을 반증하는 것이다. 기화의 경우 노래 장면을 아예 보여주지 않는 것이 더 낫다고 판단될 정도로 연기자가 직접 노래를 하는 것과 안 하는 것에는 차이가 있다. 이렇듯, 소설 『토지』의 풍속사적 가치를 더 높일 수 있는 다양한 소재와 장치가 필요함을 알 수 있다.

## 4. 드라마의 갈등 구조와 문제점

〈토지〉는 60분과 90분의 형태로 방영되었기 때문에 각색자는 표준 방영 시간인 60분과 90분 분량에 맞게 서사와 장면을 구성해야 한다. 그리고 텔레비전 드라마의 아킬레스건인 시청률을 위해 회당 드라마의 마지막 부분을 갈등과 암시로 끝맺어야 한다. 이는 소설에서 작가가 부, 편, 장의 구성을 통해 이야기를 마무리하고 시작하는 것과는 완전히 다른 문제이다. 길이의 제한은 있지만 부, 편, 장은 서사 초점에 대한 제한은 없다. 그러나 텔레비전 드라마는 시청률과 맞물려 서사 내용의 배치에 있어서도 제한을 당하게 되는 것이다. 그러므로 드라마 〈토지〉의 마지막 장면 분석과 전체 서사를 관통하는 논리를 분석해서 드라마 〈토지〉의 갈등 구조와 문제점을 파악하고자 한다.


### 1) 최씨가(家) 인물의 집중 초점화

『토지』드라마 1부는 서희 일가를 중심으로 초점화되고 있다. 이야기의 기본 토대인 최서희를 중심으로 하는 인물들의 이야기가 집중 전개된다. 기본적으로 텔레비전 각색의 논리는 가족을 중심으로 이야기를 전개하도록 요구[19]받는다. 텔레비전 수용층인 시청자들이 제일 좋아하는

---

19) "TV각색이란 원작 속의 가장 중심적인 가족, 거기 나오는 주인공의 얼굴과 거기 나타나는 반응을 TV화면에 농축시키는 작업입니다. 원작에서는 글 속에 표현이 안됐어도 상상할 수 있는 의미의 공간 같은 것을 몇 커트는 보여줘야 한다는 게 문제입니다. 각색을 하는 과정에서, 될 수 있으면 이야기 전개 방식을 한 개인이 문제라든가 가정의 문제라든가 하는 쪽으로 초점을 이동함으로써 TV화면을 시청자와 친근하게 만들어주는 작업이 요구됩니다. 그것이 원작을 극본으로 만드는 데 있어 제일 큰 비중을 차지하지요." 정문수, 「소설의 무한성과 TV 유한성의 문제―드라마는 딜레마다」, 『문학사상』, 1986년 4월.

가족 이야기로 만들어야 한다는 논리가 『토지』 1부 서사를 최참판가 구성원 개개인들을 초점화하도록 만들었다.

드라마에서 소설의 기본 라인을 따라가면서 충실하게 스토리를 재현하고 있지만, 갈등 구도를 명확히 보여주는 마지막 장면의 설정을 분석해보면 최씨가를 중심으로 하는 갈등구조를 명확히 알 수 있다. 1회분의 마지막 장면은 구천에게 초점이 맞춰져 있다. 비디오 1-2는 치수, 비디오 1-3은 서희를 등장시킨다. 이는 1부에서 일어날 사건의 핵심인 구천과 별당아씨의 도주, 치수의 살해, 최참판가의 몰락 등을 암시하는 대목이다. 구천의 경우 소설에서는 오히려 인물을 신비화하기 위해서 구체화하지 않는 측면이 있는데, 드라마비디오 1-2에서 구천이가 별당아씨와 포옹하는 것을 회상하는 장면 등을 그대로 등장시킨다든지 해서 구천과 치수의 갈등 관계를 좀 더 선명하게 드러내고 있다.

월선과 용이, 귀녀와 평산, 시국담, 구천과 동학 잔당들의 행보 등은 결말 부분에 거의 등장하지 않는다. 각색자가 토지 1부 전체 서사의 중심 스토리를 최참판가를 중심으로 하는 일련의 사건과 최참판가의 몰락의 과정을 중심으로 그려내고자 했기 때문이다.

물론『토지』가 기본적으로 가족사 소설[20]의 형태를 띠고 있기는 하다.『토지』를 가족 중심의 연대기 소설로 보고 주요 갈등을 최참판가의 몰락과 융성에 초점을 둔다 하더라도 결말을 통해서 한결같이 이 부분을 강조하고 있는 것은 토지 1부 서사의 다층적인 면을 사장하는 측면이 된다. 말하자면 용이의 고뇌와 절망 등은 여러 차례에 걸쳐 비중 있게 다뤄지는 데도 불구하고 결말 부분이 용이의 절망 등에 초점이 맞춰진 경우는 없다. 용이의 경우뿐 아니라 월선이와 강청댁의 갈등 등도 주요 모티프들인데 주요 갈등으로 설정되어 있지는 못하다. 이는 사건과 행동 중심으로 갈등을 만들어내야 하는 드라마의 특성상 소설『토지』에서 보이는 심리적 초점화는 무시될 수밖에 없는지도 모른다.

또 최씨가 인물들을 중심으로 한 것은 장면의 배열면에서도 두드러진다. 윤씨 부인이 김환에게 전답을 남긴 장면이 드라마비디오 2-2에 나오는데, 소설에서는 2부의 중반 이후인 2부 3편에 나온다. 1부 후반부에서 구천과 서희를 중심으로 하는 가족사를 중심스토리로 설정했기 때문에 소설적 구성과는 관계없이 구천을 드라마 앞부분에 내세울 수밖에 없었다.

4부의 경우도 처음부터 시대 상황을 고민하는 윤국을 중심으로 이야기를 끌어가고 있다. 드라마비디오 4-1에서 서희가 윤국을 불러 만용을 부리지 말라, 주동이 되지 말라, 아버지가 서대문 형무소에 있으니까 각별히 몸조심하라고 당부한다. 이것은 소설에서는 없는 부분이 4부 드라마 시작 이후 1929년의 광주학생운동의 전사를 이야기하고 나서 분위기

---

20) "가족사 소설은 가족의 역사를 소설로서 기술한 것, 즉 세대의 지속을 통해서 한 가족의 융성과 쇠퇴의 반복적인 순환과정을 서술함으로써 변천하는 사회의 역사와 인간 간의 밀접한 상호관계를 연대기적으로 보여주는 소설이다." 이재선,『한국현대소설사』, 홍성사, 1986, 375~400면.

고조를 위해 설정한 듯하다. 또 소설에서 독립 운동가들의 움직임을 통해서 정세를 알려주거나 서술자를 통해서 알려지는 정세는 길상과 서희의 안방 대화로 바뀌지게 된다. 또 평사리 출신 사람들이 끊임없이 최참판댁의 은공에 대해 이야기하는 부분도 최씨가라는 중심을 드러내기 위한 강조인 반면, 『토지』의 다하(多河)[21]로 일컬어지는 이야기 갈래를 다 보여줄 수 있도록 설정하지 못했기 때문에 나타나는 현상이다.

『토지』가 최씨가의 몰락과 재건을 기본축으로 하고 있지만 한 가족이나 몇 가족의 이야기로만 한정되어 있지 않으며, 『토지』의 인물들은 모두 주인공[22]으로 서사에 참여한다. 가족사의 흥망성쇠만이 아니라, 민족사의 질곡과 애환, 그리고 사람과 삶, 그 자체의 얼굴이 드러나 있기 때문에 『토지』를 가족 이야기로 함몰시키는 것은 『토지』의 스토리만을 앙상하게 떼어내는 것과 마찬가지다. 그러므로 민족사, 역사 드라마로서의 진지한 탐구가 절대적으로 필요하다 하겠다.

---

21) 김진석은 『토지』를 다하(多河) 소설로 명명한다. 여기서 다하(多河)란 하나의 흐름이 아니라 여러 흐름이고, 그 흐름이 단일하게 통합되는 것이 아니라 각자 흐르기도 하고 또 몇 흐름이 만나기도 하고 끊어지기도 한다는 의미에서 다하(多河)를 설명한다. 여기서는 단일한 흐름이 아니라 여러 갈래의 흐름이라는 의미로 쓴다. 「소내하는 한의 문학－『토지』」(『토지』 비평집 2), 솔, 1995, 236면.
22) "『토지』에는 주인공이 부재한다. 다르게 말하면, 소설의 중심인 주인공은 존재하지 않는다. 최참판댁 사람들이 소설의 주인공이라고, 그들을 중심으로 서사적 구조가 펼쳐진다고 말할 필요가 없다. 사소한 인물들까지도, 사소한 사물들까지도 모두 주인공이어서 주인공이라는 이름 자체가 맥이 풀린다. 이들까지도, 거창한 보편 역사에는 등장하는 일이 없는 이들까지도 나름대로의 시간과 역사 속에서 움직인다. 그들의 일상은 그들의 침묵은 어떤 서사적 중심에 예속되지 않은 채 그들의 생명의 결에 따라 이야기되는 것이다. 바로 이 지점에서 『토지』는 소설의 영역을 변화시키면서 확장하고 있는 것이다." 김진석, 위의 책, 246면.

## 2) 에피소드식 애정 서사의 나열

1부에서 가족사로서 토지를 본 관점이 2부에서 계속 유지되는 한편, 2부 이후부터는 〈토지〉의 멜로드라마적 속성이 부각되고 강화되었다. 박경리의 『토지』 이전 작품인 「김약국의 딸들」은 한국 멜로드라마의 원조격이라고 평가[23]되는 등 박경리 소설의 멜로드라마적 속성은 아주 강하다.

『토지』의 경우도 마찬가지이다. 멜로드라마의 속성을 소박하게 연애와 불륜, 가족 / 모성 / 부성담, 섹스 모험담, 인생 유전 등으로 판단했을 때는 『토지』 서사의 많은 부분이 멜로드라마적 성격을 지녔다고 할 수 있다.

특히, 연애와 불륜담이 『토지』 서사의 주요 기둥임에는 재고의 여지가 없다. 별당아씨와 구천의 애정, 서희와 길상의 결혼, 길상과 옥이 어머니의 관계, 상현과 봉순의 연애, 월선과 용이의 애정뿐 아니라 주변부 애정 서사[24]도 굉장히 많다. 모든 인물들의 애정사와 결혼이 묘사, 서술된다고 해도 과언이 아니다. 인물들의 세계관을 작가가 모두 언급하지는 않지만, 인물들의 애정사나 결혼사는 언급하고 있다. 물론 연애나 애정이, 사회적 관계를 이루는 기본 단위라는 면에서 중요한 측면이 있지만, 『토지』는 결혼이나 가족 관계 이외의 애정 서사도 집중적으로 다루고 있기에 소재만으로 보면, 멜로드라마의 혐의를 벗지 못한다. 더구나 애정관

---

23) 멜로드라마의 중심부의 이야기를 ① 연애와 불륜의 멜로드라마, ② 가족 / 모성 / 부성 멜로드라마, ③ 섹스 모험담 멜로드라마, ④ 인생 유전 멜로드라마로 분석하고 있다. 이 중 인생 유전 멜로드라마의 원조를 『김약국의 딸들』로 잡고 있다. 유지나 외, 「한국 멜로드라마의 지형도 그리기」, 『멜로드라마란 무엇인가』, 민음사, 1999.

24) 이외의 애정 모티프들로는 강선혜와 권오송의 결혼, 강포수의 귀녀에 대한 애정, 길여옥과 최상길의 애정, 김숙희의 허정윤에 대한 애정, 정석의 봉순에 대한 애정, 박의사(박효영)의 서희에 대한 애정, 윤이병의 심금녀에 대한 애정과 배신, 송관수와 진주 백정의 딸인 영선네와의 결혼, 강혜숙과 송영광, 양소림과 허정윤의 결혼, 유인실과 오가다 지로의 애정, 이민우의 양현에 대한 애정, 윤국의 양현에 대한 애정, 이홍과 염장이와의 애정, 이홍과 허보연과의 결혼, 조용하와 임명희의 결혼, 찬하의 임명희에 대한 애정, 민지연과 하기서의 관계 등이다.

계나 결혼이 중심 서사에 영향을 미치지 않는 경우라도 애정과 결혼은 묘사되고 설명되고 서술자를 통해 주석되므로 사실은 애정, 혹은 불륜담이 『토지』의 긴장감을 유지시키는 중심 서사의 역할을 하고 있다.

그러므로 드라마에서 소설 『토지』의 멜로드라마적인 속성을 충실히 그려냈다는 점에서는 드라마가 성공적이다. 그러나 이러한 긴장감이 소설에서 의도되지 않은 부분까지 연장되고 이야기의 중심 구도를 애정 갈등 관계만으로 초점화한 것은 한계로 지적되어야 한다.

특히 소설 2부에서 봉순이가 혜관 스님과 함께 용정을 찾도록 설정되어 있는데, 드라마에서는 혜관이 일차로 용정을 방문해서 길상이에게 절로 돌아가자고 말하면서 서희와 길상의 관계에 긴장감을 조성한 후, 두 번째로 봉순이가 공노인과 함께 용정을 방문하게 해서 서희와 길상의 관계에 갈등을 만들고 있다. 이러한 설정은 원작의 내용을 바꿔서까지 애정을 중심으로 갈등을 만들어냈기 때문에 문제적이라 할 수 있다.

3부도 용이의 아들 홍이를 중심으로 하는 연애 서사를 초점화한다. 길상·구천·정석의 활동과 함께 홍이의 연애, 홍성숙과 조용하의 연애가 중심축을 차지한다. 그러나 3부 역시 원작에서 강조되는 심리적인 초점보다는 연애 사건의 통속성 등에 초점이 있다.

예를 들어 조용하와 홍성숙 등의 이야기를 내세워 주요 갈등을 만들고 있다. 조용하와 임명희 부부 관계의 심리적 갈등보다는 조용하와 홍성숙의 불륜을 더 강조한다. 조용하와 홍성숙의 갈등을 드라마 끝 장면(비디오 3-19)과 시작 장면(비디오 3-20)에 배치하고 있는데, 이는 삼각관계와 불륜을 강조한 것이다. 또 소설에서 다른 인물들의 대화로 알려지는 나 형사와 양을례의 관계 등이 여러 차례 세세하게 묘사된다. 시국 논쟁이나 심리 묘사 등은 삭제되고 불륜 사건 등은 세밀하게 장면화함으로써 3부 이후 서사를 끌어가고 있다.

그런데 이러한 애정 서사들이 중심 없이, 초점 없이 에피소드적으로 나열되고 있다. 여러 사람들의 애정 서사를 에피소드적으로 나열해서 방

송하는 것은 오히려 극적 구성을 방해하는 요소가 된다. 강, 약, 장, 단의
비중을 주어 몇몇 애정 서사에 더 집중할 수 있게 하는 것이 오히려 긴
장감을 더 불러올 수 있을 것이다. 또 애정 행위가 초점화되어야 할 것
이 아니라, 인물들의 심리 묘사나 인간의 본질에 대한 질문에 초점이 가
야 할 것이다.

### 3) 관념과 주제 의식의 표류

드라마 〈토지〉는 소설 『토지』의 주제를 어떻게 드러내고 있는가? '한' ·
'운명' · '허무' · '토지' · '민족' · '생명' · '동학' 등등의 관념이 『토지』의
주제의식인가? 원작자는 소설 『토지』 4, 5부를 중심으로, 일본에 대한 탐
색과 민족주의 · 가족주의 · 개인주의 · 사회주의 · 허무주의 · 생명의식 등
을 고찰함으로써 의도적인 관념의 노출을 시도하고 있다. 인간의 욕망과
욕망의 허상에 관련된 한, 운명, 허무 등과 역사의 논리에 관련된 동학, 생
명의식 등이 소설 『토지』의 중심 관념이자 주제라면 이러한 의식들이 어
떻게 드러나는가에 대한 평가가 필요하다고 판단된다.

1, 2부에서 최씨가를 포함한 인물들의 형상화는 내면 의식과 타자의
갈등이 긴장감을 주는 반면, 3부 이후 지식인 인물의 내면은 지나치게
관념적이다. 『토지』의 4부와 5부는 거의 관념 소설25)에 가깝다. 관념 소
설은 사상이나 관념의 극화를 통해 삶 속에 생동하는 다양한 사상과 관
념 자체를 반영하는 소설이다. 이러한 소설에서는 관념과 사상이 주체이
므로 스토리와 구성은 본질적으로 덜 갈등적일 수밖에 없다. 4부 이후
정신주의적 성향이 강한 인물들이 많이 등장함에 따라 소설은 관념적으

---

25) "관념소설은 관념과 사상이 성격 전개나 플롯 구성을 위한 수단이 아니라 관념과 사
상이 주체로 등장하고 스토리와 성격을 예속시키는 소설이다." 최재서, 「헉슬리의 '포
인트 · 카운트 · 포인트'」, 『인문평론』, 1940.4.

로 된다. 그래서 3, 4부 이야기를 드라마화하려면 타협이 필요하다. 관념과 사상을 살리기 위한 방법이 있는지, 그것이 불가능하다면 스토리와 구성에 보다 많은 볼륨을 넣어 드라마적인 요소를 첨가하든지 두 가지 방법 중 하나를 선택해야 한다. 그런데 드라마 〈토지〉에서는 두 가지 방법 중 어느 하나도 만들어내지 못했다.

그래서 4부의 풍성한 토론과 관념은 드라마에서 몇 인물들의 생경한 대화로만 잠깐씩 비쳐지고 관념에 대해 고민을 한 흔적은 보이지 않는다. 그리고 그 관념의 공백을 조용하와 양을례 등의 애정 서사로 대치하고 있다. 물론 시국 논쟁이나 심리 묘사, 서술자의 역사에 대한 서술 등이 모두 장면화되어야 한다거나 장면화될 수 있다고는 판단하지 않는다. 그러나 『토지』의 주제 의식과 사상, 풍부함을 사장하면서까지 멜로드라마적 논리에 집중하고 있는 것은 아무리 시청률을 의식해야 하는 텔레비전 드라마라고 하지만 원작자의 의도를 왜곡하는 것이다. '텔레비전은 정작 보여주어야 할 것을 보여주지 않거나, 또는 그것을 무의미하게 하는 방식으로 보여 주거나 현실과 전혀 일치하지 않는 의미를 주는 방식으로 다른 것을 구성한다'26)는 부르디외의 텔레비전 일반론이 드라마 각색에서 그대로 적용되고 있는 것이다. 각색의 기본 원칙인 주제를 저해하지 않는 범위 내에서 다양한 가능성이 탐구되었어야 했다.


## 5. 멜로와 역사, 드라마의 선별 원칙과 방향


1988년 "KBS 年誌"는 "한국인인 우리가 누구이며, 어떤 모습이 우리

---

26) 피에르 부르디외, 『텔레비전에 대하여』, 동문선, 1998, 30면.

인가를 반추해 보는 것은 우리의 현재와 미래를 위하여 매우 중요한 의미가 있으므로 한국인의 삶의 터전이며 상징인 토지를 무대로 민족 전체의 문제와 인간이 살아가는 형태, 인생관, 가치관을 종합한 스케일의 총체소설인 『토지』를 방영하게 되었다"[27]고 밝히고 있다. 한국인의 정체성, 인생관, 가치관을 담을 만큼 〈토지〉가 갖고 있는 총체적 스케일이 광대하다면 멜로드라마가 아니라 진지한 민족사 드라마의 면모를 보여주고 한국인의 인생관, 가치관 등이 의미화되어야 했다. 그러나 소설 『토지』의 성과와 의의가 곧바로 드라마 〈토지〉의 의의로 이어지지는 못했다. 이는 부분적으로 소설 『토지』의 속성 때문이기도 하고 텔레비전 드라마의 매체적 특성 때문이기도 하다.

각색 원리면에서 소설 『토지』의 서사 특성인 숨은 서사와 대화를 통한 전언, 서술자의 요약 등이 드라마에서 장면화되었는데, 이 과정에서 스토리를 선택하고 배제하는 논리는 철저하게 멜로드라마적 속성을 중심으로 이루어졌다. '인물형상화'면에서도 소설에서 입체감 있는 인물이 오히려 드라마의 극적 성격을 보여주기 위해 박제화되고 있다. 미묘한 인물의 심리 묘사는 극적 개연성을 위해 사장돼 버리고 소설 『토지』의 주제 의식적 측면을 노출하는 풍부한 대화와 논쟁들은 의미가 변형되거나 축소, 무시되었다. 이는 텔레비전 드라마의 공공성과 매체의 서사적 요구에 의한 것이다. 또 지나치게 소설 『토지』의 서사 라인을 그대로 따랐기 때문에 발생한 문제이기도 하다.

갈등 구조면에서 드라마는 원작의 가족사적 속성과 멜로드라마적 속성을 부각하고 강화했다. 텔레비전 드라마의 기본적 속성상 가족사의 틀을 벗어날 수는 없다 하더라도 소설에서 『토지』의 성과로 인정받고 있는 개인사, 민족사 등 다하소설로서의 면모를 읽을 수 없는 점이 아쉽다. 또 애정 서사들이 초점 없이 에피소드적으로 나열되고 있다. 이로 인해 오

---

27) 『KBS 年誌 1988년』, 한국방송공사, 1988, 112면.

히려 극적 긴장감은 떨어진다. 애정 행위가 아니라 행위를 둘러싼 인물들의 심리 묘사나 행위에 대한 관점이 초점화되어야 했다.

또 4부에서 독립 운동을 위해 지리산으로 들어온 많은 지식인 그룹이 설정되는데, 이 사람들의 관념과 사상은 드라마에서는 완전히 사장돼버렸다. 관념 소설의 형태를 가질 만큼 관념이나 주제 의식이 중요하게 서술되는 부분에서 관념과 사상은 사장되고 숨은 애정 서사를 끼워 맞춰 멜로적 속성만 강화했다. 텔레비전의 이야기 선별 원칙28)은 멜로 드라마적 속성을 중심으로 적용되었기에 담론의 방향을 완전히 바꿔버렸다. 그래서 드라마 〈토지〉는 원작의 스토리는 재현하되 원작의 의도와 주제는 재현하지 못했으며, 원작의 멜로드라마적 속성만 각색 과정을 통해 강화시킴으로써, 관념과 사상은 사장되어 버렸다. 이는 주제를 침해하지 않는 것이 각색의 기본 목표라는 각색론에도 정면으로 위배되는 것이다.

각색자는 원작을 해석하는 사람인 동시에 새로운 작품을 생산하는 창조자다. 드라마에서는 『토지』에 대한 새로운 해석은 전혀 없다고 해도 과언이 아닐 정도로 드라마가 원작에 종속돼 있으면서 또 한편으로는 원작을 왜곡하고 있다. 각색에서 지나치게 충실하게 소설 『토지』의 대화를 편집하다 보니, 오히려 원작 소설 『토지』의 의도와 주제의식을 살리지 못했다. 역사드라마가 되든 애정 드라마가 되든 드라마적 구성으로의 철저한 변용과 역사와 민족에 대한 새로운 해석이 드라마 〈토지〉에 요구된다.

---

28) "선별의 원칙, 그것은 선정적인 것과 구경거리를 추구하는 것입니다. 텔레비전은 이중적인 의미에서 극화를 요구합니다. 즉 텔레비전은 사건을 이미지로 연출하고 그 중요성, 심각성과 함께 극적, 비극적 성격을 과장합니다." 피에르 부르디외, 『텔레비전에 대하여』, 동문선, 1998, 31면.

| 1부 | 드라마 1부의 시작과 끝을 통해 본 인물 초점 | 초점 |
|---|---|---|
| 1-1 | 한가위, 최씨가 인물들 소개와 마지막은 구천에게 초점 | 구천 |
| 1-2 | 구천의 울음 장면, 도주 후 치수가 강물을 바라보는 장면 | 치수 |
| 1-3 | 귀녀의 성격 묘사, 서희가 엄마를 데려오라는 장면 | 서희 |
| 1-4 | 국수를 먹는 강청댁, 전생록, 월선이 돌아오다 | 월선 |
| 1-5 | 용이와 월선이, 조준구의 등장 | 조준구 |
| 1-6 | 치수 준구의 시국담, 용이와 월선이, 귀녀의 심중을 알게 되는 평산 | 평산 |
| 1-7 | 임이네 호박서리, 월선이와 마주침 | 임이네 |
| 1-8 | 준구, 총사냥 권유, 월선이를 찾아온 강청댁, 귀녀를 훔쳐보는 치수 | 치수 |
| 1-9 | 귀녀의 비원, 이동진 방문, 칠성과 평산의 모의, 강포수 찾는 치수 | 치수 |
| 1-10 | 강포수 찾기, 떠나버린 월선, 윤씨의 과거, 철포를 갖고 온 준구 | 준구 |
| 1-11 | 길을 나선 평산과 삼수, 치수가 강포수를 만남 | 치수 |
| 1-12 | 용이의 절망, 강청댁과 용이의 전쟁, 거복이 야단맞음 | 거복 |
| 1-13 | 김평산 막딸네 때리다, 용이의 절망, 강포수와 귀녀, 치수와 윤씨 | 치수 |
| 1-14 | 간난할멈의 죽음, 조준구 서울로, 치수는 산으로 | 치수 |
| 1-15 | 산으로 가는 치수, 문의원과 김훈장, 칠성이와 귀녀, 악몽 꾸는 윤씨 | 윤씨 |
| 1-16 | 총 발사, 용이와 강태공 시국담, 치수 돌아옴, 귀녀를 달라는 강포수 | 강포수 |
| 1-17 | 봉순의 끼, 문의원과 김훈장, 귀녀의 태기, 시신과 돌아오는 치수 | 치수 |
| 1-18 | 수동이, 만주 가는 이동진, 한가위, 치수를 죽이는 평산, 초당의 불 | 치수 |
| 1-19 | 치수의 장례, 고방에 갇히는 귀녀, 윤씨가 귀녀 추달 | 윤씨 |
| 1-20 | 갇히는 칠성과 평산, 함안댁 자결과 장례, 아이를 안고 가는 강포수 | 강포수 |
| 1-21 | 치수 사후 5년, 한복과 임이네 평사리에 나타남, 윤씨 임이네 만남 | 윤씨 |
| 1-22 | 임이네와 윤씨, 임이네와 용이, 임이네 임신, 홍씨와 조준구 | 조준구 |
| 1-23 | 홍씨의 행패, 강청댁 호열자 걸림, 호열자로 김서방 죽음 | 김서방 |
| 1-24 | 강청댁 하관, 봉순네 죽음, 홍이 출산, 농발, 윤씨 부인의 죽음 | 윤씨 |
| 1-25 | 용이와 월선, 조준구와 이동진의 시국담 | 조준구 |
| 1-26 | 왜군이 나타남 서희와 홍씨, 삼월이와 조준구, 삼수를 때리는 서희 | 서희 |
| 1-27 | 기민쌀, 양자들이는 김훈장, 매질하는 홍씨와 풀어주는 서희의 대립 | 서희 |
| 1-28 | 홍씨를 설득하는 조준구, 수동이 폐렴, 서희와 홍씨의 대립 | 서희 |
| 1-29 | 왜병 출현, 삼수의 행패, 임이네 월선을 찾아감, 용이의 임이네 추달 | 용이 |
| 1-30 | 떠나는 윤보와 두만, 수동의 장례, 서희의 분노 | 서희 |
| 1-31 | 토지 문서에 눈독 들이는 홍씨, 홍씨와 병수, 별당아씨 소식 | 서희 |

| 3부 | 드라마의 시작과 끝을 통해 본 인물 초점 | 초점 |
|---|---|---|
| 3-1 | 1919.3.1 만세, 홍이가 장이를 훔쳐봄 | 홍이 |
| 3-2 | 장이를 훔쳐보는 홍이, 최참판댁으로 가서 조준구를 만나는 관수 | 조준구 |
| 3-3 | 조준구와 관수, 5000원이냐, 양심이냐를 택하라는 서희 | 서희 |
| 3-4 | 조준구와 서희 흥정, 금녀가 잘못됐다는 것을 알리는 양차생의 아내 | 두수 |
| 3-5 | 금녀의 죽음에 놀라는 두수, 길상을 만나는 한복 | 한복 |
| 3-6 | 한복과 길상, 장이에게 만나자고 하는 홍이 | 홍이 |
| 3-7 | 홍이와 장이의 만남, 형을 부르는 한복 | 한복 |
| 3-8 | 김두수를 만나는 한복, 평사리로 갈지 고민하는 용이 | 용이 |
| 3-9 | 야무네와 홍이, 임이네의 아침, 왜병을 마주치는 의병들 | |
| 3-10 | 영팔과 용이 술 대작, 홍이를 바라보는 보연 | 홍이 |
| 3-11 | 보연과 홍이, 산호주 방에서 상현의 잠꼬대 | 상현 |
| 3-12 | 깨어나는 이상현, 여관에 오지 않는 서희, 서희 판단을 믿는 길상 | 길상 |
| 3-13 | 평사리 용이와 영팔 대화, 임이네의 죽어가는 표정 | 임이네 |
| 3-14 | 용이의 꿈(수동이 또출네 쫓는 장면), 김환과 강쇠일행 주막에 들다 | 김환 |
| 3-15 | 지삼만 신도 앞에서 연설, 자살한 김환을 발견하는 경찰관 | 김환 |
| 3-16 | 김환의 자살 소식을 듣는 서희, 서대문 형무소, 서희를 만나는 길상 | 길상 |
| 3-17 | 서대문 형무소를 나와 걷는 서희, 기화와 석이의 언쟁 | 기화 |
| 3-18 | 기화와 석이, 봉순이가 평사리로 돌아오는 장면 | 기화 |
| 3-19 | 봉순이가 평사리로, 환국과 서희 식당차에서 홍성숙 만남 | 홍성숙 |
| 3-20 | 홍성숙과 대화하는 서희, 조용하가 홍성숙에게 관계를 끝내자고 함 | 조용하 |
| 3-21 | 홍성숙이 조용하에게 남편이 알게 됐다고 말한다, 김두수와 조준구 | 조준구 |
| 3-22 | 용이가 영팔에게 살 만큼 살았다 말함, 한복과 함께 만주 가는 정석 | 정석 |

| 4부 | 드라마의 시작과 끝을 통해 본 인물 초점 | 초점 |
|---|---|---|
| 4-1 | 붉게 떠오르는 태양, 1929.10.13. 마을로 돌아오는 한복 | 한복 |
| 4-2 | 영호의 소식 듣는 한복, 찬하와 명희가 함께 오는 것을 본 용하 | 용하 |
| 4-3 | 놀라는 용하, 찬하가 용하의 멱살을 잡는다. | 용하 |
| 4-4 | 용하와 찬하의 싸움, 장이에게 달려드는 보연이 | 보연 |
| 4-5 | 장이와 보연이 싸움, 윤국이 평사리로 돌아오다 | 윤국 |
| 4-6 | 숙이와 윤국의 대화, 길상의 서대문 형무소 출감 | 길상 |
| 4-7 | 조용하가 임명희를 자동차에, 유인실의 수업시간, 우는 나옥련 | 유인실 |
| 4-8 | 순애에 대해 묻는 인실, 오가다에게 지에코랑 결혼하라는 숙부 | 오가다 |
| 4-9 | 오가다와 숙부, 숙이를 어떻게 생각하는지 서희에게 말하는 윤국 | 윤국 |
| 4-10 | 피리 소리가 듣고 싶다는 순이, 두만 부자간에 싸우는 장면 | 두만 |

| 4-11 | 두만이랑 이평의 싸움, 명희를 만나러 가는 세 사람 | 유인실 |
| 4-12 | 복연이와 순연이, 나형사 일행이 최참판댁에 들이닥침 | 나형사 |
| 4-13 | 없어진 순이, 윤국이 아버지의 주도라는 것을 듣고 놀라는 서희 | 서희 |
| 4-14 | 윤국이 길상이 관련됐다고 말함, 피투성이가 된 영광 | 영광 |
| 4-15 | 영광 수술비 걱정, 숙이와의 한때를 회상하는 윤국 | 윤국 |
| 4-16 | 결혼식장을 나오는 윤국, 윤국과 숙이를 의심하는 영호 | 영호 |
| 4-17 | 용정에 나타난 김두수, 아이를 낳으려 하는 인실 | 인실 |
| 4-18 | 숙이와 몽치 만남, 유인실 마차와 오가다 마차가 나란히 달린다. | 오가다 |

# 제1장

# 문학교육적 활용 방안

이승윤

## 1. 교육 현장에서의 수용 양상

문학교육의 문제는 여러 측면에서 고찰될 수 있으나, 가장 근원적인 문제는 교육부 국어교육과정에 포함된 문학교육과정과 국어 교과서에 포함된 문학 관련 단원이다. 요컨대 문학교육과정은 교육부 국어교육과 정의 한 부분으로 포함되어 있으며, 국어교육과정은 초등학교·중학교·고등학교 교육과정의 일부로 포함되어 있다. 문학교육의 목적은 일단 문학 작품을 선정하는 기준이 되며, 문학교육 내용의 지침이 될 수 있을 것이다. 그것은 각 단위 학교별 문학교육의 목적에 알맞은 작품이 선정되어야 하고, 학생들의 작품 감상력을 키울 수 있는 교육 내용을 선정하여야 하기 때문이다.

본 연구는 제도교육 안에서 문학교육, 구체적으로는 『토지』의 경우 어떻게 교육적으로 활용될 수 있을 것인가 하는 문제를 살펴보려 한다. 『토지』를 통해 비단 문학교육뿐만이 아니라 역사와 사회, 문화 등 다양한 교육적 활용이 가능하다고 판단한다.

『토지』는 중등학교에서 대학교까지의 교육 현장에서 하나의 정전으로 자리하고 있다. 비단 제도권교육의 영역이 아니어도 『토지』는 여전히 그 영향에 있어서나 독자들의 관심의 영역에 있어서 중요한 텍스트라 할 수 있을 것이다. '중·고생이 꼭 읽어야 할 소설'류나 '대입 수능시험과 논술 시험을 대비한 고교생이 꼭 읽어야 할 소설' 등의 시리즈물뿐만이 아니라 각종 기관이나 단체에서 내 놓은 추천도서 목록이나 필독서 목록에서도 『토지』는 자주 거론되고 인용되는 작품 중 하나이다. 또한 학습 참고서뿐만이 아니라 작가 소개와 작품의 해제를 담은 일련의 출판물들에서도 『토지』는 한국현대문학의 대표적인 작품으로 평가받고 있다.[1]

한편 대학에서의 권장도서목록에서도 『토지』가 자주 언급되고 있음을 확인할 수 있다. 연세대학교 『교양필독도서』 안에서도 한국문학 23권 중 『토지』가 선정되어 있으며, 한양대학교 교양필독도서위원회에서 엮은 『꼭 읽어야 할 양서 100권 – 어떤 책을 읽을 것인가』에서도 '아름다움의 세계를 찾아서'란 제목 아래 다른 문학작품들과 함께 추천도서목록에 선정되어 있다. 또한 한국과학기술원(KAIST) 인문사회과학연구소에서 엮은 『과학도가 읽어야 할 인문 교양서 83선』에서 『토지』는 '문학과 삶'이라는 항목 속에 권장 도서로 올라 있다.

---

1) 물론 필독서나 추천도서목록 등이 절대적인 기준이 될 수는 없다. 그것 또한 철저한 검증의 과정을 거쳐야 할 것이다. 정전 형성 과정에 대한 연구가 이와 관련될 수 있을 것이다. 정전 형성의 문제는 작품의 직접 생산자뿐만 아니라, 텍스트의 가치를 생산 또는 '재'생산하고 그 가치를 인정하여 소유하기를 원하는 소비자나 청중을 만들어 내는 관계자 및 제도·기관(이를테면 주해자·후원자·사원·학교·박물관·출판사·정치단체)과도 관련이 있다. 여기서 무엇보다 중요한 문제는 이러한 가치가 누구에 의해 어떤 목적으로 어떻게 생성되고 보존되며 전달되는가 하는 것이다. 『토지』와 관련된 정전 형성의 문제는 앞으로의 과제로 남겨 놓는다. 하루오 시라네·스즈키 토미 편 / 왕숙영 역, 「창조된 고전 – 정전 형성의 패러다임과 비평적 전망」, 『창조된 고전』, 소명출판, 2002 참조.

교육 현장이나 독서시장뿐 아니라 작가와 독자, 작품과 독자, 혹은 독자 상호 간 중요한 소통의 공간이 되고 있는 사이버 공간에서도『토지』의 위상을 확인할 수 있다. 사이버 문학동호회 '하이텔 문학관'에서 펴낸 『맛있는 책』168권에서『토지』는 "한국문학사를 다시 쓰게 만드는 대서사시"란 설명과 함께 추천도서 목록에 올려져 있다. 이외에도 '토지문학관(http://cafe.daum.net/ttang)'이나 '토지문학공원(www.tojiliterarypark.com)' 등 동호회 사이트의 활발한 활동은『토지』에 대한 광범한 독자층의 형성을 증명해주는 것이기도 하다.

본 연구의 1차 목적은 고등학교 국어과 교육과정의 '문학' 영역에서 행해진『토지』에 관한 기존의 학습 방법들을 비판적으로 검토하여 변화된 환경 속에서 학생들과 함께 효과적으로 학습할 수 있는 여러 방법론의 모색에 있다. 현재 시행되고 있는 제7차 교육과정에서는 국어과 교육과정에서 '문학' 영역을 별도로 설정하여, 교육 내용을 제시하는 주된 목적이 문학적 국어 사용 능력 향상에 있다고 규정하고 있다. 이를 위해 제7차 교육과정은 문학 영역의 교육 내용에서 '문학의 창작'에 관한 내용을 보완하여 문학 작품 향유의 질을 높이는 교육 활동을 강조하고 있다. 즉, 문학 영역의 교수·학습이 문학 또는 개별 문학 작품에 대한 해설과 기성의 문학적 해석을 단순 수용하도록 하는데 중점이 있지 않고, 학습자의 적극적이고도 능동적인 작품 해석과 비평 활동을 강조하여 문학적 목적으로 국어를 사용하는 능력을 질적으로 향상시켜 주어야 함을 강조하고 있는 것이다. 이는 제4차 교육과정부터 '문학' 영역을 설정하여 지도하여 왔지만 작품의 깊이 있는 이해 능력 향상보다 문학에 대한, 또는 문학과 관련된 지식 전달이 주된 학습 활동이었던 교육적 관행을 개선하고자 하는 의도라 볼 수 있다.

이 글에서는 이렇듯 변화된 교육환경 속에서 실제 교육 현장에서 활용할 수 있는『토지』의 교육적 활용 방안에 대해 살펴보려 한다.『토지』의 교육적 활용은 단지 문학교육뿐만이 아니라 주변 학문과의 연계와 소통을 통해 모색될 수 있을 것이다. 나아가 결론적으로 중등교육 밖에서 『토지』에 관한 여러 접근과 독자와 작품 수용자들의 관심들을 문학교육적 측면에서 어떻게 수렴하고 접목시킬 수 있을지에 관한 문제들을 검토해 볼 것이다.


## 2. 중등 교과서와 대학 교재, 『토지』 교육의 현주소


현재 고등학교에서 사용하고 있는 국어과 교과서로는 국정 교과서인 '국어'와 검인정 교과서인 '문학'·'독서'·'작문'·'화법'·'국어생활'·'문법' 등이 있다. 『토지』는 6차 교육과정의 고등학교 『국어』 교과서 하권 '문학과 문화'라는 대단원 안에 「유산가(遊山歌)」, 「논개의 애인이 되어서 그의 묘에」, 「연행가(燕行歌)」, 「적벽부(赤壁賦)」 등과 함께 실려 있다. 이 장(章)의 '단원의 길잡이'에는 "문학에 나타난 생활 문화와 예술 문화를 이해, 감상하기 위한 기본 개념과 절차를 공부한 다음, 다섯 편의 작품을 통해 실제로 문화를 이해하고 감상하는 능력"을 기를 수 있도록 한다고 되어 있다. 구체적으로 『토지』의 경우에는 "삶의 여러 문제에 대처하는 방식의 전통성"에 중점을 두어 살필 것을 지시하고 있다. 또한 '학습 목표' 아래는 "생활문화와 예술문화라는 관점에서 문학을 이해하고, 작품을 감상한다", "문학을 통한 민족 문화의 계승과 창조에 기여하는 능력과 태도를 갖춘다", "시청각 보조 자료를 이용하여 표현과 이해의 효과를 높인다"는 항목이 들어 있다. 요컨대 문학작품을 통한 '문화'의 이해, 그를 위한 시청각 자료의 적극적 활용이 이 단원의 학습목표라 할 수 있을 것이다.

교과서에 실려 있는 『토지』는 전체 이야기의 도입부에 해당하는 1부 1

편의 서(序)와 1장과 2장이다. 전체 소설 속에서 부분을 읽는 것이 무슨 의미가 있을까? 시와 달리 소설이나 희곡은 전편을 싣기에는 현실적으로 어려움이 많다. 그러다 보니 작품에 대한 접근 자체가 부분적·파편적일 수밖에 없다. 이 문제는 현행과 같은 교과과정의 내용 체계와 교과서 저술 원칙이 유지되는 한 쉽게 해결될 수 없다.2) 따라서 소설과 희곡의 경우 뚜렷한 학습 목표와 지향 아래 학생들에게 그 내용이 제공되어야 할 것이다.

고등학교 국어 교과서의 학생 참고서에서는 '주어진 부분만으로도 일차적 학습 목표를 달성할 수 있다'고 하면서, 대단원의 제목처럼 '문학과 문화'와의 관련성을 염두에 두면서 당시 농민들의 삶의 유형은 어떠했는가, 인물들은 어떤 성격과 심리를 가지는가, 사건은 어떤 방향으로 전개될 것인가에 초점을 맞추어 읽을 것을 요구하고 있다. 물론 문화를 이해하는데 문학 작품은 유용한 도구가 될 수 있다. 특히 『토지』와 같은 경우는 '문학과 문화'의 학습목표에 적절한 텍스트라 할 수 있을 것이다. 하지만 교과서에 인용된 작품의 도입부가 이 단원의 학습목표와 맞아떨어지는가는 의문이다. 줄거리를 요약하고, 등장인물의 성격적 특성을 규정하고, 인물의 미래를 상상해 보는 것은 꼭 『토지』의 도입부가 아니어도 가능한 학습활동이다. 무엇보다 작품에서 발췌하여 교과서에서 인용하고 있는 장면이 『토지』에서 우리의 문화를 보여주는 가장 적절한 대목이었는지는 다시 생각해 볼 문제이다. 무엇보다 작품에 대한 내밀한 분석과 그 적용 가능성에 대한 고찰 없이 단지 편의에 따른 인용과 학습목표의 설정은 작품의 올바른 이해와 그것의 활용에 한계를 드러낼 수밖에 없을 것이다.

새로운 교육과정의 시행으로 『토지』는 이전보다 더욱 많은 활용의 가능성을 보여주고 있다. 제6차 국어과 교육과정과 대비되는 제7차 국어과 교육과정의 특징은 대략 다음과 같다. 첫째, 하위 목표가 6차에서는 '기

---

2) 김동환, 「현대문학교육의 목표와 방법의 문제」, 『민족문학사연구』 12호, 1998.6, 65~66면.

능·언어·문학' 세 영역별로 제시되었으나, 7차에서는 '지식·기능·태도'의 내용 범주별로 제시되었다. 이는 국어과의 각 영역이 독립적이지 않고 내용상 통합되는 것이 바람직하다는 판단에 근거하고 있다. 둘째, 내용 체계의 내용 범주가 6차에서는 '본질·원리·실제'의 세 범주였으나, 7차에서는 여기에 '태도' 범주를 추가하였다. 여기에는 교육의 결과가 궁극적으로 학습자의 삶으로 전이되어야 한다는 논리가 깔려 있다. 그리고 '본질' 범주에서는 알아야 할 지식을 제시하였고, '원리' 범주에서는 언어활동의 세부 국면을 나누어 제시하였다. 셋째, 하위 영역의 제시 순서가 6차에서는 말하기, 듣기, 읽기, 쓰기, 언어, 문학의 순이었으나, 7차에서는 듣기, 말하기, 읽기 …… 순으로 바뀌었다. 말하기와 듣기의 순서가 바뀐 것은, 인간의 성장 단계에서 익히게 되는 언어활동 양태의 순서를 존중한 결과라 하겠다. 넷째, '언어' 영역이 '국어 지식'으로 명칭이 바뀐 것은, 비교적 전문화된 '국어'와 관련된 학습 내용을 포괄하기에는 '언어'라는 영역 명칭이 지나치게 일반적이고 포괄적이기 때문이라 하겠다. 이는 교육 내용의 성격과 내용 선정 기준을 명료화한 결과이다. 다섯째, 학년별 내용의 각 항목이 6차에 비해 축소되었다. 6차의 7~10항목이 5~7항목으로 축소된 것은 학습량에 대한 부담을 줄이고자 한 것이다. 이외에도 '문학' 영역에서 창작활동을 도입하여 문학의 적극적 향유와 창조를 도모하고 있다는 점도 특징적이라 하겠다. 요컨대, 제7차 교육과정에서는 교수·학습 과정 중심의 교과서를 지향한다는 취지 아래, "일반적인 언어생활을 고려하면서 학습자가 국어 교육을 통해 동시대의 문화와 전통 문화를 이해"할 수 있도록 하였으며 궁극적으로 "문화에 대한 이해와 안목을 높여줄 수 있는 문화 교육의 관점"을 견지하고 있다. 또한 "쉽고, 재미있고, 친절하며, 활용하기에 편리한 교과서"라는 명제 아래 "정보화 시대에 걸 맞는 인프라가 본격적으로 구축되고 다양한 소프트웨어들을 교육에 활용할 수 있는 현 상황을 감안하여, 멀티미디어를 이용한 다양한 교수·학습과 연계하여 활용될 수 있도록" 하는 학습 내용의 구성을 강조하고 있다.

문학작품의 경우에도 제7차 교육과정에서는 작품을 "고정된 전범이 아니라 학습자의 다양한 문학 활동을 위해 변용할 수 있다는 관점에서 접근"하도록 유도하고 있다. 이러한 관점은 닫힌 교재관에서 열린 교재관으로 인식의 전환을 보여주는 것이기도 하다. 교과서에 실린 '제재를' 배우는 것보다 '제재를 자료로 하여' 교육 내용을 배우는 것이 더 중요하다는 인식인 것이다. 예를 들어 「춘향전」은 그 자체로서 중요한 작품이기는 하지만, 사실 「춘향전」을 배우는 이유는 조선 후기 판소리와 소설의 특성을 알고 오늘의 관점에서 그것을 창의적으로 수용하기 위해서이다. 더구나 「춘향전」의 이본이 매우 많은 상황에서 교과서에 실린 「춘향전」의 구절구절에 지나치게 매달릴 필요는 없다. 판소리 창본 「춘향가」와 소설로 개작된 「춘향전」, 만화나 연극, 드라마 영화 등으로 변용된 「춘향전」 등을 다양하게 비교하면서 접근한다면 교과서의 자구에 집착하는 것보다 훨씬 효과적인 수업을 할 수 있을 것이다. 나아가 「춘향전」을 패러디하거나, 그것을 모방해서 새로운 작품을 써 내는 활동은 작품을 절대적인 가치로 보는 관점으로는 불가능한 일이다. 모든 작품을 일일이 다룰 수 없는 현실에서 열린 교재관을 취하지 않는다면 문학교육의 포괄적인 목표를 달성하기 어려울 것이다.

제7차 교육과정의 이러한 변화는 『토지』의 교육적 활용의 가능성을 더욱 넓혀 주고 있다. 하지만 실제 제7차 교육과정하에서 『토지』는 '국어' 교과서에서는 탈락하였으며, 단지 1종의 문학 교과서에 제6차 교육과정과 마찬가지로 작품의 도입부가 실려 있고 2종의 문학교과서의 학습 활동에 『토지』가 언급되어 있을 뿐이다.3) 30년 가까운 창작기간 동안 진행

---

3) 블랙박스에서 간행된 『문학』 교과서에 『토지』의 도입부가 실려 있으며, 상문연구사와 중앙교육진흥연구소에서 간행된 『문학』 교과서의 학습활동에 『토지』가 언급되고 있다. 한편 작가의 다른 작품인 「김약국의 딸들」이 문원각에, 「불신시대」는 문원각과 상문연구사, 중앙교육진흥연구소, 천재교육 등 네 곳에, 「거리의 악사」가 교학사의 『문학』 교과서에 실려 있다.

된 작품에 대한 다양한 평가와 함께 각종 필독도서 목록과 추천도서 목록에서의 빈도수, 드라마와 영화, 연극 등 다양한 장르와 매체로의 변용 등은 『토지』가 가지는 중요한 장점이 될 수 있을 것이다. 요컨대 『토지』는 변화된 교육환경 속에서 활용 가능한 유일한 텍스트는 아니더라도 역사·사회·문화·예술 등 다른 분야와 다양한 접목과 활용이 가능한 적절한 텍스트라 할 수 있을 것이다.

『토지』는 고등학교 '국어' 교과서와 '문학' 교과서 외에도, 대학의 문학교육과 글쓰기교육 등에서도 쉽게 발견할 수 있다. 이러한 사실은 『토지』가 가지고 있는 소설로서의 미학적 성취 외에도 역사소설로서 『토지』가 가지고 있는 교육적 활용 가능성 때문이기도 하다. 그것은 단지 과거의 역사적 사실에 기초하여 작품을 통해 그것의 확인을 용이하게 한다는 사실 때문만은 아닐 것이다. 오히려 굵은 활자로 쓰여진 역사의 뒤편에서 주목받지 못한 민중의 삶의 모습과, 구체적인 역사적 사실만으로는 그려낼 수 없는 그 이면의 모습을 이 작품이 우리에게 생생하게 제시해 줄 수 있기 때문일 것이다. 작가는 다양한 인간들과 그들의 정서·사유를 통해, 전통사회의 붕괴와 가치관의 몰락, 인간관계의 파탄을 묘사하면서 그들이 이 같은 사회적 변모 속에서 어떻게 고민하고 패배하며 혹은 어떻게 극복하고 생존해 왔는가를 보여준다.

홍익대학교의 '대학국어작문' 과목 중 '문학의 세계'란 대단원 안에는 『토지』에 관한 평론을 싣고 있다. 작품을 직접 발췌 채록하지는 않았으나 작품에 관련된 평론가의 글을 소개하는 것은 다음의 두 가지 점에서 유의미하다. 하나는 기존 작품에 대한 학생들의 이해도를 높이고 작품에 대한 흥미를 불러일으킴으로써 직접적인 독서를 유도할 수 있다는 점이다. 『토지』는 그 분량의 방대함으로 독사들이 정복하기 쉽지 않은 작품이다. 또한 많은 학생들이 중등 교과과정 속에서 어떤 식으로든 한번씩은 작품과 대면하게 된다. 이 경우 『토지』라는 작품을 알고는 있지만 그 전체를 읽고 파악하기란 쉽지 않은 일이다. 이러한 상황에서 평론가의 글을 대할 수 있다면 그것은 학습자에겐 분명 좋은 지적 자극이 될 수 있을 것이다. 또한 기존 평론가의 글을 보면서 고등학교의 '국어'나 '문학' 수업에서 유도된 천편일률적인 해석의 가능성으로부터 벗어나 다른 시각에서 작품을 볼 수 있는 새로운 독법을 제시해 줄 수 있을 것이다.

하지만 한 평론가의 짧은 평론 하나만을 보여주어 불가불 그만큼 해석의 여지가 협소할 수밖에 없다. 『토지』는 만 26년이라는 긴 창작 기간 동안 시대의 흐름에 따라 실로 다양한 해석들이 산출되었다. 따라서 오히려 여러 평론가들의 다양한 작품 해석을 메타비평의 형식으로 제시해 주었더라면 학생들에게 좀더 다양한 해석의 가능성들을 보여줄 수 있었을 것이다. 작품을 읽고 직접 그에 대한 비평문을 작성해 봄으로써 학생들은 전문가와의 비교를 통한 작품에 대한 개괄적인 이해의 폭을 넓힐 수 있을 것이며, 작품의 감상과 평가의 능력을 심화하고 내면화할 수 있을 것이다.

한편 2003년 새로 개정된 연세대학교 글쓰기 교재4)의 '탈민족시대와 민족어'란 장에서는 『토지』의 일부를 발췌하여 그것을 토대로 학생들에게 연습문제를 제시해 놓고 있다.

연습문제 1. 다음의 글은 어느 소실에서 발췌한 것이다. 일제 강점기에 한 일본 지식인이 사랑하는 조선여성으로부터 일본인이라는 이유로 결혼을 거부당해 괴로워하며 민족의 경계에 대해 의문을 제기하는 대목이다. 오늘날 민족간의 교섭은 매우 일반화되었지만 다른 민족의 이성과 결혼하는 일은 여전히 어려움이 많다. 아래에 제시한 글을 읽고 '민족의 경계'란 무엇이며, 그 교섭 과정에서 일어날 수 있는 문제점들은 무엇인지 구체적인 사례를 들어 논의해 보자.

'민족이란 도시 무엇인가. 이것에는 다분히 허식이 있다. 자애(自愛)하는 이기심도 분명히 있다, 침해하는 쪽이나 침해당하는 쪽이나. 내가 지금 무슨 소릴 하고 있는 거지? 민족이란……결국 필요에 의해 흩어지지 않고 모인 집단, 무

---

리를 짓는 동물과 같이 생존을 위한 집단이 아닌가. 다만 좀 노골적으로 얘기하자면 인간은 본능을 사랑이라 하고, 외로움에서 필사적으로 도주하려는 것을 사랑이라 하고 진실이라고도 한다. 이런 불안정한 인간들을 수용한 집단은 조국이라는 말뚝을 박아놓고 한 핏줄이라는 끈으로 묶어놓고 일방통행을 한다. 조국! 핏줄! 그것은 절대적인 것인가? 항구불멸의 것으로 이탈하면 안 되는 것인가? 생존을 위한 공동체, 그것은 과연 공동체였던가? 민족을, 국가를, 그리고 소수를 위해 대부분의 인간들은 그들 밑깔개에 지나지 않았다. 내가 일본에 대하여 민족적인 분노를 느낀 것은 그것은 감정이다. 팔이 안으로 굽는다는 그것처럼, 거의 이성은 아니다. 그러나 저 여자의 경우는 감정보다 이성이 더 강한 것 같다. 만일 동족끼리 불륜으로 사생아를 낳았다면 저 여자는 어떻게 했을까? 아마 그는 수모를 감내하면서 아이를 길렀을 거야. 버리는 따위의 짓은 하지 않았을 거야. 남자와 여자, 그리고 태어날 또 하나의 생명, 이들의 결합을 저해하는 것은 지금 민족이라는 명제다. 큰 것은 항상 작은 것을 말살하고 먹어치운다. 이 정당성, 이 논리는 끝이 없는 것일까? 끝이 없는 것이다! 끝이 없는……'

인용된 부분은 『토지』의 제4부 4편 5장 '동경(東京)의 인실(仁實)' 중 한 대목이다.5) 일본의 이른바 양심적 지식인이라 할 수 있는 오가다 지로와 조선인 여성 유인실의 관계 속에서 오가다 지로의 심적 갈등을 장면화한 것이다. 19세기 후반에서 1945년 해방까지를 시간적 배경으로 하고 있는 『토지』는 일본 제국주의의 조선지배와 그대로 겹친다. 식민치하에서 '민족'은 그것이 대항민족주의의 차원이든 아니면 제국주의의 논리를 합리화하는 방식이든 간에 중요한 화두가 아닐 수 없다. 하지만 '민족' 문제는 단지 소설의 배경이 되는 당대만의 문제가 아닌 현재 진행형의 과제이기도 하다. 문학의 고전이 갖는 미덕 중 하나가 시대를 초월한 보편성의 획득에 있다면 『토지』의 경우 단지 과거의 역사적 사실만을 다룬 작품이 아니라 현재의 우리들에게도 많은 질문과 생각할 거리들을 제공

---

5) 박경리, 『토지』 12권, 솔, 1993, 49~50면. 이하 작품의 인용은 따로 각주를 달지 않고 본문 속에 솔출판사본을 기준으로 권수와 면수를 부기토록 한다. 현재 유통되고 있는 나남출판사본을 취하지 않고 솔출판사본을 선택한 것은 나남의 판본이 원작에 대한 훼손이 심하다고 판단하였기 때문이다.

해주고 있는 것이다.

대학의 '교양' 수업인 '글쓰기' 과목과 '대학국어'에서 다루고 있는 『토지』는 문학작품의 내밀한 분석이나 작가에 대한 조사에까지 이르지는 않으며, 또한 꼭 그래야 하는 것도 아니다. 하지만 문학 전공 수업의 경우에는 교양 과목에서의 접근과는 방향을 달리할 수밖에 없을 것이다. 그러나 『토지』 한 과목만을 가지고 과목이 개설되지 않는다면 정규 수업 시간에 『토지』에 대한 전부를 학습하기란 쉽지 않을 것이다. 방송통신대학교 국어국문학과 내의 '수용미학회'와 같은 학회의 활동이 이러한 어려움을 단적으로 보여주며, 또 다른 한편으로는 학생들의 실제 요구사항은 무엇이며 또 그것을 어떤 식으로 해결할 수 있을 지를 보여주는 좋은 사례라 할 수 있다. '수용미학회'의 경우에는 실제 대학 교재에 있는 내용만을 그대로 답습하지 않고 작품의 배경이 되는 곳을 직접 답사하여 작가와 작품에 대한 자료들을 수집하여 자료집을 발간하고,6) 또한 『토지』 전공자들의 초청 강의를 연속 기획의 형식으로 진행하기도 한다. 이들의 활동은 결국 학생들이 실제 원하는 교육 방식과 내용이 무엇인지를 잘 보여준다.


## 3. 문학교육적 활용 방안


### 1) 작품 감상과 글쓰기

제7차 교육과정의 특징 중 하나가 문학창작을 교육 대상으로 끌어들

---

6) 박태상 교수의 『한국문학의 발자취를 찾아서』(태학사, 2002)와 같은 저작이 학생들과의 이러한 작업의 결과물이다.

▲ 소설 속 ES 여고의 배경인 진주여고 내 일신여고 기념비. 일신여고는 진주여고의 전신으로 일제시대에 설립되었다.

인 것이다. 그 동안 문학창작교육은 특별 활동 시간에 다루거나 교사 개인의 판단에 의해 임의로 이루어져 왔다. 그러나 7차 교육과정에서는 "문학의 수용만으로 문학 활동이 완성되는 것이 아니"라는 '문제인식'하에, "창작 활동을 도입하여 총체적인 문학 활동으로 이끌 필요"[7]가 있음을 강조하고 있다. 하지만 고등학교 문학교육과정 안에 창작교육을 수용한다는 것이 곧 모든 학생들을 작가나 비평가로 양성하기 위한 것을 의미하지는 않는다. 오히려 글쓰기를 통해 학생들이 텍스트에 대한 해석과 가치 판단을 구체화하여 보여주고 의사 표현 능력을 향상시킬 수 있도록 창작교육을 활용할 수 있을 것이다.

---

7) 교육부, 『고등학교 교육과정 해설—국어』, 교육부 고시 1997-15호, 대한교과서주식회사, 2001.

소설창작교육에 『토지』를 활용할 경우 우선 작가가 직접 말하고 있는 '창작 방법론'8)이 실제 '작품'에는 어떻게 적용되고 있는지를 학생들과 함께 확인해 나갈 수 있을 것이다. 그것은 작가의 사상과 관념이 구체적인 작품으로 형상화되어 가는 과정과 그 결과에 대한 탐색이 될 수 있을 것이다.

#### ● 사례 1

① 아래 두 글 속에 나타난 작가의 사상 혹은 가치관은 무엇인지 생각해 보자.

② 예문 외에 『토지』에서 작가의 사상이 구체적으로 형상화된 곳을 찾아 읽어 보자.

③ 이와 같은 작가의 사상이 갖는 현재적 의미는 무엇인지 생각해 보자.

〈예문 1〉

작가는 시작이 아닙니다. 결과지요. 아니, 아닙니다. 작가에게는 결과도 없습니다. 인생 자체에 결과가 없기 때문입니다. 오로지 죽음이 있을 뿐. 이와 같이 끝없는 벌판에서 작가로 나가겠다는 사람은 도저히 알 수 없는 삶의 모순을 얘기해야 하며 안다고 이야기 하는 것이 아니라 모른다고 이야기해야 합니다. 우리가 알고 있는 것은 다만 방식이며 상황이며 형상입니다. 그것은 모두 시간의 껍데기지요. 나는 작가는 안다고 이야기 하는 것이 아니라 모른다고 해야 한다고 믿습니다. 그것은 바로 물음이며 질문입니다. 작가는 칠흑과 안개를 향해 왜냐고 묻는 사람입니다. 왜라는 질문이 없으면 문제는 없거나 종결되었음을 뜻합니다. 그러나 생명은 엄연하게 생과 사의 상반된 것을 포태하고 있는 이상

---

8) 박경리, 『문학을 지망하는 젊은이들에게』, 현대문학, 1995. 이 저작은 작가가 1992년에서 1993년까지 연세대 원주 캠퍼스에서 '소설 창작론' 강의를 했던 내용을 채록하여 책으로 묶은 것이다. 이외에도 전상국, 『당신도 소설을 쓸 수 있다』(문학사상사, 1992) 실천문학 편집위원회; 『창작교실 : 21인의 작가 시인이 함께 쓰는』(실천문학사, 1997) 등을 활용하여 작가의 창작론과 실제 작품의 비교를 통해 창작교육에 활용할 수 있을 것이다.

우리는 왜라는 질문을 멈출 수 없는 것입니다. 바로 이점이 문학의 골자로서 어떤 작품에서든 그 갈등과 모순, 운명과의 싸움은 전개되는 것입니다.[9]

　문학은 바로 그 대상과의 갈등 모순 상충에서 우선 출발하게 되는 것입니다, 모순은 불가사의한, 불가항력의 질서인지 모르겠습니다. 우주의 작은 풀벌레에 이르기까지 존재의 존귀함과 신비스러움을 한 기간, 또 한 기간, 끊어지면서 이어지는 것을 우리는 눈 돌리지 말고 겸양하게 가슴에 안아야 합니다. 문학하는 마음도 바로 그래야 하지 않겠어요. 허송한 세월을 안고 명리에 찌든 모습으로 세상과 이별해서는 안 됩니다. 결국 그 인생은 입으로 집어넣고 아래서 배설하는 그것 이외 다른 것이 뭐 있겠어요? 흔히 '벌레만도 못하다', '짐승만도 못하다'고들 하는데, 삶의 진실을 생각할 때 확실히 그런 사람이 없지도 않습니다. 그런 사람들의 얼굴에 나타난 범죄의 자극을 볼 때 실로 연민을 금할 길이 없습니다. 나약하고 작은 풀들은 남 먼저 꽃을 피웁니다. 그리고 남 먼저 씨앗을 품습니다. 그것은 진실입니다. 어떤 벌레는 긴긴 날을 땅 속에서 알을 지키다가 알에서 유충이 나오면 어미는 자신의 몸을 유충에게 먹입니다. 처절한 진실이지요. 내가 돌보아 주는 들고양이들을 보면 그 어미의 사랑이 눈물겨웠습니다. 병든 동료에게는 먹을 것도 양보하고 그것은 생명 본래의 마음 아닐까요? 생명은 존귀하고 아름답고 따뜻한 것입니다.[10]

〈예문 2〉
바람이 불더니 둥주리가 뒤집어졌나? 아무래도 어미 잃은 새새끼같다.'
　그 울음소리를 길상은 이틀동안이나 들었다. 바쁘게 나돌아다니다가 뒤꼍 우물가에 와서 얼굴을 씻을라치면 잊어버렸던 새 울음이 또 들려오고 있는 것을 깨닫는다. 낮뿐만 아니라 밤에도 이따금 울었다. 사흘 되는 아침 길상은 숲속으로 들어갔다. 울음소리를 따라갔더니 높이가 팔을 뻗으면 닿을 솔가지에 걸레꼴이 된 꾀꼬리새끼 한 마리가 앉아서 우는 것이었다. 사람이 가까이 가자 긴장을 했는지 흡사 매새끼같이 사나운 꼴이 되었다. 손에 잡힌 새는 필사적 반항을 시도했으나 며칠을 굶었음이 분명한 그에게 나부대볼 만한 힘은 없었고

---

9) 박경리, 『문학을 지망하는 젊은이들에게』, 현대문학, 1995, 23~24면.
10) 박경리, 위의 책, 102~103면.

날으는 능력도 없었고 다만 무섭게 큰소리로 울부짖었다. 손바닥에 전해지는 따끈한 온기와 앙상한 뼈의 감촉, 길상의 가슴은 두근두근 뛰었다.

길상은 어제와 마찬가지로 새끼를 데리고 나갔으나 결과는 마찬가지였다. 도대체 어찌하여 새끼 한 마리만 나뭇가지에 남아 있어야 했으며 꾀꼬리가 날아가는 곳은 어디일까? 길상은 꾀꼬리가 날아가는 하늘을 멀거니 쳐다본다. 엿새쯤 지났을 때 꾀꼬리는 새끼를 찾아오질 않았다. 새끼새는 제법 털에 윤이 나고 노랑과 검정의 빛깔도 선명해졌다. '나리야?' 하고 부르면 여전히 '삐욱!' 하고 대답을 했고 방을 오래 비웠다가 돌아오면 횃대에서 뛰어내려 너무 기뻐서 입을 벌린 채 울음소리도 내지 못했는데 참으로 열광적인 애정의 표시였다. 그런데 하나의 생명을 지켜주기 위해 무수한 살생을 자행하게 되는 것은 어느 경우에 있어서도 마찬가지 일이거니와 한 마리의 꾀꼬리새끼를 키우기 위해선, 날개가 상한 한 마리의 벌[蜂]을 위해 슬퍼하던 길상도 매일 살생을 하지 않으면 안 되었다. 그리고 하찮은 미물에게조차 각기 다른 성정이 있는 것을 알았다. 여치란 놈도 그 성정이 각기 다른 성싶었다. 아주 지독히 반항하는 놈이 있었다. 새 주둥이 속에서도 결사적인 투쟁으로 먹지 못하고 내뱉는 일이 번번이 있었는데 이럴 때는 여치의 목을 비틀 수밖에 없다.

"나무아미타불!"

목이 비틀린 여치를 새 입에 넣어주고 다시

"극락왕생하여라."

하는 것이다. 지렁이를 꼬챙이로 자를 때도 손끝에 전해오는 생명의 꿈틀거림.

"나무아미타불! 극락왕생하여라."

그러던 어느 날 길상은 김 훈장한테 들렀는데 우연히 꾀꼬리새끼 얘기가 나왔었다.

"거 말이 새새끼지 많이 먹여야 할 게야. 온종일 어미가 물어다 먹이는 걸 보면, 원체 새란 놈은 많이 먹지. 제 몸뚱이에 비해서."

김 훈장의 말을 듣고 과식시킨 것이 빌미가 되어 탈이 났다. 새는 이틀 동안을 거식을 하고 물만 받아먹더니 나중에는 횃대에 앉아있지도 못하게 기진하였다. 결국 새는 죽고 말았다.

길상은 새의 삶이 너무 슬프고 위로받을 수 없어서

'생명을 받지 말아라. 다시는 나지도 말고 죽지도 말아라. 그 동안 지은 업(業)이 있다면 내가 대신 받으마.'

하고 중얼거렸다. 그 후 길상은 숲 속에서 쨍 울리던 새의 울음소리가 좀처럼 귓가에서 떠나지 않았다. 새소리만 들으면 몸이 떨렸고 한밤중에 방구석에서 구들배미 우는 소리만 들어도 아플 때의 그 작은 새 울음소리로 착각하여 벌떡 일어나 앉곤 했다. (4권, 163~164면)

한편 『토지』는 특정 주인공을 중심으로 이야기가 전개되거나, 하나의 사건을 집중적으로 조명한다거나 하는 방식과 떨어져 있다. 『토지』는 다양한 인물들의 얽힘이 곧 소설의 뼈대를 이루고 있다. '인물이 얽혀 있다'는 것은 이 작품이 한편으로 시간의 흐름에 따른 등장인물 개개인의 생애를 그리고 있고, 다른 한편으로 어느 순간의 일정한 공간 속에서 등장인물 상호간의 관계를 드러내주고 있다는 것을 뜻한다. 다시 말하면 등장인물 하나하나는 모두 자신의 과거와 현재를 가지고 있고 그것의 서술은 전통적인 소설 기법으로 보면, 개인의 연대기가 된다. 소설에서 인물은 소통의 핵심적 구실을 하며 매력적인 인물이 작품의 감동을 자아내는 근원적인 매체가 된다.[11] 예컨대 최서희나 이동진·김환·이용·조준구·송관수 등의 이야기는 그것 자체만으로도 충분히 한편의 소설을 구성할 수 있는 것이다. 이들의 생애를 종적인 서술 또는 수직적인 서술이라고 할 때, 그들 개개인의 생애와 매 순간마다 관계를 맺는 여러 인물들과의 관계를 횡적인 서술 또는 수평적인 서술이라고 할 수 있다. 이러한 횡적인 서술 방식은 개인보다는 어느 집단을 서술하는 데 자주 사용된다. 『토지』의 이러한 서술적 특징, 혹은 인물의 설정과 관련하여 학생들과 함께 다음과 같은 학습활동을 진행할 수 있을 것이다.


◉ 사례 2

① '『토지』에는 특정한 주인공이 없다'는 진술은 이 작품이 특별히 어

---

11) 조정래, 『소설 창작, 나와 세계가 만나는 길』, 한국문화사, 2000, 94~96면.

느 한 인물에게 초점이 맞추어져 있지 않음을 뜻한다. 따라서 각 인물들의 행적 또한 구체적으로 작품 안에 드러나지 않고 생략되어 있거나 결과적으로 후일담의 형식을 통해 제시된다. 한 인물을 선택하여 그 인물의 작품에서 묘사되지 않는 행적을 상상하여 구성해 보자.

예1) 별당아씨와 구천이의 지리산으로의 도주 후 생활을 상상하여 구성해보자.
예2) 『토지』는 1945년 해방으로 대단원의 막을 내린다. 일제치하에서 악행을 일삼았던 김두수의 해방 후의 모습을 상상하여 구성해보자. 예컨대 많은 친일파가 그러했던 것처럼 변신을 통해 또 다시 권력을 등에 업고 사회의 주류에 편입되었겠는가? 반민특위 등의 활동에 의해 응징의 수순을 밟았겠는가? 아니면 은둔이나 도피, 자살, 혹은 개과천선의 길을 걸었겠는가? 과연 어떤 모습으로 새로운 시대를 살아갔겠는가?

② 가장 인상적인 인물을 선택하여 그 인물의 나이, 직업, 사회 경제적 위치, 교육 정도, 애정 태도, 성격 등으로 구분해 정리해 보자.

* **송영광**: 길상의 아들인 환국의 친구, 백정의 아들, 노동자를 거쳐 악극단의 트럼펫 주자로, 고교 재학 중 퇴학, 불구인 다리, 신분에 따른 자기 혐오→도피적인 인간관계와 소극적 애정관, 허무주의와 자포자기적인 성격의 소유자

그 다음, 인물의 상황이나 성격, 나이, 직업과 지위, 가정환경 등 모든 요소가 서로 잘 어울리는지를 검토해 보자.

③ 주요인물들의 구체적 일대기를 재구성하여 전(傳)의 형식으로 한편의 소설을 써보자.

④ 둘씩 짝을 지어 가장 관심이 가는 인물과 가상의 인터뷰를 꾸며 보자. 한 사람은 질문지를 만들고, 다른 한 사람은 작중 속의 인물이 되어 답변을 준비하여 발표해 보자.

◉ **사례 3**

학생들은 서툴더라도 스스로 활동하고 활동 결과물을 눈으로 확인 할 수 있을 때 참여도와 성취도가 높아질 수 있다. 글쓰기와 창작교육과 같은 독후 활동의 경우도 이러한 맥락 속에서 진행되어야 한다. 학생들이 문학 작품을 읽고 생각하고 토론한 내용을 다양하게 편집하여 서로 돌려 볼 수 있게 하는 '소설 신문 만들기'와 같은 학습 활동도 작품의 이해와 글쓰기 학습에 유용한 방법이 될 수 있을 것이다. 신문의 형식과 내용 또한 학생들이 직접 구상할 수 있도록 유도하여야 할 것이다. 예컨대 대략 다음과 같이 구성해볼 수 있을 것이다.

1. 제목 : 신문의 특성에 맞게 정한다.
2. 기사 : 줄거리
3. 사설 : 주제
4. 광고 : 작가의 다른 작품들
5. 만화 : 단계별 핵심 내용(사건)을 만화로 그린다.
6. 토막 상식 : 배경, 시점, 역사적인 사건, 방언이나 속담 등의 여러 정보들
7. 칼럼 : 작품의 내용이나 주제, 또는 인물에 대한 간단한 비평
8. 독자 투고 : 개인별 감상문

제목은 가능하면 기존의 ○○신문, ○○일보 하는 식으로 붙이지 말고 신문의 내용에 어울리게 짓도록 한다. 기사는 소설의 줄거리를 가지고 만드는데 육하원칙에 맞도록 쓰게 하며, 기사이니 만큼 허위 사실이 들어가지 않도록 한다. 표제와 부제를 잘 만들어 눈에 확 들어오게 해야 하고, 보고 싶은 기사가 되게 해야 함을 주지시킨다. 사설은 이 소설이 주제를 드러내기 위해 어떤 기법이나 장치들을 사용하고 있는지, 배경이나 등장인물들은 주제를 어떤 역할을 하고 있는지 살펴보도록 한다. 단편소설의 경우 한번의 신문 작성으로 전체의 내용을 아우를 수 있지만,

『토지』와 같은 장편소설의 경우는 단 한번의 신문작성으로 전체 내용을 담기 어려우므로 각 부, 편, 장으로 나누든지 혹은 학생들과 함께 작품을 읽어 나가면서 주간 혹은 월간의 형식으로 연재의 방식을 취하는 것이 효과적일 것이다. 또한 연재된 신문을 스크랩해 두면 한 작품에 대한 훌륭한 학습 보조 자료로써 활용할 수 있다.


## 2) 연극적 구성을 통한 장르 변용에 대한 이해

제7차 교육과정에서는 변화된 문학환경 속에서 문학과 인접 예술과의 관계에도 관심을 기울이고 있다.[12] 즉 문학이 음악·미술·연극·영화·무용·건축을 비롯하여 다양한 인접 예술과 밀접한 관계에 있음을 알고 나아가 정치·경제·사회·문화 등의 제반 현상과도 관련을 맺고 있음을 인식시키는 데 초점을 두고 있다. 이들 내용을 학습하기 위해서는 기존의 문자 텍스트 중심 학습보다는 실제 예술과 삶의 현장으로 나아가는 일이 필요할 것이다. 따라서 학생들과 함께 "문학의 관점에서 인접 예술을 감상하거나 사회 현상을 분석하고, 문학을 다른 예술로, 또는 다른 예술을 문학으로 변환하며, 사회현상을 문학의 방식으로 해석하고 비판하는 활동"을 시도해 볼 수 있을 것이다.

『토지』는 구체적인 사건의 직접적인 묘사보다는 전언과 전문 혹은 후일담과 시국담의 형식을 통해 이야기를 끌어 나간다. 따라서 서사의 많은 부분이 인물들간의 대화를 통해 드러난다. 이 장에서는 『토지』의 연극적 구성을 통한 교육적 활용 방안에 대해 살펴보려고 한다. 인물간 대화가 주된 이야기의 전개에 기여한다는 사실뿐만이 아니라 등장인물들의 뚜렷한 개성도 『토지』의 연극적 구성을 위한 좋은 조건이라 할 수 있

---

12) 교육부, 『고등학교 교육과정 해설－국어』, 교육부 고시 1997-15호, 대한교과서주식회사, 2001, 316면.

다. 다음은 실제로 고등학교 3학년 학생이 『토지』 1부의 도입부를 연극으로 각색한 것이다.

등장인물: 서희, 봉순네, 삼월, 귀녀, 윤씨 부인, 해설자

### #1. 1897년 늦겨울 최참판댁

구천이와 별당아씨가 어디론가 종적을 감춘 뒤 사흘 만에 바우할아범의 장례로 인해 최참판댁을 납덩이같이 덮어씌운 침묵 속에서 집안 하인들은 물밑을 헤엄치는 고기떼처럼 조용히 움직이고 있다.

아이들은 연못가에서 놀고 있고 최참판댁의 침모인 봉순네는 별당 건넌방의 방문을 열어놓고 아이들의 노는 모습을 살피며 바느질을 하고 있다.

여종 삼월이 별당 뜨락에 들어서며 건넌방 툇마루에 걸터앉는다.

**삼월**: 웬 겨울날씨가 이렇겠소? 봄이 오는 것 같네요. 큰일이요……

**봉순네**: 머가?

**삼월**: 간난할매 말이요. 미음도 안 잡술라 카고 우짜믄 초상 두 번 나겄소

**봉순네**: 영 차도가 없더나?

**삼월**: 야. 불쌍해서, 머니머니 해도 자식 없는 늙은이가 제일 딱하구마.

(그때 서희가 삼월이를 쫓아온다.)

**서희**: 삼월아! 나 업어주어.

**삼월**: 그러지요 애기씨.

(삼월은 서희를 업고 뜨락을 왔다갔다 하는데 귀녀가 다가온다.)

**귀녀**: 삼월아.

**삼월**: 와 부르노. 동티날라. 내사 니가 정다워지면 겁나더라.

**귀녀**: (봉순네쪽을 힐끗 바라보며 약 올리려는 듯) 과부설움은 과부가 안다 안카나?

**삼월**: 그렇다더라. 그거는 안다마는 나는 니하고 동사하기 싫구마.

**귀녀**: 누가 나하고 동사하자 카나. 내가 뭣이 답답하고 기러바서.

(비꼬듯이) 나는 아무 서럴 것도 없고 어매 사랑님으 사랑 잃어버린 너와 애기씨가 없고 업히고 해서 이별노래 하는 것을 듣고 있으니까 가련키는

하다마는 어쩐지 우습기도 하고, 삼월아? 니 마음 내가 아니라.
**삼월**: 배가 좀 아픈가배?
**귀녀**: 운냐. 배가 좀 아프다. 좀 만지도고

(삼월이 귀녀 앞으로 다가서려고 할 때)

**서희**: (귀녀에게 침을 뱉는다) 퇴!
**귀녀**: (당황한 듯이 어쩔 줄을 몰라하며) 아니!
**봉순네**: (큰 소리로 놀란 듯이) 애기씨!

(귀녀는 치맛자락으로 급히 얼굴을 닦고 주위의 봉순이, 길상이 모두 웃는다)

**삼월**: (크게 소리내어 웃으며) 깨소금 같이 꼬시구나. 호호호 …… 싸지 싸아. 객쩍은 소리하믄 그리 당하는 법이니라.
**귀녀**: (재수 없다는 듯 눈을 부릅뜨며) 뭐가 우습노!

(원한과 저주의 눈빛을 서희에게 보낸 뒤 별당 끝으로 총총히 사라진다.)

**봉순네**: (엄격한 눈빛으로 서희를 바라보며) 애기씨! 나쁜 짓입니다. 짐승한테도 침을 뱉아서는 안 되는데 마님께서 아시면 버릇없다고 봉순네가 야단 맞겄십니다.
**서희**: (봉순네의 눈빛이 조금은 두려운지 삼월이의 목을 두 손으로 꼭 껴안고는 피시시 웃으며) 안 그럴게. 하지만 귀녀 그 년 미운걸.

## #2. 온 집안이 죽음같이 조용한 밤 별당아씨의 방

봉순네는 등잔불을 끄기 위해 서희에게 베어준 팔을 빼려 몸을 옴지락거리는데 잠결에 깬 서희가 봉순네를 내려다보고 제 엄마가 아님을 확인한다.

**서희**: 어머니 어디 갔어?
**봉순네**: 서울 가셨지요
**서희**: 뭐하러?
**봉순네**: 할아버님 뵐라꼬요
**서희**: 할아버님이 어디 있는데?
**봉순네**: 서울 기시오
**서희**: 그럼 난 왜 안 데리고 가는 거야?
**봉순네**: 질이 멀어서 애기씨는 걸을 수가 없으니께요

서희 : 가마타고 가면 되잖아.

봉순네 : 질이 여간 멀어야지요, 산을 넘고 내를 건너고 또 산을 넘고 내를 건너
　　　고 하자믄

서희 : 길상이가 업고 가믄 되잖아.

봉순네 : (난처한 듯이) 그……그렇기는 하겄소만……산에는 호랭이가 있십니
　　　다. 생이틀 같은 호랭이가 두 눈에 화덕같은 불을 키고 얼라만 보믄 어
　　　흥! 잡아 묵을라 안 캅니까.

서희 : (잠시 질린 듯 가만히 있다가) 그럼 어머니는 언제 와?

봉순네 : ……

서희 : (집요하게) 몇 밤 자면 와?

봉순네 : ……

서희 : (무릎을 꼬집다가 주먹을 쥐고 봉순네 가슴을 쥐어박으며) 몇 밤 자면 오
　　　느냐고 내가 물었단 말이야!

봉순네 : (몹시 당황스러운 듯) 애기씨가 어른이 되시믄……어른이 되시믄 오실
　　　기요

서희 : 어른이 되려면 몇 밤이나 자야해?

봉순네 : ……

서희 : 응? 몇 밤 자면 어른이 되는거야! (그래도 대답이 없자 발광하며 울부짖
　　　는 서희) 엄마 데려와! 엄마 데려오란 말야! 엄마 데려와아!!

봉순네 : (소리가 밖으로 새어날까 조심하며) 끄치시오 애기씨!

　　　(그때 방문 밖에서 소리가 들려온다)

윤씨부인 : 봉순네.

봉순네 : (소스라치듯 놀라며) 예.

윤씨부인 : (낮은 목소리로 꾸짖듯이) 끄치지 못할까?

　　　(울음을 그치지 않는 서희)

윤씨부인 : 그치지 못할까?

서희 : 엄, 엄마 데려와아! 엄마아아 -

　　　(삼월이도 어느새 잠이 깨어 나와 있고, 윤씨 부인은 연못 옆의 버드나무
　　　의 좀 굵은 가지를 골라 꺾고 방으로 들어간다. 봉순네와 삼월이는 제가
　　　끔 앞으로 손을 맞잡고 서서 전신을 부들부들 떨며 윤씨를 바라본다.)

윤씨부인 : 당장 그치지 못하겠느냐?

（서희는 더 큰 소리로 버둥거리며 울부짖고 윤씨 손의 회초리가 한 번,
두 번, 세 번, 철썩철썩 서희의 연한 종아리를 내려친다.)
봉순네：(울먹이며) 마, 마님.
서희：(웃목의 반짇고리에서 손에 잡히는 대로 실꾸리를 집어 내팽겨치며) 엄,
엄마 데려 오란 말이야!!
윤씨부인：(순간 눈가에 놀라움과 함께 경련같은 미소를 띄우며 만족한 듯이)
그년 참 고집도
（윤씨 마당귀에 회초리를 버리며 말없이 별당을 나가자 봉순네와 삼월이
가 방안으로 쫓아 들어온다.)
봉순네：(꺼무라친 서희를 안으며) 애기씨! 애기씨!
삼월：(냉수를 가져와 서희 얼굴에 뿜고 흔들어대며) 애기씨! 눈 좀 떠봐요!
서희：(눈을 뜨며 쨍! 하게 울리는 소리로) 엄마 데려와!


희곡으로 각색한 위의 장면은 『토지』의 1부 1편 4장을 바탕으로 작성
한 것이다. 하지만 단지 4장의 내용만을 기계적으로 재구성 한 것은 아
니다. 도입부의 시간적 배경과 상황 설명은 1장에서 3장까지의 내용을
요약하여 제시해 주고 있으며, 장면 1과 장면 2도 실제 소설에서는 그
순서가 뒤바뀌어 있다. 또한 '수수께끼'라는 제목이 붙은 1부 1편 4장의
내용이 위의 각색한 부분처럼 서희에 초점이 맞추어져 있지도 않다. "그
날 밤 누가 도장문을 열어주었는지, 풀리지 않는 수수께끼였다"는 작품
속의 진술처럼 '수수께끼'란 구천이와 별당아씨의 행방과 "도무지 짚어
볼 수 없"는 최치수의 속마음과 윤씨 부인의 모호한 태도 등과 관련된
것이다. 그러나 위의 각색한 대목은 4장을 바탕으로 하고 있지만 실제로
는 서희의 성격적 특성을 드러내는데 초점이 맞추어져 있다. 또한 장면
2에 나오는 서희의 행동에 개연성을 부여하기 위해 장면 1에 서희의 성
격을 짐작케 하는 삽화를 재배치하고 있다. 결국 인용한 학생의 작품은
단순히 소설 속의 대화를 인용하여 편집한 기계적인 변용이 아닌 뚜렷
한 각색 의도와 목적을 가지고 재구성된 잘 짜여진 작품이라 평가할 수

▲ 평사리에 지어진 최참판댁 별당채

있을 것이다.

하지만 각색의 와중에 의도하였건 의도하지 않았건 간에 원작의 내용이 삭제되어 어색해진 경우도 발생하고 있다. 장면 1의 귀녀의 세 번째 대사 중 "이별 노래하는 것을 듣고 있으니까 가런키는 하다마는 어쩐지 우습기도 하고……" 하는 대사는 앞뒤의 맥락이 맞지 않는다. 무엇보다 이별 노래를 부르고 있는 인물이 누구인지 제시되어 있지 않다. 분명 작품 속에 등장하는 봉순네나 삼월이가 아님은 분명하지만 노래를 하고 있는 제3자에 대한 아무런 언급도 없다. 실제 『토지』에는 "봉순이는 어느덧 심청가 중의 걸유육아(乞乳育兒)의 대목을 부르고 있었다"란 지문과 함께 노래가 인용되어 있다. 아마도 학생의 단순한 실수라기보다는 실제 심청가의 대목을 잘 알지 못하고, 정작 연극으로 공연할 경우 부르기 어려웠기 때문에 의도적으로 삭제한 것으로 짐작해 볼 수 있다. 어떤 이유

에서든 노래를 삭제하였다면 귀녀의 대사 또한 다시 구성했어야 할 텐
데 미처 거기까지는 생각이 미치지 못했던 것으로 보인다.

　요컨대 소설의 연극적 구성으로의 변환, 즉 희곡으로의 각색시 주의할
사항은 그것이 단지 기계적인 변용이 되어서는 안 된다는 점이다. 교사
가 학생들에게 주지시켜야 하는 대목도 이와 관련된다. 『토지』의 경우
뚜렷한 학습목표와 방향 설정 없이 접근할 경우 작품 속에 등장하는 많
은 대화와 개성적인 인물의 등장은 자칫하면 학생들에게 대화만을 편집
하여 배열하는 기계적인 수준의 변용으로 그칠 공산이 크다. 학생들이
범하기 쉬운 이러한 오류는 꼭 『토지』만의 문제는 아니다. 따라서 소설
의 희곡으로의 각색 이전에 학생들로 하여금 다음과 같은 사전 지도와
학습 계획을 수립해 볼 수 있을 것이다.


　① 희곡으로의 각색만을 목표로 삼지 않고 학생들이 소설을 읽으면서
상상해 보았던 장면을 무대 위에 구성하고 실제 연출과 연기를 통해 공
연에 이를 수 있도록 지도한다.

　② 따라서 연극적 구성의 경우에는 개별 발표보다는 조별 발표의 형식
을 취하도록 하는 것이 효과적이다. 또한 각자의 역할 분담을 통해 그것
이 팀에 어떠한 기여를 하며 어떻게 조직되는지를 알 수 있도록 한다.

　③ 한 작품의 전체를 학생들에게 각색하도록 하는 것은 시간적으로나
현실적으로 무리가 따른다. 따라서 학생들에게 작품 중 가장 인상적인
장면, 혹은 작품에서 구체적으로 드러나지 않고 독자의 상상으로 유추할
수밖에 없는 부분 등 특정 부분을 선택하도록 한다. '선정 이유와 배경
설명→공연→감상과 토론'의 방식으로 진행할 경우, 정규 수업시간(중
학교 45분, 고등학교 50분)을 감안하여 공연의 분량을 약 10분에서 15분 정도
로 정해주고 거기에 맞추어 구성할 수 있도록 한다.

　④ 무엇에 초점을 맞추어 각색할 것인가? 예컨대 인물의 심리나 내면
묘사, 혹은 인물의 성격 등에 초점을 맞추어 그것이 드러날 수 있도록 구

성한다든지, 혹은 구체적인 어떤 하나의 사건을 장면화한다든지 하는, 사전에 학생들이 분명한 각색 의도를 가지고 활동할 수 있도록 지도한다.

⑤ 어떠한 변화를 의도하는가? 소설을 연극으로 재구성하면 활자로 된 문학 작품을 읽는 것에 비해 과연 어떤 효과를 기대할 수 있는가?

⑥ 결과적으로 소설을 희곡으로 각색하고 연극으로 공연할 경우 소설의 어떤 부분이 변용될 수밖에 없는가? 소설에 비해 연극은 어떠한 부분들이 관객들에게 더욱 효과적으로 전달되는가 혹은 전달하기 어려운가? 결국 소설과 연극과의 장르 간의 차이는 무엇인가? 그러한 차이는 어디에서 기인한 것인가? 등에 관해 학생들과 함께 토론한다.

⑦ 공연이 끝난 후 간단히 연극의 이론에 대해서 공부한다. 또한 실제로 학생들이 연극을 볼 기회가 많지 않으므로 동일한 작품이 아니더라도 비디오로 녹화된 연극을 한편 골라 보여준다. 이를 통해서 학생들이 직접 한 연극과 전문적인 연극의 차이점을 보여주고 자신들이 한 연극을 스스로 정리할 기회를 갖도록 한다.


## 3) 토론 수업을 위한 논쟁적 테마들

국어과 과목별 교육과정 중 하나인 고등학교 '화법' 과목은 학생들로 하여금 '국어' 과목의 교육성과를 바탕으로 말하기와 듣기의 특성과 원리를 이해하고, 말하기와 듣기의 기능을 체계적으로 습득하며, 다양한 의사소통 상황에 능동적으로 대처할 수 있는 기능과 태도 및 습관을 형성하게 하는 과목이다. '화법' 과목의 목표는 제7차 교육과정에서 제시한 '국어과의 교육 목표' 중 '나'항, "정확하고 효과적인 국어 사용의 원리와 작용 양상을 익혀, 다양한 유형의 국어 자료를 비판적으로 이해하고, 사상과 정서를 창의적으로 표현하는 능력을 기른다"는 내용과 연계성을 지닌다. 하지만 교육 현장에서 대개의 경우 '화법' 과목은 학교나 학생들에 의해 채택되거나 선택되지 못하고 있는 실정이다. 그러한 사정에는 여러 이유가 있을 수 있겠지만 '화법' 과목의 많은 내용이 '국어' 과목의 '말하기'나 '문법' 과목과 내용이 중첩되기 때문이기도 하다.

꼭 '화법' 과목이 아니어도 효과적인 의사소통과 의사 소통과정에서의 문제 해결은 학생들에게 꼭 필요한 덕목이다. 문학 작품을 읽고 단순히 자신의 감상을 이야기하는데 그치지 않고, 작품 속에서 여러 쟁점들을 추출하고 토론하며, 서로의 의견을 절충하고 합의에 이르거나 서로 다른 생각들을 인정할 수 있도록 하는 것은 원만한 대인관계나 사회생활을 위해서도 꼭 필요한 내용이라 할 수 있다. 요컨대, 토론 수업은 학생들에게 문학 텍스트의 단순한 수용자로서의 입장이 아니라 그것을 비판적이고 자신의 눈으로 볼 수 있는 관점을 수립하고, 이를 다른 사람과의 토론을 통해 정리하고 수정하고 자신의 생각을 더욱 풍부하게 할 수 있도록 하는데 기여할 수 있을 것이다. 또한 토론 수업을 통해 말하는 이나 듣는 이의 처지나 의견을 존중하며, 남을 비난하기에 앞서 말하는 이의 말을 열린 마음으로 듣는 태도, 여러 가지 형식의 말하고 듣는 활동에 적극적으로 참여하는 태도, 자신이 한 말에 대해 책임을 지는 태도 등을 기를 수 있을 것이다.

『토지』는 숱한 역사적 사건들과 인물들이 등장하지만 그 중 하나가 돌출되어 제시되지 않는다. 여러 이념과 사상들이 대립하고 있지만 정반합의 논리로 통일되어서 어떤 하나가 승리하는 모습을 보여 주지도 않는다. 오히려 작가는 공평한 시선으로 그 모든 것의 양면성을 심도 있게 그려 나간다. 이런 작가의 태도는 그 표면 뒤에 숨어 있는 좀더 본질적인 문제에 접근하기 위한 시도로 볼 수 있다. 본질적인 문제란 역사의 표면에 드러난 어떤 하나의 사건을 통해, 한 영웅적 인물을 통해 드러날 수 있는 것이 아니다. 개화냐 보수냐, 사회주의냐 공산주의냐 혹은 동학이냐의 선택이 문제의 해결이 될 수 없다. 친일이냐 항일이냐의 양단 논법으로 선과 악을 구분하고 긍정과 부정으로 평가하려는 시도 또한 표면적인 현상에 대한 이해에 그칠 뿐 근본적인 문제의 해결이라 할 수 없다.

『토지』의 배경이 되는 구한말에서 일제 강점기의 시기는 힘의 논리와 지배—피지배의 다툼이 잦았던 격동기였다. 이러한 상황에서 강자와 약자의 문제는 인간으로 하여금 최초의 윤리적인 동기를 잊고, 욕망과 지연의 끌림에 의해 행동하게 만들었다. 작가는 인간의 본능적 지배욕에서 시작하여, 강자와 약자의 문제, 신분제의 문제, 그리고 한국과 일본의 민족 대립문제로 확산시켜 나가면서 권력과 집단의 근본적인 문제에 대한 진지한 성찰을 보여준다.[13]

### ● 사례 1

다음은 김환을 중심으로 결집된 독립운동가들 중 관수와 석이의 대화이다. 이들은 인간의 세계가 짐승의 세계와 다름없는 약육강식의 세계임을 인정하고 있다. 이러한 진술은 모든 사람이 자기 이익만을 끝까지 추구하는 자연 상태에서는 '만인(萬人)에 대한 만인의 투쟁'이 있을 수밖에 없다는 토마스 홉스의 주장을 상기시키는 대목이기도 하다. 또한 인간 본성에 대한 순자의 '성악설'과 맹자의 '성선설'과도 연결지어 생각해 볼 수 있을 것이다. 인용된 부분을 읽고 다음의 내용에 대하여 토론해 보자.

> "이래가지고 무슨 일을 하겠습니까. 양반들 횡포에 이를 갈던 상민들이 양반들보다 더한 횡포를 천민들에게 부리는 것은, 왜 그렇지요?"
>
> "……"
>
> "호랑이가 늑대를 잡아먹고 늑대는 고라니를 잡아먹고, 짐승들 세계와 뭐가 다르다 하겠습니까. 그것이 자연의 법이라면 우리가 하는 일, 우리가 생각하는 것은 모두 헛된 꿈이지요. 인간이 인간을 다스린다는 것이 횡포라면 말입니다. 추악합니다! 옛날의 그 도도하던 양반이 조준구 꼴이 된 것도 추악하구요. 상민은 천민이라 하여, 지배욕에 굶주린 상민은 그 불만을 천민 학대로써 쏟아내고

---

13) 이상진, 『『토지』 연구』, 월인, 1999, 169면.

……언제 끝이 납니까. 학대하고 학대받고, 잡아먹고 잡아먹히는 이런 세상이
말입니다!"
　　"강한 놈도 약한 놈도 없어질 때 끝이 나겠지. 지금 당장에는 왜놈이 강한 놈
이고 조선은 약한 놈이다." (7권, 164면)


　　① 인간 본성에 대한 자신의 입장을 정리하고, 왜 그렇게 생각하는지
이야기해 보자.
　　② 개인간의 관계에 대한 규제, 나아가 국가간의 관계를 국제적으로
규제하는 것이 필요하고 정당한 것인가? 만약에 필요하다면 규제 혹은
중재의 주체는 누가 되어야 하는가?
　　③ 인간이 가진 본성 이외에 '이성'에 대한 믿음은 어디까지 가능한가?
인간 사회에서 제도와 법률 등은 불가피한 것인가?


● 사례 2

『토지』는 그 격변기의 시대 상황만큼이나 거기에 대응하는 인물들의
삶의 방식 또한 다양하게 나타난다. 특히 일제치하라는 특수 상황은 인
물들로 하여금 적극적이든 소극적이든지 간에 친일과 반일 양자택일의
기로에 놓이게 하였다. 다음 두 인물의 대응 방식에 대해 나름의 입장을
정리해 보고 그러한 선택이 불가피한 것이었으며, 과연 정당화 될 수 있
을지, 다른 선택이 가능했을지, 자신이라면 어떠한 선택이 가능했을지
등에 관해 토론해 보자.


　　'흥! 의병장? 독립운동? 개나발 같은 소리 작작해. 왜놈이 임금이건 조선놈이
임금이건 나한테 무슨 상관이야? 어느 놈이 잘살든 못살든 내 알 바 아니고 내
가 근심할 일은 내 일신 하나뿐이야. 언제 어떤 놈이 나를 대신해주었더란 말
인가? ……천대와 구박, 내가 받은 건 그것밖에 없었다. 나라가 망했다고 울어?
우는 눈구멍에 오줌을 깔기지. 나라가 뭐야? 망해라! 망해! 살인 죄인의 자식인

이 김두수, 조선 백성 되길 버얼써, 십여 년 전에 사양해온 터라. 조선 백성? 개
돼지 취급이라도 조선 만세를 부를까? 발붙일 곳이 없어도 내 나라 내 강산이
라며 울까? 의병장? 독립투사? 여부가 있나. 주렁주렁 한 줄에 엮어서 그 절개
높은 상판에다 똥칠을 할 테다! 난 대일본제국의 주구요 역적이요 대악당 김두
수란 말이야.' (4권, 102면)

　'내 원수를 갚기 위해선 무슨 짓인들 못할까보냐. 내 집 내 땅을 찾기 위해선
무슨 짓인들 못할까보냐. 삭풍이 몰아치는 이 만주 벌판에까지 와가지고 그래
독립운동에 부화뇌동하여 고향으로 돌아갈 수 없는 몸이 될 수는 없지. 그럴 수
는 없어. 내 넋을 이곳에 묻을 수는 없단 말이야! 원수를 갚을 수만 있다면 내
친일인들 아니할손가? 아암요 이 부사댁 서방님, 친일파 절에다가 나는 시주를
했소이다. 그래서 어떻다는 게지요? 내 돈을 악전이라구요? 그렇구 말구요 우리
조상님네는 이 부사댁 조상님네처럼 청백리는 아니었더란 말씀 못 들으셨소? 악
전이면 어떻고 친일파면 어떻소? 내 일념은 오로지 잃은 최 참판댁을 찾는 일이
오 원수를 갚는 일이오 태산보다도 크고 바다보다 깊은 이 내 원한을 풀지 못
한다면 나는 죽은 목숨이오 당신네들은 싸우시오 나는 이 손톱 마디마디에 피
를 흘리며 기어서라도 돌아가야 할 사람이오 왜인들이 그리 쉽게 물러갈 성 싶
으오? 내 여자의 지각으로도 그건 어려운 일일 게요 낸들 왜국이 망해 거꾸러진
다면 오죽이나 좋겠소? 조준구를, 그 계집을 사도거리에 끌어내어 내 원한의 비
수를 꽂는다면 오죽이나 좋겠소? 그러나 그것은 하시(何時) 세월이오 나는 기다
리고만 있을 순 없소 내 생전 내 눈으로, 그렇소 나는 일각이 여삼추요 내가
죽지 못한 이유가 뭐였지요? 이곳 수 천리 타국에까지 온 이유가 뭐였느냐 말씀
이오 내 돈이 아까워 군자금을 아니 낸 건 아니었소 당신네들에게 협력을 한다
면 나는 내 희망을 버려야 하는 게요 나는 원수의 힘을 빌려 원수를 칠 것이요
생각해보시오 기백, 기천의 군병에다 여인네들 비녀 가락지나 뽑아서 마련한
군자금으로 왜군을 치겠다는 생각, 그건 마음일 뿐이오 애국심일 뿐이오 그리
고 결국엔 헛된 꿈일 뿐이오 나는 할 수 있는 일과 할 수 없는 일을 구별했을
뿐이오 내가 할 수 있는 일은 이른바 내가 써야 할 군자금을 마련하는 일이오
충분히 마련되는 그날 나는 돌아갈 것이오 그리고 싸울 것이오 내 원수하고, 섬
진강 강가에 뿌린 눈물을, 내 자신에게 한 맹세를 나는 잊지 않을 것이오 이 원
을 위해 서방님을 잊어야 한다면 내 골백번이라도 잊으리다.' (4권, 174~175면)

# 4. 통합교육적 활용 방안

## 1) '문학'에서 '역사'로

사회현상에 대한 사회과학적 이해와 분석을 위하여 문학작품 특히, 소설은 유용한 실마리를 제공해 줄 수 있다. 특히 이른바 역사소설의 경우에는 작품이 다루고 있는 당대의 제도사·정치사·풍속사 등을 확인할 수 있는 유용한 텍스트가 된다. 또한 소설이란 현실의 기록에서 그치는 것이 아니라, 인간의 내면 깊숙이 자리 잡고 있는 정서와 실존의 문제를 풍성하게 드러낼 수 있을 때 완결된다고 할 때, 『토지』는 한국의 근·현대사와 현재 우리 사회의 모습을 포괄적으로 이해하는데 유용한 텍스트가 될 수 있을 것이다. 따라서 역사교육을 위한 이른바 대안 교과서 등에서 『토지』는 당대의 역사적 상황 등을 이해하기 위한 보조 자료로서 활용되고 있다.

전국역사교사모임은 『살아있는 한국사 교과서 2』의 머리말에서 "역사 교과서는 그 자체가 한 권의 역사책"일 수 있음에도 불구하고 "우리는

▼ 1920년대 중반 이화학당의 수업 모습

지금까지 나라에서 정한 교과서만을 읽어" 올 수밖에 없었음을 지적하고 있다. "교과서가 하나밖에 없는 교실은 이제 다양하고 창의적인 내일을 꿈꾸는 청소년들에게 어울리지 않"는다는 문제 인식이 곧 이 책의 출발점인 것이다. 이 책의 장점은 무엇보다 『독립신문』, 『황성신문』, 『대한매일신보』, 『대한광복회 서약문』, '3·1운동 때의 투쟁가' 등 광범위한 1차 자료들의 인용과 다양한 통계자료와 연표, 지도, 사진 등의 자료들을 제시해주고 있다는 점이다. 또한 기존의 왕조사·제도사 중심의 역사 기술만이 아닌, 당대의 역사 이해를 위한 보조 자료로서 심훈의 「그날이 오면」, 노천명의 「님의 부르심을 받고」, 채만식의 「논 이야기」 등 여러 문학작품들을 인용하고 있다. 『살아 있는 한국사 교과서』에 실려 있는 『토지』의 경우는 황국신민화교육의 한 사례로서 '상의'의 역사 수업 장면이 인용되어 있다. 다음은 『국사』 교과서와 『살아 있는 한국사 교과서 2』에 나와 있는 황국신민화교육에 관한 인용과 설명 부분이다.

호명을 한 뒤 출석부를 덮어놓고 이시다 선생은 천장을 한번 올려다보았다. 그런 뒤 수업에 앞서 시국얘기를 시작하는 것이었다. 흔히 있는 일이며 다른 선생들도 때때로 시국얘길 하곤 했다.

"우리들은 보다 더 긴장해야 한다. 전선에서는 매일매일 천황폐하를 위하여 대일본제국의 남아들이 죽어가고 있다. 총후(銃後)의 우리들 마음가짐이 안한(安閑)하다면 그것은 불충이다. 우리는 이번 성전에 신명을 다 바쳐서 승리로 이끌어가야 하며 천황폐하의 거룩한 빛이 사해(四海)를 덮고 생명 받은 자 그 모든 것들이 폐하 앞에서 감읍하는 세상을 만들어야 한다. 귀축(鬼畜) 영미(英米)는 머지않아 이 지구에서 사라질 것이다. 기필코 우리는 그놈들을 몰아낼 것이며 오로지 매진할 뿐이다. 그러나 가장 명심해야 할 일은 천황폐하의 신금(宸襟, 임금의 마음)을 편안하게 하는 일로서, 우리 오기미(大君)는 억조창생의 어버이시며 군왕이시며 또한 현인신이시다. 우리는 일사불란, 마지막 피 한방울까지 바쳐서 국가 만대의 안녕은 물론 팔굉일우(八紘一宇, 온세상이 천왕을 중심으로 한 한 집안)의 이상을 완수해야 하며 영원토록 와가기미(나의 君, 내님)의 옥체를 보위해야 한다……우미 유카바, 미즈쿠 가바네, 야마 유카바, 구사무스 가바네, 오키미노 헤니코소 시나메, 가에리미와 세지.”

　마지막 부분에 와서 이시다 선생은 눈을 지그시 감고 노래구절을 암송했다. 바다에 가면 물에 잠기는 시신, 산에 가면 풀이 우거지는 시신, 오로지 대군 옆에서 죽겠노라, 결코 돌아보지 않으리, 대강 그러한 뜻인데 『만엽집(萬葉集)』에 실린 오토모 야카모치[大伴家持]의 노래 일부에다 곡을 붙인 것으로서 일본 해군의 의식가(儀式歌)였으나 요즈막에 와서는 학교에서도 의식가로서 빈번히 불리게 되었다. 태평양전쟁의 여파인 듯, 아무튼 거기까지는 괜찮았다. 그런데, 이시다 선생은 하얀 손수건을 꺼내었다. 안경을 걷어 눈물을 닦으며

　“오오 덴노사마(天皇樣 · 천황님) 덴노사마.”

하는 것이 아닌가. 반의 삼분의 일쯤 되는 일본아이들은 엄숙한 표정으로 감격해 있었지만 조선아이들은 말똥말똥, 더러는 웃음을 참느라 애를 쓰는 것이었다. 피골이 상접한 사내가 우는 것도 그랬지만 덴노사마라는 용어 자체가 잘 쓰이지 않는 것이었고 다분히 희극적 표현이었기 때문이다. 가령 예를 들면 센세이사마[先生樣]했다면 그것은 무식하고 신분이 낮은 사람이 존경을 표하기 위한, 지나친 것으로 간주하는 게 통례다. 수쇼사마[首相樣] 다이진사마[大臣樣]하고 부르지 않기 때문이다. 한데 불행하게도 교실 한구석에서 낄낄낄, 아주 낮은 웃음 소리가 났다.

　“다레카(누구냐)!”

　이시다 선생의 얄삭한 입이 마치 허공만큼이나, 엄청난 크기로 벌어졌다. 목소리는 뇌성벽력이었다.

　“와랏타 야츠와 도이츠카(웃은 놈은 어느 놈이냐)!”

　교실 안은 마치 죽음의 바다처럼, 정적에 응고된 것처럼 느껴졌다. 상의는 숨이 막힐 것 같았다. 딸꾹질이 나올 것만 같았다. 바로 옆에 앉은 옥선자(玉仙子)가 웃었던 것이다.

　“데테고이(나와라)!”

　이시다 선생은 부들부들 떨면서 소리를 질렀다.

　“다마카와(玉川 · 옥선자의 창씨개명)! 오마에다로(너지)!”

　“……”

　“오마에가 와랏타나아(너가 웃었구나)!”

　“……”

　“데테곤카(나오지 못하겠나)!”

달려간 이시다 선생은 선자의 가슴팍, 교복을 움켜쥐고 교단 앞까지 질질 끌고 나왔다.

"고노 후추모노, 한갸쿠샤(불충자, 반역자)!"

뺨을 연달아 갈긴다. 그러더니 선자를 벽면 쪽으로 끌고 가서 벽에다 머리를 짓찧기 시작했다. 쓰러지니까 발로 차고 짓밟고 이시다는 완전히 짐승이 되었으며 들린 사람 같았다. 학생들 속에서 고함과 울부짖는 소리가 났다. 일본학생들만은 차갑게 구타장면을 지켜보고 있었다. 무서운 폭행이다. 선자의 비명과 이시다의 으르렁거리는, 포효하듯 외쳐대는 소리, 무시무시한 폭행이다.14)

…… 우리 민족은 일제의 내선일체, 일선 동조론, 황국 신민화와 같은 허황된 구호 아래 우리말과 우리 역사를 배울 수 없었다. 또, 황국 신민 서사 암송, 궁성 요배, 신사 참배는 물론, 심지어 우리의 성명마저도 일본식으로 고치도록 강요당하였다 …….15)

위의 인용에서는 "각반을 두르고", "국민복을 입은" 일본인 교사의 모습, 통상 '시국 얘기'로 시작되는 수업시간, 일본 해군의 의식가(儀式歌), 일본인 학생과 한국인 학생들의 각기 다른 수업에 대한 반응들과 일본인 교사의 폭행 등이 실감나게 묘사되어 있다. 하지만 기존의 국사 교과서에서는 황국신민화교육 현장에 관해 간단한 사실 진술만 하고 넘어가고 있어 실제 학생들에게는 단순 지식의 전달 이외에 다른 교육적 효과를 얻기 힘들다.

위의 지문과 관련하여 학생들과 함께 다음과 같은 학습 활동을 진행할 수 있을 것이다.

---

14) 박경리, 『토지』 14권, 솔, 1995, 309~312면; 전국역사교사모임, 『살아있는 한국사 교과서』 2, 휴머니스트, 2002, 154~155면.

15) 국사편찬위원회·1종 도서연구개발위원회, 고등학교 『국사』 하, 대한교과서주식회사, 2000, 136면.

● 사례 1

① 일제치하에서 교육 체험을 했던 할아버지 할머니들을 만나 당시의 교실과 학교 분위기 등을 인터뷰하여 보자.

② 인터뷰 내용을 토대로 현재의 상황과 비교하여 에세이를 써보자.


또한 『토지』는 구체적인 역사적 사건 하나가 작품의 전면에 드러나지는 않지만 19세기 후반에서 해방에 이르기까지의 많은 역사적 사건들이 작품의 배경을 이루고 있다. 작품 속의 많은 허구적 인물들 역시 이러한 역사적 상황 속에 놓여 있으며 그로부터 자유롭지 못하다. 그것은 곧 작품 속 허구적 인물들이 생활 현실과의 매개를 통해 역사·사회와의 관련 속에 긴밀하게 놓여 있음을 뜻한다. 따라서 역사의 이면뿐 아니라 당대의 역사 이해에도 『토지』는 중요한 자료라 할 수 있다. 예컨대 1920년대에 일어난 형평사 운동은 송관수란 인물을 통해 『토지』의 중요한 한 축을 이룬다. 송관수는 장돌뱅이였던 아비가 동학당으로 죽임을 당한 뒤, 윤보를 따라 시작했던 의병운동이 실패하자 진주로 흘러들어 백정의 사위가 된다. 그는 형평사 운동에 관계하며 동학잔당들의 중심인물로, 부산 부두 노동자 조직에도 일조하는 직업적 운동가로 활동한다. 형평사 운동을 계기로 한 진보적인 젊은 세대와의 접촉을 통해서 김환의 개인주의적 모험주의를 비판하는 안목을 갖게 되고, 동학의 종교적 차원을 뛰어넘어 보다 보편적인 민중운동으로의 확대를 꿈꾸게 된다. 하지만 말기에는 백정이라는 신분 때문에 악극단 주자로 전락한 아들 영광을 보면서 신분에 대한 심한 혐오감과 자기 비하에 빠지기도 한다.

요컨대 우리는 작품을 통해 단순히 '1894년 신분제 폐지'라는 표면적 사실 뿐 아니라 당시의 사회적 분위기와 실제 민중들의 삶과 의식의 일단을 엿볼 수 있다. 즉 송관수란 인물을 통해 당시 사회 구성원의 의식과 생활 속에서 사농공상(士農工商)의 계급은 엄연한 시기였음을 확인 할 수 있다. 이 대목과 관련하여 학생들과 다음과 같은 학습활동을 시도해 볼 수 있을 것이다.

### ◉ 사례 2

다음은 『토지』의 한 장면이다. 예문을 읽고 질문에 답해 보자.

현재 관수의 아들은 아무도 몰래 부산서 공부를 하고 있는 형편이었다. 갖은 짓을 다 해보았으나 진주서는 아들을 취학시킬 수 없었기 때문이다. 작년 오월 진주서 조직된 형평사(衡平社)는 자제에게 교육을 시키겠다는 치열한 희망을 표시하는 백정과 그것을 철저하게 거부하는 시민들 간의 투쟁의 산물로 보아야 하는데 백정의 사위 관수는 물론 선봉에 선 투쟁파였다. 형평사가 진주서 조직된 것은 물론 인간의 대접을 받고자 한 백정들의 자각 때문이지만 조선노동공제회(朝鮮勞動共濟會), 현재는 조선노동연맹(朝鮮勞動聯盟)과 합동했지만, 그 회원들의 열성적인 후원 없이는 조직과 운동의 전개는 어려웠을 것이다. 하여 간 작년부터 금년에 이르기까지 어수선한 사태가 지속되고 있는데, 그런 만큼 백정 쪽의 세력이 커가고 있는 것만은 확실하다. 농청원을 선두로 한 시민들은 백정에게뿐만 아니라 백정들의 강력한 후원자며 지도자로 볼 수 있는 청년, 진보 사상가 강상호(姜相鎬), 『조선일보』 지국장 신현수(申鉉壽) 등에게도 '새 백정'이라는 칭호와, 발기대회가 열렸던 청년회관을 '도살장'으로 규정하고서 치열한 증오의 대상으로 삼은 것이다. 그러나 형평사운동은 바야흐로 전국에 확산되는 과정이었고 역사가 빚은 공통된 피해의식이 구심점을 찾은 만큼 날로 증대하고 공고해질 것을 부인할 수는 없을 것이다. 한편 우육파매(牛肉罷買) 운동이나 노동공제회원과의 절교, 신백정, 도살장 따위의 명칭으로 응징하려 드는 농청 쪽의 방법은 실질적 효력을 거두게 돼 있지 않았다. 그러나 이들간의 도랑이 깊이 파 내려져가고 있는 것을 간과할 순 없다. 법률적인 보장이나 제재보다 훨씬 끈질기고 직접적인 것은 습관이기 때문이다. (8권, 206면)

① 위의 예문에 등장하는 여러 조직과 운동들에 대해 살펴보자.
② 『토지』가 시작되는 작품 속의 구체적인 시간적 배경인 1897년은 현

실적으로 고종이 공사노비(公私奴婢)제도를 폐지(1894, 고종 31년)하고 난 뒤이다. 따라서 신분제도의 법적인 근거는 없어졌다. 하지만 형평사 운동은 제도적으로 신분제 철폐 이후에 일어났다. 그 이유는 무엇 때문인지 생각해 보자.

③작품 속의 여러 사건들을 실제 역사적 사건들과 함께 대비하여 연대표를 작성해 보자.


## 2) 한·일 문화비교론

『토지』는 당대 우리의 사회역사적 조건을 제약했던 침략국 일본의 모습에서부터 군국주의로 치닫고 있던 당시 일본의 정치적 상황의 근원, 그리고 일본의 여러 문화적 측면에 이르기까지 소설 이상의 심도 깊은 일본

▲ 진주의 형평운동기념탑

론을 전개해 나간다. 『토지』에서 다루고 있는 일본론은 당시 침략국 일본에 대한 민족 감정의 표출이나 그 대응 방식에 국한되지 않는다. 『토지』의 4부와 5부에서 집중적으로 전개되는 일본론은 지식층의 한·일 문화비교론으로 전개된다. 이들 지식인들을 통해 전개되는 한·일 문화비교론은 한국의 문화적 삶이 일본의 문명적 야만에 의해 짓밟혀졌다는 인식에서 출발한다.

문화란 무엇이고 문명이란 무엇인가? 작가는 작중인물인 조찬하를 통해 그의 문화관을 설득력 있게 제시한다. 그는 문화란 인간 소망의 산물이며, 인간 스스로 선택할 수 있는 유일한 것이라고 파악한다. 곧 모든 생명 중 오직 인간만이 부여받은 '창조의 능력'을 통해 '도덕이나 윤리, 종교까지 포함하여 높은 곳에 이르고자 선(善)을 전제로 하고 신이나 불가사의하며 오묘한 질서를 닮으려 하는 총체적인 것'이 문화이다. 반면 문화를 능욕하여 만들어진 문명이란 '변화무쌍하여, 성녀와 창녀의 두 얼굴, 문화의 한 측면과 야수의 한 측면'을 갖고 있으며 '생존이라는 명분을 훨씬 넘어서서 자행되는 야성'이라 할 수 있다. 문명이라는 이름으로 포장된 인간의 반문화성은 따라서 '문화가 아벨이라면 문명은 카인'이라는 논리를 가능하게 한다(11권, 170~173면). 작가는 물질문명을 앞세운 침략세력인 일본의 동물적 야만성이 우리의 덕성스런 삶의 방식들을 어떤 식으로 침해하고 파괴하고 있는지를 단순히 국제관계의 역학구조를 통해서만이 아니라 문화인류학적 차원에서 접근하고 있다. 작가의 이러한 문화와 문명에 대한 인식은 한국과 일본의 문화를 이해하는 중심축이 된다. 예컨대 일본 민족은 로맨티시즘 혹은 센티멘털리즘을 주조로 하고 있으며, 이 때문에 창조력이 희박하고 개인은 허약하며, 허약한 개체는 집단을 이룰 때 약육강식의 맹수로 변신한다. 감상이나 낭만은 쉽게 전체의 합리주의·공리주의로 변신할 수 있기 때문이다. 창조란 곧 진실에의 접근이라 할 수 있는데 감상만으로는 아무것도 창조할 수 없다. 반면 한국인은 고래로 리얼리스트였으며 그 리얼리즘은 진실에 접근하고자 하는 의지이고, 신비와 생명미의 탐구라 할 수 있는데 그것은 궁극적으로 창조력으로 발현된다(10권, 150~151면).

여기에서 신비주의와 현실주의의 두 관념을 수용한 것이 우리 민족의 기본 정조라고 할 수 있는 한(恨)이다. 한은 우리 민족의 자각된 힘의 원천이며 『토지』를 관통하는 가장 근본적인 인생관이라고 할 수 있다. 삶의 근원이며 문화의 창조적 본질이라고 할 수 있는 한은 야만적 문명을 대표하는 일본의 폭력에 대항하는 우리 정신구조의 핵이다. 따라서 한국 민족정신의 기저에 자리 잡고 있는 한(恨)과 일본의 우라미[恨]는 같은 것일 수 없다.

이외에도 『토지』에는 당대 일본의 정치적 상황의 근원으로부터 문화적 표현으로서 건축과 의상과 풍속에 이르기까지의 여러 문제들이 심도 깊게 논의된다. 예를 들어, 일본인의 의상이나 색채는 갑충(甲蟲), 딱정벌레를 연상시키지만 조선인의 그것은 나비와 학을 연상시킨다. 일본의 옷이나 머리 장식들은 그로테스크하고 불투명하며 죽은 선(線)이지만 우리의 것들은 투명하고 율동적이며 생명력이 풍부하다. 일본의 건축이 직선적이며 여백이 없어 생명감이 없고 자연에 거스르고 있다면 조선의 그것은 곡선으로 여백의 미를 살리며 자연과 조화되어 보다 많은 생명체를 수용하고 있다(10권, 162~164면). 한식의 온돌방은 난온의 자연스런 장치이자 정결하고 위생적인 데 비해 일본의 다다미는 더럽고 습기 차며 건초더미에서 자던 습성이 약간 정리된 것에 불과하다(10권, 341면). 일본에는 민족주의가 없거나 아주 희박하며 군국주의와 황도주의(皇道主義)가 대종이다. 섬나라라는 지리적 여건 때문에 그들의 적은 처음부터 그들 자신의 동족이었다(11권, 212~213면). 조선은 권력·관속에 대한 증오와 저항은 강렬했지만 선비에 대한 존경은 보편적이다. 조선은 선비와 농민으로 대표되는데 조선의 농민은 선비들 언행에 준해서 선영봉사라든가 의관의 정제, 예의범절이 준절했으며 사회적 신분 또한 다른 나라와 달리 상민의 상층에 속한다. 그러나 일본은 농민을 돈벽쇼오(돼지백성), 미즈노미학쇼(물만 마시는 백성)니 하면서 사회적 신분의 밑바닥으로 다룬다. 따라서 그들에게는 조선 농민의 자긍심 같은 것은 찾아볼 수 없다. 일본은 무사와 상인을 우대하여 오늘의 번영을 가져왔지만 그것은 야만적이다. 결과적으로 조선 농민들은 선비정신의 토양인 데 반해 일본인의 세푸쿠[切腹] 등의 상무(尚武)정신은 역사적으로 길들여온 잔인성이라 할 수 있다(11권, 290~295면). 한편 일본의 춤은 손목, 발목의 춤인 데 반해 조선의 춤은 전신의 율동이다. 또한 일본의 노래가 콧소리, 목구멍소리인 데 반해 조선의 창은 몸 전체에서 터져 나오는 것이다(11권, 293면). 이상의 논의 외에도 일본인들 자신에 의한 일본론, 남경학살에 관한 여러 견해들, 제국정부의 기만적인 술책과 전술, 일본의 호기스런 남진론과 북진론의 허상, 천황기관설에 대한 토론 등이 전개된다(12권, 299~339면). 여기서 작가는 여러 일본인들을 등장시킴으로써 비판 없는 복종과 맹목적인 애국심 등 '집단적 에고이즘'으로 요약될 수 있는 대다수 일본인들의 속성을 비판하면서 많지 않은 일본인들의 긍정적 성격에 대해서도 살피고 있다.

4부에 이어 5부에서도 심도 깊은 일본론이 전개된다. 센닌바리[千人針]로 대변되는 변함없는 일본의 군국주의적 허상(13권, 322면)과 일본의 '천황' 호칭에 관한 무모함, 현인신(現人神)사상의 허위와 기만성에 대한 비판, 그로테스크·에로티시즘·난센스로 대표되는 일본의 탐미주의적 문학(혹은 육체 문학)에 대한 질타(14권, 312~313면), 1928년에 있었던 일본의 공산당 검거 선풍에서 발견할 수 있는 일본의 국책 제일주의의 맹신(14권, 314면) 등 다각도에서 일본의 실체에 관한 논의가 이루어진다.

이외에 일반 민중의 일본에 대한 본능적인 분노와 대일관 또한 작품 도처에서 발견할 수 있다. 대다수의 우리 백성들이 가지고 있던 침략적 일본에 대한 두려움 아닌 모멸과 멸시의 감정은 식민치하의 억압된 상황 속에서도 존엄을 잃지 않는 힘이 된다. 그것은 일본의 선험적 열등의식과 대립되는 민족의 역사적 자부심에 기인한다. 한 장돌뱅이의 "우리 상복(喪服) 얻어가 저희 놈들 옷이 된 연유를 생각혀 보더라도 월매나 본 바가

▲ 일제시대 여학교의 체육시간 모습

없이먼 상복을 얻어간다디야?"(1권, 185면)라는 지적에서나, 일본인을 삼강 오륜도 모르는 짐승만도 못한 놈들로 치부하며 '품속에 땡전 한 푼 없어도 왜놈의 짐만은 지지 않는다'는 지게꾼 노인의 자존심(11권, 276면), '일본 기생은 몸을 먼저 팔지만 조선 기생은 마음을 먼저 판다'(14권, 30~31면)는 기생의 말 등은 '일본 사람, 일본인' 아닌 '왜놈, 왜놈의 새끼, 쪽바리'로 불릴 수밖에 없는 일본의 문화와 ·우리 민중의 침략국 일본에 대한 본능적인 분노를 엿볼 수 있게 한다. 작가 박경리는 역사학과 사회학, 문화인류학적인 측면에서 한국과 마주선 일본의 정치적 상황의 근원으로부터 여러 양태의 문화적 특성, 민족성, 사관(史觀) 등에 관해 뛰어난 관찰력과 직관으로 그 본질적 특성과 실상을 설득력 있게 제시해 주고 있다.

위에서 언급한 외에도 『토지』에는 일본과 우리의 문화에 대한 다양한 해석의 가능성들을 제시해주고 있다. 물론 그것들은 작중인물들의 입을 빌린 작가의 해석이며 우리와 일본의 문화를 이해하고 분석하는데 하나

의 단서가 될 수는 있지만 학생들에게 절대적인 기준으로 제시되어서는
안 될 것이다.

### ◉ 사례 1

① 각기 민족에게 우열은 있을 수 없다. 문화 또한 마찬가지로 우열을
구분 지을 수 없다. 다만 모든 민족은(혹은 문화는) 다른 민족과 구분되는
각자의 독특한 특성이 있기 마련이다. 그것은 생래적인 것이라기보다는
역사의 흐름과 환경 조건에 의해 나름의 바탕과 틀 속에서 형성된다. 작
품에서 우리의 문화와 대비되는 일본문화의 특징에 대한 서술들을 찾아
보고 그러한 시각의 정당성과 타당성에 대해 생각해 보자.

② 다음 두 예문은 우리 민족 고유의 정서로 각각 한(恨)과 유머와 낙
천성을 들고 있다. 이렇게 서로 다른 해석이 어디서부터 기인한 것인지
생각해 보자. 그리고 각자 두 관점 중 하나를 선택하여(혹은 제3의 입장) 자
신의 주장을 뒷받침 할 수 있는 문학 작품과 전통문화의 사례들을 찾아
보자.

〈예문 1〉
당신들은 당신네 문화의 대표적 정신을 사비(寂)와 와비(侘)로 말하는데 ……
그런 추상적인 것을 조선에서는 풍류라고나 할까요? 그것은 상식이지요. 어떤
교양하고도 통할거요. 표피지요. 물론 조선에 있어서 한(恨)이라는 것도 추상적
표현이라 할 수 있겠지만, 그러나 와비나 사비가 사라져가는 것이라면 한은 오
는 것이요, 절실한 기원이오 당신네들의 피를 물처럼 착각하는 것은 와비나 사
비의 정신세계 때문일까? 끈적끈적한 피, 그것이 한이오 진실만이 창조를 가능
케하고 진실에의 의지만이 창조력이 되는 것이며 …… (10권, 152면)

일본 말로는 한을 원한으로 쓰고 그것은 복수라는 묘하게 엽기적인 분위기를
갖는데 우리가 말하는 한에는 거의 모든 것이 포함되어 있어요 한이 된다, 한

이 맺혔다, 할 때는 물질적이든 정신적이든, 빼앗겼든 당초 주어지지 않았든지 간에 결핍을 뜻하고, 한을 풀었다, 할 때는 채워졌음을 의미하는 것입니다. 해서 결핍은 존재할 수 없는 방향으로, 채워졌음은 존재하는 방향으로, 그렇다면 그것은 생명 자체에 관한 것이에요. 한은 생명과 더불어 왔다 할 수 있겠어요. 한의 근원은 생명에 있다 할 수도 있겠어요. 흔히 지옥이다 극락이다 하는 말을 쓰는데 하나는 공포의 상태, 하나는 안락의 상태, 그것은 정지된 상태로 볼 수 있지 않을까요? 그러니까 극락이나 지옥보다 실감 있게 쓰이는 말이 내세(來世)와 차생(次生)이에요. 이어짐으로써 시간 위에서 있음으로 해서 생명은 존재하는 거니까요. 한은 내세에까지 하나의 희구 소망으로서 조선 사람들 가슴에 있고, 때문에 현실주의와 신비주의는 조선 사람에게 융화된 사상이라 한 거예요. (11권, 285~286면)

〈예문 2〉

고전문학에서 비극을 체험하기란 정말 어렵다. 아니, 해피엔딩이 아닌 소설을 찾기가 하늘의 별따기다. 통속적 대중물인 '영웅소설'은 천편일률로 해피엔딩을 향해 달려 가고, 사회적 갈등이 두드러진 '판소리계 소설' 역시 결말은 모두 한바탕 신명놀이로 끝난다. 〈금오신화〉나 〈운영전〉이 드물게 비극적 결말을 갖추고 있지만, 그것은 아주 예외적인 경우에 속한다. 아마 독자들은 〈가시리〉와 〈서경별곡〉을 떠올릴 것이다. 중·고등학교 교과서에서 그렇게 배웠으니까. 오, 그건 새 발의 피다. 그리고 잘 음미해 보면, 이 작품들도 한(恨)이라는 이름을 붙이기에는 슬픔의 깊이가 그다지 깊지 않다. 요컨대, 일반적인 통념과는 달리 고전문학을 지배하는 미적 특이성은 한(恨)이라기보다는 유머와 낙천성이라고 해야 훨씬 적절하다. 그게 어디 문학뿐인가? 미술, 음악, 풍속 등 다른 영역에서도 정황은 유사하다. 결국 근대 이전 예술사에서 '한(恨)'은 조선적 특성과는 거의 무관한 심미적 자질이었다.16)

한·일 문화비교론에 관련해서만이 아니라 『토지』는 우리의 전통 생활문화와 예술문화, 전래와 개화기 여러 풍속들의 보고(寶庫)이다. 문학

---

16) 고미숙, 『한국의 근대성, 그 기원을 찾아서—민족·섹슈얼리티·병리학』, 책세상, 2001, 62~63면.

▲ 가산 오광대 전수관

작품을 이해한다는 것은 단순히 글이 담고 있는 정보를 이해한다는 수
준을 넘어서 작품을 감상하고 향유하는 능력을 문제삼는 것이며, 문학교
육이란 문학적 지식에 대한 교육을 넘어서 문화 이해의 교육에까지 나
아갈 수 있어야 할 것이다.[17] 요컨대 문학작품을 통한 문화교육의 가장
큰 장점은 단지 사전적인 정보만이 아닌 작품이 다루고 있는 당대의 사
회 분위기와 민중의 생활을 실감으로 학생들에게 전달할 수 있다는 것
이다.

---

17) 우한용, 「문화교육에서 문화와 상상력」, 『문학교육과 문화론』, 서울대 출판부, 1997
　　참조

● 사례 2

다음은 오광대(五廣大) 놀음의 한 장면이다. '오광대'는 경남지방 일대
에 두루 분포되어 있던 민속가면극으로, 대개 다섯 마당으로 구성되어 있
어 오광대라고 한다. 양반계급에 대한 풍자(諷刺)가 주된 내용으로 양반의
하인 말뚝이의 재담(才談)이 큰 비중을 차지한다. 대개 음력 정월 보름 무
렵에 벌어지는 이 탈놀이는 재담·춤·탈·의상(衣裳)·반주음악 등에 이
르기까지 향토색이 짙으며, 덧뵈기춤은 이 놀이 특유의 춤이다. 오광대놀
이에 등장하는 여러 타령장단과 이물의 특징에 대해 알아보자. 또한 작품
에는 생략되어 있는 둘째 마당 이후의 내용에 대해서 조사하여 보자.

　　월선이는 아이들에게 먹을 것을 쥐여주고 제 머리에서 수건을 끌러 이미 수
건은 쓰고 있었는데 봉순의 목에 한 겹 더 감아주고 일어섰다. 굿마당에는 이
제 구경꾼들이 꽉 들어차서 소란을 피우고 놀음판 가까운 곳에서는 장작불이
훨훨 타오르고 있었다. 시커먼 밤을 삼킬 듯이 불길은 늘름늘름 혀를 내두르고
있었다. 이윽고 타령장단이 울리었다.
　　동방청제장군(東方靑帝將軍)이 푸른 탈을 쓰고 나타났다. 서방백제장군(西方
白帝將軍)이 흰 탈을 쓰고 나타났다. 북방흑제장군(北方黑帝將軍)이 검은 탈
을 쓰고 나타났다. 남방적제장군(南方赤帝將軍)이 붉은 탈을 쓰고 나타났다.
중앙황제장군(中央黃帝將軍)이 노랑 탈을 쓰고 나타났다. 이들은 각자 제 탈바
가지 빛깔에 따라 철릭(무관의 정복)을 입었는데 위괴(偉魁)한 모습은 눈부시었
다. 굿거리로 넘어간 음악에 따라 오신장(五神將)이 춤을 춘다. 신나게 춤을 춘
다. 청포 황포를 입은 악공은 북, 장고, 해금, 피리, 필률을 치고 불었다. 다섯
신장(神將)은 서로 자리를 엇바꾸어가며 본령산(本靈山)에서 타령조(打令調)로
가락이 빨라짐에 따라 춤은 더욱 화려해져갔다. 길상은 넋을 잃고 바라보고 있
었으나 봉순의 눈은 초롱초롱 빛이 났다. 구경꾼들은 여전히 시끄럽게 떠들고
있었다.
　　탈놀음은 두 번째 마당으로 접어들었다. 다섯 신장이 차례로 물러가고 대신
청, 백, 적, 흑, 황, 오색의 문둥이 탈을 쓴 광대가 들어섰다. 곰배팔에 절름발이
까치걸음으로 우쭐거리며 병신춤을 추는데 황황히 타는 장작불이 비쳐주는 이

기괴하고 익살스러우면서 슬프기까지 한 춤추는 괴물들, 구경꾼들은 웃고 재미
나하다가 어느덧 춤 속에 빨려들어 조용해지곤 했다. (1권, 110~111면)


## 3) 다매체교육의 활용과 적용 가능성

현대사회의 구조적 특징의 하나로 대중매체의 활성화에 따른 대중문
화의 범람을 들 수 있다. 대중매체의 활성화는 또한 대중교육의 확대와
함께 현대 사회의 변화와 발전에 일익을 담당하게 되었다. 그리고 대중
매체의 사회적 기능의 강화에 따라 매체 자체의 중요성과 교육적 효용
성이 인정되어 매체 자체에 대한 교육과 매체에 의한 교육의 방법이 강
조되고 있다. 문학적 체험이란 본질적으로 독서를 전제로 하는 것이지만,
작품의 이해를 돕기 위해서나 독서 후 활동에서 대중매체를 통해 접할
수 있는 이질적인 문학적 체험 또한 무시할 수 없는 현실이다.

제7차 교육과정의 고등학교 국어과 '문학 교수·학습 방법'에는 "문학
활동이 듣기, 말하기, 읽기, 쓰기를 포함한 언어 활동 및 다양한 비언어
적 표현, 이해 활동과 통합될 수 있도록 지도"하도록 유도하고 있다. 근
래 들어서 문학의 개념을 넓게 해석하려는 경향이 강해지고 있다. 과거
에도 연극과 문학, 노래와 문학의 관계는 서로 겹치는 것으로 이해해 왔
는데, 최근에는 여기에 덧붙여서 영화·회화·만화·뮤지컬 등도 문학적
인 자질을 가진 것으로 이해하게 되었다. 이때의 문학적 자질이란 서사
와 이미지의 측면으로서, 서사적 구조를 가지면서 이미지를 형상화하는
미적 활동은 모두 문학적 자질을 가진 것으로 보는 것이다. 실제로 소설
이 영화나 만화로, 시가 회화나 음악으로 매체 변환되는 일이 심심치 않
게 일어나고 있다. 따라서 문학교육에서도 과거와 같은 문자 중심 문학
활동을 넘어서서 다매체적 문학 활동, 예컨대 라디오, 텔레비전, 음악, 미
술, 연극과 영화, 인터넷 등을 활용한 문학 교수·학습 방법이 필요하게

되었다.

이러한 교육환경의 변화뿐 아니라 학생들의 수업 효과를 높이는 데에도 여러 매체의 활용은 유용하다. 문학은 문자 텍스트만으로 독자들에게 접근해 가면서도 끊임없이 허구적 상상력을 통해 머리 속에서 이미지를 환기할 것을 요구한다. 교수자는 늘 학생들이 흥미를 가지고 귀를 기울이기를 바라지만, 언어의 추상적인 성질 때문에 그렇게 되지 않는 경우가 많다. 다양한 매체의 활용은 문학이 갖는 이러한 허구적 상상력의 활동을 강화하고 교육하는데 유용할 뿐만 아니라, 학생들의 학습 흥미를 유발하고 집중도를 높이며 수업 내용에 대한 학생들의 이해와 기억에도 도움을 줄 수 있을 것이다.[18] 예컨대 고려대학교 민족문화연구소에서 편찬한 전자시집 『한국의 현대시』는 10,000편이 넘는 수록 작품 수, 시인별·제목별·주제별 등 다양한 검색 기능, 용어 검색 기능, 시에 대한 해설, 시인의 자작시 낭송 등 다양한 콘텐츠들과 함께, 중·고등학교 교과서에 수록된 작품들을 따로 검색할 수 있게 한 점이나 시에 나오는 어려운 시구들을 하이퍼링크하여 확인할 수 있도록 한 점 등 교육 현장에서 충분히 활용할 수 있을 것이다.

---

18) 실제 교육 현장에서 이루어진 '학생들이 원하는 국어 교과서에 대한 요구 사항과 수업 내용'에 대한 설문조사는 현행 교과서와 학생들 간의 거리를 단적으로 보여준다. 설문조사 결과의 일부를 소개하면 다음과 같다.

▶ 국어 교과서에 대한 학생들의 요구사항 : 그림이나 만화를 활용, 현장 체험 혹은 조사 보고하기, 시나리오나 희곡을 많이 넣어서 실제로 극화하기, 두레 활동의 결과(만화 그리기, 연극대본, 사진 등)를 나타내거나 붙일 수 있는 공간이 있는 국어책, 각 단원의 끝에 만화로 요점 정리를 한다, 국어 발음 테이프가 있었으면, 토크쇼 혹은 토론이 실렸으면, 영상물을 활용하는 내용 등.

▶ 학생들이 원하는 국어 교과서의 내용 : TV 방송, 직접 시나리오 쓰기, 만화로 나타내기, TV 드라마 대본, 조사하기, 취재하기, 요즘 유행하는 연극이나 뮤지컬의 대본, 내가 왕년엔(부모님 등 기성세대 이야기), 이야기 바꾸기(나도 작가), 노래 수업, 영화 관람기, 대화법(체험 위주), 광고 만들기, 우리 것을 알자, 대중가요의 세계, 여행 이야기, 드라마 속으로(시청소감, 비평하기 등), 시네마 천국(대본 쓰기, 감명 깊게 본 영화 등), 영화나 드라마 만드는 과정, 뮤직 비디오 만들기, 만화로 보는 세상 등.

김경숙, 「현장 교사의 국어 교과서 분석」, 『국어교육』, 2001년 여름, 34~36면.

한국의 현대 문학 작품 중 『토지』는 1969년 『현대문학』에 연재를 시작한 이후 1994년 8월 『문화일보』에서 대단원의 막을 내릴 때까지 다른 매체로 많은 변환을 보여준 대표적인 작품이라 할 수 있다. 『토지』는 1979년과 1987년 두 차례에 걸친 TV 드라마 방영, 1974년의 영화화에 이어 1995년 서사 음악극, 그리고 최근 만화 『토지』의 출판권 계약과 2004년 방영을 목표로 SBS에서 창사 특집극으로 『토지』의 TV 방영권을 사들였다는 소식에 이르기까지 『토지』는 완간 이전부터 현재에 이르기까지 줄곧 다른 매체로의 변용이 이루어져 왔다.

따라서 『토지』의 다매체 활용의 대상으로 우선 『토지』의 TV 드라마 녹화 테이프(VOD)와 영화화 된 〈토지〉를 고려해 볼 수 있을 것이다.[19] TV 드라마나 영화 등 소설은 그것이 지닌 서사성이라는 특질 때문에 시각화 되는 일이 잦다. 그러나 소설의 영상화가 늘 성공적인 것은 아니다. 근대 소설 이후 소위 보여주기(showing)라는 방법이 강조되었지만 장르 특성상 이야기하기(telling)를 벗어날 수 없다는 소설의 특징 때문에 소설의 드라마화에는 여전히 많은 제약이 따른다. 우선 상업적인 전략이나 각색자나 연출가, 배우 등의 원작 체험이 개입되어 작품을 매개로 한 작가와 독자의 만남이 변질되어 버리고 원작의 의미 또한 왜곡되고 훼손될 수밖에 없다. 또한 그 결과 TV 드라마나 영화로 감상하는 문학적 체험은 원작인 문학 작품의 감상이 주는 감동과는 달라질 수밖에 없다. 따라서 원작 그대로를 이해하기 위한 자료로써 드라마나 영화를 활용할 수는 없을 것이다. 『토지』와 같이 수업시간의 제재가 드라마나 영화로 제작되어 있는 경우 소설의 장르적 특성인 서사성을 극과 비교함으로써 장르 변용에 따른 차이 등을 학습하는데 유용하다. 이를 통해 학생들은 한 작

---

19) 1974년 영화 〈토지〉 감독 김수용(비디오 1·2, 백록비디오프로덕션); 1987년 10월~1989년 8월 드라마 〈토지〉 방영(비디오 103개, KBS); 1995년 9월 5일 서사음악극 〈토지〉 공연 : 서울시립국악관현악단(상임지휘자 김영동, 세종문화회관 대강당) 〈토지〉(전 4막).

품이 다른 매체로 변용될 때 거기에 관계하는 많은 사람들의 원전 이해
가 얼마나 작품을 다르게 만들 수 있는지를 확인할 수 있을 것이다. 또
한 한 문학 작품에 대한 변용이 여럿인 경우에는 학생들에게 비교하여
볼 수 있도록 기회를 제공하면, 같은 장르 안에서도 해석자의 시각에 따
라 전혀 다른 작품을 낳을 수 있다는 사실을 보여 줄 수 있다. 이런 다양
한 학습을 통해 학생들은 문학 해석의 개방성을 이해하고, 독서체험과는
상호 이질적이기는 하나 문학 감상 능력의 확대와 심화에 기여할 수 있
을 것이다.

　작품에 대한 이해를 돕기 위한 작가 조사의 경우에도 매체를 활용할
수 있다면 더욱 효과적일 것이다. 교과서나 대개의 학습 참고서에 나와
있는 작가에 대한 정보는 생몰연도와 발표 작품의 나열 등 사전적인 지
식만이 짧게 요약되어 있을 뿐 작가의 세계관이나 창작 배경, 창작 동기,
생존 작가의 경우 작가 근황과 같은 정보는 제공하지 않는다. 또한 사전
적인 정보마저 틀린 것이 많은 형편이다.[20] 이 정도의 정보로는 학생들
이 작품 이해에 대한 도움을 거의 기대할 수 없다. 따라서 작가 인터뷰
와 같은 비디오나 오디오 자료들이 존재하는 경우는 그러한 자료의 활
용을 통해 보다 나은 학습 효과를 기대할 수 있을 것이다. 『토지』의 작
가 박경리는 상대적으로 다른 작가에 비해 작가에 대한 자료가 풍부하
여 이러한 학습활동을 하기에 용이하다.[21] 또한 현재 작가가 운영하고

---

20) 예컨대 6차 교육과정 국어교과서 하권에 실린 『토지』의 경우 다음과 같이 작가에
　대한 소개가 실려 있다. "박경리(1927~ ) : 소설가. 1956년 단편 「흑흑백백」이 추천되어
　문단에 등단. 다음 해에 「전도」, 「불신시대」를 발표하였고, 1959년 장편 『표류도』를 발
　표하면서 장편소설에 힘을 기울여 『김약국의 딸들』, 『가을에 온 여인』, 『시장과 전장』,
　『파시』 등을 썼으며, 1969년부터 가족사적 대하소설 『토지』를 『현대문학』에 연재하였
　다." 이 짧은 작가 소개에도 오류가 발견된다. 작가의 출생연도는 1926년이다. 등단 또
　한 정확하게는 1955년 「계산」을 발표하고, 1956년 「흑흑백백」을 발표하여 김동리에
　의해 추천 완료됨으로써 이루어진다. 하지만 당시 등단제도에 대한 아무런 사전 설명
　없이 교과서의 정보만을 참고할 경우 학생들은 작가의 처녀작을 「흑흑백백」으로 기억
　하게 될 것이다.
21) 1991년 현장인터뷰 이 사람―박경리(비디오 60분, MBC프로덕션); 1993년 시청자 여러

있는 〈토지문화관〉의 홈페이지(http://www.tojicul.or.kr)를 살펴보고, 문화관에서 실시하고 있는 여러 프로그램들을 조사해 봄으로써 작가의 세계관이나 사상 또한 엿볼 수 있을 것이다. 작가가 발행인으로 되어 있는 최근 출간된『숨소리』와 같은 잡지도 작가를 이해하는데 유용한 자료가 될 수 있을 것이다.

학생들의 경우, 그들이 살고 있는 현대라는 시간적 제약도 작품을 이해하는데 한계로 작용할 수 있다. 일반 독자의 경우에도 작품과의 시간적 거리나 그들이 체험하지 못한 이전의 역사를 배경으로 하는 작품의 경우에는 상상력만으로 그 거리를 메우기가 쉽지 않다. 문학교육에 있어 작품 이해를 위해 선지식(先知識)의 중요성을 상기한다면, 작품의 배경이 되는 당대의 풍속이나 제도, 역사, 지리 등과 관련된 자료들을 다양한 매체를 활용하여 학생들에게 제공할 수 있다면 효과적인 학습 방법이 될 수 있을 것이다. 예컨대『토지』의 경우 우리의 전통문화와 민속, 그리고 일본에 관한 자료들22)을 적극적으로 활용할 수 있을 것이다. 또한 실제 현장

분을 초대합니다―박경리의 흙농사, 글농사(비디오 90분, KBS); 1994년 11월 6일 일요스페셜:『토지』25년만의 대장정(비디오 60분, KBS); 1999년 8월 19일 대화―세기를 넘어서: 땅의 노래, 생명의 노래―박경리(비디오 60분, KBS); 2000년 금요일의 문학이야기:『토지』이야기 / 박경리 (비디오 70분, 원주 토지문화관); 2002년『토지』이야기(비디오 58분, 문예진흥원).

22)『토지』와 관련하여 다음과 같은 자료들을 활용할 수 있을 것이다. 〈한국과 일본〉(비디오 1·2·3, 각 60분, KBS, 1990); 〈가족제도의 변화와 연속성〉(비디오, 60분, KBS, 1990); 〈역사의 빛 '친일'〉(비디오 60분, KBS 영상사업단, 1990); 〈조선후기의 사회와 사상〉(녹음자료, 한길사, 1993); 〈한국민요대전: 경상남도편〉(녹음자료 compact disks, 1-8 각 70분, MBC, 1994); 〈한국의 민속〉(CD-ROM 1, 국립민속박물관, 1995); 〈광복 50년, 일본을 다시 본다〉(비디오 120분, KBS 영상사업단, 1995); 〈TV 문화기행: 섬진강〉(비디오 24분, 리빙 TV, 1997); 〈TV 문화기행: 통영 나전칠기 축제〉(비디오 22분, 리빙 TV, 1998); 〈물질문명과 자본주의〉(비디오 60분, EBS 영상사업부, 1998); 〈일요스페셜 "땅으로부터 해방"〉(비디오, 60분 KBS, 1999); 〈우리 숲을 통해 본 선조들의 환경사상〉(비디오 60분, EBS영상사업부, 1999); 〈한일간의 올바른 역사의식〉(비디오 60분, KBS미디어, 2001); 〈증언과 자료로 본 일본의 역사왜곡〉(비디오 1·2, 각 30분, MBC프로덕션, 2001); 〈일제 잔재는 청산됐는가〉(비디오 120분, MBC프로덕션, 2001); 〈조선시대의 역사와 문화: 개화와 척사〉(비디오 100분, 지식공학사, 2002); 〈문화와 생활로 보는 한국사: 근대 초기 서구문화의 수용과 한국〉(비디오 100분, 지식공학사, 2002) 등.

▲ 1995년 광복 50주년 기념으로 상영된 서사음악극 『토지』의 시디롬(김영동 작곡, 이승하 작시)

답사가 어려운 현실을 감안하면 작품의 배경이 되는 공간에 대한 다양한 시청각 자료들도 학생들의 작품 이해에 도움을 줄 수 있을 것이다.

이처럼 여러 매체를 문학교육에 활용할 경우 수업의 집중도에서나 작품에 대한 이해, 그리고 학생들에게 다양한 콘텐츠들을 제공할 수 있다는 측면에서는 분명 학습효과를 기대할 수 있다. 하지만 그에 따른 부작용도 염두에 두어야 할 것이다. 예컨대 영상매체로의 다양한 변용 자체가 학생들의 동기유발에 사용될 수는 있으나 영상매체에 의한 상상적 경험 영역의 직접 제시는 오히려 학생들의 상상력 자체를 한정시켜 작품의 이해에 부정적으로 작용할 수도 있다는 점이다. 또한 문자 텍스트보다 영상이나 음성 텍스트에 훨씬 친숙한 학생들이 단지 매체가 지닌 여러 효과와 재미에만 유인될 경우, 처음의 의도와는 달리 독서에서 느끼는 즐거움이 교육되지 못할 위험도 상존한다. 다양한 매체의 '활용'은 '문학'교육을 위한 것이다. '활용'의 중심은 어디까지 '문학'이다. '문학'은 단서만을 제공하고 단지 학생들의 흥미를 불러일으키기 위한 '활용'이 중심에 놓일 수는 없을 것이다.

# 5. 문학교육의 대중화 방안

　지금까지 제도교육, 구체적으로는 중등교육 안에서 『토지』의 여러 문학교육적 활용 방안에 대해서 살펴보았다. 『토지』는 그 분량의 방대함만큼이나 교육적 활용도가 높은 작품이다. 글쓰기를 포함한 창작교육과 인물이나 플롯, 시점 등 구체적인 소설교육의 측면뿐만 아니라 영화나 드라마, 시 등의 장르 변용 양상에 대한 학습활동에도 유용한 텍스트라 할 수 있다. 또한 『토지』는 해방된 순간으로부터 거슬러 올라가서 약 100년 동안의 우리 민족의 삶의 모습을 고스란히 담고 있어 우리의 근현대사를 탐구하고 우리 민족의 여러 문화적 특징들을 학습하는 데에도 활용도가 높은 작품이다.

　여러 문학 작품 중 『토지』를 대상으로 삼은 것은 제7차 교육과정의 학습 목표에 이 작품이 적절히 대응될 수 있으며, 하나의 소설 작품으로 여러 문학교육적 활용을 보여주는 데 『토지』가 유용하다는 판단에서였다. 이제 남은 문제는 제도교육 밖의 일반 독자들에게 『토지』라는 작품을 보다 효과적으로 전달하고 수용할 수 있도록 하는 방법의 모색과, 현재 활발하게 진행되고 있는 『토지』의 2차 텍스트 생산의 문제들을 점검해 보는 것이다.

　최근 영상매체나 컴퓨터, 나아가 인터넷 등을 효과적으로 교수 학습에 활용하는 방안을 마련하기 위해 교육 현장에서 다양한 실험이 진행되고 있으며, 매체의 발전에 기대어 소위 열린 교육이 가능하리라는 기대가 높아지고 있다. 문학 현상에 대한 기존의 정전 중심, 생산자 중심의 접근에서 탈피하여 수용자 중심으로 접근해 가는 방법적 모색이 절실한 시점이라 할 수 있다. 교육개발원을 중심으로 초·중등 국어과 전자 교과서를 인터넷 기반 위에 구축하고 현행 교과서를 학습자 중심으로 재편하고 하이퍼링크를 적극 활용하여 학생들 스스로 학습할 수 있는 장을 만들겠다는 취지를 보인 것은 수용자 중심의 방법론적 모색의 구체적인 움직임이라 할 수 있다.

나아가 통신환경의 변화에 발맞추어 원격교육에 대한 관심이 본격화되고 있으며 매체환경의 변화를 평생교육의 장에서 활용하는 방안도 마련되고 있다. 특히 인터넷이 원격교육을 실현함으로써 교육 시기의 제한을 극복하고, 자신의 능력과 취향에 따라 교육을 받을 수 있으며, 교육 내용의 다양화로 교육 수요자의 욕구를 만족시킬 수 있게 되었다는 지적도 있다. 그러나 문자 텍스트에 익숙한 세대들에게는 컴퓨터와 통신의 발달에 따른 통신환경은 오히려 낯선 환경이며 세대간의 간극을 만드는 한 원인이 되기도 한다. 또한 이러한 환경의 변화는 하드웨어의 부족이나 운영 기술의 차이에 따른 정보검색 가능 그룹과 그렇지 않은 그룹 사이의 불평등이라는 커다란 불평등을 유발할 수도 있다. 하지만 선진국 못지않은 정보통신 인프라를 구축하고 있는 우리로서는 적극적인 정보화교육과 콘텐츠 개발로 문학교육의 대상과 영역을 확장할 수 있는 방법이 모색되어야 할 것이다. 그 하나의 방법으로 상정할 수 있는 것이 문학 작품의 하이퍼텍스트화 방안이다.

앞에서도 이미 살펴본 바와 같이 『토지』는 다양한 장르와 매체로의 변용이 이루어졌다. 뿐만 아니라 우리나라에서 단일 문학작품으로는 처음으로 '문학사전'23)이 만들어진 작품이기도 하다. 『토지』 사전의 출간은 수용자인 독자들의 작품에 대한 정확한 독해를 위한 것이다. 『토지』 사전에는 작품에 등장하는 허구적 인물들과 역사적 인물들에 대한 소개와 함께, 익숙하지 않은 여러 방언들의 정확한 의미, 역사적 사건이나 낯선 풍속과 기구, 제도들에 대한 사전적 정보들, 세계사 연표, 한국사 연표와 병렬시킨 작품의 연대표와 주요인물들의 가계도(家系圖)를 싣고 있다. 독서 행위 중에 이러한 '문학 사전'의 활용은 작품 이해에 많은 도움

---

23) 임우기·정호웅 편, 『『토지』 사전』, 솔, 1997 참조.

▲ 토지문화관 주최 환경 토론회 포스터

을 줄 수 있을 것이다. 하지만 실제로는 일부 연구자들을 제외하면 독서 행위 중에 일반 독자들이 이러한 '문학 사전'을 활용하는 경우는 많지 않다. 그 이유는 무엇보다 소설과 사전 두 권의 독서를 감당해야 하는 부담과 독자들이 원하는 정보를 충분히 제공할 수 없는 한계, 그리고 이른바 각주의 형식이 독서를 방해하기 때문일 것이다. 하지만『토지』의 전문을 온라인상에서 제공하고 텍스트와 관련된 정보를 하이퍼링크를 통해 통신 공간의 다른 부분과 연결시켜 다양한 정보의 검색을 가능하게 한다면 작품의 이해를 위한 다양한 정보를 확보할 수 있도록 도와줄 수 있을 것이다.[24] 물론 문학 작품의 하이퍼텍스트화가 단지 통신공간에 존재하는 여러 정보들의 접속에만 닿아 있어서는 안 될 것이다. 더욱 중요한 것은 독자들의 작품 이해를 돕기 위한 다양한 콘텐츠의 개발이다. 요컨대 문학교육의 목표가 개인의 자유로운 상상력을 발휘하여 주어진 텍스트를 다양하게 읽고 해석하는 것이라면 다매체환경의 조건들을 최대한 활용하여 작품에 대한 이해와 감상이 가능하게 하는 길을 찾아 볼 수 있을 것이다.

또 하나 최근『토지』와 관련하여 주목할 만한 사실은 문학의 영역 안에서의 다양한 변개(變改)이다. 그 대표적인 사례가『청소년 토지』[25]이다. 원작의 방대함으로 청소년들이 작품에 쉽게 접근하기 어렵다는 점에 착안하여 기획 출판된『청소년 토지』는 원작의 내용을 대폭 축소 생략하고, 활자의 크기를 키우고, 컬러 삽화를 삽입하는 등 청소년의 눈높이에 맞추기 위한 여러 변화들을 시도하고 있다. 일단 원작을 다이제스트화한

---

24) 그러나 하이퍼 링크에 의한 사유는 진지한 사고의 과정을 파괴시킬 위험성 또한 내포하고 있다. 자칫 과도한 정보의 연결로 정보에 묻혀 오히려 실제 작품의 이해와 감상이라는 문학교육의 목표를 상실할 위험성도 항존하고 있는 것이다. 따라서 실제 문학교육의 장에서는 하이퍼링크를 적절한 수준에서 조정하는 것이 필요할 것이다. 최병우,「매체변화와 문학 교수·학습의 전략」,『문학 교수·학습 방법론』(구인환 외저), 삼지원, 1998, 387~390면 참조.

25) 토지문학연구회 편,『청소년 토지』, 이룸, 2003.

것을 읽는 일은 문학에 대한 관심과 흥미를 유발시켜 문학을 향유하는 능력을 길러줄 수 있다는 점에서 고무적인 사실로 볼 수 있다. 특히『토지』와 같은 방대한 분량의 작품일 경우 좀더 많은 독자들에게 읽기 쉽게 전달한다는 측면에서 보면 다이제스트화는 의미 있는 작업이라 할 수 있을 것이다.『청소년 토지』의 경우『토지』연구자들의 철저한 감수로 다이제스트화가 범할 수 있는 여러 오류들을 대폭 줄이고 있다는 점도 중요한 미덕이다. 그러나 문학 작품을 하나의 자족적인 실체로서 인정할 경우 그것이 부분으로 제시되거나, 편자(編者)의 시각이 첨가될 수밖에 없다는 사실은 다이제스트화가 지니고 있는 피할 수 없는 한계이다. 예 컨대『청소년 토지』의 경우, 역사상의 사건을 두고 지나친 논쟁으로 흐른 부분이나 청소년이 이해하기 어렵다고 생각되는 토론 부분들의 생략 은 원작이 가지고 있는 의미를 온전히 전달할 수 없을 것이다. 또한 여러 등장인물들과 대화의 생략, 그리고 청소년의 눈높이에 맞추어 많은 삽화가 삽입되어 있음에도 불구하고 작중에서의 인물 묘사와 삽화와의 부조화 등은 오히려 독자들에게 혼란을 가져올 수도 있을 것이다. 여러 장점에도 불구하고, 작품의 내용이 어렵고 분량이 방대하다고, 혹은 좀 더 많은 독자를 확보하기 위하여 원텍스트를 축약하는 일은 신중하게 진행되어야 한다.『청소년 토지』의 발간에 즈음하여 작가가 밝힌 "미처 자신의 손으로 (축약)하지 못한 아쉬움"은 작가만의 것은 아닐 것이다. 비단『토지』의 경우가 아니더라도 다소 어렵고 긴 작품을 축약본의 형태 로 읽고 또 권장할 것이냐, 아니면 다양한 매체의 활용과 교수 학습법의 개발을 통해 작품에 접근토록 할 것이냐, 양자택일의 기로에서 우리의 선택은 분명하다.

# 『토지』의 데이터베이스 구축과 문화예술산업

박상민

## 1. 『토지』와 문화예술산업

이 글은 박경리 원작의 소설 『토지』와 이로부터 파생된 청소년용 『토지』, 드라마, 지역문화축제 등에 대한 보다 용이한 접근과 풍부한 자료 제공을 목적으로 하는 『토지』의 데이터베이스 구축을 위한 기초 연구이다. 『토지』의 데이터베이스 구축은 인문학 컨텐츠의 대중화를 지향하는 정부의 인문학 육성사업 방향과 부합하지만, 이를 위해서는 문학·예술 경제학·경영학·예술행정·컴퓨터공학 전반에 걸쳐 전문성을 지닌 학제간 공동 연구가 필요하다. 따라서 이 글은 개별 학문 영역간의 불필요한 중복을 막고 효율성을 극대화하기 위해, 데이터베이스의 소스(source)를 제공하는 학문 영역인 문학연구자의 입장에서 전체적인 개발의 지형도를 작성하려고 한다. 문학 부문에서의 학제적 연구는 그 사례가 드물기 때문에 본 연구는 문학 컨텐츠 개발과 관련된 학제적 연구의 기초를 쌓고 틀을 다지려는 의도를 함께 갖고 있다.

　이 글에서는 특히 『토지』의 데이터베이스 구축에 관한 논의를 '문화예술산업'과 연결지어 살피려고 한다. 이때 '문화예술산업'은 문화산업의 예술적 성격을 강조한 용어이다. 최근 10여 년 동안 정부는 문화를 '고부가가치 산업'으로 인식하는 경향이 두드러졌다. 한 편의 할리우드 영화가 우리나라의 연간 자동차 150만 대의 매출 이익을 상회했다는 몇 해 전의 언론 보도는 문화산업을 고부가가치 산업으로 육성시켜야 한다는 우리 사회의 논리를 잘 보여 주는 사례라 할 수 있다. 이렇게 문화 상품을 고부가가치물로 보는 관점은 문화를 바라보는 매우 중요한 시각이기는 하지만, 문화 상품의 예술적 특징을 간과할 수 있는 위험을 안고 있다. 예술작품은 다양한 외부편익의 원천으로서 생산주체의 수익 차원을 넘어서는 특징을 갖고 있기 때문이다. 예술작품의 외부편익에 대해서는 본론에서 상론하기로 하고, 이 글에서는 문화산업에 대한 관점을 '고부가가치산업'과 '사회구성원들의 문화적 수준을 고양시키는 다양한 외부편익의 원천'으로 구분하고자 한다. 이는 문화산업을 바라보는 관점의 차이일 뿐 실제로 많은 문화 상품들은 두 가지 요소를 함께 갖고 있으며, 또 연구자들 또한 두 가지 특징을 동시에 인정하고 있다. 하지만 후자의 관점은 전자의 관점보다 더 포괄적이다. 왜냐하면 문화 상품을 고부가가치 상품으로만 바라볼 경우에는 이익실현 가능성이 높은 몇몇 상품에만 기업들의 투자가 집중되는 자본의 논리에 문화산업이 종속될 위험이 있으며, 이때 기업들은 직접적인 이윤에만 집착할 뿐 다양한 외부편익에 대해서는 관심을 갖지 않을 것이기 때문이다. 후자의 관점이 문화예술산업의 고부가가치적 성격을 무시하거나 폄하하려는 것이 결코 아님을 미리 분명하게 밝혀 둔다. 문화 상품은 다양한 차원에서 직접적인 이익실현과 외부편익을 창조하는 원천이 되는데, 이때 '외부편익'은 생산자에게 직접 실현되는 이익이 아니기 때문에 시장경제의 논리에만 맡겨서는 안 된다는 '정부의 정책적 지원과 조율'의 필요성을 강조하려는 의도에서 후자의 관점을 강조하는 것일 뿐이다.

이 글에서는 문화 상품의 외부 편익성을 강조하기 위하여 기존의 일 반적인 '문화산업'이라는 용어 대신에 '문화예술산업', 또는 이를 줄여 '예술산업'이라는 용어로 쓰려고 한다.

본 연구는 『토지』의 데이터베이스 구축을 위한 구체적 작업과 함께 새로운 방법론을 개발해야 한다는 이중의 부담을 안고 있다. 그래서 이 글은 '예술경제학' 또는 '문화경제학'에서 이루어진 기왕의 성과들을 유 비추론적으로 적용하려고 한다. '예술경제학'과 '문화경제학'은 특별한 구분 없이 혼용되기도 하나, '예술 경제학'은 주로 공연물이나 전시물을 대상으로 논의가 이루어지고 있으며, '문화 경제학'은 애니메이션, 영화, 음반 등을 아우르는 문화 전반을 대상으로 논의되는 경향이 있다. 문학 은 후자보다 전자에 가깝기 때문에 이 글에서는 '예술 경제학'이라는 용 어로 통일하고자 한다.

1960년대 중반 이후 미국을 중심으로 학문적 논의가 본격화된 예술경 제학은 그동안 예술 작품의 공공재적 성격을 규명하고, '생산성 격차'라 는 개념을 이용하여 정부 지원의 경제학적 근거를 마련하는 등의 큰 성 과를 거두었다. 하지만 예술경제학에서 다루는 예술 작품들이 주로 공연 물과 전시물에 한정되어 있어, 문학 부문에 적용하기에는 약간의 변용이 불가피하다. 이에 대해서는 뒤에서 상술하도록 하겠다.

이 글은 또 문화산업을 자본주의 경제의 체제적 성격과 관련하여 분석 한 프랑크푸르트학파의 비판적 성찰1)을 중요한 지적으로 받아들였다. 이 는 자본주의하의 여타 경제부문과 마찬가지로 예술산업 분야에서도 시장 경제 아래에서는 자원의 불공정한 배분이 발생한다는 사실을 환기시켜, 데이터베이스 구축의 전제조건을 상정하는 데에 기본틀을 제시해 주었다.

---

1) 이와 관련해서는 아래 두 책을 참조하였다.
　　호르크하이머·아도르노, 김유동 외역, 『계몽의 변증법』, 문예출판사, 1995.
　　볼프강 F. 하우크, 김문환 역, 『상품미학비판』, 이론과실천사, 1991.

## 2. 경제학적으로 접근해 본 문학 텍스트

### 1) 예술 경제학의 성립

　예술경제학의 주창자로 알려져 있는 영국의 러스킨(John Ruskin, 1819~1900)은 미술평론가로 출발하여 점차 예술 작품의 생산과 축적, 배분의 문제에 관심을 갖게 되었다. 러스킨은 1857년에 '예술경제학'이라는 제목으로 이틀간의 강연회를 가진 후 내용을 보충하여 동명의 제목으로 저서를 출판했고, 이후에도 계속하여 보다 정교한 예술경제이론을 발표했다. 그는 금전의 가치를 최고로 취급하던 당대의 자본주의적 주류 경제학에 맞서 인간의 생명과 삶을 최고로 생각하는 경제학으로 전환할 것을 주장했다. 그는 책값을 너무 싸게 책정해서는 안 되고, 가난한 사람들에게는 무상으로 일정한 권수의 책을 나누어주어야 하며, 유럽의 고급 미술품들이 방치되어 훼손되고 있으므로 영국 정부는 값의 고하에 상관없이 미술품들을 사들여 공공박물관에 보존시켜야 한다는 등의 논의를 펴 사람들로부터 이상주의자로 매도되기도 했다. 하지만 그의 논의들은 당대 사회에 대한 깊은 통찰력을 바탕으로 매우 진지하고 거시적인 안목과 논리를 보여주고 있어, 오늘날의 예술경제학에까지 큰 영향을 끼치고 있다. 특히 예술작품에 대한 사회구성원들의 향유 능력을 높일 수 있는 사회 체제를 만들면, 예술품에 대한 소비가 촉진되고, 예술가에게 더 높은 수준의 창작을 하도록 영향을 주어 '진정한 부(富)'2)를 누릴 수 있다는 주장은 영원히 퇴색하지 않을 예술경제학의 중요한 원리라 할 수 있다.

　150년 전부터 주창된 예술경제학은 그러나 러스킨 이후 한동안 주목받지 못하다가, 1960년대 중반 이후 미국에서 보몰과 보웬이 '생산성 격

---

2) 러스킨은 화폐를 많이 보유하는 것을 '부'로 보는 일반적인 관점을 거부하고, 높은 삶의 질을 누리는 것이 '진정한 부'라고 보았다.

차'에 대해 실증적으로 분석하면서부터 경제학의 한 부문으로 자리잡게 되었다. '생산성 격차'란 일정한 기간 동안 동일한 경제 단위 내에서 산업 부문간 1인당 산출물의 증가 속도가 다를 때에 발생한다. 생산성의 향상은 주로 기술의 발전에 따른 기계화와 1인당 자본투자의 증가에 의해 발생하는데, 특정한 산업 부문에서는 기술 개발과 자본투자가 생산성 향상에 별 영향을 미치지 못하는 경우가 있다. 토목공사와 미용 산업 부문을 예로 들자면, 토목공사의 경우 기중기를 도입하면서부터 1인당 생산성이 크게 늘어났지만, 미용업의 경우 기술 개발에 따른 생산성 증가가 없지는 않겠지만 미용사가 가위로 고객의 머리카락을 자르고 다듬는 시간에는 큰 차이가 없어 결국 두 산업간에 생산성 격차가 발생하게 된다. 이를 해결하기 위해서는 가격을 올려야 하는데, 격차가 너무 심해지면 결국 그 산업 부문은 도태되고 만다. 보몰과 보웬은 영국과 미국의 몇몇 극단, 교향악단 등의 시기별 공연비용을 비교 분석하여, 예술부문이 일반적인 다른 산업부문의 평균적 생산성 향상에 크게 못 미치고 있음을 밝혀냈다. 즉 공연예술의 경우에는 단지 규모의 경제만이 산출물 증가에 유효하므로, 공연예술의 산출단위당 비용은 경제 전체 비용에 비해 계속 상승한다는 주장이다.

이에 대한 근거로 보몰과 보웬은 미국 필하모니 교향악단의 1843년과 1964년 사이에 연주회당 비용이 2.5%씩 증가한 반면, 미국의 도매물가는 매년 1%씩 상승했음을 밝혀냈는데 이를 복리로 계산하면, 일반물가 수준이 121년 동안 4배 증가할 때 교향악단의 연주회당 비용은 20배 증가했다는 결론이 나온다. 이러한 생산성 격차는 공연예술의 입장료를 꾸준히 상승시키고, 중·저소득층의 사람들을 공연예술과 멀어지게 한다. 따라서 시장경제의 논리에 맡겨둘 경우 공연예술은 점점 위축될 수밖에 없다.

▲ 토지문학제 팸플릿. 매년 가을 평사리 최참판댁에서 2일에 걸쳐 행사가 진행된다.

## 2) 예술작품의 외부편익

하지만 예술작품은 다양한 외부편익의 원천이 된다는 점을 간과해서
는 안 된다. 예술작품의 외부편익에 대해서 제임스 헤일브런과 찰스 M.

그레이 교수는 다음과 같은 정리하였다.

① **후세에 대한 유산**: 경제학자들은 후세를 위한 문화유산으로서 예술이나 문화를 보전하는 것이 집단적인 편익 조건을 충족시킨다고 본다. 그러한 주장은 예술을 향유하거나 향유하지 않는 사람 모두가 현재 선호를 나타낼 수 없는 후세의 편익을 위해 문화와 예술을 보전하고자 오늘날 기꺼이 얼마를 지불하려고 한다는 것이다.

② **민족적 자긍심과 국위 선양**: 많은 사람들은 그 나라의 예술가들이 전 세계적으로 인정받는 것을 자랑스러워한다.

③ **지역경제에 대한 편익**: 예술은 그 지역 이외의 소비자들을 모으는 데에 일조한다. 이들은 관광객으로 지역의 문화행사 공연 입장권을 산다거나 박물관을 방문하는 것 외에 그 지역의 상점에서 기념품이나 물건을 구입하고 식사와 숙박을 위해 지출하게 되며, 이는 일반 상품의 수출과 마찬가지로 지역경제를 자극하게 된다.

④ **교육에 대한 기여**: 일반적으로 예술 작품을 더 잘 향유하려는 과정에서 자연스럽게 학습 욕구가 생기며, 이러한 수요에 의해 교육이 이루어진다. 교육소비는 사회적 편익을 발생시키는 대표적인 예이다.

⑤ **예술 참여자들의 사회적인 증진**: 사람들은 예술 소비에 참여함으로써 감수성이 증대하거나, 동료들의 예술적 성취물들을 보면서 인류를 더 나은 존재로 인식하게 된다. 이는 개인의 만족 차원을 넘어서는 외부편익이라 할 수 있다.

⑥ **예술의 혁신성**: 창조적인 예술가가 예술양식의 혁신적 변화 실험을 하고 나면 이후 다른 예술가들의 모방이 잇따르며 새로운 예술 분야나 기법으로 자리를 잡게 된다. 일반적인 산업현장에서 기술적 혁신은 특허에 따라 보호받게 되지만, 새로운 예술양식에 대해서는 특허제도를 통해 보호받을 수 없다. 따라서 예술가들은 아무런 대가를 지불하지 않고 혁신적 예술 작품의 양식을 모방할 수 있는데, 이는 사회적 외부편익이다.

이상의 정리를 통해 알 수 있듯이 예술작품은 다양한 외부편익을 발생시키며, 나아가 공공재로서의 비경합적이고 비배제적인 소비특성[3]까

---

3) 모든 분야의 예술작품이 공공재적 성격을 갖는다는 것은 성급한 결론이겠으나, 일반

지 보인다. 한편 공공재의 소비 특성 때문에 사회구성원들은 자신들에게 필요한 재화임에도 불구하고 정당한 대가의 지불을 꺼리게 되어, 공공재는 시장경제의 모순을 심화시키게 되며, 여기에서 문화예술산업에 대한 정부의 시장 개입 필요성이 경제학적 차원에서 요구된다.


## 3) 문학경제학[4] 시론─향유 능력 고양정책의 필요

지금까지 논의한 예술산업의 '생산성 격차'와 '공공재적 성격'은 주로 공연예술을 중심으로 구명된 것들이다. 즉 공연예술은 생산성 격차 때문에 현대사회에서 점차 경쟁력을 잃어가고 있지만, 공공재적 성격을 지니므로 외부의 도움을 받아서라도 계속 유지, 활성화시켜야 한다는 것이다. 하지만 문학작품과 공연예술작품의 양식적 차이가 엄연하므로, 문학 부문에 대해서도 똑같은 논리를 적용할 수는 없을 것 같다.

우선 문학작품의 생산과 배분과정은 공연예술과 달리 사회 전체의 생

---

적으로 예술경제학자들은 예술작품이 공공재적인 성격을 갖고 있다는 것에 동의하고 있다. 이에 대해서는 『문화예술경제학』(제임스 헤일브런·찰스 M. 그레이 공저, 이홍재 역, 살림, 2000), 167~170면을 참조할 것.

일반적으로 공공재의 소비특성으로는 아래의 두 가지가 거론된다.

① 비경합적 특성 : 한 개인이 소비에 참여하여 얻는 한계 효용은 기존에 소비하고 있는 다른 모든 개인들이 얻는 편익을 감소시키지 않는다. (대부분의 공연예술이 이런 특성을 지닌다.)

② 비배제적 특성 : 사회의 다른 구성원들이 아무런 대가를 지불하지 않고 특정의 재화를 소비하면서 얻는 편익을 막지 못한다는 의미이다. (길거리에 조형되어 있는 문화유산이나 거리 공연물 등이 이에 해당한다.)

대부분의 재화는 위의 두 가지 성질을 부분적으로 보유하고 있는 경우가 보통이다. '도로'는 대표적인 공공재이며 비배제성을 갖고 있지만, 같은 도로에 많은 차량이 있을 경우에는 정체가 발생하므로 경합적 특성을 갖는다. 영화나 다른 공연물의 경우 대부분이 매표를 해야 하므로 비배제적인 소비특성을 갖지는 못하지만, 옆 좌석에 다른 사람이 앉아 있다고 해서 관람하면서 얻는 편익이 감소되지는 않으므로 비경합적 특성을 지닌다.

4) '문학경제학'이란 '예술경제학'의 하부 단위로 편의상 본인이 붙인 이름이다.

산성 향상과 궤를 같이 해왔다. 워드프로세서의 대중적 보급과 컴퓨터 조판, 고속 윤전기의 개발 등은 제본의 속도와 비용을 획기적으로 절감시켰기 때문이다. 대체적으로 책값의 인상률이 소비자물가 인상률을 따라잡지 못한다는 사실이 이를 뒷받침해 준다. 1975년 물가를 '100'으로 할 때 16년 뒤의 소비자물가는 '174'인데 책값은 '121'에 불과해 책값이 물가상승을 따라가지 못했다는 기사는 그 단적이 예이다.5)

하지만 예술작품의 다양한 외부편익은 문학작품의 경우에도 그대로 적용이 가능하다. 훌륭한 문학작품은 명백하게 후세에 대한 유산이 되며, 작가가 세계적인 명성을 얻을 경우에 이는 곧장 국민들에게 민족적 자긍심을 느끼게 할 것이기 때문이다. 지방자치제 실시 이후 경쟁적으로 이루어지는 지역 출신의 문인에 대한 생가 복원이나 기념관 건립, 그리고 각종 문학제의 개최는 문학예술산업이 지역경제에 대한 편익을 가져다 줄 것이라는 사람들의 믿음을 분명하게 보여준다. 문학작품의 경우 교육 현장에서의 활용이 이미 왕성한 것 역시 교육에 대한 기여를 통해 외부편익을 낳을 것이며, 인간과 사회에 대한 애정과 이해를 깊고 넓게 하는 효과 역시 문학작품은 여타의 다른 어떤 예술양식보다 더 효율적이라 할 수 있다. 또 이광수가 최초의 근대적 장편소설 『무정』을 발표하면서 내세운 문체의 혁신이 이후 다른 삭가들의 문체에 지대한 영향을 끼쳤으며, 나아가 우리 사회 전체의 근대적 산문체 성립에도 큰 공헌을 한 것은 예술의 혁신적 성격을 잘 보여주는 예라고 하겠다.

이광수의 『무정』을 예술의 혁신성이라는 차원에서 좀더 상론해 보자. 『무정』이 최초의 근대소설로 평가받는 이유는 다양한 관점에서 찾아볼 수 있겠지만, 그 중에서 근대적 소설 문체를 확립한 점은 누구도 부정할 수 없는 문학사적 의의이다. 1917년에 신문 연재된 『무정』이 보여준 근대적 소설 문체는 7, 8년이 지나 1920년대 중반이 되면서 소설의 일반적

---

문체로 확고하게 자리를 잡았으며, 이후 일상적인 그 밖의 모든 산문에서도 전범(典範)이 된다.6) 『무정』에서 나타난 이러한 혁신적 문체를 만약 오늘날의 기업체에서 만들었다고 가정해 보자. 이광수는 자신의 문체가 당대의 일반적인 소설 문체로 자리 잡을 때까지 기다린 후, 이후 모든 소설가들이 자신의 문체를 이용해 소설 작품을 생산할 때마다 일정액의 로열티를 지불하라는 소송을 걸 수 있다. 소설뿐 아니라 출간되는 모든 산문에도 적용이 가능하다. ─ 물론 이런 일은 발생하지 않았고, 절대 발생해서도 안 된다. 예술의 혁신성은 기업체의 신기술 개발과는 근본적으로 다르다. 이광수가 만일 자신의 문체에 대해 지적재산권을 행사하려고 했다면 사람들은 다른 문체를 만들어 냈을 것이다. 하지만 사회적인 차원에서 보자면 『무정』 이후 사람들은 로열티의 지불 없이 이광수가 개발한 문체를 사용했으며, 이때의 외부편익을 경제학적으로 환산하면 그 가치는 엄청난 것이 될 것이다. 세종대왕과 집현전 학자들이 만든 '한글'에 대해서도 비슷한 논의가 가능하다. 이런 점에서 보면 '한글'은 우리 역사상 창작자가 분명한 문화예술 상품 중에서 가장 높은 외부편익을 지녔다고 할 수 있겠다. 이상에서 예로 든 『무정』이나 '한글'뿐이 아니라 뛰어난 문화예술 상품은 모두 일정한 정도의 혁신성을 지니고 있다.

이밖에도 문학작품은 승자독식에 의한 빈익빈 부익부 현상을 보인다는 점에서 일반적인 재화들과 구별되는 여러 가지 특성을 지니고 있다. 주지하다시피 대개의 문학작품은 출판비용에도 못 미치는 수입을 내는 데 반해, 몇몇 베스트셀러들은 큰 수익을 낳는다. 이는 영화나 음반 등을 비롯한 문화예술 상품들의 일반적 특징이다. 그리고 일단 대중적인 성공을 하고 나면, 수용층에 일종의 네트워크가 형성되어 작품의 가치와 무관하게 추가적인 소비가 이루어지는 이른바 '네트워크 외부성'7)이 발생

---

6) 『무정』의 언문일치 문체를 이광수의 독보적 창작물로 볼 수는 없으나, 산업체에서의 신기술 역시 기존의 발명품을 보완해 '특허'를 따낸 것에 불과한 경우가 많으므로, 『무정』의 혁신적 문체는 발표자인 이광수의 지적소유물이라 할 수 있다.

하여 승자독식 현상을 더욱 심화시킨다. 게다가 문학작품, 특히 소설은 다른 장르로의 변용에 의한 '창구화(windowing) 효과[8]'를 강하게 갖고 있다. 소설 『토지』가 드라마·영화·음악극·청소년용·만화 등 다양한 장르로 재생산 되는 것은 『토지』의 창구화 효과를 보여주는 좋은 예이다. 이러한 창구화 효과 역시 승자 독식이라는 예술시장의 특징을 더 강화시켜 주고 있다. '전체 예술시장 소득의 95%를 스타급 예술가 5%가 차지하고, 부스러기 소득의 5%를 이름을 크게 얻지 못한 대다수 예술가들이 나눠 갖는 격'이라는 어느 잡지 기획기사의 지적은 주로 영화배우나 가수를 염두에 두고 한 말이지만, 소설가 시장도 전혀 예외라 할 수는 없을 것이다.

하지만 승자독식에 의한 빈익빈 부익부 현상은 문화예술 분야 이외의 일반적인 재화시장에서 나타나는 규모의 경제, 또는 특허에 의한 독과점과는 조금 다른 차원에서 이해해야 한다. 일반적으로 독과점은 자유로운 경쟁체제를 파괴하고 시장 질서를 교란하기 때문에 정부의 개입을 당연시하지만, 문화예술 분야에서 발생하는 승자독식 현상은 대중이나 비평가 집단에 '공인'되었음을 보여줄 뿐, 그 자체가 시장 질서를 교란한다고 보기 어렵다. 대작의 출현으로 예술시장의 자유경쟁 체제가 무너진 예는 없으며 오히려 더욱 창조적인 예술작품이 생산될 수 있는 계기를 제공하는 측면이 강하기 때문이다. 특히 영화나 음반 산업같이 이른바 대중

---

7) 네트워크 외부성(network externality) : 소비자 혹은 생산자 등 경제주체의 수가 증가하여 네트워크를 형성하면, 이에 따른 추가적인 경제적 이익이 발생하는 것을 의미한다. 워드 프로세서나 OS 프로그램의 경우 다수의 소비자가 사용하는 프로그램은 다수가 네트워크를 형성하고 있다는 이유만으로도 소비자가 경제적 이익을 얻을 수 있다. 우리나라의 대표적 워드 프로세서 프로그램을 '아래 한글'과 'MS 워드'로 양분한다면 'MS 워드' 사용자가 증가할수록 '아래 한글' 사용자의 프로그램 효용 가치가 떨어지는 이치이다. 이는 필연적으로 독과점의 문제와 연결되는데, 예술 작품의 경우 이를 독과점과 곧장 연결시키는 것은 무리이겠으나, 예술경제학적으로 중요한 현상임에는 분명하다.

8) 문화관광부, 『문화산업백서 2001』, 2001, 12~14면 참조.

▲ **최참판댁 별당 마루**와 연못. 『토지』에서 한 번도 직접적으로 등장하지 않으면서도 가장 중요한 인물 중 한 명인 별당아씨의 낭만적 이미지를 아기자기한 소품들을 통해 잘 구현해 냈다.

예술 분야에서의 승자독식 현상과 문학 산업에서의 승자독식 현상을 동일선상에서 비교하는 것은 더욱 불가능하다. 스타 배우와 무명 배우의 극단적 수입 양극화 현상은 분명히 문제적이며, 차이를 해소할 수 있는 방안을 마련할 필요가 있다. 하지만 문학 산업의 경우 아무리 베스트셀러라고 해도, 일반 기업에서 히트 상품을 제조했을 때와 비교하여 작가의 인세 수입이나 출판사의 도서 판매 수익은 그리 높다고 볼 수 없기 때문이다. 문학 산업에서의 승자독식 문제는 오히려 가치 있는 작품을 선별하여 정당한 보상을 주는 차원에 가깝다.

예술시장에서의 승자독식 문제는 예술의 자율성과 함께 개별 분야의 특수성을 충분히 고려하는 신중하고도 깊이 있는 접근이 필요하다. 이에 대한 상세한 논의는 이 글의 목적을 벗어나므로 더 이상 언급하지 않기로 한다. 중요한 것은 이상에서 언급한 내용들을 종합하면, 문학산업 분야에 외부의 개입이 필요하다는 결론이 도출된다는 점이다. 문학작품은 다양한 외부편익의 원천임에도 불구하고 창작자에게 돌아가는 이익이 다른 산업 분야에 비해 상대적으로 적다. 또 그럼에도 일정한 규모의 경제를 실현한 이후에는 한계생산비용이 '영(zero)'에 가까워지고, 네트워크 외부성 및 승자독식에 의한 빈익빈 부익부 현상과, 다른 장르로의 변용에 의한 창구화(windowing) 효과 등의 이유로, 일단 대중적 관심을 받은 후에는 기업의 이윤 추구를 위한 자본의 논리만이 더욱 강조되는 경향이 있다. 이러한 예술 재화의 특이한 성격은 예술작품의 생산과 유통 및 향유 과정에는 정부의 적절한 개입이 필요하다는 점을 알려주고 있다. 또 문학작품이 공공도서관의 장서로 선택될 경우에는 불특정한 사회의 구성원들이 아무런 대가를 지불하지 않고도 작품을 소비하면서 편익을 가질 수 있게 되는 비배제적 소비특성도 갖게 되는데 이는 공공재적인 특성이라 할 수 있어 정부 개입의 정당성을 강화시켜 준다.

문학작품을 시장기구에 전적으로 맡길 수 없는 또 다른 근거로써 예술작품에 대한 향유 능력의 개발 문제를 들 수 있다. 사회의 어느 구성원이 특정한 예술작품을 향유하는 것은 궁극적으로 취향의 문제이지만, 이때 구성원의 향유 능력이 충분히 개발되지 않은 상태라면, 그의 취향은 신뢰할 수 없게 된다. 음악의 경우를 예로 들자면, 우리 시대의 누군가가 가수 김건모의 노래들보다 신승훈의 노래들을 대체로 더 좋아한다고 했을 때, 이는 그 사람의 개인적 취향의 문제이므로 외부적 개입이 필요하지 않으며, 설사 외부적으로 개입한다고 해도 이미 갖고 있는 그의 미적 취향이 변할 가능성은 높지 않다. 하지만 그 사람이 베토벤과 모차르트, 바하 등의 클래식 음악을 전혀 좋아하지 않는다거나, 또 전통적인 국악마저 좋아하지 않는 것은 여전히 '취향'의 문제이지만, 앞서 예로 든 대중가요와는 다른 경우로 봐야 한다. 왜냐하면 클래식과 전통음악에 대한 체계적이고도 수준 높은 학습을 받은 후에 그 사람의 취향은 바뀔 가능성이 높기 때문이다. 따라서 이 경우에 그가 클래식과 전통음악을 좋아하지 않는다는 것은 단지 아직 향유 능력을 제대로 개발하지 못했다는 것을 보여줄 뿐이다. 향유 능력이 개발된 후에 그가 클래식보다 전통음악을 선호한다거나, 또는 베토벤보다 모짜르트를 선호하게 된다면 이때의 '취향'은 대중음악의 경우와 유사하게 신뢰할 수 있고, 쉽게 변하지 않을 것이다.

많은 경우에 예술은 '후천적으로 얻어지는 취향'일 가능성이 높으므로, 예술에 대한 소비를 증진시키려면 사람들로 하여금 그와 같은 선호를 획득하도록 하기 위해 예술에 더 쉽게 접근할 수 있도록 만들고 직접적인 노출을 증진시키도록 해야 한다. 예술에 관한 무지로 인해 더 많은 즐거움을 누릴 수 있는 국민의 기회를 막는 것은 다양한 외부편익의 원천인 예술자원의 효율적 배분을 방해하는 것이다. 반대 의견이 있을 수 있겠지만, 후천적으로 얻어지는 취향이라는 관점에서 볼 때에 각 예술영역별 전문가들이 인정하는 이른바 예술적 가치가 높은 작품들의 경우 대부분의 수용자들은 일정 수준까지 자신의 향유 능력을 개발해야만 그 가치를 제대로 음미할 수 있게 된다.

다른 일반적인 예술작품들과 유사하게 문학작품의 경우에도 예술적 가치가 높은 이른바 '고급 예술작품'들은 일반적인 사회구성원들의 향유 능력이 어느 정도 개발된 이후에 보다 능동적인 소비가 이루어진다. 따라서 출판 기술의 발전에 힘입어 양적으로 팽창하고 있는 문학 출판물들의 질적 수준을 향상시키기 위해서는, 수준 높은 작품들이 능동적으로 수용될 수 있도록 독자들의 향유 능력을 개발할 필요가 있다. 하지만 독자들의 향유 능력 개발을 위해 특정한 출판사가 비용을 지불할 가능성은 거의 없으므로 정부는 출판업계 전체에서 거두어들인 세금의 일정액을 이 부분에 투자하는 것이 옳다. 지금까지 연구된 예술경제학의 성과에 따르면, 예술작품의 수요는 가격에 대해서는 비교적 비탄력적이며, 오히려 '교육 수준'이 예술 참여에서 가장 강력한 결정요인이 된다. 이는 향유 능력의 개발이 매우 효과적인 예술정책이 될 수 있음을 시사한다.

▼ **최참판댁 부엌**. 작품에는 '절간 주방보다도 크다'고 나와 있다.

문학작품의 향유 능력 개발은 공교육기관의 공식적 커리큘럼 안에서 이루어지는 부분과 밖에서 이루어지는 부분으로 나누어 살펴볼 수 있다. 공교육기관에서 이루어지는 활동에 대해서는 이미 문학교육학의 주된 연구 대상이므로 더 이상 언급하지 않겠다. 이 글에서는 학교 밖에서 이루어지는 문학작품의 향유 능력 개발에 관심을 두고 있다. 문학작품의 향유 능력은 독자의 개인적 체험과 지식, 독서량 등과 밀접한 관련을 지니며, 대중매체의 영향력이 크게 작용할 것이다. 이러한 요소를 염두에 두면서 이 글에서는 『토지』의 데이터베이스 구축 방안에 대해 논하려고 한다. 이는 『토지』의 데이터베이스가 『토지』를 더 잘 향유할 수 있게 도와 줄 수 있으며, 이것이 문학예술 자원의 효율적 배분에 기여하고, 결과적으로 문학부문에 대한 정부의 효과적 지원 사례가 될 수 있다는 전제에서 출발한다.


## 3. 『토지』의 데이터베이스 구축

### 1) 데이터베이스 구축의 의미

『토지』의 데이터베이스 구축은 『토지』에 대한 각종의 자료들을 개발하고 집적시키는 것을 의미한다. 이는 시디롬이나 온라인, 또는 유무선 방송망을 통해 제공되는 디지털데이터일 수도 있고, 『토지』의 인물, 공간, 서사구조 등에 대해 해설해 놓은 출판물의 형태일 수도 있다. 하지만 인터넷이 정보검색의 주요한 수단으로 자리를 잡아가고 있는 오늘날의 매체환경을 고려할 때에, 궁극적으로는 각종의 시각 자료를 포함하는 온라인 하이퍼텍스트의 구축을 지향하는 것이 바람직하며, 또 유무선 디지털 방송기술의 발전과 보급에 대비하여 양방향 디지털 방송 컨텐츠로의 변환 가능성도 염두에 두어야 한다. 이때 『토지』는 박경리 원작의 소설 『토지』를 주된 텍스트로 삼겠지만, 필요한 경우에 드라마나 청소년 『토지』, 또는 『토지』와 관련된 각종 문화축제 등을 아우를 수도 있다.

우선 『토지』의 데이터베이스 구축이 갖는 의미들을 정리해 보면 다음과 같다.

첫째, 데이터베이스는 『토지』를 충분히 향유할 수 있는 기반을 만들어 준다. 박경리의 소설 『토지』는 25년이라는 유례없이 긴 연재기간과 휴지기, 단행본 발간의 단속(斷續) 등을 거듭하면서 작가의 사상과 주제의식, 독자와 평자들의 수용 양상 등이 끊임없이 변화해 왔다. 『토지』는 여러 인물들이 개별적으로 중요한 서사 라인을 구성하는 구조를 갖고 있는데 분량의 방대함 때문에, 독자들이 오랜 시간을 투입해 독서를 하고 난 후에도 여전히 개별 인물들의 서사 라인을 재구성하기가 쉽지 않다. 여러 출판사를 옮기는 과정에서 단어나 문장이 수정, 삭제된 경우도 셀 수 없이 많으며, 심지어 후반부에 가서 전반부에 나왔던 인물의 이름이 바뀌는 경우도 있다. 또 평사리를 중심으로 진주·지리산·서울·부산·간도·하얼빈·연추·블라디보스톡·동경 등으로 서사공간이 확장되는데, 이러한 공간들에 대한 분석작업과 그밖에 일제시대에 대한 역사적 실증 자료 등도 보다 충분한 작품 감상을 위해 유용한 정보들이다. 이상의 간략한 서술을 통해서도 알 수 있듯이, 『토지』는 그 명성에 비해 온전한 향유가 쉽지 않아 다른 어떤 문학작품보다 우선적으로 효율적인 데이터베이스의 구축이 필요하다.

둘째, 『토지』의 데이터베이스는 예술자원배분의 지역적 격차를 해소하기에 상대적으로 유용한 재화이다. 지금까지의 예술경제학 이론은 주로 공연예술을 중심으로 이루어졌는데, 정부 지원의 정당성을 밝히는 데에는 큰 성과를 거두었으나, 정부 지원의 효과가 대도시 거주자에게 집중된다는 문제에 대해서는 별반 대책을 제시하지 못했다. 지방 공연의 경우 관람을 위해 관객들이 지불해야 하는 교통비와 시간소요가 많아 접근의 용이성이 크게 떨어지기 때문이다. 이에 비해『토지』의 데이터베이스는 지역에 상관없이 접근이 용이하다. 물론 지방과 대도시 간에는 기본적으로 정보화 수준이 다르므로 지역적 편차를 완전히 없앨 수는 없다. 다만 공연을 보기 위해 원거리를 이동하면서 지불해야 하는 교통비와 시간의 낭비요소를 제거함으로써 상대적으로 지역적 격차를 줄일 수 있다는 의미이다.

예술자원배분의 지역적 격차는 단순히 공연예술 분야에만 국한되지 않는다. 학교, 학원, 각종 문화센터 등 예술작품의 향유 능력을 고양시킬 수 있는 대부분의 교육기관들이 대도시에 집중되어 있는 것 역시 지역 격차를 부추기는 심대한 요인이다. 지방자치제 실시 이후에 경쟁적으로 유치, 건립된 예술가들의 생가나 기념관, 또는 문화축제들 역시 도시 거주민들의 접근을 방해하므로 일종의 역(逆)지역 격차를 발생시킨다고 할 수 있다. 이렇게 볼 때에 대부분의 예술자원들이 배분의 지역적 격차 문제에서 자유롭지 못하다. 데이터베이스 자체를 예술자원으로 볼 수 있는가에 대해서는 좀더 상세한 토구가 필요하겠지만, 예술작품의 향유 능력을 넓은 의미의 예술자원으로 본다면 교육기관이나 작품의 데이터베이스 역시 예술자원으로 묶어서 생각하는 데에 별 무리가 없을 것이다. 이렇게 볼 때에『토지』의 데이터베이스는 예술자원배분의 지역적 격차 해소를 위한 모범적 개발모델이 될 것이다.

셋째,『토지』의 데이터베이스는 예술자원배분의 계층적 격차[9]를 해소하는 데에도 유용한 결과를 낳을 것이다. 이는 데이터베이스 구축이 예술품의 생산과정에 대한 지원이 아니라는 측면과 문학예술의 대중성이

---

9) 공연 예술에 대한 정부의 지원이 고소득계층과 저소득층 중에서 어느 계층에 더 큰 수혜를 주는지에 대해서는 상반된 연구결과들이 있어, 이 글에서는 언급하지 않기로 한다. 이에 대해서는『문화예술경제학』(제임스 헤일브런 · 찰스 M. 그레이 공저, 이흥재 역, 살림), 180~185면을 참조할 것.

라는 두 가지 차원에서 생각해 볼 수 있다. 이미 지적했듯이 예술작품의 소비는 가격보다 향유 능력에 더 탄력적으로 비례하기 때문에 작품 생산의 직접적 과정에 지원하여 생산단가를 낮추는 것보다는 교육을 통해 잠재 수용자의 향유 능력을 높이는 것이 더 효과적이다. 공연예술에 대한 지원은 생산성 격차로 인한 비용증가 때문에 공연비용에 대한 직접 지원이 대부분이므로 그 혜택이 관람객으로 한정된다. 하지만『토지』데이터베이스는『토지』를 읽지 않은 사람들도 쉽게 접근할 수가 있으며, 이들이 교육을 통해『토지』를 읽게 될 가능성이 있고, 이는 결국 공연예술보다 상대적으로 더 많은 사람들에게 예술자원을 배분하는 효과를 낳을 것이다. 또 문학작품은 전통적으로 공연물보다 더 대중적으로 향유되었으므로,『토지』데이터베이스는 공연예술보다 좀더 다양한 계층의 사람들에게 개방될 것이다. 물론『토지』데이터베이스에 접근하는 사람들은 비교적 안정된 경제 수준과 평균 이상의 교육 수준을 갖고 있을 것으로 추정된다. 하지만 이런 경우에도 일반적인 다른 '공연물'에 비해『토지』데이터베이스가 더 다양한 계층에게 이용될 것이라는 점은 변하지 않는다. 따라서『토지』의 데이터베이스는 예술자원배분의 계층적 격차 해소에 일정한 기여를 할 수 있을 것이다.

넷째, 디지털 컨텐츠로 구축될『토지』데이터베이스는 디지털 자료의 특성상 다른 매체로의 코드 변환작업이 용이하여 다양한 문화산업적 활용가치가 풍부하며, 또 적은 비용으로 오랜 기간동안 원본을 훼손 없이 보존할 수 있다. 최근 10년 동안 우리 사회의 매체환경은 놀랄 만치 변화했으며, 그 변화의 가속도에 눌려 아무도 선뜻 미래의 매체환경을 예측하기가 쉽지 않다. 전화선을 통한 소용량 데이터의 근거리 전송에서 출발한 PC통신은 각종의 동영상을 전 세계로 실시간 전송할 수 있는 초고속인터넷환경으로 발전했고, 이제는 PC끼리의 데이터 이동이라는 패러다임을 깨고 휴대폰에 직접 문자 메시지나 이메일, 스트리밍(streaming)[10] 기술을 이용한 동영상, 자바(Java)[11] 기반의 게임 파일 등을 보낼 수 있게 되었다.

지금까지는 책, TV, 음반 등 기록매체가 변하면 해당 매체의 특성에 맞추어 컨텐츠를 완전히 새로 제작해야 했으나, 디지털 컨텐츠는 다른 매체에 사용할 수 있도록 코드 변환작업이 용이하다. 물론 매체간의 특성이 상이하여 코드 변환이 불가능하거나 또는 새로운 매체가 기존의 컨텐츠보다 더 고급한 사양을 요구하여 컨텐츠로서의 활용가치가 떨어지는 경우도 있지만, 디지털 컨텐츠는 기존의 다른 자료에 비해서 훨씬 손쉽게 다양한 매체에서 활용이 가능한 특징을 갖고 있다. 또 디지털 컨텐츠로 구축된 데이터베이스는 실제 부피를 갖고 있지 않고 복제가 쉽고 보존이 용이하다. 이는 대부분의 예술 재화들이 시간의 풍화작용을 거치면서 변질되고 훼손되는 것과 비교하면 매력적인 요소가 아닐 수 없다.

다섯째, 『토지』 데이터베이스의 구축은 다른 대형 서사물들의 데이터베이스 개발을 위한 전범(典範)으로 활용가치가 높다. 이때 『토지』 데이터베이스가 전범으로서 활용된다는 것은 문학작품에 대한 데이터베이스 구축의 예술산업적 효과를 공감하게 되는 것과 실제 데이터베이스 구축 시의 시행착오와 설계비용을 절감할 수 있다는 두 가지 차원에서 생각해 볼 수 있다. 『토지』 데이터베이스가 독자들의 관심을 끌면서 효과적인 『토지』 향유에 기여하는 것이 객관적으로 구명된다면 이는 다른 작품들에 대해서도 데이터베이스 구축의 필요성을 자각시킬 것이다. 그리고 이때 『토지』 데이터베이스의 설계와 구축, 구축 이후의 운영에 대한 모든 노하우는 다른 작품들의 데이터베이스 구축 및 유지비용을 크게 절

---

10) 스트리밍(streaming) : 이전의 컴퓨터 프로그램은 특정한 데이터 파일의 전체를 읽은 후에만 실행할 수 있었는데, 스트리밍 기술은 실행하고자 하는 파일의 일부만을 읽은 후에도 읽어 들인 파일만을 우선 실행할 수 있다. 이를 통해 인터넷상에서 대용량의 멀티미디어 파일을 다운받으면서 동시에 감상할 수 있게 되어, 스트리밍 기술은 오늘날 멀티미디어 기반의 인터넷 매체환경을 구축하는 데에 중요한 역할을 하고 있다.
11) 자바(Java) : 웹상에서 플랫폼에 상관없이 실행 가능한 컴퓨터 언어. 이러한 자바를 이용하여 만든 프로그램이나 문서는 MS 윈도우, 리눅스 등 운영체제의 종류와 IBM, Mac 등 PC 기종에 관계없이 웹 브라우저만 뜬다면 어디서나 작동할 수 있어, 시계나 휴대폰, TV 등 다른 매체에서도 작동하는 각종 프로그램 개발에 용이하다.

▲ 길상의 캐릭터. 길상은 서희와 함께 하동군을 대표하는 캐릭터가 되었다.

감시킬 것이며, 나아가 이는 정부의 지원 없이 출판사나 그 밖에 다른 사기업의 후원만으로도 데이터베이스의 자생적 구축이 가능할 수 있는 토양을 마련하게 될 것이다.


## 2) 왜 『토지』인가?

지금까지 『토지』 데이터베이스 구축의 효과들을 살펴보았다. 이 글은 정부의 문학 지원책 중에서 개별 작품에 대한 데이터베이스의 구축이라는 새로운 분야가 갖는 효용성을 입증하려는 목적을 갖고 있기 때문에 위에서 기술한 데이터베이스 구축의 효과들은 다른 작품들에 대해서도 그대로 적용할 수 있는 데이터베이스 구축의 일반적 효용론이라 할 수 있다. 이제부터 『토지』라는 개별 작품의 효용이라는 측면에서 데이터베이스 구축의 의미를 살펴보기로 하겠다.

『토지』의 데이터베이스 구축은 『토지』가 이미 우리 사회에서 대표적인 문학적 자산으로 공인받고 있다는 점에서 그 의의를 찾을 수 있다. 『토지』는 1995년 『문예중앙』이 문학 평론가 55명을 대상으로 실시한 설문 조사 '해방 50년 대표 소설 50편'에서 총 52표를 얻어 49표를 얻은 최인훈의 『광장』, 45표를 얻은 조정래의 『태백산맥』을 넘어서는 압도적 지지를 받았다. 또 『토지』는 이미 오래 전부터 한국에서의 노벨문학상 후보로 1순위에 꼽혀 왔다. 이 밖에도 『토지』는 드라마로 두 차례나 방영되었고, 현재에도 다시 방송국에서 드라마 제작을 기획 중에 있다. 한국 드라마 역사상 동일 작품을 세 번이나 거듭해 제작한 경우는 그 유례를 찾기 힘들 정도로 『토지』는 상업적 성공이 보증된 작품이다. 『토지』는 음악극으로도 공연되었고, 청소년 『토지』가 발매 중에 있으며, 만화 『토지』 역시 판권 계약을 마친 것으로 알려져 있다. 이러한 일련의 사실들은 『토지』가 우리 사회에서 대체할 수 없는 문학적 자산으로 확고부동의 자리를 굳혔다는 점을 알려준다. 따라서 시장체제에서 이미 문학성과 상품성을 검증받은 『토지』는 이제 더 이상 개인이나 기업의 상품으로만 내버려두어서는 안 될 공공재적 성격을 지니고 있다고 할 수 있다. 이러한 작품을 보다 많은 사회 구성원들이 향유할 수 있도록 기회를 제공하고, 보다 충분히 향유할 수 있도록 정부가 배려하는 것은 중요한 일이며, 『토지』 데이터베이스의 구축은 이러한 목적을 효과적으로 수행하는 좋은 사례가 될 것이다.

또 『토지』의 데이터베이스 구축은 『토지』가 일반인들이 혼자 읽어내기에 결코 만만하지 않은 작품이라는 점에서 그 필요성을 찾아볼 수 있다.

박경리의 『토지』는 우리 문학사상 가장 길이가 긴 서사문학 작품이다.

『토지』는 연재가 시작된 지 26년만인 1994년, 원고지 분량만 대략 30,000 장, 모두 5부 16권 25편 361장으로 완성되었으며, 2002년에는 총 21권으로 재간행되었다. 한편 이 작품의 시간적 배경은 1897년에서 1945년까지 약 50년간이며, 공간적으로는 경남 하동 평사리에서 시작하여 북으로는 만주 일대와 남으로는 일본 동경 등에 이르기까지 확대되어 근대화의 진행과 정에서 한·중·일의 관계를 적극적으로 서사 내에 끌어들이고 있다. 또 한 등장인물은 거의 700여 명에 달하며 이들은 평사리를 중심으로 5세대 에 걸쳐 확대된 관계를 통해 그려진다.

작가와 작품에 대한 연구서와 사전 등속이 얼마나 풍부하고 충실한가 여부는 그 나라 문학의 잠재력을 가늠하는 척도가 된다. 외국의 경우에 는 벌써 오래 전부터 『셰익스피어 사전』, 『율리시즈 사전』, 『카프카 사전』 과 같은 작업이 다양하게 이루어져 있는 형편이다. 반면 우리나라에는 지금까지 제대로 된 작가 및 작품 사전이 거의 없다. 『토지』가 우리 문 학사상 중요한 작품임이 충분히 인정되었음에도 본격적인 연구가 여전 히 이루어지지 않고 있는 이유는 『토지』가 작품의 시간적·공간적 배경 과, 인물의 규모, 이에 당연히 수반되는 중층적인 구조로 인해 전문연구 자들에게조차 연구 대상으로 선정되기 어렵다는 취약성을 지니고 있기 때문이다.[12]

또한 『토지』는 박명규·강만길 등의 한국근대사학자들로부터 근대사 회사의 중요한 사료적 가치를 지니는 작품으로 인정받은 바 있다.[13] 정

---

12) 대표적인 작품 사전으로 임우기·정호웅 공저로 『『토지』 사전』(솔, 1997)을 꼽을 수 있다. 이 사전에는 방언을 포함해 2500여 어휘가 예문과 함께 망라되어 있고, 438개의 속담, 179개의 풍속 및 제도, 104명의 주요 등장인물, 130개의 국내외 역사적 사건들, 1850년에서 1945년에 이르는 한국사 및 세계사가 정리되어 있으며, 여기에다가 작품 무대의 지도와 약도, 주요인물의 가계도가 덧붙여져 있다. 그러나 『『토지』 사전』은 소 설 『토지』가 설명이 필요한 작품임을 웅변적으로 보여주고 있으나, 어휘 사전으로서 의 의미가 강할 뿐, 작품에 대한 종합적 데이터베이스라고 하기 어렵다.
13) 박명규, 「『토지』와 한국 근대사―사회사적 이해」, 『한·생명·대자대비』, 솔, 1995; 강만길, 「소설 『토지』와 韓國近代史」, 『문학과 역사』, 민음사, 1982.

치사와 사건사 중심의 거대담론에 의해 묻혀진 개인의 일상을 문학적 상
상력으로 복원해내었다는 지적이다. 작가는 거대담론보다는 개인의 일상
을 중심으로 한 미묘한 변화를 포착하여 생명의 평형성이라는 의미를 서

▲ 『토지』의 인물들을 캐릭터로 한 상품들

사화의 원리로 삼고 있으며, 허구와 역사의 경계를 넘나들면서 20세기 전
반 우리 민족의 숨겨진 문화의 풍경들을 그려내고 있다. 사실상『토지』에
등장하는 수백 명의 인물들은 바로 20세기 전반의 여러 가지 문화적·사
회적 상황을 드러내는 의미소로서 기능하고 있다.

따라서 작품의 위와 같은 특징을 고려하여, 『토지』의 시간을 정확하게
읽어낸 연대표를 작성하고 미시사적 입장에서 작품의 내용과 관련되는
사건을 중심으로 해설을 해낼 필요가 있다. 또한 작품의 공간 이동과 주
요인물들의 삶의 공간을 표시하여 작품의 이해를 도울 뿐 아니라, 근대
화 과정에서 각 지역이 지니는 의미를 아울러 살펴 볼 필요가 있다. 이
런 기본 자료의 축적은『토지』데이터베이스의 골격을 이루어 독자들의
이해의 차원을 한결 높일 수 있으며 청소년을 위한 학습 자료로도 유용
하게 이용될 것이다.

『토지』의 독자층이 이미 인터넷을 기반으로 네트워크를 형성하고 있
다는 점은『토지』가 문학작품의 데이터베이스 구축의 모범적 사례가 될
수 있다는 가능성을 보여준다.

인터넷 전용선이 각 가정에 보급되면서 우리 사회에 일어난 큰 변화
중의 하나는 바로 다양한 온라인 클럽의 활성화라고 할 것이다. 몇 해
전 이른바 '코스닥 붐'을 이끌었던 '다음(Daum) 커뮤니케이션즈'의 가장
큰 성공 요인으로 개인에게 클럽 개설권을 무상으로, 무제한 허용했던
점을 생각해보면 쉽게 이해할 수 있을 것이다. 이러한 매체환경의 변화
에 힘입어 최근에는 유명 작가나 작품에 대한 온라인 동호회의 활동이
두드러지는데, 이들은 작품에 대한 다양한 문제 제기와 아마추어적 해석
을 통해 자족적이면서도 적극적인 작품 향유를 하고 있다. 이들은 대부
분 몇 십 명에서 몇 백 명 정도의 소규모 동호인들의 모임이지만, '다음
(Daum)'의 '토지문학관'은 2003년 5월 현재 1,900여 명이, '태백산맥－조정
래 사랑'은 1,450여 명이 회원으로 가입되어 있다.[14] 개별 문학작품에 대
한 동호회원이 1,000명이 넘는 것은 무협지 동호회를 제외하고는 현재까

지 이 두 사이트 밖에 없으며, 그 중에서도 '토지문학관'은 작중인물들에 대한 단상에서부터 작품의 서사적 특징에 대한 수준 높은 분석, 오·탈자 지적, 도서 리콜 등 다양하고 적극적인 활동으로, 단순한 수치상의 우위를 넘어 명실공히 국내 최대 문학작품 동호회로서의 면모를 갖추고 있다. 이러한 『토지』의 인터넷 동호회는 데이터베이스 구축을 위한 사전 조사 및 켄셉트 결정, 구축 과정에서의 일반인 참여, 홍보마케팅 등을 위한 포석으로 다양하게 활용할 수 있다.

## 3) 예술 자원의 효율적 배분

데이터베이스 구축과 관련된 이상의 논의들은 모두 예술자원의 효율적 배분이라는 큰 틀 안에서 구상되었다. 이는 예술작품이 시장경제의 논리에만 방치될 경우 효율적 자원배분이 이뤄지기 어렵다는 전제에서 출발한다.

데이터베이스 구축에 앞서 또 한 가지 짚고 넘어갈 점은 작품의 원문을 데이터베이스에 포함시키는 문제이다. 온라인 데이터베이스의 이상적 모습은 작품의 원문이 모두 실린 상태에서 인물이나 낱말, 개별 장면 단위로 각종의 자료를 하이퍼링크시킨 것이 기본적으로 들어 있는 형태라 할 것이다. 그리고 이는 작가와 출판사의 저작권과 관계된 것이어서 현실적으로 실현 가능성이 희박하다. 따라서 초기 데이터베이스에서 원문을 제공할 수는 없을 것이다. 하지만 장기적으로 『토지』의 데이터베이스는 원문을 싣는 것을 목표로 해야 할 것이다.

이 부분은 매우 민감한 문제이고 또 그만큼 신중하게 접근해야 하겠

---

14) 이들 사이트의 인터넷 주소는 아래와 같다.
    토지문학관 : http://cafe.daum.net/ttang
    태백산맥－조정래 사랑 : http://cafe.daum.net/taebaeksanmaek

지만, 과연 온라인 데이터베이스에 원문을 싣는 것이 작가의 인세나 출판사의 수입을 감소시킬 것인지에 대해서는 좀더 체계적이고 실증적인 연구가 필요하다. 텔레비전이 개발, 보급될 때에 영화계에서는 영화산업의 존립이 위태롭다며 우려의 목소리를 냈고, VTR이 각 가정에 보급될 때에는 더욱 큰 우려가 있었다. 하지만 오늘날 영화산업은 '극장⇒비디오 테입⇒텔레비전 영화'의 순서를 밟으며 오히려 각 단계에서 새로운 부가가치가 창출되는 이른바 '창구화(windowing) 효과'를 톡톡히 보고 있다. 새로운 매체가 개발될 때에 기존의 산업이 위축되지 않을까 하는 우려는 언제나 있어 왔지만, 일정한 시간이 흐른 뒤에 이러한 염려는 모두 기우임이 밝혀졌다.

최근에 문제가 되고 있는 음반시장과 'MP3 파일'의 무단 복제는 지금까지와는 조금 다른 양상이다. 'MP3 파일'은 기존의 음반 시디와 식별이 불가능할 정도로 거의 동일한 음질을 내며, 용량이 작아 웹상에서 편하게 주고 받을 수 있고, 가정에서 '시디 라이터(cd-wrighter)'를 통해 저렴한 비용으로 간편하게 다시 음반으로 변환할 수가 있다. 즉 'MP3 파일'은 기존의 음악 시디가 갖고 있는 모든 기능과 편의성을 고스란히 갖고 있으면서 새로운 기능을 추가한 일종의 '음악 시디의 업그레이드 버전'이라고 할 수 있다. 따라서 기술석 측면에서 볼 때 'MP3 파일'에 의한 음반시장의 위축은 'LP'에서 'CD'로 음반시장이 업그레이드 된 것과 유사한 경우로 파악해야 한다. 현재는 저작료 징수 시스템을 만들지 못해 음반 산업체가 어려움을 겪고 있지만, 'MP3 파일'은 결국 상업적인 방식으로 음악시디를 부분 대체할 것이고 여기에 보다 고음질의 'DVD' 음반이 시장을 잠식할 것으로 전망된다.

하지만 웹상에 소설의 원문이 실리는 것은 'MP3 파일'이 음반시장을 위축시키는 것과 전혀 다른 차원에서 이해해야 한다. 웹상에 실린 원문은 종이에 인쇄된 '책'이 갖고 있는 편의성의 상당 부분을 포기해야 한다. 휴대가 불편하고, 밑줄을 긋거나 단상(斷想)을 기록하는 것도 쉽지 않다. 다른 모든 불편을 참는다 하더라도, 『토지』처럼 긴 작품을 모니터를 통해 본다는 것은 시각적 피로 때문에라도 거의 불가능하다. 한때 전자출판의 가능성이 많이 논의됐고, 또 이미 많은 부분에서 전자출판이 자리를 잡았지만, 전자출판과 오프라인 출판은 서로 넘나들기 곤란한 엄연한 경계가 있다. 책의 종류와 성격에 따라 전자출판이 효과를 거두는 경우가 있고, 그 반대의 경우도 있다는 뜻이다. 백과사전류는 전자출판의 효과가 탁월하다. 컨텐츠를 제공하는 사이트에 접속해 검색어를 치는 것이 집에 수십 권을 쌓아 놓고 직접 찾는 것보다 효과적이기 때문이다. 하지만 소설 작품이 전자출판 되는 경우는 짧은 분량의 통속적인[15] 작품을 제외하고는 성공한 사례가 없다. 따라서 웹상에 실린 『토지』 원문은 오프라인에서 출판된 도서 『토지』와는 다른 새로운 텍스트이다. 일반인들이 몇 달 후에 비디오 대여점에서 저렴한 비용으로 볼 수 있는 영화를 굳이 더 많은 비용과 시간을 할애하여 극장에 가서 보는 것과 같은 차원에서 이해하여야 한다. 이 경우 한 편의 영화가 극장 상영 후 비디오 대여를 통해 다시 새로운 수익을 내는 '창구화 효과'는 『토지』 원문을 웹상에 올릴 경우에도 발생할 것이다. 이는 웹상의 원문 읽기를 유료화하여 얻을 수도 있지만, 그보다는 웹상의 원문을 읽다가 결국 출판된 도서를 구입하여 발생하는 수익을 염두에 두어야 할 것이다.

출판되어 팔리고 있는 작품의 원문을 웹상에 올리자는 주장은 일견 매우 비현실적으로 보일 수 있으나, 그 이해득실은 보다 꼼꼼히 따져보아야 할 일이다. 『토지』처럼 방대한 분량의 원문을 모니터로 볼 독자는 현실적으로 거의 없을 것이며, 또 대한민국의 치안체계상 해적판이 출간될 가능성도 없기 때문이다. 『토지』처럼 이미 비평가와 대중들에게 검증

---

15) 여기에서 '통속적'이라는 표현은 특정한 시기에 대중적인 인기를 누리다가 유행이 지난 후에는 거의 읽히지 않는다는 의미로 사용하였을 뿐, 작품 자체의 우열을 가르는 용어는 아니다. 이는 문학예술작품에 우열이 존재하지 않는다는 의미는 더더욱 아니며 단지 이러한 논의가 이 글의 생산적 전개를 방해할 수 있다는 판단에 따라 더 이상 언급하지 않을 뿐이다.

되어 우리 사회의 중요한 문학적 자산이 된 작품의 경우 예술자원에 대한 배분의 공정성 차원에서도 웹상에 원문을 개방하는 일은 긍정적으로 검토되어야 할 일이다.

## 4. 마케팅적 관점에서 본 『토지』

### 1) 현대적 마케팅 개념과 문화예술산업

미국에서의 마케팅 사상은 크게 '제품 중심 시대'에서 '판매 중심 시대'로, 다시 오늘날의 '마케팅 컨셉트 시대'로 전환했다고 볼 수 있다.[16] '제품 중심 시대'는 산업혁명 이후부터 1929년 미국의 대공황이 일어날 때까지 기업들의 일반적 마케팅 형태인데, 좋은 제품을 저가에 많이 만들기만 하면 된다는 식의 생각이라 할 수 있다. 기업의 모든 노력이 보다 싸게 보다 많은 제품을 생산하는 데에만 집중된 것은 과소생산과 과잉수요라는 당시의 시장경제 특성상 당연한 귀결이었다. 하지만 산업혁명 이후부터 줄기차게 추진된 '대량생산체제'는 마침내 공급이 수요를 초과하게 되어 1930년대부터 기업들은 '제품 판매'에 주력하게 되었다. 하지만 1930년부터 1950년에 이르는 20여 년간의 이른바 '판매 중심 시대'는 오늘날 일컫는 현대적 의미의 마케팅 개념과는 상당한 차이가 있다.

오늘날의 마케팅 컨셉트와 비교하여 예전의 '판매 중심 시대'의 전략을 '셀링 컨셉트(selling concept)'라 하는데, '셀링 컨셉트'하에서는 광고예산의 증대, 판매원의 증강, 유통채널의 보강, 촉진활동의 강화 등으로 판매

---

16) 최병용, 『마케팅론의 이해』, 박영사, 2002, 15~29면 참조.

량 증대에만 주력하였다. 그 결과 단기적으로 판매량이 증가했지만 장기적으로 소비자들의 기업에 대한 불만과 불평을 고조시켜 점차 판매량 감소, 재고누적, 이익률 저하라는 부정적 효과를 초래하게 되었다. 그리하여 기업은 소비자들의 기호에 보다 민감하게 대처하게 되었고, '만든 제품을 판다'가 아니라 '소비자가 원하는 제품을 만들어 판다'로, 고압적 마케팅에서 저압적 마케팅으로, 판매자 시장(seller's market)에서 구매자 시장(buyer's market)으로 판매 방식과 소비자에 대한 자세가 바뀌게 되었다.17)

1950년대부터 변화한 현대적 마케팅 개념은 광범위한 공감대 확산에도 불구하고, 마케팅 비용의 부담 문제 때문에 우리나라의 경우 최근에야 실제 기업환경에서 전면적으로 적용된 것으로 알려져 있다. 하지만 영세한 중소기업의 경우에는 여전히 인력과 자금 등의 부족으로 효율적 마케팅 전략이 이루어지지 않고 있다. 특히 'IT(Information Technology) 업체'의 경우에는 대부분이 신규 수요를 창출해야 하기 때문에 더욱 더 효율적인 마케팅 전략이 요구되지만 규모의 영세성으로 인해 제대로 이루어지지 않고 있으며, 이는 최근 몇 년 동안 벌어진 코스닥 상장 기업들의 기업가치 폭락 현상과 무관하지 않은 것으로 보인다.

우리나라 문화예술산업 분야에서 마케팅 전략의 수준에 대해서는 아직 공식적으로 연구된 사례가 없어 구체적 현황을 알 길이 없다. 하지만 여러 가지 정황을 미루어 짐작해 보면 제대로 이루어지고 있지 않은 것 같다. 문화예술산업을 다시 외부 편익을 위해 지원해야 할 분야와 고부가가치 상품으로 육성해야 할 분야로 나눌 경우, 전자의 경우에는 특히 마케팅 전략이 부재하거나 전근대적 수준인 경우가 많은 것 같다.

지방자치단체가 기획한 원주시 단구동의 '토지문학공원' 조성 사업은 원칙과 전략이 부재한 문화예술진흥사업의 예산낭비 현황을 잘 보여준다. 『토지』 4부와 5부를 집필했던 작업실과 주변 텃밭 600여 평을 박경

---

17) 최병용, 『마케팅론의 이해』, 박영사, 2002, 17면에서 인용.

리 씨가 원주시에 기증하면서 시작된 '토지문학공원' 조성 사업은 이후 한국토지공사가 주변 일대를 매입하여 3천 218평에 총 30억 원을 들여 공사를 마친 후, 1999년 5월 말 도시근린공원으로 준공해 기부채납 형식으로 원주시로 이관됐다. 이후 '토지문학공원'은 1년 이상 버려졌다가 '문학테마공원'으로 새롭게 조성됐으나, 일반인들의 관심을 전혀 받지 못한 채 현재까지 관리비만 축내며 방치되고 있다.[18] 작가나 전문가와의 협의 없이 조성된 '평사리 마당', '홍이동산', '용두레벌' 등의 테마 공간은 당초의 취지를 전혀 살리지 못해 일반인들로부터 외면받고 있으며, 용도를 결정하지 못한 채 『토지』와 상관없이 외적인 미관만을 중시하여 만든 건물이 나중에야 전시관으로 결정되면서 방음공사를 다시 하는 등 중복 투자가 잇따랐다. 게다가 가시적 실적을 요구하는 자치단체 의원들을 설득하지 못해 최근에는 추가적인 투자도 이루어지지 않는 상태이다.

　'토지문학공원' 사업의 실패 요인은 다양한 차원에서 살펴 볼 수 있겠지만, 마케팅 경영의 입장에서 볼 때에는 '이용객들의 욕구를 실증적으로 분석하여 이를 적용시키려 노력'하지 않은 점이 가장 큰 실패의 요인이라 생각된다. 이는 '토지문학공원' 조성 사업의 마케팅 수준이 '만들어 놓을 테니 관심 있는 사람들은 와서 보라'는 식의 '제품 중심'적 수준에 머물러 있음을 보여준다. '토지문학공원' 사업의 실패는 앞으로의 문화예술사업에서 수용자 중심의 마케팅 전략을 세우지 않으면 아무리 많은 예산을 투입하더라도 상품으로서의 가치를 보장받지 못할 것이라는 의미 있는 교훈을 던져주고 있다.

　이상에서 살펴본 대로 『토지』의 데이터베이스 역시 효과적인 마케팅 전략을 세우지 않는다면 아무리 광범위한 컨텐츠의 개발과 집적이 이루어진다고 해도, 그 성공을 보장할 수 없다. 『토지』 데이터베이스의 마케팅 전략은 한 마디로 사용자 중심의 환경 구축이다. 이를 위해서는 『토

---

18) 이에 대해서는 '원주 투데이(http://www.wonjutoday.co.kr)' 2000년 9월 18일, 2001년 2월 5일, 2001년 3월 2일, 2001년 5월 17일, 2003년 1월 2일 등의 기사를 참조할 것.

▲ '토지문학공원' 홈페이지

▲ 토지문학공원 홍보 팸플릿

지』를 이미 읽었거나 또는 읽을 계획이 있는 독자층에 대해 신뢰할 수 있는 실증적 분석이 선행되어야 한다.


## 2) 『토지』 데이터베이스의 마케팅 전략

오늘날 기업체에서의 마케팅 개념은 '고객의 충족되지 않은 욕구를 파악하여 선정된 표적시장 내 고객에게 경쟁사보다 우수한 가치를 창출하고 이를 효과적으로 커뮤니케이션하려는 고객지향적 사고'[19]로 정의할 수 있다. '경쟁사' 대신 '과거의 데이터베이스'로 대체한다면 대체로 위의 정의는 『토지』 데이터베이스 구축의 경우에도 그대로 적용할 수 있을 것이다. 이 밖에 구체적인 전략의 수립 과정에서도 일반 기업체의 마케팅 이론은 대부분 그대로 적용이 가능하다.

마케팅 전략은 일반적으로 시장세분화, 표적시장 선정, 제품 포지셔닝의 3단계로 구성된다. 시장세분화는 세분화 변수를 이용하여 시장을 여러 개의 동질적 고객집단으로 나누는 과정이며, 표적시장 선정은 각 세분시장의 매력도를 비교 분석하여 자사에 가장 적절하다고 판단되는 세분시장을 표적시장으로 결정하는 과정이다. 제품 포지셔닝은 선정된 표적세분시장의 소비자들 마음속에 가장 바람직한 위치를 정립하기 위하여 제품 효익을 개발하고 커뮤니케이션하는 활동을 말한다.[20]

각각의 단계를 『토지』 데이터베이스 구축 사업에 적용시켜 보면 다음과 같다.

『토지』의 데이터베이스 구축을 위한 '시장세분화' 전략에서 우선적으로 염두에 두어야 할 유의미한 요건은 '측정가능성(measurability)'과 '접근가능성(accessibility)'이다. 『토지』 데이터베이스의 경우 예상되는 사용자 집단

---

19) 김동훈 외, 『마케팅 커뮤티케이션 관리』, 학현사, 2001, 57면.
20) 김동훈 외, 위의 책, 63면 참조.

의 연령, 성별, 사회계층, 교육 정도, 라이프스타일 등 용이하게 자료를 수집할 수 있는 변수들을 최대한 구체적으로 정의해야 신뢰할 수 있는 측정이 가능하기 때문이다. 또 의도하는 표적시장에 얼마나 용이하게 도달할 수 있는지 여부 역시 시장세분화 과정에서 분명하게 정의되어야 효율적인 표적시장 선정이 가능하다.

세분된 시장 중에서 표적시장을 선정하는 것은 세부시장의 잠재력과 함께 자사의 목표와 능력 등을 종합적으로 평가하여 이루어진다. 일반 기업에서의 표적시장은 경쟁 회사와의 관계를 고려하여 매우 복잡하게 결정되지만,[21] 문학작품의 데이터베이스 구축 사업은 동종업체간의 경쟁이 거의 성립하지 않으므로, 접근가능성과 데이터베이스 구축팀의 컨텐츠 개발 능력과 조달되는 재원의 규모 등이 가장 중요한 결정 요인이 될 것이다. 즉 접근이 가능한 집단들을 후보군에 놓고, 각 집단에 대해 효과적인 시장 조사를 해서,『토지』를 읽고 난 후 가장 궁금했던 것들과 데이터베이스가 구축된다면 어떤 컨텐츠를 원하는지에 대해 알아 본 후, 재원과 능력을 고려하여 최종적으로 표적시장을 선정해야 할 것이다.

표적시장이 선정된 후에는 제품 포지셔닝 작업이 필요하다. 일반 기업의 포지셔닝 작업에서는 광고가 주요한 수단이 되는데,『토지』데이터베이스의 경우에 현실적으로 대중매체를 통한 대규모의 직접 광고를 할 수 없으므로 개별 컨텐츠의 개발 과정에서 일관된 포지셔닝이 이루어지도록 해야 한다. 이는 표적시장에 대한 정확한 정보를 바탕으로 수요자의 욕구를 충족시키면서도, 컨텐츠 제공자가 인문학적 전문성을 지닌 전문가 집단이라는 이미지를 지속적으로 심어주는 것이 향후 시장을 넓힐 때에 도움이 될 것이다. 이 부분에 대해서는 표적시장이 확정되고 충분한 정보가 모아진 이후에 심도 깊은 논의를 통해 세부적인 결정이 이루

---

21) 중소기업의 경우 고성장 가능성을 지닌 세부시장은 미래의 치열한 경쟁 속에서 도태될 가능성이 있으므로 피하는 것이 좋다. 이에 대해서는 문준연의『마케팅』(청목출판사, 2000), 220~228면을 참조할 것.

어져야 하므로, 이 글에서 더 이상 논의를 진행하는 것은 불필요하다고 판단된다.

지금까지 『토지』의 데이터베이스 구축을 위한 마케팅 전략에 대해 간략하게 살펴보았다. 마케팅 전략은 컨텐츠 개발팀의 역량과 재원, 그리고 표적시장의 욕구 등을 종합적으로 검토하여 이루어져야 하므로, 위에서 언급한 것들은 마케팅 전략의 필요성을 강조하기 위해 간단히 시론적으로 서술한 것에 불과하다. 하지만 문학 작품의 데이터베이스 구축이 문학 전문가 집단의 일방적 판단에 의해서만 이루어진다면 자칫 쓸모없는 국가 재원의 낭비만을 초래할 뿐이라는 점에서, 전략적 마케팅의 중요성은 지대하다고 하겠다. 『토지』의 데이터베이스는 비록 한 작품에 대한 것이지만, 욕심을 내자면 끝없이 많은 컨텐츠들을 동원해야 할 것이다. 이는 현실적으로 비용과 노력이 너무나 많이 들어가고, 또 그렇게 해서 구축해 놓아 봤자 일반인들에게 정말 도움이 되리라는 보장이 없다. 따라서 『토지』의 데이터베이스 구축은 실증적인 자료의 수집과 분석을 바탕으로 세분된 표적시장을 선정하여, 우선 선정된 잠재 수요자의 욕구를 충족시키는 데에 노력해야 한다. 그렇게 해서 소기의 목표를 달성한 이후에 점차 표적시장을 확대하는 전략을 세울 때에만이 『토지』의 데이터베이스 구축은 문화예술산업적으로 성공할 수 있을 것이다.

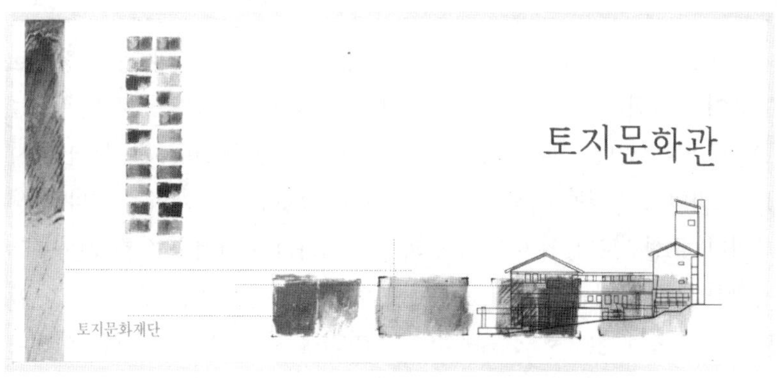



▲ 토지문화관 팸플릿. 각종 문화행사를 주최 및 후원하고 있다.

한 가지 덧붙이자면 『토지』의 데이터베이스를 구축하는 것이 책의 판매 부수를 늘리자는 것인지, 아니면 토지에 대한 보다 높은 수준의 향유 기회를 제공하자는 것인지를 분명히 결정해야 한다. 물론 이 둘은 강한 상관관계를 갖고 상호 보완적이다. 하지만 애초의 목표에 따라 데이터베이스 구축을 위한 연구와 작업의 방향은 상당히 달라져야 한다. 전자의 경우에는 『토지』를 아직 읽지 않은 예비 독자를 대상으로 하지만, 후자의 경우에는 『토지』를 읽고 난 후 피드백을 원하는 적극적인 독자를 대상으로 하기 때문이다. 두 가지 모두 예술산업적으로 유의미하지만, 표적시장에 대한 접근가능성을 고려한다면 이미 읽은 독자를 대상으로 하는 것이 효율적일 것이다. 표적시장을 이미 읽은 독자 그룹 중에서 선정하면 데이터베이스 구축의 목표는 출판사나 방송국의 『토지』 서사물의 보급 활성화보다는, 수준 높은 향유 기회를 제공함으로써 구매자들의 취향을 더 높은 수준으로 계발하는 데에 있어야 한다.


## 5. 『토지』의 문화예술산업적 전망


소설은 그 서사적 특성으로 인해 가장 다양하게 각종의 다른 장르로 변용이 가능하다. 소설 『토지』는 드라마·영화·음악극 등으로 변용되었고, 최근 청소년용 『토지』가 시리즈로 출간 중에 있으며, 내년부터 다시 TV 드라마로 방영될 예정이고, 만화 『토지』 역시 판권 계약을 끝마친 상태이다. 소설 『토지』와 여기에서 파생된 여타의 문화예술 상품들은 우리 문학사의 다른 작품들과 비교할 때에 수위에 꼽히는 높은 부가가치를 이미 창출했으며, 앞으로도 오랫동안 그 자리를 지킬 전망이다. 하지만 『토지』를 중심으로 본 문화예술산업의 진행 과정은 직접적인 수익성 모델에만 국한되어 있어, 다양한 '외부편익'을 염두에 둔 장기적 안목에서의 접근이 필요하다. 이 글에서 모든 것을 다룰 수는 없지만, '판본 정리작업'과 '번역사업'을 중심으로 『토지』의 개발 방안과 방향에 대해 간략하게 언급하고자 한다.

먼저 『토지』가 문화예술산업적으로 좀더 유용하게 개발되려면 '판본 정리작업'이 선행되어야 한다. 『토지』는 25년 동안 연재, 휴재를 연속하며 수없이 게재지를 바꿨으며, 단행본 역시 다섯 출판사 이상에서 출판되어, 무수한 오식과 탈락 및 수정이 있었다.[22] 이는 가뜩이나 전체적 이해가 쉽지 않은 『토지』 같은 대형 작품으로서는 치명적인 결함이 아닐 수 없다. 경제학적 관점에서 봤을 때, 『토지』의 판본 정리작업은 상품의 결점을 최소화해야 한다는 점에서 그 의의를 찾을 수 있다. 상품에 대한 좋은 기억은 최대 7명에게 전하지만, 나쁜 기억은 20명에게까지 전한다는 통계가 있다. 대중의 취향이 고급화 되면서 점차 대중들은 상품의 가치를 스스로 판단하고 또 하자를 발견하면 익명의 다른 사람들에게까지 그 사실을 알리는 등 소비자 주권을 적극적으로 행사하는 경향을 보인다. 이러한 사정으로 기업체에서는 '입소문 마케팅'이라는 용어까지 등장해 중요한 판촉전략으로 활용하고 있는 실정이다. 따라서 이미 많은 독자층과 우호적인 비평가와 연구자들을 확보한 『토지』라는 상품이 지속적으로 소비자시장을 유지, 확대하기 위해서는 텍스트의 결점을 최소화시켜 상품의 가치를 높이는 작업이 필수적이라 할 수 있다. 『토지』는 이미 상품성과 작품성을 검증받은 문화예술 상품이므로 『토지』의 유통은 다양한 외부편익을 발생시킨다. 따라서 『토지』의 판본 정리작업이 출판사만의 몫으로 방치되어서는 안 될 것이다.

두 번째로 '번역'의 문제를 생각해 볼 수 있다. 『토지』의 번역 사업은 분명히 그 자체로 민족적 자긍심을 높이는 효과가 있을 것이다.[23] 하지

---

22) 이에 대해서는 최유찬의 「『토지』 판본 비교 연구」(한국문학연구학회, 『현대문학의 연구』 21호, 2003.8)를 참조할 것.

만 이때에도 좀더 분명한 마케팅 전략이 필요하다고 본다. 예를 들자면, 『토지』의 번역 사업은 노벨 문학상을 겨냥한다든지 하는 성급한 목표를 버리고, 오히려 교포 2세대를 표적시장으로 선정하는 것이 훨씬 효과적일 것이다. 현재 우리 민족의 재외동포는 560만 명 이상인 것으로 알려져 있다.24) 이들 중 상당수는 한국어를 잘 모르는 교포 2세대, 또는 3세대인 것으로 추정할 수 있다. 이들을 표적시장으로 삼는다면, 민족적 정체성 고양이라는 추상적 차원의 목표 실현은 물론이거니와, 이들이 모여 있는 곳을 중심으로 집중적인 홍보전략을 세울 수도 있을 것이다. 『토지』를 영어로 번역한다고 해서 영어권 국가 전체를 상대로 광고를 한다는 것이 현실적으로 불가능하다는 점을 염두에 둔다면, 교포 2세대를 표적시장으로 선정하는 것은 접근가능성과 구매 잠재력이라는 측면에서 매우 유용할 것이다. 전체 재외동포 중에서 0.1%만이 구매를 한다고 해도 5천부가 넘어 최소한의 출판 경비를 충당할 수 있을 것이며, 더 많이 팔릴 경우에는 그야말로 '입소문 마케팅'을 통해 재외동포들의 필독서로 자리 잡을 수도 있고, 그렇게 된다면 노벨문학상과 같은 국제적인 문학상 수상 가능성도 좀더 현실화 될 수 있을 것이다.

　문화예술 상품은 공공재적 성격을 지니므로 정부는 배분의 정의 차원에서 예술 텍스트의 효율적 배분을 정책적으로 추진하는 것이 마땅하며, 실제 대부분의 국가에서 차이는 있을 망정 이 개념을 거부하지는 않는다. 하지만 문화예술산업은 점차 국가의 힘보다 다국적 기업의 힘이 더 크게 작용하는 경향을 보이고 있다. 어떻게 해야 고부가가치를 창출하면서도 개성적 예술을 시장논리의 획일적 지배로부터 지켜낼 수 있는지, 서로 다른 듯이 보이는 두 마리의 토끼를 함께 좇는 일은 예술경제학의

---

23) 지난 해 말 문화관광부 산하 한국번역문학원은 박경리의 '『토지』제2권'을 다른 33건의 작품과 함께 2003년 한국문학 번역지원 대상 작품으로 선정했다(『문화일보』 2002년 10월 3일자, 20면 참조).
24) 『한국일보』 2001년 11월 13일자, 6면에서 인용.

▲ 국내 토지 관련 학술대회에 참석한 토지 독일어판 번역자 헬가 피히트(Helga Picht) 여사

가장 중요한 과제이다.

최근 정부는 문화산업의 고부가가치성을 인식하고 정보통신·바이오·환경·나노산업 등과 함께 문화산업을 차세대 성장주도 산업으로서 2006년까지 집중 육성한다는 정책 방향을 설정했다고 한다.[25] 문화의 중요성을 정부 차원에서 인식하고 육성한다는 기본 취지에는 문제가 없지만, 문화예술산업의 고부가가치성에 대한 강조는 자칫 예술작품의 다양한 외부편익을 무시한 채 경박한 자본의 논리에만 치우칠 위험도 있다. 정부는 문화예술산업을 고부가가치화하려는 노력과 함께 '문화 수용 능력의 배양'이 정책의 근본이 되어야 함을 잊어서는 안 된다. 수용자들의 향유 능력이 높아질 때에 수준 이하의 예술품들은 아예 시장에서 발을 붙이지 못할 것이고, 이는 자동적으로 문화예술산업의 발전으로 이어질 수 있기

---

25) 문화관광부, 『문화산업백서 2001』 발간사 참조.

때문이다.

　이미 언급하였듯이 예술재화는 일반재화들과 다른 소비특성을 지니고 있어 시장 기능에만 맡겨두기보다는 정부의 적절한 간섭을 필요로 한다. 이때 간섭의 전제조건은 예술가의 창조적 능력을 훼손시키지 않아야 한다는 것과 예술자원이 사회 구성원들에게 효율적으로 배분되어야 한다는 것이다. 과학과 기술의 성과가 대중화되고, 재화나 서비스가 점차 고기능화 되고 있다. 응용산업 현장은 고도로 기계화되고 자동화 된 데 반해, 예술산업 현장은 여전히 수작업 의존하고 있으며, 전략적 마케팅의 개념 없이 상품을 생산하고 있다. 패러다임의 전환과 함께 문화예술산업의 창작에서부터 응용과정을 사회 전체의 차원에서 기획하고 지원하는 시스템의 마련이 필요하다.

## 1. 신문서평

### 나는 주술에 걸린 죄인인가

작가 박경리씨의 근간 장편소설 『토지』(제1부 전5권)의 자서는 고통과 의지의 절대세계라고 할만한 육성을 들려줌으로써 읽는 사람에게 충격과 감동을 준다. 대작임에 틀림없는 작품 자체에 비하면 그 서문은 아주 짧은 글이지만, 그러나 그것은 한 작가의 구도적 혈흔을 너무도 선명하게 보여주고 있다.

진실을 위해 생명을 버림으로써 생명을 얻는다는 저 성서의 잠언의 실현을 보는 듯한 반가움을 가지고 박여사를 만난다. 정릉 골짜기의 박여사의 집은 조용하고 정결하다. 산새들의 우는 소리와 나무들이 자라는 소리뿐이다. "쓰기 때문에 살아있고 살아 있으면 써야 한다"고 박여사는 말한다. "작품 쓰는 일은 자기 속에 있는 악과의 싸움"이라고도 말한다. 그의 그런 말들은 그러나 그냥 '말'이 아니라는 느낌을 떼어버릴 수가 없다. 모든 말이 끝난 뒤에 솟아나는 말, 혹은 말이라기보다도 '침묵'이라고 할만한 그런 말이다. 침묵으로서의 말, 자기회귀적인 말이다. 박여사의 표정이 오히려 더 많은 말을 담고 있다. 그의 생활방식은 축복을 받아야 한다는 느낌이 짙다. 이 얘기 저 얘기를 나누었다. 그러나 할말은 서문에 다 썼다는 데 동의했다. 서문 전문을 싣는다.

『토지』제1부를『현대문학』지에 연재 중이던 71년 8월, 암이라는 진단에 의해 수술을 받은 일이 있다. 수술 전날 병실 창가에서 동대문 쪽으로부터 남산까지 길게 걸린 무지개를 보았다. 참 긴 무지개였었다. 아마 나를 데려가려나 보다, 하고 나는 혼자 무심히 중얼거렸다. 그날 밤 회진 온 의사에게 물었다. 수술은 몇 시간이나 걸리느냐고 세 시간쯤 걸린다는 대답이었다. 대수술이군요, 하고 뇌었다. 삶에 보복을 끝낸 것처럼 평온한 마음이었다.

## 글 쓰는 건 삶의 터전

정작 죽음의 공포, 암이라는 병에 대한 불안은 가을, 회복기에서부터 시작되었다. 언덕길이 보이는 창가에 앉아서 아이들이 뛰어가고 시장바구니를 든 주부가 지나가는 풍경을 바라보며 세상은 모든 생명, 나뭇잎을 흔들어 주는 바람까지 더 없이 소중하게 느껴졌다. 살고 싶다고 생각했다. 아름다운 것들, 진실이 손에 잡힐 것만 같았고 그것들을 위해 좀 더 일을 했으면 싶었다. 고뇌스러운 희망이었다.

글을 쓰지 않는 내 삶의 터전은 아무 곳에도 없었다. 목숨이 있는 이상 나는 또 글을 쓰지 않을 수 없었고 보름만에 퇴원한 그 날부터 가슴에 붕대를 감은 채『토지』의 원고를 썼던 것이다.

1백장을 쓰고 나서 악착스런 내 자신에 나는 무서움을 느꼈다. 어찌하여 빙벽에 걸린 '자일'처럼 내 삶은 이토록 팽팽해야만 하는가. 가중되는 망상의 무게 때문에 내 등은 이토록 휘어들어야 하는가. 나는 주술에 걸린 죄인인가. 내게 있어 삶과 문학은 밀착되어 벌어질 줄 모르는, 징그러운 쌍두아였더란 말인가. 달리 할 일도 있었으련만, 다른 길을 갈 수도 있었으련만……. 전신에 엄습해오는 통증과 급격한 시력의 감퇴와 밤낮으로 물고늘어지는 치통과 내 작업은 붕괴되어 가는 체력과의 맹렬한 투쟁이었다.

## 가시덤불 길이라도

정녕 이 육체의 고통에서 도망칠 수는 없을까? 대매출의 상품처럼 이름 석자를 걸어놓은 창작행위. 이로 인하여 무자비하게 나를 묶어버린 그 숱한 정신적 속박의 사슬을 물어 끊을 수는 없을까? 자의로는, 그렇다, 도망칠 수는 없다. 사슬을 물어 끊을 수는 없다. 용기가 없는 때문인지 모른다. 운명에의 저항인지도 모른

다. 마지막 시각까지 내 스스로는 포기하지 않으리. 그것이 죽음보다 더한 가시덤
불의 길일지라도.

악마의 간계에 의해 '우스'의 정직한 한 사내를 전능자 하나님이 악마의 손에
넘겨준 구약의 『욥기』를 독자들은 기억하리라. 믿는다. 악마에게 시험을 당하게
된 그 불우한 사내는 일시에 모든 것을 잃고 자식도, 가산도 다 잃어버리고 끝내
는 그 자신 발바닥에서부터 정수리까지 악창에 시달리며 신음하는데, 환부에서
흐르는 고름을 사금파리로 긁어대는 '욥'의 그 모습을 생각하면 부끄럽다. "결코
내 입술이 불의를 말하지 아니하며 내 혀가 궤휼을 말하지 아니하고 단정코 너희
를 옳다하지 아니하겠고 죽기 전에는 나의 순전함을 버리지 않을 것이라" 하고
말한 '욥'을 염두에 떠올리며 위안을 받을 적에 나는 슬프고 자신이 가엾어진다.
이 미물같으니라구.


## 소설은 허구에 불과

승리 없는 작업이었다. 끊임없이 희망을 도려내어 버리곤 하던 아픔의 연속이
내 삶이었는지 모른다. 배수의 진을 치듯이 절망을 짊어짐으로써만이 나는 차근
히 발을 내밀 수가 있었다. 아무리 좁은 면이라도 희망의 여백은 두텁다. 타협하
라는 속삭임이, 꿈을 먹는 것 같은 무중력이, 내가 나를 기만하는 교활한 술수가,
기적을 바라는 가엾은 소망이 …… 희망은 이같이 흉하게 악화되어 가는 나를, 비
천하게 겁을 먹는 나를 문득문득 깨닫게 한다.

나는 표면상으로 소설을 썼다. 이 책은 소설이외 아무것도 아니다. 한 인간이
하고 많은 분노에 몸을 태우다가 스러지는 순간 순간의 잔해다. 잿더미다. 독자는
이 소설에서 울부짖음도 통곡도 들을 수 없는 것이다. 소설일 따름, 허구일 뿐이
라는 얘기다. 진실은 참으로 멀고 먼 곳에 있었으며 언어는 덧없는 허상이었을
뿐이라는 얘기다. 마찬가지로 진실은 내 심장 속 깊은 곳에 유폐되어 영원이 침
묵한다는 얘기도 되겠다. 7. 8년 전에 나는 어느 책에다 언어가 지닌 숙명적 마성
에 대해 얘기한 적이 있다. 진실이 머무른 강물 저켠을 향해 한치도 헤어 나갈 수
없는 허수아비의 언어, 그럼에도 언어에 사로잡혀 빠져나올 수 없는 것은 그것만
이 강을 건널 가능성을 지닌 유일한 것이기 때문이라고 나는 전율없이 그 말을
되풀이할 수가 없다.

사람들은 수월하게 행과 불행을 얘기한다. 어떤 사람은 나를 불행하다고 하고, 어떤 사람은 나를 행복하다 한다. 전자의 경우는 여자의 운명을 두고 한 말이겠고 후자의 경우는 명리(名利)를 두고 한 말이 아니었나 싶다. 혹은 잡사에서 손을 떼고 일에 전념하는 것을 두고 한 말인지 모르겠다. 그들 각도에서 본 행, 불행에는 각기 타당성이 없는 것은 아니다. 그러나 때론 노여움을, 때론 모멸감을 느끼며 그런 말을 듣곤 한다. 애매모호하기 때문이다.

### 앞길은 험난하기만

무궁무진한 인생의 심층을 상식으로 가려버리려는 것이 비겁하기 때문이다. 그렇게 분류되는 불행, 그렇게 가치지어지는 행복이라면 실상 그 어느 것과도 나와는 별 인연이 있을 성 싶지 않다. 분명 환란을 겪는 욥에게는 행복의 비밀이 있었을 것이기 때문이다.

이상이 토지 제1부를 쓰던 3년 동안의 내 심경이며 그것을 적어 본 것이다. 앞으로 나는 내 자신에게 무엇을 언약할 것인가, 포기함으로써 좌절할 것인가, 저항함으로써 방어할 것인가, 도전함으로써 비약할 것인가, 다만 확실한 것은 보다 험난한 길이 남아있으리라는 예감이다. 이 밤에 나는 예감을 응시하며 빗소리를 듣는다.

(『서울신문』, 1973.6.29)

## 거작 『토지』에 정열 쏟는 박경리씨

### 문학사상 최대 장편 제1부 출간 구한말서 6 · 25까지 3부작 구상

### 내 인생을 걸고 모든 걸 던져 넣어

우리나라 문학사상 최대의 장편소설이 될 박경리씨의 『토지』 제1부가 5권으로 문학사상사에서 출판되었다.

55년, 문단에 데뷔, 『김약국의 딸들』로 문제작가로 등장하였고, 64년 6 · 25를 소재로 한 『시장과 전장』을 내놓아 작가적 역량을 확인시킨 박씨는 작품을 통해서만 일반에게 얼굴을 내밀 뿐, 사생활이 전혀 알려지지 않은 신비(?)의 작가다.

경남 충무출생. 6·25때 홀로되었고 그 후 소설을 쓰기 시작, 어머니와 외딸과 함께 모녀 3대가 정릉에서 살고 있다가 최근 딸을 시집보냈다고 하는데 69년『토지』를 집필하면서부터 일체 외부와 절연해 왔다.

『토지』가 발표된 것은『현대문학』69년 9월호. 매회 2백장 씩 72년 9월까지 제1부 8천장이 연재되었고 72년 10월『문학사상』이 창간되면서 제2부를 계속 써가고 있다.

제1부는 조선왕조말기에서 한일합방까지를 다룬 것. 2부는 일제시대, 3부는 해방 후에서 6·25까지를 다룰 예정인데 오래 살게 된다면 4부, 5부를 죽을 때까지 쓸 예정이라고 작가는 말한다.

『토지』는 주인공 최서희가 4살 나던 해부터 시작, 80살의 할머니가 되기까지의 생애가 우리민족의 역사 속에 용해된 인간드라마이며 민족의 서사시이다.

제1권『어둠의 발소리』. 서희의 어머니가 딸과 남편과 가문을 버리고 머슴과 도망감으로써 주인공의 순탄치 못할 인생이 암시된다. 2권은『추적과 음모』. 아버지 최치수는 도망간 아내를 쫓는다. 제3권은 아버지의 살해. 제4권은 고아가 된 주인공과 흉년, 질병. 제5권은 동학란으로 고향을 버리고 간도로 떠난다.

제1부의 무대는 경남 하동. 제목이 말해주듯 '소유'라는 개념이 들어간 땅, 토지를 놓고 아무리 짓밟혀도 끈질기게 살아나는 잡초와 같은 인간들, 그들이 만들어내는 사랑과 증오, 선과 악이 생생한 생명력을 갖고 펼쳐지고 있다. 이 작품을 읽어가노라면 인간이 그렇게 잔악할 수 있을까. 우리민족은 왜 이렇게 파란 곡절이 많을까, 하는 환멸과 함께 그래도 악착같이 살아남아야 한다는 강렬한 의지가 주인공의 투쟁적인 삶의 집념 속에서 배워진다. 제1부에선 경상도 지방의 토속언어, 제2부에선 함경도사투리가 또 다른 즐거움을 주기도 한다.

박경리씨가 최근 일반에게 모습을 드러낸 것은『문학사상』창간호 인터뷰. "잠든 시간이외의 모든 시간은『토지』를 집필한다"는 그는 토지에 대한 독자의 지나친 관심이 격려도 되지만 '벗어나고 싶은 짐'이라고 말하였다.

"나는 이 작품 속에 모든 것을 던져 넣었다. 인간은 적당히 사는 것이 아니다. 작가의 궁극의 목적은 구도이기 때문에 작가는 고행자다. 내생의 승부도 이 작품과 이 작품을 쓰는 내 정신의 고행에 던져 넣었다"고『토지』에 대해 말한다.

제1부로서 작년에 제7회 월탄 문학상을 받았다. 박경리란 이름은 김동리씨가

지어주었다고

(『조선일보』, 1973.6.27)

## 한국 작가의 한계성 탈피

### 박경리씨 오랜 집념 끝의 대하소설 『토지』

하나의 소설이 한 사회의 구조적인 전모와 그 시대에 속한 숱한 인간상을 동시에 통찰 재현할 수 있을 것인가. 이 야심적인 그러나 난해한 질문에 대해 한국문학은 이제 박경리씨의 『토지』에 이르러 자신 있게 대답할 수 있게 되었다. 한말이후의 다난한 민족사를 수용한 『토지』는 그 자체가 최대한으로 종합된 하나의 '세계'이며 '시대'이고 사회사이자 인간사일 것이다.

『현대문학』에 3년여 연재, 최근에 제1부 5권으로 간행된 『토지』의 의미는 그것이 신문학사상 가장 방대한 규모로 쓰여졌다든지 우리문학에 희귀한 대하적 구조를 가졌다는 외형적인 모습에 있다기보다 동학난과 갑오경장이후 한일합방에 이르기까지의 급박한 역사적 변모 속에 몰락하는 전통 사회 체제의 분석과 한국인의 가치관과 정서의 변화를 포착하는 웅대한 작가정신과 그것을 치밀하게 조형 묘사하는 문학적 역량에 있다.

작품의 무대가 되는 경남 하동부근의 '평사리'는 전형적인 한국의 농촌. 그러나 대지주며 양반인 '최치수' 일가와 여기에 몸 붙인 하인과 소작인, 그 마을 일대의 몰락한 반가 상민 중인들의 화려한 등장인물사이에 벌어지는 불륜, 살인, 흉년, 전염병, 재산 착복, 반항 등 일련의 극적인 사건들을 통해 이 평화롭게 보이는 마을은 고난에 찬 한국최근세사의 비극적인 현장이 되는 것이다.

작가는 잇단 이 사건들에서 한국문학이 노리는 많은 테마를 한꺼번에 전시하고 있다. 양반체제의 몰락과 농민들의 궁핍화, 봉건적 기반의 와해와 전통적 윤리의 파괴, 완고한 수구파의 패배와 경망한 개화파의 오류, 그리고 아집과 초연, 탐욕과 헌신, 증오와 사랑, 좌절과 저항, 한과 체념의 인간심리가 해박하고 섬세하게 묘사되고 있다.

『김약국의 딸들』『표류도』등 기왕의 문제작에서 보여준 작가의 운명론이 '세월은 바람'과 같은 서사시적 표현을 통해 민족적 운명론으로 확대되는 『토지』는 그러나 땅에 붙박여 사는 우리의 끈질긴 생명력과 후박한 심성에 끝없는 친밀감을 표시한다. 이같은 긍정적인 모습은 성장한 '최서희'가 간도로 이주, 신개지를 개척하는 제2부(『문학사상』에 연재 중)에서 전개되고 있다. 여류로서보다 이미 한국작가로서의 한계를 타개한 박경리씨는 이 총체소설의 집필을 위해 번잡한 출입을 끊고 전화까지 단절시키면서 전력투신, 계곡의 물소리만 들리는 정릉의 자택에 칩거했다. 그의 '프루스트'적인 창작에의 집념은 '언어가 지닌 숙명적인 마성'(서문)과 싸우며 혹은 유암의 대수술에도 굴하지 않고 한국현대문학의 최대걸작을 창조한 것이다.

(『동아일보』, 1973.7.9)

## 인간의 좌절 · 희망 극채색—대작 『토지』 1부 끝낸 박경리씨

"지랄안하나 무신 죄졋다고 벼루박에 똥칠하도록 살꼬"

"할매 말이 맞소 제발 이분에는 춘삼월이나 구시월에 가도록하소 여름송장 겨울송장 그거다 망했더마—땅이 얼어도 걱정이고 송장에 쉬포리(파리)가 앉아도 걱정이고"

"운냐 걱정마라. 내가 죽더라도 삼수놈 니는 참니(참여)안하게 이은(유언) 할끼니께."

『토지』(제1부)에 나오는 간난할멈과 머슴의 대화. 강인한 농민의 해학이 살아있다.

64년 6·25의 민족비극을 다룬 『시장과 전장』을 내놓은 박경리 여사(26년 10월 28일생)는 『현대문학』 『여성동아』 『문학사상』 등 잡지에서 '투병을 겸해' 써오고 있는 『토지』 제1부 5권을 출판하면서 '독자는 이 소설에서 울부짖음도 통곡도 들을 수 없을 것이다. 진실은 내 심장 깊은 곳에 유폐되어 영원히 침묵한다'고 고백했다.

말과 말의 거대한 집괴인 문학에의 숙명적인 인연을 놓고 "나는 주술에 걸린 죄인인가"고 이 작가는 되물은 적이 있다. 『전쟁과 평화』를 읽지 않았다는 것을 풍토병적인 도식비평에 대한 역비평의 형식으로 밝히기도 한 여사는 문학과 '밀착되어 떨어질 줄 모르는 쌍두아로서' '보름만에 퇴원한 그날부터 가슴에 붕대를 감은 채 원고를 쓰고'는(백매를 쓰고 나서) 악착스런 자신에게 소스라쳐 놀라는 일면이 있다. 우리 문단 처음의 장편내리닫이 『시장과 전장』을 탈고했을 때다. 여사는 작품의 산실을 찾은 기자 앞에서 작품에 대한 감동을 오들오들 떠는 몸짓으로 전해주었었다. 동학난이 일어났던 직후부터 6·25까지 한국토착민의 역사배경을 누비며 만석지주 최참판 독자 가계의 마지막 병든 아들과 그 아들의 외딸 서희가 80여세에 이르는 전 과정을 반도에 얽힌 인간의 좌절감 희망의 극채색으로 그린『토지』에서 황순원씨는 우리 민족의 아픔을 보았고 김동리씨는 "작가원숙기의 역작 문단의 괄목할만한 일대수확"이라고 격찬하고 있다. 그러나 72년 미완성 작품은 수상대상이 될 수 없다는 룰을 깨고 7회 월탄 문학상을 받은『토지』(2부)는 아직『문학사상』에 연재가 계속되고있는 해프닝 진행형의 세계다. 완결을 보기 전에는 아무도 안 만나겠다는 박경리씨는 "다만 확실한 것은 보다 험난한 길이 남아있으리라는 예감이다. 이 밤에 나는 예감을 응시하며 빗소리를 듣는다." 그 맑은 눈을 뜨고 정릉의 짙푸른 계곡을 응시하고 구상에 잠겨있을 것 같다.

(『매일신문』, 1973.6.30)

## 『토지』 제1부 5권 내놓은 박경리 여사

### 3부작을 계획, 20여년 문학생활의 결정
### 민족수난사 파헤친 서사시적 대하소설

여류작가 박경리 여사의 심혈을 기울인 역작『토지』의 제1부가 5권의 책으로 출간됐다. '목숨이 붙어 있는 날까지 계속해서 쓰겠다'고 무서운 집념을 보여 69년 2월『현대문학』에 연재될 때부터 화제를 모았었던『토지』는 박여사 자신으로는 20년에 걸친 문학생활의 결정이지만 한국문학으로서도 어떤 전기가 될 만한 문제작이다.

3부작으로 계획되고 있는 이 작품은 제1부에서 조선왕조말엽부터 한일합방까지(『현대문학』에 69년 9월부터 72년 9월까지 연재), 제2부에서 일제 때(『문학사상』연재 중), 제3부에서 해방부터 6·25까지 우리민족의 수난사를 파헤친 서사시적 대하소설이다. 이것이 완성되면 아마도 한국 문학사상 가장 방대한 양의 장편소설이 될 것 같다.

박여사는 56년『계산』,『흑흑백백』으로 문단에 데뷔 한 이래『김약국의 딸들』,『시장과 전장』등 여러 편의 문제작을 발표했으며 현대문학상(57년), 내성문학상

(59년), 여류문학상(69년), 월탄문학상(73년) 등 많은 수상기록을 남겼다.

박여사의 작품세계는 시대배경에 따라 변모하는 인간심리내부에 대한 날카로운 투시가 주조를 이룬다. 따라서 『토지』에 등장하는 하나하나의 인물들에게서 우리 민족의 여러 가지 유형이 생생하게 전개되는 것이다.

『토지』를 집필하면서부터 외부와의 접촉을 일체 끊고 있는 박여사는 이 작품을 "붕괴되어 가는 체력과의 맹렬한 투쟁"의 소산으로 표현하고 있다. 암이라는 진단을 받고 수술한후 퇴원하여 가슴에 붕대를 감은 채 집필하기도 했다는 이 작품은 그래서 박여사 자신의 분신일는지도 모른다.

주인공 최서희의 4세 때부터 시작, 80세까지 이끌고 나갈 『토지』는 박여사 말을 빌면 "한 인간이 하고 많은 분노에 몸을 태우다가 쓰러지는 순간순간의 잔해 —잿더미 바로 그것"이다. 박여사는 이 작품을 완전한 허구라고 강조하면서, 그러므로 울부짖음도 통곡도 들을 수 없다고 말하고 있으나 이 작품 속에는 내밀한 민족의 눈물이 가득히 괴어 있음을 볼 수 있게 된다.

잠든 시간외에 모든 시간을 『토지』의 집필로 보내고 있다는 박여사는 그러한 무서운 집념에도 불구하고 『토지』의 앞날에는 험난한 길이 계속되고 있음을 자서에서 밝히고 있다.

〈문학사상사간. 4·6판 각 권 3백60면 내외. 4천 원〉

(『중앙일보』, 1973.6.29)

## 2. 신문 잡지 인터뷰

### 필자와의 대화

필자와의 대화 1

Q: 지금까지 실로 많은 독자의 공감을 받으며 一部를 완결시켰다. 一部의 내용을 간추리고 앞으로의 계획을 간단히 소개해 달라.

A: 어떤 작가에게나 그렇겠지만 독자의 지나친 관심들이 때로 격려가 되기도 하지만 벗어나고 싶은 짐도 된다. 一部는 이조말엽에서 한일합방까지를 다룬 것이고, 이제 시작한 二部는 일제시대 속에서 겪은 한국인의 비극과 역사, 그 장엄한 드라마를 다룰 생각이다. 三部는 해방후에서 6·25이후가 되겠는데, 오

래 살게 된다면 四部, 五部를 죽을 때까지 매달려 볼 작정이다.

Q : 아직 완결된 것이 아니어서 그 전체를 뭐라고 예기하기가 어렵지만 아마도 『土地』야말로 우리나라 최초의 본격적인 大河小說일 것이라는 중론이 있다. 이 작품을 쓰는 심경은 어떤 것인가?

A : 작가의 궁극의 목적은 求道일 것이며 苦行者로 생각한다. 인간은 적당히 사는 것은 아니다. 문학은 더더구나 그렇다. 이 작품 속에 나는 모든 것을 던져 넣었다. 내 生의 승부도 이 작품의 혹은 이 작품만이 아니더라도 文學을 하는 내 정신의 苦行에 던져 넣었다.

Q : 귀하는 이른바 文壇이라는 것과 절연하고 살아간다는 世論이 있는데.

A : 정말 관심 밖의 일이다. 나는 건강이 좋지 못해 잠든 이외의 모든 시간을 執筆에 바치고 있다. 그러니 자연 杜門不出이다. 밖에 다닐 겨를이 없고 홍미가 없다. 田園에 묻히고 싶은 희망뿐인데 나는 그 가능을 믿지 않는다. 비정한 물질문명, 그 황량한 벌판을 헤매다 죽는 현대인의 비극 속의 나도 사람이니 함께 허우적거릴밖에. 그러나 사는 순간까지 살아 있다는 자각을 잊어서는 안되겠다. 삶이란 귀중한 거니까.

(『문학사상』 1972.10, 연재 1회분)

## 필자와의 대화 2

Q : 배경을 李朝末葉에서 시작한 만큼 사실과도 무관할 수 없을 텐데?

A : 지금까지 『土地』의 무대를 현재가 아니라 해서 歷史小說로 볼 사람은 없는 줄 생각하는데 …… 인간들, 인간의 운명, 그 본질을 파악하고자, 意圖는 그러했으나 인간이 산 한 시대를 무시하고 과연 소설이 성립되겠는가. 작가 나름으로 그 시대정신, 가치관의 확립 없이는 펜을 들지 않는 게 작가의 성실로 믿고 싶다. 시대정신이나 가치관은 그 자체가 추상적인 것이어서 외부에서라면 몰라도 작가내부의 상상력을 크게 구속하는 일은 없다고 보는데 소설을 쓰다 보면 어떤 사실에 부딪쳐 보지 않을 수 없는 경우가 있다. 당황해지는 일이다. 「歷史小說을 보는 史家의 눈」이라는 글에서 읽은 기억이 있지만 사실과 허구의 단층, 그 단층을 접착하기가 매우 어렵다는 얘기다. 사실이 하나의 쇠붙이라면 상상은 음향 같은 것으로서 어떻게 그 쇠붙이를 색채와 음향으로 녹여서

다시 뱉어내느냐, 오랫동안 축적되고 여과된 상상력만큼 사실도 작가의식에서 활자가 문드러질 때까지 여과되었다면……여기에 식민지 사십년 역사적 암흑기를 살아온 오늘날 사십대 작가들의 비애가 있는지도 모르겠다.

(『문학사상』, 1972.12, 연재 3회분)

### 필자와의 대화 3

Q: 作品 속에 헤일 수 없이 많은 인물이 登場하는데 혼란을 느끼거나 類似型은 없는가?

A: 혼란을 느끼는 일은 없다. 일단 만들어진 인물은 항시 내 머리 속에서 함께 생활하고 있다. 그리고 유사 인물에 관해서는 독자의 권한에 속할 일이겠으나 나로서는 類似人物이 없었다고 자신하고 있다. 어느 분이 이 세상 돌 하나라도 같은 것은 없다고 했는데 참으로 그 말에는 同感한다. 나는 같은 사람을 만난 적이 없다. 바로 그 점이 창조의 무한이며 神父 아닐까?

Q: 創作 노우트를 作成하는가?

A: 안한다. 나는 오늘까지 거의 메모를 하거나 創作노오트 같은 것 作成한 일 없이 小說을 써왔다. 『土地』의 경우도 年代表를 만들어 人物이 탄생될 때마다 記入하여 年齒에 차질이 없도록, 혹은 그 해의 史實을 考慮해 볼 정도다. 어쩌면 數學에 弱한 탓인지, 어쩌면 集中力의 弱化를 막기 위해선지……내게 있어 사건이든, 배경이든 인물이든 처음에는 언제나 안개다. 보일 듯 보일 듯 하는. 그래서 抄는 소설이기커녕 作文도 못되고, 쪼고, 다듬고, 머릿 속에서는 수십 번을 되풀이 원고지 위에서도 서너 번은 탈바꿈을 하게 된다. 결코 노오트나 메모를 따라 생각이 움직이려 하지 않는다.

(『문학사상』, 1973.2, 연재 5회분)

### 필자와의 대화 4

Q: 이번엔 원고 분량이 퍽 적습니다. 건강때문입니까?

A: 몸이야 항상 부자유하니까요 手術을 받은 그 달에도 백매는 썼습니다. 이번에는 순전히 집안 사정 때문에. 죄송합니다 다음달부턴 분발하겠습니다.

Q: 요즘 심경같은 것은?

A : 글쎄요…… 人生보다 아름다운 건 없구 眞實한 것도 없다, 그런 경우가 희귀
   하지만요 뭐 새삼스런 생각은 아닙니다. 그러니까 16, 7년 前인 성 싶은데 문
   단에 갓 나온 新人時節이지요. 文學講演會에 청중으로 가본 일이 있었습니다.
   司會를 보시던 趙演鉉 先生께서 갑자기 저더러 나와 人事를 하라는 거예요.
   말하자면 幕間을 利用하여 선을 뵌다고나 할까요 기가 딱 막히더군요 그럴
   때 생소리가 나오는 모양이지요? 文學보다 나는 人生을 사랑한다, 그러나 내
   人生이 슬프고 고통스런 것이기 때문에 나는 글을 쓰나보다. 뭐 그런 따위의
   얘기였는데 그때 그 생소리는 16, 7년 세월, 변함이 없는 내 마음의 소리였습니
   다. 人間의 존엄은 우리가 마지막까지 지켜야 할 보루, 藝術은 그 다음이 아닐
   까요? 절망의 진구렁창에서 대결해 온 文學, 그러나 과연 그것은 한 個人의 존
   엄을 위한 필사적 도피는 아니었던가, 그 문제도 내 마음 속에 오래 자리잡아
   온 회의였습니다. 해서 감히 使命感이라는 말 쓰기를 부끄러워해왔습니다.
Q : 앞으론?
A : 물론 일을 계속하는 거예요. 보다 자신에게 가혹하게 말입니다.

(『문학사상』, 1973.4, 연재 7회분)

## "일본은 불쌍한 나라"–원주서 『토지』 4부 집필 여념 없는 박경리 여사

　치악산이 건너다 뵈는 원주시 단구동 야트막한 언덕에 자리잡은 『토지』의 작가
박경리씨댁.

　널따란 잔디밭에서 물을 뿌리고 있던 박여사가 외부와의 연을 끊고 지내는데
딸과 사위(김지하 시인)가 요즘 일본문제도 있고 하니 이야기 좀 하라고 하기에
기다리고 있었다고 말한다.

### 딸이 만나라고 해서……

　"우리는 역사적으로 일본에 항상 주어왔고 빼앗겨 왔어요 이름까지도 빼앗겼
고 받은 것은 아무것도 없어요 요즘 쓰고 있는 『토지』 4부의 시대배경이 30년대
일본이 대륙침략을 확산하던 때인데 그 당시 일본의 국내사정과 지금의 상황이
아주 비슷한 것 같아요 급작스런 부의 축적, 실업문제, 에로틱한 문화 등에 오랜
복안을 '아시아' 지역으로 펴나가려는 것까지 너무나 흡사해요 일본인들은 주는

것을 몰라요. 이 세상에 일본인같이 인색한 사람은 없어요. 줄 수 없다는 것은 문화가 없다는 이야기입니다. 인색한자는 아름다움과 진리 탐구에 관심이 없어요. 일본인에게 문화가 있다면 그것은 종이꽃 같은 것입니다. 그들은 돈 모으는 것과 조그마한 트랜지스터 만드는 것밖엔 몰라요. 일본에 불교가 전래된 지 오래지만 고승이나 학승도 없어요. 그들은 예술까지도 장식품으로 여기고 있습니다."

박여사는 일본에 관해 토로할 기회를 기다리고 있었다는 듯 경상도 말씨에 높고 빠른 음조로 계속 자신의 생각을 토해낸다.

"일본인은 여행도 혼자 못해요. 항상 깃발아래 모여야 해요. 그들은 자신의 힘에 콤플렉스를 느껴 항상 단체를 만들지요. 때문에 개성도 없습니다. 창조는 개성이 하는 것이고 영혼이 하는 것인데 그들은 영혼도 없고 창조도 못합니다. 생각해보면 그들에겐 종교도 없습니다. 일본은 참으로 불행한 나라입니다. 반면 우리는 여유가 있습니다. 준다는 것은 여유가 있다는 이야기입니다."


## 매국노가 잘 살아서야……

박여사는 이어 일부 나라 안 사람들에게도 화살을 돌린다.

"일제 때 혜택을 입은 층은 그 당시 끌려가 희생당한 계층의 처절한 비극을 절실히 모릅니다. 그들은 당시 동족을 딛고 영화를 누렸으며 계속해서 오늘까지 지배하고 군림하는 계층입니다. 잇달아 변절하면서도 소리는 더 크지요. 그들은 그렇게 살아왔고 또 그렇게 살아가려해요."

작품에 대해 이야기 좀 하지요. 서사시적 대하소설 『토지』는 궁극적으로 무엇을 이야기하려는 것입니까.

"생명이 있는 것, 조그만 벌레 풀 한 포기에서 흙까지도 길러주는 마음과 이어주려는 뜻이 담겨져 있어요. 유순한 닭도 새끼를 품었을 때는 사람에게도 마구 덤벼듭니다. 잔디도 가뭄에 물을 주다보면 물을 안 뺏기려고 흘러가버리지 않도록 안간힘을 쓰는 것이 보여요. 이 모든 게 창조와 사랑이라고 볼 수 있는 것입니다. 창조에서 벗어나는 것, 사랑이 없는 상태는 생명력이 없는 것입니다. 자꾸만 '한'이 나오는데 한도 사랑입니다. 사랑이 미치지 못하는 것이 한이지요. 못 미치는 게 바로 한이며 한은 죽을 때까지 따라다니지요."

박 여사는 농민들에게 애착이 많다고 말한다.

"서구에서도 농민을 천시했고 일본의 무사는 단순히 칼이 잘 드는지를 시험해 보기 위해 농민의 목을 쳤습니다. 그렇지만 우리 농민들은 프라이드가 있었습니다. 그들은 우리의 전래풍습을 가장 오래 지켰고 아무리 가난해도 인간적 자존심이 있어 비굴하지 않았습니다. 그러나 지금 농촌은 프라이드가 없어요. 농민들이 반 장사꾼으로 타락하고 있어요. 하루바삐 농민들에게 존엄성을 일깨워주어야 해요. 『토지』에서 '이용' 이와 같이 인간의 도리를 다하고 사는 농민을 그려보려고 애쓰고 있습니다만……"

—『토지』의 작품현장에 대해…….

"가보지는 않고 하동군 악양면 평사리에서 시작했지요. 경상 전라의 영호남 접경에 있고 지리산도 끼고 있어 광활하게 펼쳐나갈 수 있을 거 같아서였어요. 집필 도중에 쌍계사에 가다 먼발치로 바라보았더니 내가 구상하고 있던 지형과 꼭 맞아요. 다만 별당아씨가 '구천'이와 도망갈 때 나룻배를 타고 가는 것으로 묘사해 놓았는데 평사리에서 지리산쪽으로는 강이 없더군요. 그래서 내용을 조금 고쳤지요. 그런데 한 독자가 찾아와 사진까지 내보이며 그 마을에 조참판댁이 실제로 있고 그 집에는 연못도 있다는 거예요. 나도 놀랐습니다."

## 영혼파는 작가 안돼야

—80년대 작가들에게 하고 싶은 말은…….

"한 마디로 길게 보아야 합니다. '문학은 남자가 일생을 걸고 해볼 만한 일이다'는 소련의 작가 '숄로호프'의 말을 강조하고 싶어요. 비료와 농약으로 생산한 쌀은 생명력이 없어요. 인기에 불안해하고 독자에 영혼을 팔면 매춘부나 다름없어요. 생계를 위해서라면 장사하면 되지요. 그리고 작가는 철저한 에고이스트가 아니면 안돼요. 내 경우 스승 김동리 선생님을 10년 동안이나 못 찾아 뵈어 스스로 의리 없는 인간이라는 생각도 들지요. 큰 수술(암으로 오른쪽 가슴 절제) 후 비가 오려면 오른손이 뒤틀리고 아픔으로 견딜 수가 없어요. 그러나 마지막 독자 한 명까지 등을 돌리더라도 그에 개의치 않고 글을 쓰렵니다. 독자의 시녀가 되면 좋은 글 쓸 수가 없어요. 마당에 나가 정신없이 일하는 것과 글 쓰는 것만이 즐거워요."

삶의 전부를 송두리째 창작에 쏟고 있다는 박여사는 올해 쉰여섯. 건강을 염려하자 "비과학적이라고 할지도 모르지만 정신력에 따라 컨디션도 좌우된다"고 말한다.

(『동아일보』, 1982.8.21)

## 『土地』의 작가 朴景利씨를 찾아

### 잠시도 손은 쉬지 않아

길의 過程을 최대한으로 생략해버린 고속도로가 생기면서 서울과 原州는 2시간 거리로 좁혀졌다. 그러나 시간은 단축되어도 쭉쭉 뻗은 山勢와 오염되지 않은 신선한 공기는 山間지방다운 맛을 그대로 지니고 있었다.

原州시내에서 堤川으로 빠지는 포장도로를 따라가다가 觀雪洞 못 미쳐 오른쪽으로 꺾어들면 바로 『土地』의 작가 朴景利씨의 집이 나온다. 丹邱라는 마을이름 그대로 야트막한 非山非野의 野山을 등지고 있어 마당에 서면 雉岳山과 白雲山이 손에 잡힐 듯 다가선다.

개울가에서 주워온 듯한 정원석 아닌 정원석들이 드문드문 자리 잡은 마당가에는 木蓮과 앵두·살구·칡나무 등이 싱그러운 녹음을 이루고 있다. 貞陵時代를 청산하고 原州에 정착한 이후 3년 동안 정성스레 가꾸어온 나무들이다. 나무를 심고 가꾸는 일뿐 아니라 洋灰를 이기고 축대를 쌓는 것까지도 혼자의 힘으로 해내었다.

그래서 그의 손은 '여류작가의 매끈한 손'이 아니라 그대로 농부의 손이다. 왼손 무명지에 옥가락지를 끼었어도 손바닥에는 못이 박히고 오른쪽 무명지에는 剪枝가위에 쏠린 자국이 아예 콩알만한 흉터로 남아있다.

"저는 손을 가만 두면 못살아요. 하다못해 재봉틀을 돌리거나 그릇을 꺼내서 정성스레 씻기도 하면서 손을 움직입니다. 눈도 그 사람의 성격을 잘 나타내지만 손도 눈못지 않게 성격을 잘 나타내 주는 것 같아요"

그래서 그는 손을 잠시도 쉬지 않는다.

### 過程을 늘 소중하게

잔디를 깎기도 하고 잡초를 뽑기도 하고 조각도로 木刻을 하기도 한다. 때로는 지하수를 풍부히 틀어놓고 고무호수로 물을 뿌리기도 하고……. 끊임없이 손을 움직이면서 머릿속에서는 소설에 대한 구상을 정리하고 形象化한다. 따라서 잡

초를 뽑고 죽은 가지를 잘라내는 일은 그에게 있어서 소설을 쓰기 위한 하나의
'過程'이다.

그는 누구보다도 그 '過程'을 소중하게 생각한다. 그래서 예의가 생략된 말투나
식탁예절이 무시된 TV프로를 보면서 속상해 하기도 한다.

지금까지 비행기를 타본 일이 없는 것도 '과정'이 생략되는 여행에 대한 아쉬움
때문인지도 모른다. 집 뒤켠의 3계단의 돌축대를 몇 달을 두고 혼자서 쌓아올린
것도 돌 하나 하나에 情을 주고 축대를 쌓는 그 과정의 즐거움과 끝낸 뒤의 가슴
뿌듯한 成就感을 맛보기 위해서였을 것이다.

요즘 들어 자연과 생명과 인간에 대해 깊이 생각하는 일이 많아졌다는 그는 풀
한포기, 새 한 마리조차도 凡常하게 보이지 않는다고 했다.

"바위틈에서 자라나는 풀 한포기, 하늘을 날아다니는 이름모를 새들에게도 모
두 제몫의 생명은 지니고 있는 것이지요. 그런데 사람의 탐욕이 자연의 질서를
깨뜨리고 하늘 무서운 줄 모르게 낭비들을 하고 있어요. 사자도 배부르면 짐승을
잡지 않는 법인데……."

그래서 낟곡식 한 알도 함부로 버리지 않는다고 했다. 라면 찌꺼기조차도 여러
번 물로 헹구어서 양념기를 뺀 뒤 뒤켠 바위 위에 갖다놓아서 참새가 먹게 하기
도 한다.

"저는 일찍부터 가톨릭인데 요즘 와서는 전생에 불교와 인연이 있었던 게 아닌
가 하는 생각이 문득 문득 들 때가 있어요 내 앞에 있는 돌 하나, 풀 한포기도 무
심하게 보이지 않고……."

집에서 키우는 개도 고양이도 주인의 마음을 기막히게 알아차리는가 하면 남의
눈에 안 뜨이는 곳에 새끼를 낳아 놓은 고양이를 보고

"후치야, 오늘은 새끼를 데려와라."

했더니 신기하게도 그날 오후 새끼 세 마리를 데리고 왔다고 한다. 석가모니가
들어보이는 연꽃 한 송이를 보고 불교의 오묘한 진리를 깨닫는 以心傳心이나 心
心相印의 슬기가 동물에게도 있음을 말해주는 얘기이다.

화제가 例의 그 '恨'에 미치자 恨은 바로 삶의 에너지라고 분명하게 못을 박는다.

"恨은 결코 슬픔이나 哀調 같은 그런 좁은 의미의 것은 아니지요 그것이 恨의
부분일 수는 있어도 恨 자체는 보다 근원적이고 깊은 것입니다. 세상의 모든 생
명 가진 것은 나름대로의 恨을 갖고 있다고 생각합니다. 그리고 그 恨을 풀기 위

해 살아가고 있다고 봐야지요. 그렇기 때문에 恨은 힘의 원천이자 예술을 창조하고 삶을 이끌어가는 에너지일 수도 있지요."

恨을 人生의 濕氣 정도로 단순하게 알아서는 안 된다는 얘기이다. 『토지』에 등장하는 2백여 명이 훨씬 넘는 인물들도 모두 나름대로 恨을 갖고 살아간다.

尹씨에게는 尹씨대로의 恨이 있고 別堂아씨에게는 별당아씨대로의 한이 있으며 西姬도 吉祥이도 모두 나름대로의 恨을 안고 살아온 것이다.

길가에 버려진 돌멩이도 서로 다르듯 『土地』에 등장하는 인물들도 모두가 각각 다른 얼굴로 생생하게 살아 움직이고 있다. 이들의 성격을 설정하는 것도 어려운 일이지만 성격에 알맞도록 이름을 부여하는 것도 어려운 일 중의 어려운 일이다.


## 作中人物 이름에 신경

崔致修라는 이름을 다른 이름으로 바꾸어 놓았다면 도저히 그 인물의 성격이 제대로 살아나지 못했을 것이다. 崔致修라는 이름에서 우리는 朝鮮왕조 마지막 선비의 모습을 느낄 수 있으며 안으로 옹골지게 다져진 성격과 함께 그 깐깐한 목소리까지도 짐작할 수 있다.

작중인물에게 이름을 지어주는 것은 생명을 주는 것만큼이나 중요하기 때문에 이름 하나로 며칠을 소비하기도 한다. 신문의 訃告나 人事발령 같은 것도 들여다보고 전화번호부도 뒤지면서……. '市場과 戰場'의 지영이니 기훈이니 가화니 하는 이름들도 모두 이런 고심 끝에 지어진 이름들이다. 이름이 잘못지어지면 소설이 제대로 굴러가지가 않는다. 강쇠만 해도 원래 판술이었는데 강쇠로 고쳐 놓는 바람에 고생을 했다고 한다.

강쇠 어머니가 문을 내다보면서 "술아!" 하고 불러야 그 장면이 사는데 강쇠라는 이름으로는 그때의 情感이 울어나지 않았다는 얘기이다.

"『토지』 제4부는 1930년대부터 이야기가 시작되지요. 8·15까지의 15년간이 이 기간인데 1, 2, 3부가 대개 10년 단위인데 비해 기간도 길고 사건도 많아서……. 덩치가 크면 밀도가 낮든가 밀도가 높으면 덩치가 작아야 다루기가 쉬운데 4부는 덩치도 크고 밀도도 높아서 선뜻 덤벼들기가 두려워요."

원고를 넘겨 놓고도 마음이 놓이지 않아서 찜찜했는데 初校를 보면서 추려낼

건 추려내고 덧붙일 것을 덧붙이고 나니까 소설의 실마리가 쉽게 풀릴 것 같아서 마음이 한결 가볍다고 환하게 웃는다.

욕심 같아서는 8·15 이후 6·25까지의 이야기도 5부로 꾸미고 싶지만 아직은 4부 때문에 엄두를 못 내고 있다. 지금 朴景利씨에게 필요한 것은 소설을 쓰고 마당을 가꾸는 요즘의 日常的인 생활리듬이 깨어지지 않았으면 하는 것이다.

'독자'라는 명함을 들고 시도 때도 없이 들이닥치는 '구경꾼들'과 문학소녀들, 먼 지방에서 찾아와 끝없는 하소연을 늘어 놓으며 인생 해답을 구하려는 사람들 때문에 자주 리듬이 깨어지곤 한다는 것이다.


### "텃세없어 좋아요"

原州생활 3년째를 맞는 朴景利씨. 이제 조금씩 原州에 情을 붙여가고 있다. 집 앞에 아파트가 들어설 것이라는 불길한 소식은 있어도 대문을 나서면 아직 포장되지 않은 황토길이 나 있고 두엄냄새 풍기는 양배추밭이 있는 그 풍경을 사랑하고 있다.

불친절한 동사무소 직원이나 고액권 대신 소액권 뭉텅이를 내어미는 은행원들의 무신경에 더러 속이 상하기도 하지만 시장에 나가도 알아보는 사람이 없어서 마음이 편하고 原州가 도시의 전통은 짧은 대신 텃세가 없어서 좋다고 했다.

남보다 情도 많은 대신 마음이 여려서 쉽게 상처를 입는다는 朴景利씨. 남들은 아무렇지도 않게 생각하는 조그만 자극조차도 비수로 가슴을 저미는 아픔으로 받아들이면서도 그 상처를 창조의 에너지로 昇華시킬 줄 아는 슬기가 있는 것 같았다.

마당 구석구석에 들어선 과일나무들은 신선한 바람과 따가운 햇빛을 빨아들이면서 풍성한 結實을 준비하고 있었다. 粘度 낮은 磨砂토질이라서 물이 자꾸 빠져나가는 연못의 한줄기 水蓮에도 이제 멀지 않아 꽃대가 솟아오르고 가지마다 주절주절 열린 살구도 노랗게 익어갈 것이다.

(『경향신문』, 1983.9.3)


## 土地에 묻혀 사는 『土地』의 朴景利 여사

"로보트다 전자오락이다 해서 장난감이나 기계를 만지며 자라나는 어린이들이 그려내는 그림에는 생명력이 없어요 허공을 나는 새에서부터 하찮은 곤충 풀 한

포기에 이르기까지 가장 완벽한 자연 질서에 의해 살아 움직이는 생명의 신비에 눈을 뜨지 못하면서 상품화된 물건만을 생각하는 어린이들의 미래를 생각하면 한심스럽고 서글픈 느낌이 앞서곤 해요"

江原도 原州시 丹丘동에 은거한 이래 오로지 작품과 땀 흘리는 일에만 묻혀 살고 있는 『土地』의 작가 朴景利여사는 가까스로 무거운 말문을 열었다.


### 글 막히면 땀 흘리죠

—이렇게 조용한 곳에서 지내시니까 세태랄까 세상 돌아가는 일에도 보다 명료하게 본질적으로 실감할 수 있을 것 같은데요

"국민학교에서 자연시간에 관찰용으로 배추벌레를 잡아오라고 해서 어린이가 배추밭을 뒤져도 배추벌레를 찾을 수 없을 정도로 농약을 마구 써 자연생태계가 크게 변한 데다가 흙도 산성화되어 생명력이 떨어져가고 균형이 깨져가고……. 모든 게, 전통까지도 상품화된 상황에선 귀하고 값진 것이 있겠어요. 결국 상품이란 쓰고 버려지는 것이 아니겠습니까. 老子가 한 말 같은데 '불필요한 게 많기 때문에 가난하다'는 말이 거듭 생각나요. 정말이지 우리 주변에는 없애도 되는 게 너무 많아요. 自然과의 동화 속에서 생명이 물질을 포용하면서 발전을 이룩해가야 될 터인데 아예 물질에서 출발한 오늘의 近代化, 무서운 생각이 들어요. 특히 이런 비정 속에서 人性이 바람직스럽지 못한 방향으로 치닫고 있다는 것은 절망적이에요. 사상이나 종교도 결국은 人生 그 자체는 아닐 것이며 살아가는 과정에 있어서 미래를 지향한 구원이든 어쨌든 武裝이 아닐까요. 애초에 싹이 터서 나무가 되고 시간이 흐름에 따라 나무껍질처럼 굳어져 인간을 구속하는 양상을 띤다 할까요"

새벽 3시 반에 일어나 『土地』 4부의 원고를 손질했다는 朴여사는 자신의 작가로서의 자세에 대해서 이렇게 털어놓는다.

"글은 시원치 않아도 글을 쓰는 동안 머리카락 하나도 현실과 타협하고 싶지는 않아요. 글을 쓰다 막히면 밖에 나가 뻘뻘 땀을 흘리며 일하다가 다시 쓰곤 하지요. 『土地』 4부는 解放까지로 대단원을 내릴 예정이지만 시대상황도 얽히고 설켜 복잡한데다 크게 벌여 놔 사실은 헝클어진 삼단 같아요. 이럴수록 힘을 분산하면 안 되니까 자연히 바깥과의 접촉을 줄이게 되고 고독한 나의 城 속에서 자

신과의 치열한 싸움을 계속하는 거지요. 요즘은 뭔지 모르겠어요. 도대체 왜 글을
쓰는가, 써서 뭣하나, 매일 되풀이하는 나와 나의 문답인데 방황하고 있는 느낌이
에요. 얽힌 가닥을 하나하나 추려 언제 매듭을 짓게 될지는 아직 모르겠어요."
　―그동안 작품을 쓰시면서 달라진 여성상에 대해서는 어떤 생각을 하는지요

## 人氣란 말 절대 싫어

　"편협한 대립 감정에서 여성과 남성을 따로 생각하는 고루한 사고에서 벗어나
고 있는 것은 바람직스러운 일입니다. 남녀간에 意識의 차이는 없는 것이며 다같
이 人間的 성숙을 향해 흘러가는 것이니까 항상 이 문제는 人性을 바탕으로 하
여 생각해야 된다고 여깁니다. 저는 평소 여류작가니 인기작가니 하는 표현을 싫
어합니다. 여성이든 남성이든 작가는 작가일 뿐이지요. 흔히 여권신장이라고들
하는데 그것은 피상적인 인권문제지요. 그리고 인기라는 것도 문학작품을 상품취
급 하는 것 같아 모욕 같은 것을 느끼며 두드러기가 날 정도로 거부반응이 나요"
　올해 나이 쉰여덟. 흙일을 많이 해서 그런지 한결 건강해 보이는 朴여사는 카
랑카랑한 목소리로 말을 계속했다. 일생을 걸어볼만한 가치가 있는 직업으로서의
작가생활에 진력해오고 있는 朴여사는 유난히도 철두철미한 작가정신을 잃지 않
으려고 항상 자신을 경계하며 고독한 작업을 꾸준히 계속하고 있는 느낌이 강력
하게 풍겼다.
　"한국에 있어서 종전까지 극단적인 명분론도 문제가 있지만 요즘같이 수단방법
을 가리지 않는 출세주의 또는 감각적이고 지엽적인 것은 어떤 면에서는 큰 독소
로 봅니다. 인생이라는 나무를 키워 튼튼하고 알찬 열매를 거두려면 적어도 사오
십년을 보아야 하는데 당장 과실을 따먹으려고 비료주고 농약주고 그러면 短命
을 면치 못하지요. 미래에 대한 준비성도 부족하고요. 어디 이런 현상이 사회의
일분야에만 국한된 일이겠습니까. 농촌도 그렇고 문학 분야도 의식세계가 더 이
상 상업주의로 물들어서는 안 될 터인데 큰일이에요. 얼마 전 한 출판계인사를
만났는데 요즘 문학을 지망하는 젊은이들이 크게 줄어들고 책도 잘 안 팔려 불경
기가 극심하다는 말을 들었어요. 문학지망생이 줄어드는 것은 결국 어디 문학이
밥주나 하는 생각, 다시 말하면 생각하는 게 밥 주나, 그렇다면 생각을 빼버린다
면 돼지밖에 더되겠어요. 또 문학작품이 잘 안 팔린다는 것은 自業自得의 측면도

간과할 수 없어요. 지난날에는 작품의 수가 적었어도 양질의 독자층이 건재했었습니다. 그러다가 저질의 책들이 범람하면서부터 독서인구가 늘었다고들 했는데 저질책의 독자는 항상 浮動하여 썰물처럼 빠져나가는 것이 상례이며 양질의 독자까지도 몰고 나가게 마련이지요.”

## 未來를 못 보는 현실

—시골에서 생활하시려면 어려움도 있으실 텐데요. 일상생활에 대해서 좀…….

“우리 조상들은 초근목피로 생명을 이어오던 때도 있었지요. 그때는 모든 게 귀하고 아끼는 애정이 있었습니다. 요즘 보면 쓰레기통에 버리는 게 너무 많은 것 같아요. 엄청난 비용이 드는 지나친 포장지를 대할 때마다 포장보다 내용을 더 충실히 했으면 하는 마음이 절실합니다. 저는 수돗물과 전기를 낭비하는 일이 없도록 철저히 생활하지요. 낭비는 죄악입니다. 쌀 한 톨을 버려도 하늘이 무섭지 않느냐고 하던 선조들의 정신은 생명에 대한 외경이기도 하지요. 사실 수챗구멍에 음식물 찌꺼기를 많이 버리는 집에선 거지가 밥 얻어먹기 힘들고 오히려 모든 것 아껴 버리길 삼가서 수챗구멍이 깨끗한 집에서는 오히려 불우한 사람을 돕는 온정이 넘치는 법이에요. 부서진 연탄가루를 모아 비닐봉지에 담아두었더니 연탄 일꾼이 와서 이걸 어디다 버릴 거냐고 묻더군요. 그래서 당신은 어느 나라 사람이냐고 면박을 준 적이 있지요. 지하 갱내에서 땀 흘리는 광부들이 버리라고 탄을 캐냈느냐고 화도 냈구요.”

—『土地』 1부가 일본에서 번역되어 나오고 있는 것으로 알고 있는데요.

## 低質 도서 판을 치니

“다섯 권이 번역되어 나와 읽어 보았습니다. 처음 권엔 번역이 서툴러 불만이 있었지만 역자가 갈수록 리듬을 타는지 차츰 나아지고 있는 것 같아요. 한국의 농민들은 세계에서 가장 자존심이 강하고 의식 수준도 높아요. 한국의 농민들과 일본 농민들의 의식구조와 사회적 신분에 상당히 차이가 있는데 그러니까 한국농민은 중간층으로 볼 수 있는데 일본은 중간층의 언어가 부족하다 할까요. 한국농민이 천격으로 떨어진 느낌이 있어요.”

—사위 金芝河 시인은 잘 있습니까.

(『동아일보』, 1983.10.8)

## 『토지』 연재 도중하차의 변

### 낙오의 외로움 감내 …… 토막 내지 않은 이어진 시간 속에 다시 붓을 들련다

원주로 내려온 몇 가지 이유 중의 하나는 어떠한 것에도 사로잡히지 않는 시간과 공간에서 남은 불길을 태워보겠다는 내 문학적 소망이었다. 빈 공간에 생각을 가득 채워놓고 흐르는 시간의 소리를 들으며 한 땀 한 땀 뜨면서 바느질하듯, 한 조각 한 조각 쪼아내며 조각하듯, 무릇 무엇이든 만드는 처지라면 그런 시간과 공간을 소망하지 않는 사람은 없을 것이다.

그러나 그 공간과 시간을 확보하기 위해서는 전후좌우 힘겨운 노력이 따라야 하며 창작하는 힘과 유실되는 힘의 비례가 같은 것이 또한 현실이며 삶의 단면이기도 한 것이다.

오늘을 사는 사람들은 실로 여러 가지 형태의 멍에를 쓰고 있다. 보다 복잡하고 보다 가증하게 의식을 소모하고 있는데 작가도 같은 시대를 사는 사람, 예외일 수는 없다. 게다가 누구나가 쓰는 멍에 위에 또 시대의 고뇌를 표출하는 작가로서의 멍에를 걸머져야만 하는 것이다.

때문에 무게에 겨워 모든 사람이 쓰는 멍에는 풀어버리고 무게를 덜고자 하는 것이 작가의 염원이요, 따라서 시간과 공간의 확보에 조울증과도 같은 집착을 보이게도 되는 것이다. 의식주라는 세 개의 기둥이면 생활을 영위할 수 있었던 세월과는 달리 잡다한 소도구의 범람 속에서 현대인들은 편리함에 자족하고 노동력의 절감을, 생산의 증대를 역설하는데 그것은 다 사실이다.

그러나 설사 육체적 안녕을 얻어내었다 하더라도 더 많은 정신적인 것을 지불한 것 역시 사실이다. 지친 다리를 쉬게 하는 것이라면 우마의 등 밖에 없었던 옛날 사람들은 모두 걷는다고들 했다. 오늘날 하늘에는 비행기가, 땅에는 자동차, 이 괄목할만한 교통수단을 두고도 사람들은 뛴다는 말을 한다.

가정부, 대학의 강의를 맡은 사람, 애기엄마, 상인들, 노동자 할 것 없이 직업의 종별을 막론하고 모두가 요즘에는 일한다는 대신 뛴다는 표현을 즐기고 있다. 아닌 게 아니라 우리는 도처에서 뛰는 것을 보고 느끼며 덩달아 조급해지기도 하는

데 그 중에는 뛰지 않아도 될 사람이 뛰고 있고 뛰면서 왜 뛰는지 모르는 사람도 더러 있을 것이다.

목을 앞으로 뽑고 뛰어가는 군중, 그 무리에서 떨어지면 영원히 낙오될 것 같은 공포에 쫓기어 뛰고, 나사못은 꽉꽉 죄어야 하는데 대충대충 찔러놓고 그렇게 뛰어가는 목적지는 어디인가.

우리가 오늘날 일상에서 접하는 사물은 쇳덩이처럼 차갑고 복잡하다.

문명이라 일컫는 물질의 엄청난 변모, 고도로 정밀화한 기술이 낳은 것들, 손은 편해졌으나 머리가 편치 않게 된 것들, 적확하기 위하여 인간적 사고를 생략하고 극도로 단순해질 필요가 있는 것들, 사고는 기계를 닮아갈 수밖에 없을 것이다. 역사의 시행착오의 일부원인이 인구문제에 있다는 것은 어렴풋이 안다. 사회구조의 변혁이 인구 탓이라는 것도

그러나 탓으로 책임을 회피하고 방향을 방관해도 되는 것인지.

작가는 뛰면 안 된다. 단순해져도 안 된다. 더더구나 기계를 닮아가서는 안된다. 기계를 닮은 작가는 무용지물이다. 아니 무용지물이기보다 작가일 수가 없는 것이다.

단순해지지 않기 위하여, 목적도 없이 뛰지 않기 위하여 쇠붙이처럼 사늘하고 비정의 복잡한 대상에서 작가는 차단될 필요가 있다. 모두 뛰어서 가버린 빈 자리에 홀로 남을 용기가 있어야 한다. 낙오된 외로움을 감내해야하고 무리에서 떨어진 자에 대하여 이단시 하는 속성, 그 무수한 바늘과 같은 눈동자를 견디어야 한다. 왕시에 위대하였던 작가는 한 시대를 앞서간다고 했다.

그러나 오늘의 작가는 후퇴해야 하는 것이나 아닐까. 허술한 나사못을 죄기 위하여, 씨앗을 찾기 위하여, 꽃과 나비를 있게 하기 위하여, 수만리 장천을 나는 도요새를 생각하기 위하여. 나사못은 생활이다. 씨앗은 생명의 본질이며 꽃과 나비는 온유함과 평화로움, 도요새는 강건한 의지로 볼 수 있다.

망망대해를 날개 죽지 하나로, 때론 폭풍에 날리면서, 비행기 속에 편히 앉아서 아—인간으로 태어나 얼마나 좋은가. 그러나 경이로운 생명의 비상에 비하면 인간의 에고이즘은 하찮고 천박하다. 아무리 가냘프다하더라도 비정과 비인간화에 작가는 울어야 할 사람이요, 순간의 배설을 위한 코미디의 연기자가 되어서는 안 될 것이다.

시간과 공간의 확보란 참으로 어렵다.

물리적으로, 심리적으로 침입하는 그것들을 몰아내기란 두 팔을 뻗고 또 뻗어도 감당하기 어렵다. 멍에도 두 배, 두 인생을 살아야 하는 작가로서 그것은 숙명인지 모른다. 내 속에서도 바람이 인다. 인간만으로 살게 하소서. 걸어놓은 빗장을 풀고 밖을 내다보며 뛰어가는 군중 속에 합류하고 싶은 충동은 시시로 일고 일상은 이곳저곳에 널려 내 손길만 바라본다.

밖에서 불어 닥치는 바람은 더욱더 힘에 겹다. 스스로 떨어져 나왔음에도 나는 당신네들 동류가 아닌가요? 타인의 눈에서 그것을 찾으려하고 미세한 소리에도 마모되는 신경, 조그마한 거짓, 하찮은 속임수에 날이 서는 마음, 그러나 그런 것들은 다 추진력이 된다.

한때 나는 악이 승리한다는 절망 속에서 밤을 지새며 글을 썼고, 가족과의 호구를 위해 밤을 밝혀야만 했고, 병고와 맞서 굴복 아니한다는 증좌로 글을 썼고, 정신의 살해자, 그 몰이꾼들에 쫓기는 한 마리 사슴같이 이래도 되는 겁니까, 되는 겁니까 외치며 글을 썼다.

분노와 고통과 비애는 글을 쓰는 행동으로 지탱이 되었다.

작품의 성과는 어쨌든 지금 생각해보면 그 피는 매우 신선하였다. 젊음과 결핍, 배수의 진을 쳤기 때문이었을까. 살갗을 찢는 동천의 달을 느끼며 방 한간을 내 세계로 삼고 그렇다, 원고지에 쏟을 수 있었다는 것은 구원이었다. 고통의 낙수는 반드시 있었다. 오늘 내가 절망 아니하는 이유가 거기 있다.

20년 전 『김약국의 딸들』을 썼을 때나 『시장과 전장』을 썼을 때 나는 기대 이상의 호평을 받았다. 그 때 내가 행한 것은 문에 빗장을 지르는 일이었다. 두려웠고 호평에 내가 흘러갈 수 없다는 생각을 했었다. 부양가족을 이끌고 6·25를 질러 나온 여자라면 누구나 생활이, 생존이 어떤 것인지 가슴에 화인같이 찍혀 있을 것이다.

밤마다 원고지를 밀어놓고 자리에 들면 숨이 차서 뒤척이다가 내일 아침이면 싸늘한 시체로 변해 있을 것이란 환상에 시달리면서 가족에게 남겨질 쥐꼬리만한 원고료를 계산했던 시절, 출판의 보람도 없이 『토지』의 초고와 씨름을 했는데 지금 나는 부자라 할 수는 없지만 가난하지는 않다. 부양해야할 가족도 없다. 그럼에도 불구하고 나는 내 소망을 두 번이나 배신한 것이다.

그것은 분명한 오류였다. 두 번에 걸친 연재의 도중하차, 왜 그랬을까. 옛날이라고 연재라는 형식을 통해 작품을 발표하지 않았던 것도 아니었는데.

금년에는 어느 해보다 겨울 준비를 철저히 했다. 내 평생 처음으로 메주를 쑤어 보았다. 왜 그랬을까? 무의식적인 것이었지만 벌써부터 결론을 준비하고 있었던 것 같다.

다시 나는 대문에다 빗장을 질러야겠다고 연재 중인 『토지』 4부의 3편 7장을 보면 해도사와 송관수의 대화가 있는데 나는 그 치졸함에 얼굴을 붉히지 않을 수 없었다. 3편8장의 조찬하가 유인실이 임명희의 제자인 것을 임명희를 통해 들었는데 그것을 새까맣게 잊었다는 대목은 땜질이었다는 것을 고백한다. 그것은 조찬하가 잊은 것이 아니다.

작가가 잊은 것이다. 하기는 실책은 지나갔고 전열을 가다듬어 연재를 계속 할 수도 있을 것이다. 그러나 실책은 그것으로 끝나지 않을 것이란 판단에서 연재를 중단할 수밖에 없었다.

한없이 펼쳐놓은 『토지』의 무대와 사람들, 30년대의 복잡다단한 시기에 접어들어 시간에 사로잡힌다는 것은 처음부터 불가능했던 일이었을 것이다.

과욕이 저지른 이와 같은 차질이 참으로 부끄럽다. 시간에 쫓기면 해낼 수 있을지 모른다는 희박한 희망과 나로서는 상당한 액수라 생각하는 원고료를 탐했던 것도 틀림없는 일이다. 시간과 원고료에 사로잡힌 그 결과는 너무나 뚜렷한 것이었다. 마음은 작품의 감이다. 명주로 하면 명주옷이 되는 것이요, 나일론으로 하면 나일론 옷이 될 수밖에 없다.

그래서 정경문화와 경향신문사에 대한 태산 같은 책임감을 절감하면서도 용단을 내린 것이다. 그리고 앞서 작가가 있어야할 자리를 소리 높여 마치 질타하듯 떠들어 댄 것은 그 소리가 모두 내 자신을 향한 못질임을 독자 여러분께서 이해해주셨으면 고맙겠고 죄송한 마음 금할 길이 없다.

신문사에는 참으로 면목이 없다.

정정한 마음으로 토막 내지 않는 이어진 시간 속에서 『토지』를 완결하는 것만이 보상의 길이라 자위하며 펜을 놓는다.

(『경향신문』, 1983.12.2)

## 『토지』 올해 4부로 끝내겠다—호랑이띠 회갑 맞는 원주의 박경리씨

원주시 단구동 야트막한 언덕배기에 자리한 2층 양옥. 『토지』의 작가 박경리

여사가 혼자 살고 있는 이 집과 널찍한 마당도 온통 새해 첫눈으로 덮여 있었다.

오직 『토지』에만 전념하느라 외부와의 접촉을 삼가고 있는 박여사는 올해로 회갑을 맞는 호랑이 띠(1926년 10월 28일). 그래서 호랑이해를 맞는 그의 감회가 남다를 것이라고도 여겨졌지만 고개를 내젓는다.

"환갑이고 뭐고⋯⋯저는 생일이다, 새해다 하는 것에 지금까지 신경을 써본 적이 없어요. 그저 묵묵히 글만 씁니다. 시간은 그냥 흐르는 것이니까요."

세월을 의식하지 않아서일까, 회색 머리카락만 아니면 그의 얼굴이나 목소리는 환갑 노인의 안온함보다는 젊은이들 못지 않는 열정으로 가득한 듯 했다. 조선조 말기에서부터 한일합방, 이어 일제시대 중반까지를 『토지』 3부작으로 발표한 박여사는 현재 1930년대부터 해방 전까지를 담은 4부를 집필하는데 온 정열을 쏟고 있다. 69년부터 본격적으로 집필에 착수, 3부를 탈고한 것이 지난 79년이었고, 이어 4부를 쓰기 시작했으니까 지금까지 거의 18년간 오직 한 작품에만 매달려 온 셈이다. 소설로 쓴 한국 근대사라고 일컬어질 만큼 방대한 규모와 깊이 있는 내용의 『토지』는 한국 문학사상 보기 드문 걸작으로 평가되고 있는 대작이다. 문단이나 독자들은 올해 안에 『토지』 4부가 완결될 것으로 기대하고 있다.

"올해 안에 끝낼지는 장담할 수 없지만 우선 4부로 완결지을 생각입니다. 『토지』는 체력적으로나 정신적으로나 너무나 큰 고통의 결실이기 때문에 해방까지에서 일단락 짓고 싶어요. 4부는 30년대를 배경으로 삼고 있어 많이 고심하고 있습니다. 당시는 여러 가지 이데올로기가 움터 나오는 시기로서 갖가지 복잡한 현상이 많았기 때문입니다. 그렇다고 이데올로기 얘기를 쓴다는 것은 아닙니다. 그보다 더욱 깊은 얘기, 인간의 보다 본질적인 문제를 다루고 싶습니다. 해방까지로 일단 끝내지만 '오늘'로 이어지는 단단한 뿌리를 심어놓으려고 합니다."

3부까지는 지식산업사에서 6권으로, 삼성출판사에서 9권으로 이미 출판됐다. 또 '프랑스' 정부에서는 86년 한불수교 1백주년사업의 하나로 『토지』의 불역을 추진하고 있으며 영국에서는 1부1권의 번역이 끝나 곧 출판될 예정이다.

몇 밤을 꼬박 새워도 단 한 줄을 못 쓸 때도 있기 때문에 자신도 정확히 4부가 언제쯤 완성될지는 모르겠다며 현재까지 잡지 신문을 통해 발표된 것이 2백자 원고지 2천장정도이며 5천장정도는 더 써야 할 것 같다고 말한다.

밥하고 연탄 갈고 닭 모이주고 세금 내러 가는 일까지 손수 한다는 박여사는 글은 주로 새벽3, 4시에 일어나서 쓴단다.

"땅도 아니고 대지도 아니고 『토지』라고 이름을 붙였어요 『토지』라 하면 '문서'를 생각하게 되고, 곧 '소유'를 의미하게 되지요 '소유'의 개념에서부터 인간과 동물은 서로 분리되는 것입니다. 『토지』는 인간에 대해 쓰는 작품이지 역사나 철학을 쓰는 것은 아닙니다."

『토지』는 한국인뿐만 아니라 인간의 근본적이고 원천적인 문제를 다루고 있다고 설명하는 작가는 처음부터 대하소설을 구상했던 것은 아니라고 털어놓는다.

"시작할 때는 한권 분량 정도를 예상했지요 외할머니가 거제에서 사셨는데 땅이 아주 넓어 말을 타고 다니면서 볼 정도였대요 그런데 어느 해 호열자가 번져 누렇게 익은 벼를 놓고도 거두어들일 사람이 없었답니다. 이 말이 제게 너무 강렬한 인상으로 남아 이러한 생존과 죽음의 문제를 가지고 글을 쓰려고 했던 것입니다. 그렇게 출발한 것이 이렇게 커져서……『토지』하고 저는 거의 20년 동안 더불어 성장한 셈입니다. 처음에는 겁 없이 좁은 눈으로 보이는 것만 쓸 수 있었던 것에서 이제는 안 보이는 것을 찾아내고 새로운 것을 발견하면서 작품을 써나가야겠다는 자세입니다."

이렇게 조용한 곳에서 혼자 살며 글만 쓰시면 외로움 같은 것을 느끼지는 않는가요

"결코 외롭지 않아요. 돈이나 명예를 위해서라면 이처럼 괴로운 일은 절대로 안하겠습니다. 나이도 있는데 무얼 더 바라겠어요 옷도 지어입고 뜰 앞에 채소를 가꿔 먹고 하니 마음 편하지요 이렇게 살다보니 굳이 남과 타협하거나 두 얼굴을 가질 필요가 없지요 인간에게서 고독이 무시운 게 아니라 자유 아닌 억압이 가장 두려운 것이지요"

이렇게 대작을 쓰시면서 남다른 어떤 보람을 느끼시는지.

"보람이란 말은 허위예요. 슬쩍 지나가는 바람 같은 거죠 작품을 쓰는 동안의 치열함과 처절함 뒤의 편안함이 있을 뿐입니다. 요사이 나이 먹어서인지 사물을 정직하게 볼 수 있게 되는 것 같아요"

역사적인 상황을 토대로 방대한 양의 소설을 쓰려면 공부도 많이 해야겠지요 고증도 필요한 부분이 있을 테고……

"물론 자료는 많이 필요합니다. 그러나 자료가 부족한대로 작가는 상상력을 활용할 수 있지요 예를 들어 동학의 지도자 김개남이란 인물에 관해서는 '성격이 과격, 서울로 압송하지 못하고 전주에서 효수했다'는 기록만이 전해질 뿐이지만

나는 대단한 흥미를 느껴 작품 속에서 '김개주'라는 주요 인물로 등장시키고 있
습니다. 그러나 한 가지 작은 사실을 확인하기 위해 여러 권의 책을 독파해야 할
때가 있습니다."

여기에서 요즘 젊은 작가들에 대한 아쉬움도 털어놓는다.

"젊은 작가들은 좀 더 공부를 해야 합니다. 소설가가 된다고 소설만 읽는다는
것은 문제가 있어요. 자기 나름대로 확고한 세계관을 갖기 위해서는 철학 경제
역사 등 다방면으로 책을 읽어야 합니다. '작가'라는 것을 너무 쉽게 생각하고들
있는 것 같아요."

『토지』의 시작은 경남 하동의 평사리라는 마을을 배경으로 펼쳐지지만 점점 무
대가 넓어져 일본 만주로까지도 뻗친다. 일제시대도 상당한 비중을 차지하고 있
다. 화제가 일본에 미치자 박여사는 한층 목소리를 높인다. 한마디로 우리나라가
너무 일본만 따라가려고 한다는 지적이다.

"최근 미 물리학자 『카프라』의 『과학과 문명의 전환』이란 책을 읽었는데 이 책
의 사상이 동양의 사상, 특히 우리 선조들의 그것과 너무 맞닿아있음을 알고 크
게 놀랐습니다. 문명이 아무리 발전해도 결국 중요한 것은 인간이 제 손으로 경
작해서 거두는 땅과 농업이 소중한 것이며 결국 과학으로 설명되지 않는 정신적
인 지주가 이 세계를 떠받들고 있다는 내용이었지요. 『토지』를 쓰면서 느낀 점인
데 일본은 방향이 틀리게 잡혀진 것 같아요. 먹여 살릴 수 있는 양식이 많은 것과
그것을 구입할 수 있는 화폐가 있는 것과는 큰 차이가 있는 것입니다. 돈이 많은
일본을 부러워할 필요는 없어요. 사소한 부문에서 큰 문제까지 일본을 본받으려
는 것은 잘못입니다. 우리의 역사적 유산과 정신사를 소중히 여기면서 주체적으
로 살아나갈 길을 찾아야지요."

그리고 오늘의 현실세계에 대해서도 깊은 관심을 갖고 얘기했다.

"오늘의 세계는 정말 있어야 할 것은 없어지고 없어져야 할 것은 많이 생겨나
고 있습니다. 이것은 정신세계뿐만 아니라 물질문명의 발달에 의한 생태계에서도
마찬가지입니다. 또 염려스러운 것은 작은 사회나 큰 세계나 너무 상쟁으로만 치
닫는 현상입니다. 예를 들어 핵무기 경쟁같은 것을 하지 않으면 '아프리카' 등지
의 기아문제는 해결될 수 있을게 아닙니까."

박여사는 서울에서 6년 전 원주로 왔다. 원주에 온지 1년 뒤 사위 (김지하 시인)
일가가 내려왔다. '원보' '세희' 등 끔찍이 사랑하는 두 외손자와 지낼 수 있는 시

간이 많아졌으나 사위네가 작년 7월 다시 해남으로 내려가는 바람에 그때부터는 진짜 홀로였단다. 지금은 방학이라 손자들이 원주 친할머니 댁에 머물면서 가끔씩 다녀간다고.

큰손자 '원보'의 그림솜씨가 뛰어나다고 직접 그림을 가지고 나와 자랑할 때에는 할머니로서의 애정이 헤아릴 수 없을 만큼 깊음을 느끼게 해주었다.

(『동아일보』, 1986.1.7)

## 『월간경향』에 『토지』 4부 연재 재개하는 박경리씨

강원도 원주 치악산 운봉끝자락에 자리 잡은 단구동의 박경리씨 댁은 한여름의 푸름으로 덮여 있다. 넓은 정원에는 간간이 산새들이 날아와 '생명의 환희'를 뽐내듯 사랑을 다투지만 흐트러지지 않는 자연의 질서가 고즈넉이 숨쉬고 있었다.

『토지』 제4부의 연재가 중단된 지 3년 7개월. 금년 62세인 작가는 꽤 오랜 침묵을 깨고 『월간경향』(8월호)에 『토지』의 마무리 작업을 개시, 문단의 주목을 끌고 있다.

요즘 건강은 어떻습니까.

"매우 좋습니다. 늘 소식을 해왔기 때문에 건강에는 별 문제가 없어요."

연재를 재개한다는 '기쁨' 때문인지 작가는 매우 활기에 넘쳐보였다.

지난 3년여 침묵기간동안에 어떻게 지내셨는지 독자들도 매우 궁금할 것 같은데…….

"계속 『토지』를 써왔지요. 작가가 글 쓰는 일 이외에 다른 일이 있겠어요. 글 쓰다 막히면 뜰에 나가 풀을 뽑거나 집을 손질하지요. 그 모든 일들도 다 『토지』를 쓰는 작업과 무관하지 않지요."

박경리 씨는 그간 잡지와 신문으로부터 인터뷰 요청을 수없이 받았지만 "『토지』가 끝날 때까지는 나를 내버려 둬 달라"며 거절해 왔다고 귀띔해 준다. 그만큼 『토지』에 모든 것을 걸고 있는 셈이다.

이번에 연재될 제4부는 1930년대부터 8·15해방까지 다루는 것으로 알려져 있습니다만.

"『토지』는 다른 작품이 가지는 것처럼 '완성'이나 '끝'이란 것이 있을 수 없지요. 아마 미래에 '희망'을 던지는 선에서 끝날 것 같습니다. 해도사를 중심으로 지

리산에 들어간 세력, 윤국(서희의 둘째 아들)이 또래의 동경 유학생 부류, 또 한복
이 아들을 중심한 농촌 사람들, 그리고 만주·연해주 지역에서 독립운동을 하는
박정호 그룹 등 이런 몇 가지 장치들이 먼 미래의 하나의 빛으로서 긍정적인 모
습을 보여주는 선에서 끝날 거예요.

그럴 수밖에 없는 것이 이 작품은 누구 개인의 얘기로 끝나는 것이 아니라 역
사의 큰 줄기를 타고 흘러가는 민중의 얘기이기 때문입니다. 그것을 내가 칼로
도막내듯 자를 수는 없는 거지요.”

쉽게 말해 『토지』의 완결편은 없다는 말씀이군요.

“그렇지요. 우리의 목숨이 이어지는 한 이야기는 계속 열려있는 셈이지요.”

그는 토지에 붙박여 사는 민중이 있는 한 『토지』는 끝날 수 없다고 강조한다.
그러나 소설로서는 ‘미완’이 될 수는 없는 것이 아니겠는가. 4부 다음 5부를 쓸
계획일까.

“작품으로서는 별로 생각지 않습니다. 현재 쓰고 있는 4부에서 끝내야지요. 그
리고 모든 정열을 거기에 쏟아야지요.”

현재의 계획으로는 88년 말쯤이면 4부가 끝날 것으로 작가는 예견했다.

그리고 나면 지난 64년 전작으로 발표돼 문단의 주목을 받았던 『시장과 전장』
의 주제를 다른 각도에서 다뤄보고 싶다고 밝혔다. 분단문학의 효시라고 일컬어
지는 이 작품에 대해 작가는 ‘총체적인 시각’이 부족했다고 아쉬워했다.

세상이 많이 달라지고 있습니다. 이런 때 작가의 책임이라고 할까. 위치에 대해
말씀해주셨으면.

“중요한 문제지요. 작가란 한마디로 그 시대에 순응해서는 안 됩니다. 앞으로 나
아가든지 뒤로 가든지 시대에 역행하는 것이 작가입니다. 왜냐하면 작가가 살고
있는 ‘오늘’이란 상황은 그것이 어느 시대이든 만족스러운 것이 아니기 때문이지
요. 시대에 순응한다는 것은 변명에 지나지 않습니다. ‘이 시대가 그러니까’ 하고
변명하면서 작품을 쓸 수는 없지요. 그런 경우에는 작가란 직업을 그만둬야지요.”

그는 문학을 보는 요즘의 ‘시각’에 대해 ‘분노’를 나타냈다. 그의 주장에 따르면
“작가란 결코 인기인이 아니다.” 그럼에도 많은 사람들이 작가를 마치 ‘인기 직업
인’ 취급하는 데는 심한 굴욕감을 느끼고 있다 한다. 물론 그 책임의 일단은 작가
들에게도 없지 않다.

“작가가 글을 쓴다는 것은, 원초적인 자기 문제를 해결하기 위한 것이지요. 작

품을 발표해 그 수입으로 사는 게 아니냐고 한다면 할 말이 없지만, 그렇다고 작가가 술상 차리듯 문학 작품을 손님(독자)의 구미에 맞춰 내놓을 수는 없지요"

그는 이른바 '인기작가' '인기소설'에 대해 일침을 가했다.

가족들의 근황에 대해서.

"원보아비(시인 김지하씨·박씨의 사위)가 원주에 와 있다가 다시 해남에 내려갔지요. 한동안 식구들이 모두 풍토병을 앓아 고생했는데 요즘은 완쾌됐어요. 원보아비도 건강하고 아이들도 그곳에서 학교 다니는 것이 좋지요. 시골에서 자란다는 것이 지금은 모르지만 커서는 큰 힘이 될 거예요"

한때 박경리씨는 작품 쓰는 것보다 손자들 돌보는 일이 더 중요한 시절이 있었다. 손자들도 무척 따랐다. 이번 여름방학에 '아이들'을 올려 보내겠다는 것도『토지』를 위해 "안 된다"고 말렸다고 말했다. 거의 10년 만에『토지』1부를 집필할 때의 '편안함'을 느끼고 있는 탓이다.

원주 생활에서 생명의 치열함을 더욱 실감했다는 박경리 씨는 무슨 일에든 '치열함'이 없이는 이루어지는 것이 없다고 힘주어 말했다.

(『월간경향』, 1987.7.17)

## "역사 시각서 민중의 삶 그렸다"

### 『토지』4부 출간한 작가 박경리씨

작가 박경리씨는 요사이『토지』와의 길고도 험한 싸움을 막 끝낸 뒤 한참을 '마음 놓고' 앓을 수 있게 됐다. 글 쓰는 동안 고무줄처럼 팽팽하게 당겨졌던 신경의 끈이 일순 늦춰지면서 오랫동안 그의 숨을 죄어왔던 긴장이 풀어진 탓인지 이도 아프고 몸도 여기저기 쑤신다.

이렇게 해서 우리 문학사의 기념비적 소설로 손꼽히는『토지』의 4부가 3권의 단행본으로 이제 막 세상에 선을 보이게 됐다(지식산업사刊). 79년과 80년 사이에 여섯 권의 책으로 출간됐던 1~3부도 이번에 새롭게 문장을 가다듬고 가로쓰기로 조판을 마쳐 아홉 권으로 다시 나온다.

제4부에서 작가는 광주학생의거 이후 일본 제국주의 세력이 급속하게 팽창하는 과정을 통해 역설적으로 일본의 구조적인 몰락의 원인을 추출하고 우리 민중이 그때 어떻게 반응하고 견뎌왔는가를 극명하게 부각시키고 있다. 지금까지 나

온 3부까지의 내용이 '서희'와 '길상'등 개성 있는 주인공을 중심으로 그 윗세대와 아랫세대간의 얽히고 설킨 구체적인 관계를 중점적으로 드러냈다면 제4부는 보다 집중적이며 본격적인 작가 특유의 역사에 대한 통찰과 전망이 핵심을 이루고 있다.

"제4부가 물론 소설의 범주에서 벗어나는 것은 아니지만 역사적 현실이 개인의 삶을 압도하는 시대상을 요즘 젊은이들에게 꼭 보여줘야 한다는 사명감 때문에 전체적인 구성이 앞서와는 좀 다르게 쓰여진 것입니다. 문학성으로 평가받고 싶다는 개인적 욕심보다는 지난 역사를 제대로 알았으면 하는 간절한 바람이 이 글을 끝까지 마무리 짓게 한 힘이 돼주었습니다. 나는 오늘날 현실에서 30년대 우리들에게 닥쳤던 현실을 또다시 되새기게 되는 것이 안타까울 뿐입니다."

일본인—그들이 이 땅을 지배했던 뼈아픈 시절, 다시 되풀이 될 수 있는 그 역사에 대해 우리 모두가 너무 무관심하고 무책임함을 다함께 되새기는 계기를 제4부에서 제시하고 있다. 이런 뜻에서 이 책은 우리를 철저히 수탈했던 일제의 성격과 실상을 그 어떤 역사책보다 포괄적이며 세부적으로 추적한 보기 드문 '사실의 증언'이다.

"요즘 사람들은 그저 교과서에 적힌 대로 '일본이 우리를 침략했다'는 단순명료한 결론만으로 그들에 대한 입장을 쉽게 결정해버립니다. 잘 모르면서 반일, 극일을 외쳐봤자 제대로 싸우기도 전에 패할 수밖에 없고 그와 반대로 마치 지난날의 감정에서 벗어나 객관적 입장에 선 것처럼 그들을 은근히 동경하는 것도 나쁘기는 마찬가지입니다. 만주사변과 중일전쟁에 이르는 역사적 대 범죄를 저지른 일본이 40년이 못되는 기간 동안 얼마나 우리의 존재 자체를 완벽하게 말살하려 했는지를 곰곰 생각해봐야 할 때입니다. 경제대국으로 탈바꿈한 일본이지만 나는 그들에게 배우거나 가져올 것은 아무것도 없다고 봐요. 화폐가 많다고 해서 발전은 아니며 기능이 아무리 뛰어나도 그것은 창조가 될 수 없기 때문입니다."

'칼날'과 '섹스', 그리고 '난센스'(무의미)야 말로 일본의 수천년 역사의 진수라고 단정하는 박경리씨는 특유의 문화, 문명론을 통해 일본의 이면을 파헤치고 있다.

"나는 문화가 능욕당한 것이 문명이라고 생각해요. 사람들의 상식과 달리 문명은 야만성과 밀접하게 관련돼있어요. 문명의 결과인 핵폭발과 대기오염을 생각한다면 곧 야만성과 야합하는 것이 문명임을 실감할 수 있을 겁니다. 이런 맥락에서 일본을 바라보면 그들은 문화부재라고 표현할 수밖에 없어요. 일본은 무서운 나라예요. 나는 이 소설이 역사의 숲을 헤쳐나가는 작은 실마리가 되길 바랍니다.”

소설을 쓰면서, 또 살아오면서 그는 고통의 값진 의미를 그 누구보다 잘 터득할 수 있었다. 본디 기쁨이란 잠시잠시 쉬어가는 고개요, 슬픔만이 끝없는 삶의 길이라는 얘기다. 우리에게 닥친 고통의 무거운 짐을 벗으려하지 말고 그를 통해 마음과 몸을 정화할 수 있는 축복으로 삼으라는 것, 한이야말로 생명의 응어리로서 삶과 죽음이 다 그 안에 녹아있다는 것이다.

“살아남으면서 싸울 거예요. 내게는 미래가 없기 때문에 만용도 부릴 수 있지요. 지금 우리나라는 중요한 전환기에 와있는데 정치 경제 등 모든 면에서 진실로 바로 서지 않으면 내부에서 붕괴할 위험도 있지요. 세상의 타락에서 우리를 구원할 수 있는 것이 문화예요. 우리가 또 우리의 아들, 딸이 생존해 나가는 근거인 자연이 문명의 이름으로 파괴되는 것이 안타까워요.”

그가 생명에 대해서, 일본에 대해서 이처럼 확실한 입장을 갖고 있는 것은 서로 통하는 이야기다. 일본은 우리 민족의 생명을 통째로 집어삼켰고 그는 그것을 관념이나 지식을 통해서가 아니라 두 눈으로 똑똑히 지켜본 세대로서 그때를 증언할 책임감 속에서 버텨왔기 때문이다.

“우리를 찾아야 합니다. 독자성이 곧 세계성으로 이르는 길이죠. 이것을 민족주의라고 한다면 부인하지 않겠어요. 어떤 때는 가슴이 터질 것 같아요. 그 암흑시대를 젊은이들이 알아야해요. 『토지』 제4부는 그들을 위해 상상력이 아닌 노력으로 쓴 작품입니다.”

동시대를 사는 숱한 사람들이 이미 잊혀진 과거라고 쉽게 넘겨버리는 역사의 한 대목에 박경리씨는 ‘외톨이’의 입장을 고수하면서 끈질기게 매달려왔다. 앞으로 1년 동안 자료를 수집한 뒤 내년 말부터 다시 5부 집필에 들어갈 것이다. 소설로 쓴 탁월한 일본론이 그가 얘기하고 싶어 하는 젊은이들에게 어떻게 수용될지가 궁금하다.

(『동아일보』, 1988.12.20)


## 『토지』－“모든 생명의 모체”

### 대작업 끝낸 작가 박경리 인터뷰

땅은 근본적으로 모성을 의미한다.

발아와 생육이 땅에서 이루어진다는 점에서 땅의 역할은 자궁과 같기 때문이다. 여류 작가들이 '땅'을 성찰의 대상으로 삼고 있는 것은 땅의 모성을 꿰뚫어낸 결과일 것이다.

펄 벅은 『대지』를 동양문화의 바탕의 장으로 펼쳤고, 박경리씨는 『토지』를 모든 생명성의 시원으로 열어 보였다.

『토지』—모든 것을 수용하고, 또한 모든 것을 정화하고, 모든 것의 뿌리로서 삶의 반석을 이루고 있는 땅, 뿐만 아니라 스쳐간 모든 역사의 흔적을 간직한 채 새로운 역사의 도래를 기다리는 땅, 『토지』는 자신이 하나의 생명체인 채 또다시 무한한 생명을 잉태하고 토해내는 윤회의 모체로서 우리 앞에 열린 것이다.

대하소설 『토지』는 그러한 의미를 그러안은 우리 시대 문학적 화엄이다. 질곡의 역사 속에 뒤엉킨 민족의 짙은 연민과 분노를 『토지』의 넓은 품 안에서 정화해낸 것이다.

그 화엄의 대장정을 마무리 지은 박경리씨. 엄청난 일을 해낸 원주 자택에서의 그는 막상 폭양 속에 거둬들인 붉은 고추를 말리며 그것을 대견해하고 있었다. 그 모습은 대작가가 품어 안은 『토지』의 넉넉하고 탈속한 모습, 바로 그것이었다.

—『토지』는 선생님께 소설 이상의 의미가 있을 것 같습니다.

"내 생애와 같은 것이지요. 객관적 시간으로는 4반세기를 『토지』에 매달렸다고 볼 수 있지만 내 개인적으로는 평생을 썼다고 말할 수 있습니다. 얼마나 오랫동안 썼느냐가 문제가 아니라 얼마나 몰입해서 썼느냐가 더 중요한 것이니까요. 내가 생각하고 있는 것, 역사관이랄까, 사상 철학이랄까, 그러한 것들이 『토지』에 전부 들어 있으므로 소설 이상의 의미로 나와 융화되어 있는 것이지요"

## 허탈 서운한 심정

—끝내고 조금은 허탈하신 것 아닙니까.

"지금은 뭐가 뭔지 모르겠어요. 밭에 나가 일을 하다가도, 설거지를 하다가도 이제 그만 글을 써야지 하고 일어서다가 아차 이제 끝이 났지 하고 깨닫게 되면 갑자기 망연해질 뿐입니다. 한참 원고에 쫓길 때는 힘에 겹기도 했는데 지금은 뭔가 놓쳐 버린 듯, 잃어버린 듯 서운한 생각이 들기도 하니 허탈하다는 심정이 맞을 겁니다."

　─『토지』가 일반적으로는 서희를 주인공으로 한 것처럼 보이나 실은 등장인물 모두가 각 장에서 주인공처럼 보이는데 그것은 선생님이 주장하시는 생명의 평등성과도 관계가 있는 것입니까.

　"나는『토지』에서 등장인물뿐만이 아니라 등장한 모든 사물, 식물이나 동물, 단순한 무생물의 소도구까지 평등하게 부각시키려 노력했어요. 그것들이 지닌 각각의 생명성을 인본주의적인 시각에서만 보아서는 안 되며, 무시해서는 더욱 안 된다는 것이 내 생각입니다. 그 이유는 자연계의 균형이 모든 생명성의 생성 소멸에서 비롯되는 것이기 때문이지요."

　─언젠가 '칼끝의 세월에서 시작한 소설'이『토지』라는 말씀을 하셨는데요.

　"69년 9월에 현대문학에 첫 연재를 시작했는데 그 다음해 수술을 해서 몸의 일부를 도려냈습니다. 그것이 육체적인 고통이었다면 정신적인 고통으로는 사위인 김지하의 구속사건을 들 수 있지요. 그때 딸아이는 옥바라지를 한다고 지방에 내려가 있어서 젖먹이를 내가 데리고 있었는데 애 치다꺼리하랴 원고 쓰랴 일하랴 정신이 없었어요. 밥도 못해먹고 아이를 업은 채 마른 북어를 찢어 요기를 때우며 창틀에 원고지를 올려놓고 서서『토지』를 썼지요. 평생의 큰 아픔 중의 하나는 딸이 대학 졸업 후 제 아버지의 일로 연좌제에 걸려 외국 유학을 할 수 없다는 통고를 받았을 때 가슴이 무너지듯 아팠는데『토지』를 쓰면서는 그때의 아픔에 비교가 안 되는 몇 배의 아픔 속에서 싸우듯 소설을 썼습니다. 아픔이나 분노, 육체의 고통이 오히려 작품을 쓰게 한 추진력이 되었지요.『토지』1부에서 서희의 강인한 도전적인 성격은 그 작품을 쓸 당시 내 심정의 일부가 스며든 때문일 겁니다."

　─『토지』에 일관되게 흐르는 정신은 무엇이라고 할 수 있습니까.

　"동학과 생명 평등사상이랄 수 있지요. 그리고 계몽주의의 해악과 일본에 대한 비판도 들어있습니다. 동학과 생명사상 등은 구태여 그것을 집어넣으려 한 것이 아니라 그것이 오래 축적된 한국인의 정서와 사상 철학이기 때문입니다. 사람을 곧 하늘로 여기는 인간존엄사상 속에서 평화를 지키려는 정신, 삶을 고양시키려는 노력을 일구겠다는 것이 동학 정신의 기조인 것입니다.

　생명 사상이나 평등사상은 인간의 삶이 자연의 삶이라는 생각에서 시작되는 것이지요. 불교에서는 윤회사상으로 설명하지만 풀이나 나무가 없으면 물과 공기도 사라지고 결국은 인간조차 살 수가 없기 때문에 모든 것은 동등한 가치로 존중돼야 하는 것입니다. 생명과 자연 사이에 깃들인 영성, 그것이 우주의 영혼이라는 것을 깨달아야 합니다."

─25년 써오시는 동안 막히는 경우나 글에 얽힌 에피소드는 없었습니까.

"막힐 때는 밭에 나가 일을 했습니다. 원고에 대한 생각을 잊고 열심히 풀을 뽑고 벌레를 잡고 있으면 신기하게 다음 쓸 것이 떠오르곤 했어요. 그럴 때는 손도 씻을 겨를이 없어서 흙을 손에 묻힌 채로 작품을 쓰곤 했지요. 어느 때는 꿈 속에서 소설의 내용이 펼쳐져서 잠결에 쓴 일도 있습니다. 아시는 분은 이미 아시겠지만 재미있게도 어느 신문사 기자가 경남 하동의 악양이라는 곳에서 최참판댁의 모델로 보이는 조참판댁을 찾았다며 사진을 보내온 일이 있습니다. 나는 물론 평사리를 무대로 쓰기는 했으나 가 본 적은 전혀 없는데 그 조참판댁이라는 곳에는 최참판댁에 있는 것으로 묘사된 연당이 있고 높다랗게 지은 창고도 있어서 아주 놀랐지요. 기자는 그 댁에 소설속의 등장인물이 살았던 것 아닌가 탐문 취재를 하기도 했다고 해요.

─작가는 무당과 같은 것이라는 말씀을 자주 하셨는데 그렇다면 소설은 무엇입니까.


## 작가는 무당 같아

"소설은 작가에게 그냥 일이지요. 씨 뿌리고 거두고 하는 것 같은. 그러나 가슴에서 우러나오는 진실을 토로한다는 점에서 소설은 무당의 사설, 공수와 같은 것이지요. 요즘 젊은 작가들이 소설을 쓰면서 머릿속의 지식을 열거한 경우가 많은데 그것은 생명의 소리가 아니라는 점에서 진실이 아닙니다. 생명의 소리는 곧 자연과 우주가 서로 화답하는 진리입니다. 작가가 전달하는 진리의 공수, 그것이 소설이고 문학입니다."

─소설을 쓰는 것과 농사를 짓는 비중은 어떻게 두셨습니까.

"소설은 정신이 잉태한 생명이고 농사는 자연이 잉태한 생명입니다. 비중을 겨룰 수는 없는데, 고추를 따거나 콩을 거두어 그것을 다듬고 있으면 그렇게 흐뭇할 수가 없어요. 밤새도록 고추를 다듬어서 시장에 내놓는다쳐도 잠깐 쓴 원고지 한 장 값에 못 미칠 것인데 그것의 값을 따진다는 것이 자연에 불경스럽다는 생각이 들 정도로 애착이 듭니다. 그 애착이 소중한 것은 그것은 이성의 논리가 부여되기 이전의 생명 그 자체이기 때문입니다."

—앞으로는 소설 쓰기에 할애했던 시간들을 어떻게 보내실 생각입니까.

"그동안 원고지 안에서 사느라고 여행을 못했는데 여기저기 가보고 싶은 곳이 많습니다. 버스나 기차를 타고 자유스럽게 훨훨 다니고 싶어요. 중국의 흑룡강을 따라가는 여행도 하고 싶습니다. 흑룡강이 흐르는 만주는 땅, 토지에 대한 인식이 없는 곳입니다. 물론 집이나 문서에 대한 소유 개념이 없는 것이지요. 의식이 자유롭고 자연스러운 곳이 그곳입니다. 89년 만주를 방문했을 때 백두산 천지에서 흘러내려온 물이 송화강으로 흐르는데 그 청록빛 물빛을 보고 눈물을 흘린 기억이 새롭습니다. 핏줄 같은 강물을 보자 정화의 눈물이 흘러내린 것이지요."

—문화일보에 소설 5부 연재를 시작할 때 소설 속의 시점이 40년 8월입니다. 작품을 끝내신 작품 안팎의 시간도 모두 광복절이라는 사실이 어쩐지 우연이 아니라는 생각을 갖게 합니다.


## 격양돼 잠 못 이뤄

"그래서 나는 이 소설을 쓴 하나의 도구일 뿐이라는 생각을 하곤 합니다. '어떤 힘'이 내게 소설을 쓰게 한 것 같다는 얘기지요. 구한말부터 1백년이 넘는 세월 속에서 4백 명 가까운 인물을 등장시켜 원고지 4만 장을 메웠다는 것이 어찌 내 혼자 힘이라 할 수 있겠습니까."

—원고지에서 펜을 떼던 순간의 기분은 어땠습니까.

"마침표를 찍고 나니 새벽 2시였어요. 깊고 깊은 밤이었지요. 그런데 잠을 잘 수가 없었습니다. 마지막 장에 해방이 됐다고 만세를 부르는 장면이 나오는데 아마 저 자신이 그렇게 격양된 기분이었던 것 같습니다. 그래서 고추 말리는 방으로 가서 고추를 뒤적였지요. 마른 고추는 꼭지를 따서 깨끗한 행주로 닦아내고 아직 덜 마른 것은 좀 더 따뜻한 방바닥 쪽에 옮겨 널고…… 그러자 먼동이 트기 시작했습니다."

(『문화일보』, 1994.8.20)

## 1. 평론

염무웅, 「역사라는 운명극」, 『신동아』, 1973.11(『한과삶』, 같은 제목).

송재영, 「소설의 넓이와 깊이」, 『문학과지성』, 1974년 봄(『한과삶』, 같은 제목).

송재영, 「삶의 좌절과 초극」, 『문학과지성』, 1976년 가을(『한과삶』, 「소설의 넓이와
　　　깊이」).

유종호·김현 대담, 「민중과 리얼리즘 문학─『토지』와 『장길산』을 중심으로」, 『신
　　　동아』 145, 1976.9.

김병익, 「『土地』의 세계와 갈등의 진상」, 『한국문학』, 1977.6(후에 『상황과 상상력』
　　　에 실음, 1979).

임헌영, 「다양한 시대의 드라마」, 『한국문학』, 1978.

정명환, 「폐쇄된 사회의 문학─박경리의 세 작품에 관해서」, 『현대작가와 지성』, 문
　　　학과지성사, 1978.

김형국, 「소설 『토지』의 인물들과 오늘의 도시생활」, 『뿌리 깊은 나무』 52, 1980.6
　　　~7.

김병걸, 「원차의 세계 『토지』」, 『세계의 문학』, 1980년 여름(『한과삶』, 같은 제목).

서정미, 「『土地』의 한과 삶」, 『창작과비평』 56, 1980년 여름(『한과삶』, 같은 제목).

송재영, 「성장하는 민족이미지」, 『문학과지성』 40, 1980년 여름(『한과삶』, 「소설의

넓이와 깊이」).

이태동·이만열·김중업·김태현, 「한국장편소설의 새 장—소설『토지』를 말한다」,
  『월간경향』, 1980.7.

천이두, 「정통과 이단—박경리와 박상륭」,『한국소설의 관점』, 문학과지성사,
  1980.7.

강만길, 「문학과 역사—박경리의『토지』를 읽고」,『세계의 문학』, 1980년 겨울(후에
  수정하여, 「소설『토지』와 한국근대사」라는 제목으로『문학과 역사』, 이상
  신 편, 민음사, 1982에 재수록, 후에『한과삶』에 재수록).

김치수, 「『토지』의 연재를 앞 둔『토지』의 텍스트 분석—『토지』의 세계」,『문학사
  상』 101, 1981.3(『한과삶』, 「『토지』의 세계」).

김치수, 「『토지』의 연재를 앞 둔『토지』의 텍스트 분석—간도 그 공간의 개방성」,
  『문학사상』 102, 1981.4(『한과삶』, 「『토지』의 세계」).

김치수, 「『토지』의 연재를 앞 둔『토지』의 텍스트 분석—한과 허무의 강」『문학사
  상』 103, 1981.5(『한과삶』, 「『토지』의 세계」).

이태동, 「문제작 재평가—그 작가와 작품세계—박경리작『토지』」,『주간조선』,
  1981.5.10.

김치수, 「필자와의 대화『토지』의 박경리씨—소유의 관계로 본 한의 원류」,『신동
  아』, 1981.6.

이태동, 「『토지』의 역사적 상상력」,『부조리와 인간의식』, 문예출판사, 1981.

최일남, 「한을 알 때 인간은 눈을 뜬다—『토지』의 박경리」,『신동아』 218, 1982.10.

김치수, 『박경리와 이청준』, 민음사, 1982.

유종호, 「여류다움의 거절—박경리의 소설」,『동시대의 시와 진실』, 민음사, 1982.

송재영, 「민족사와 드라마의 형식」,『정경문화』, 1983.6.

홍정운, 「『土地』의 시간구조」,『월간문학』, 1983.11.

김병익, 「식민지 시대의 사회변화와 인간—박경리의『土地』제3부」,『들린 시대의
  문학』, 문학과지성사, 1985.

이태동, 「환상과 현실 사이—박경리론」,『한국현대소설의 위상』, 문예출판사, 1986.

김 철, 「운명과 의지—『토지』의 역사의식」,『문학의 시대』 3, 1986.

정미숙, 「『토지』에 나타난 역사의식」,『국어와 교육』 6, 부산교대, 1986.

홍성암, 「역사소설의 사적고찰」,『어문연구』 4, 한양대, 1986.

황지우, 「황지우-박경리 대담」, 『문예중앙』, 1986년 겨울.

임헌영, 「근대 한국사의 변혁주체 모색-『토지』의 작품세계와 사상」, 『월간경향』, 1987.8.

임헌영, 「중도파적 인도주의」, 『시장과 전장』, 중앙일보사, 1987.

한승옥, 「한국전후장편소설연구」, 『국어국문학』 97, 1987.

임헌영, 「변혁운동과 불교사상-『장길산』, 『토지』, 『태백산맥』에 나타난 승려상」, 『불교문학』 3, 1988.3.

윤지관, 「恨의 가치화와 소설의 공간-박경리론」, 『문예중앙』, 1988년 여름.

김병익, 「한의 민족사와 갈등의 사회사」, 『土地』, 삼성출판사, 1988(『한과삶』, 같은 제목).

이기인, 「『토지』와 『객주』의 심미적 거리」, 『고대민족문화연구』 22, 1989.2.

김정신, 「30년대의 분석과 번역-박경리『토지』제4부(지식산업사)」, 『세계의 문학』, 1989.3.

김성희·성은애·이명호, 「『토지』에 나타난 여성문제 인식과 역사의식」, 『여성』 3호, 1989.4.

이재선, 「숨은 역사·인간 사슬·욕망의 서사시」, 『현대문학』, 1989.6(『한과삶』, 같은 제목).

이태걸, 「『토지』 그리고 『장길산』」, 『불교』 410, 1989.12.

정호웅, 「『土地』론-지리산의 사상」, 『동서문학』, 1989.12(『한과삶』, 같은 제목).
        *『동서문학』의 특집 한국대하소설연구 시리즈(1989.11~1991.1, 13회) 중 두 번째

김용구, 「박경리론-가족, 그 한의 뿌리」, 『문학사상』, 1991.5.

김병익, 「문화와 문명 : 능욕 당한 삶의 전경-박경리의 『土地』 제4부」, 『열림과 일굼』, 문학과지성사, 1991.

임헌영, 「소설과 역사의 변증법」, 『우리 시대의 소설읽기』, 글, 1992.

정현기, 「한국소설의 이론을 위한 도전적 서론」, 『매지논총』 9집, 연세대학교, 1992.

정호웅, 「해방후 역사소설의 성과」, 『소설과 사상』, 1993년 여름.

이태동, 「동학혁명과 역사소설-박경리의 『토지』의 경우」, 『문학사상』 225, 1994.1.

하응백, 「비극적 삶의 초극과 완성」, 『현대문학』, 1994.3(『한과삶』, 같은 제목).

류보선, 「비극성에서 한으로, 운명에서 역사로」, 『작가세계』, 1994년 가을, 특집-

박경리.

송호근, 「삶에의 연민, 한의 미학」, 『작가세계』, 1994년 가을, 특집-박경리.

장경렬, 「슬픔, 괴로움, 고독, 사랑, 그리고 문학」, 『작가세계』, 1994년 가을, 특집-
　　　박경리.

정현기, 「『土地』 해석을 위한 논리 세우기」, 『작가세계』, 1994년 가을, 특집-박경
　　　리.

박경리·정현기·설성경, 「한국문학의 전통과 맥잇기」, 『현대문학』, 1994.10, 특집
　　　-박경리.

이재선, 「『토지』와 농경적 상상력」, 『현대문학』, 1994.10, 특집-박경리.

윤흥길, 「큰 고통 앞에 바치는 큰 꽃다발」, 『현대문학』, 1994.10, 특집-박경리.

조정래, 「큰 날개, 큰 봉우리」, 『현대문학』, 1994.10, 특집-박경리.

전영태, 「흙에서 흙으로 토지에서 토지로」, 『현대문학』, 1994.10, 특집-박경리.

현길언, 「소설사의 명예심과 소설의 자존심」, 『현대문학』, 1994.10, 특집-박경리.

송우혜, 「이 사람을 보라」, 『현대문학』, 1994.10, 특집-박경리.

김명복, 「나는 책상 하나를 안고 살아왔다-소설가 박경리」, 『현대문학』, 1994.10,
　　　특집-박경리.

천이두, 「한의 여러 궤적들」, 『현대문학』, 1994.10, 특집-박경리.

신덕룡, 「『토지』의 삶과 역사 1」, 『현대문학』, 1994.10, 특집-박경리.

채희윤, 「『토지』에 나타난 간통의 생태학」, 『현대문학』, 1994.10, 특집-박경리.

정현기 편, 『한과 삶』(『토지』 비평집 1), 솔, 1994.

이덕화, 「『토지』의 여인들-역사의 격랑을 헤쳐가는 '서희'」, 『문학과 의식』, 1995
　　　년 봄.

임명섭, 「『土地』, 식민지의 삶과 글쓰기」, 『현대비평과 이론』 9집, 한신문화사, 1995
　　　년 봄·여름.

정현기, 「나라 찾기와 꼴 만들어 속 채우기-대표장편을 중심으로」, 『문예중앙』,
　　　1995년 여름.

김진석, 「소내하는 한의 문학」, 『문예중앙』, 1995년 여름.

이주행, 「박경리의 『토지』에 쓰인 어휘연구」, 『태릉어문연구』, 서울여대, 1995.

임진영, 「개인의 한과 민족의 한」, 『다시 읽는 역사문학』, 평민사, 1995.

정현기 편, 『한·생명·대자대비』(『토지』 비평집 2), 솔, 1995.

한국문학연구학회 편, 『『토지』와 박경리의 문학』, 솔, 1996.8.

최유찬, 『『토지』를 읽는다』, 솔, 1996.9.

최유찬, 「빅뱅이론과 생명사상으로 읽은 『토지』」, 『월간말』, 1996.12.

이덕화, 「원초적 욕망을 갈구하는 인물들-박경리의 『토지』 이전의 문학세계」, 『연세여성연구』 2, 1996.12.

이덕화, 「박경리의 심미적 존재론」, 『문학과 의식』 /『평택대 논문집』, 1997.3.

박해현, 「생명의 감성과 문학-『土地』의 작가 박경리와의 만남」, 『21세기 문학』 창간호, 1997.3.

이태동, 「여성작가 소설에 나타난 여성성 탐구-박경리, 박완서, 그리고 오정희의 경우」, 『한국문학연구』, 1997.3.

고  일, 「외국가족사 소설과 한국가족사 소설 비교-『토지』와 『전쟁과 평화』, 그리고 『백년동안의 고독』」, 『문학사상』, 1997.3.

김명준, 「소멸과 생성」, 『국문학논집』 15, 단국대 국문과, 1997.4.

이문재, 「『토지』, 알고 보면 더 재미있다」, 『시사저널』, 1997.11.6.

백지연, 「박경리의 『토지』-근대체험의 이중성과 여성주체의 신화」, 『역사비평』, 1998년 여름.

최유찬 편, 『박경리』, 새미, 1998.10.

최유찬, 「『토지』와 도스토예프스키 소설의 비교 연구」, 『인문과학』 79집, 인문과학연구소, 1998.10.

김명숙, 「박경리의 『토지』에서 본 민산적 색채」, 한국문학연구회, 『현대문학의연구 11-현역중진작가 연구 III』, 국학자료원, 1998.10.

정영자, 「박경리 소설연구」, 신라대 『수련어문논집』 24, 1998.12.

김치수, 「민족 역사의 대서사시-박경리의 『토지』」, 『문학사상』, 1999.3.

이상진, 『『토지』 연구』, 월인, 1999.

이상진, 「『토지』에 나타난 가족문제와 모성성」, 『여성문학연구』 3, 한국여성문학학회, 2000.6.

이상진, 「개인의 존엄성의 확대로서의 민족의식-박경리의 『토지』」, 『실천문학』, 2002.12.

## 2. 석·박사논문


윤오숙, 「각색된 텔레비전 드라마와 원작의 비교연구-『토지』와 『그해 겨울은 따뜻했네』를 중심으로」, 중앙대 석사논문, 1988.

홍성암, 「한국근대역사소설연구」, 한양대 박사논문, 1989.

현정임, 「구한말에서 식민지시기에 이르는 세계관의 구조와 변화양상-박경리의 『토지』를 중심으로」, 서강대 석사논문, 1991.

김명준, 「朴景利의 『土地』 硏究-〈삼대담(三代談)〉의 갈등양상을 중심으로」, 단국대 석사논문, 1992.

김영신, 「박경리의 『토지』 연구」, 배재대 석사논문, 1993.

이승윤, 「박경리의 『土地』 연구」, 연세대 석사논문, 1994.12.

문상경, 「박경리의 『토지』 연구」, 계명대 석사논문, 1995.

이주연, 「『토지』의 인물과 총체성 연구」, 동국대 석사논문, 1995.

김명숙, 「박경리 『토지』에서 본 애정묘사 형태의 특색에 대하여」, 중앙민족대학원 조선언어문학학부 석사논문, 1996.

김수진, 「박경리의 『토지』 연구-인물형상화를 중심으로」, 연세대 석사논문, 1996.

하태욱, 「박경리의 『토지』연구-등장인물의 한 맺힘과 풀림을 중심으로」, 연세대 교육대학원, 1996.

정운갑, 「박경리의 『토지』 연구」, 중앙대 석사논문, 1996.

김유하, 「한국여성소설의 성별의식 연구-〈홍월계전〉과 『토지』를 중심으로」, 慶星大 敎育大學院 석사논문, 1997.

이상진, 「박경리의 『토지』 연구-인물형상화를 중심으로」, 연세대 박사논문, 1998.8.

조윤아, 「박경리 『土地』의 生命思想的 變貌에 관한 연구」, 서울여대 박사논문, 1998.12.

심혜순, 「박경리의 『토지』에 나타난 지모신의 성격」, 경북대 석사논문, 1998.

임영민, 「박경리 『토지』에 나타난 죽음의 고찰」, 조선대 석사논문, 1998.

권도희, 「『토지』와 「미망」 비교 연구」, 건국대 석사논문, 1998.

정선경, 「『토지』 연구-민족운동의 흐름과 일본관을 중심으로」, 성신여대 석사논문, 1998.

김종선, 「하이퍼미디어를 활용한 국어교육의 몇 가지 방법-고등학교 국어교과서

(하) 6. 문학과 문화 (3) 『토지』를 중심으로」, 동국대 석사논문, 1999.

최유희, 「박경리『토지』연구」, 중앙대 박사논문, 1999.

안세영, 「소설『토지』의 작중인물 연구」, 동아대 석사논문, 1999.

이종수, 「『토지』에 나타난 한의 양상과 그 극복」, 안동대 석사논문, 1999.

이혜경, 「현대한국가족사소설연구―『토지』, 『미망』, 『혼불』을 중심으로」, 충남대 박사논문, 1999.

임금희, 「『토지』에 나타난 동학연구」, 고려대 석사논문, 1999.

손용문, 「박경리『토지』의 통속성 고찰」, 광운대 석사논문, 1999.

김은경, 「『토지』의 서사구조 연구」, 서울대 석사논문, 2000.

김인숙, 「박경리『토지』의 대화성 연구」, 연세대 석사논문, 2000.

오세은, 「여성 가족사 소설 연구―『토지』, 『미망』, 『혼불』을 중심으로」, 서강대 박사논문, 2001.

이수경, 「『토지』의 인물 성격화방법에 대한 연구」, 전남대 석사논문, 2001.

홍순이, 「박경리『토지』연구―존재론적 생극론을 중심으로」, 가톨릭대 석사논문, 2001.

서현숙, 「장편소설의 주제 탐색과 지도방법 연구―박경리『토지』를 중심으로」, 대구대 석사논문, 2002.

박혜원, 「박경리『토지』의 인물 연구」, 이화여대 박사논문, 2002.

이기성, 「『토지』연구―역사의식과 인물유형」, 충북대 석사논문, 2003.

김희태, 「『토지』에 나타난 사랑유형 고찰」, 군산대 석사논문, 2003.

이우화, 「박경리『토지』에 나타난 전통적 가치관에 관한 연구」, 한국교원대 석사논문, 2003.

허연실, 「『土地』의 談論構造 硏究」, 고려대 석사논문, 2003.

홍영민, 「소설교육방법연구―『토지』1부를 중심으로」, 고려대 석사논문, 2003.


## 3. 『토지』 관련 신문·잡지 기사 목록

「거작『토지』에 정열 쏟는 박경리씨」, 『조선일보』, 1973.6.27.

「나는 주술에 걸린 죄인인가」, 『서울신문』, 1973.6.29.

「『토지』제1부 5권 내놓은 박경리 여사」, 『중앙일보』, 1973.6.29.

「주술에 걸린 죄인의 숙명」, 『경남매일』, 1973.6.29.

「인간의 좌절. 희망극 채색―대작 『토지』 1부 끝낸 박경리씨」, 『매일신문』,
        1973.6.30.

「울부짖음도 통곡도 없이 진실은 내 심장 속서 침묵」, 『국제신보』, 1973.6.30.

「한국작가의 한계성 탈피」, 『동아일보』, 1973.7.9.

박경리, 「잡지 표지에 도둑맞은 내 얼굴」, 『동아일보』, 1981.5.26.

이보영, 「박경리작 『시장과 전장』」, 『주간조선』, 1981.5.31.

정규웅 편집위원, 「작가 박경리씨」, 『중앙일보』, 1982.1.18.

「돌 쌓고 잔디 심고……박경리 여사 근황―원주의 자연 속에서 『토지』 4부 집필」,
        『한국일보』, 1982.8.4.

「일본은 불쌍한 나라―원주서 『토지』 4부 집필 여념 없는 박경리 여사」, 『동아일
        보』, 1982.8.21.

김형국, 「『토지』는 역사교감의 짜릿한 마당―4부를 기대하며」, 『경향신문』, 1983.
        6.9.

이광훈 특집기획부장, 「『토지』의 작가 박경리씨를 찾아」, 『경향신문』, 1983.9.3.

김치수, 「『토지』는 문학적 승리의 한 전형」, 『경향신문』, 1983.9.3.

「자연을 모르면 생명력 없어요―토지에 묻혀사는 『토지』의 박경리 여사」, 『동아일
        보』, 1983.10.8.

박경리, 「『토지』 연재 도중하차의 변」, 『경향신문』, 1983.12.2.

김치수, 「박경리의 『토지』―삶의 다면성 전방위서 조명, 문학적 집념 넘친 큰 봉우
        리」, 『한국일보』, 1984.6.16.

「『한국일보』 창간 30주년 기념 한국전후문학30년의 최대 문제작 선정에서 선우휘
        『불꽃』, 황석영의 『장길산』과 함께 『토지』 선정」, 『한국일보』, 1984.

박경리, 「나의 문학적 자전」, 『한국일보』 특집판, 1984.7.1.

김정숙, 「경험현실과 허구의 현실」, 『조선일보』, 1985.1.8.

「박경리 『토지』 내년 영·불판 출간―인터뷰: 불역 민희식 / 영역 홍명희」, 『동아일
        보』, 1985.7.4.

「가는 세월 잡아 두고 『토지』 끝내고 싶어」, 『중앙일보』, 1985.11.12.

「박경리의 대하소설 『토지』 미니시리즈로 제작―美의 〈뿌리〉 버금가는 대작 목표」,
        1986.1.1.

「『토지』 올해 4부로 끝내겠다—호랑이띠 회갑맞는 원주의 박경리씨」, 『동아일보』, 1986.1.7.

「문학기행 : 명작의 무대(1)—박경리『토지』…… 하동 평사리」, 『한국일보』, 1986.5.11.

「작품생활 32년 ……『토지』4부 집필 중—회갑 맞은 박경리씨의 인생·문학」, 『일간스포츠』, 1986.12.11.

「『토지』다시 TV 드라마화—KBS 〈노다지〉 후속 …… 6월 방영 예정」, 『한국일보』, 1987.3.19.

「『토지』제작 서두르지 말라」, 『주간조선』, 1987.6.14.

「작가는 독자 구미만 맞출 순 없어—월간경향에 『토지』4부 연재 재개하는 박경리씨」, 『경향신문』, 1987.7.17.

최영주, 「인터뷰 / 작가 박경리씨에게 듣는다—『土地』는 끝이 없는 이야기」, 『월간경향』, 1987.8.

「K1 TV 드라마 〈토지〉 제작과정 방송」, 『일간스포츠』, 1987.10.9.

고미석 기자, 「『토지』의 박경리씨 시집냈다」, 『동아일보』, 1988.5.26.

오태진 기자, 「『토지』작가 박경리씨 첫 시집 "화제"」, 『조선일보』, 1988.5.26.

박성희 기자, 「박경리씨 문학적 몸살—시집『못 떠나는 배』출간」, 『한국경제신문』, 1988.5.26.

「『토지』—박경리 대담」, 『여성신문』, 1988.12.2.

「『토지』4부 출간한 작가 박경리씨—역사 시각서 민중의 삶 그렸다」, 『동아일보』, 1988.12.20.

「박경리씨 『토지』4부 3권 출간 / 광주학생의거 이후 시대상 담아」, 『일간스포츠』, 1988.12.24.

서화숙 기자, 「소설『토지』는 바른 여성관 결여—무크지『여성3』서 비평게재」, 『경향신문』, 1989.4.13.

「박경리씨 6월초 중국여행」, 『서울경제신문』, 1989.5.30.

임헌영, 「박경리 작『토지』—동학이래 해방운동사 투영」, 『국민일보』, 1989.7.20.

「대하드라마 〈토지〉 막 내렸다—어젯밤 1년 10개월만에 …… KBS 자존심 지켜」, 『일간스포츠』, 1989.8.7.

「1969~1989 베스트셀러 일간스포츠집계—박경리『토지』20년 통산 1위」, 『일간스포츠』, 1989.9.27.

「『토지』 1-4부 줄거리-한의 여인 서희……끈끈한 삶의 파노라마」, 『문화일보』,
        1992.9.8.

「대하소설『토지』 주요 등장인물들-격변의 시대 헤치며 명멸한 인간사」, 『문화일
        보』, 1992.9.15.

「생명평등사상이 환경파괴 막아-전국환경단체연공동대표 박경리씨」, 『문화일보』,
        1993.3.19.

「환경운동연공동대표 소설가 박경리씨/ "자연 사랑하는 일이라 나섰어요"」, 『조선
        일보』, 1993.4.2.

「정치예술인등 환경보호 '한자리'」, 『문화일보』, 1993.4.14.

박해현 기자, 「24년째 집념 내년 여름 대단원/5년 공백 깬『토지』 제5부 첫 권」,
        『조선일보』, 1993.7.10.

최구식 기자, 「열번이라도 다시 쓰고 암수술 직후에도 "붓"/독한 작가 박경리」,
        『조선일보』, 1993.7.10.

신효정 기자, 「『토지』-모든 생명의 모체: 대작업 끝낸 박경리씨 인터뷰」, 『문화일
        보』, 1994.8.20.

「민족근대사 찾기 25년 여정 마감/『토지』 완간 앞둔 작가 박경리씨」, 『조선일보』,
        1994.8.27.

박경리 문학강연 「문학과 삶」, 『현대문학』, 1994.10.

박경리, 「작가는 왜 쓰는가」, 『작가세계』, 1994.10.

박경리, 「소설가 박경리씨『동아일보』 창간 75주년 특별기고」, 『동아일보』,
        1995.4.1.

「문학광장『토지』 광복 이후 대표소설로 뽑혀」, 『조선일보』, 1995.5.22.

「박경리 대하소설『토지』, '서사음악극'으로 꾸민다」, 『동아일보』, 1995.9.4.

박해현 기자, 「박경리, 이문열, 헤르만 헤세/50년간 스테디셀러 '트로이카'」, 『조선
        일보』, 1995.9.8.

최현미, 「박경리씨 칠레 '미스트랄' 메달 수상」, 『문화일보』, 1996.4.28.

이문재, 「『토지』, 알고 보면 더 재미있다」, 『시사저널』, 1996.11.6.

신순봉, 「비평서『토지를 읽는다』 펴낸 최유찬 교수」, 『내일신문』, 1996.11.20.

「(문학50년)『토지』『광장』『난쟁이가 쏘아올린 작은 공』 소설 공동 1위: 조선일보
        조사 대한민국 건국 이후 가장 뛰어난 작품으로 공동 선정」, 『조선일보』,

1998.7.30.

「20, 21세기 가장 빛나는 여성은 박경리씨」, 『한국일보』, 2000.7.9.

김수혜 기자, 「'생활속 환경운동' 실천하는 작가 박경리 씨」, 『조선일보』, 2000.7.13.

「지식인의 도덕적 해이―박경리씨 "교수집단 가장 썩었다"」, 『문화일보』, 2000.11.29.

「『신년대담』(3) 2001 문명의 얼굴 작가 박경리씨, 대담 / 김택근 문화부장」, 『경향신
　　　문』, 2001.1.8.

「박경리 선생 원주 현지 대담―"자기 위주로 살면 환경이 파괴되지요"」, 『뉴스메이
　　　커』, 『일간스포츠』, 2001.1.25.

「토지문화관에서의 환경대담―"성장―보존 균형 맞춰야 미래의 삶 보장"」, 『동아
　　　일보』, 2000.7.24.

「소설가 박경리, 세계에 알리고 싶은 문인 1위」(한국문학번역원 조사), 『동아일보』,
　　　2000.8.1.

「노벨문학상 가능성 박경리씨 1위」, 『중앙일보』, 2002.1.7.

「박경리의 『토지』, 겨울 독서계에 바람」, 『연합뉴스』, 2002.1.17.

한수산, 「'삶과 문화' 『토지』는 전설이 되고……」, 『중앙일보』, 2002.2.1.

「한국인이 가장 좋아하는 소설 박경리의 『토지』」, 『국민일보』, 2002.2.19.

「한국인이 가장 좋아하는 소설, 박경리씨 『토지』 1위에 뽑혀」, 『파이낸셜 뉴스』,
　　　2002.2.19.

「'생태학적 삶은 무엇인가' 박경리―최재천 대담」, 『동아일보』, 2002.6.19.

「한국번역문학원의 번역지원대상 작품 선정 『토지』 제2권(영어)」, 『연합뉴스』,
　　　2002.10.2.

「문화계인사들이 꼽은 한국 대표 예술인 : EBS문화 프로그램 'Inside Culture 문화인,
　　　전문가 326명 설문조사 결과 문학분야 박경리(20.0%) 선정」, 『연합뉴스』,
　　　2002.11.15.

「박경리 『토지』 청소년판 나와」, 『중앙일보』, 2003.1.7.

「(책)노벨문학상 후보는? 네티즌, 박경리 고은 조정래 꼽아」, 『동아일보』, 2003.1.9.

「(청소년 책방) 『토지』」, 『동아일보』, 2003.1.11.

「청소년에 다가선 『토지』」, 『조선일보』, 2003.1.13.

「'윤석화가 만난 사람' 신작 집필중인 소설가 박경리」, 『경향신문』, 2003.3.4.

「"작가는 책상에 앉았을 때 제일 행복한 법" / 한국문단의 두 거목 박경리 vs 박완서

대담」, 『조선일보』, 2003.3.7.
「박경리씨 9년 만에 새 장편 연재」, 『국민일보』, 2003.3.26.
「박경리씨 문학·환경계간誌 『숨소리』 창간」, 『문화일보』, 2003.4.16.
「박경리씨, 토지문화관서 최열씨와 '환경 이야기'」, 『중앙일보』, 2003.5.19.
「(인물 포커스)생태-환경에 열정쏟는 작가 박경리」, 『동아일보』, 2003.5.28.
「소설 〈토지〉 음악CD낸 김영동씨-"멋들어진 '국악 뮤지컬' 만들고 싶었죠"」, 『조
        선일보』, 2003.5.29.
「"민족사와 민초들의 삶 담았죠" …… 소설 〈토지〉 음악극 음반낸 김영동씨」, 『국
        민일보』, 2003.6.1.
「(음악)작곡가 김영동, 박경리 소설 음악극 〈토지〉 출반」, 『동아일보』, 2003.6.2.
「원주 토지문화관 작가 요람으로」, 『대한매일』, 2003.8.21.
「MBC 새 아침극 『성녀와 마녀』 박경리 소설 원작 22일 첫 방송」, 『대한매일』,
        2003.9.22.
「21세기 한국을 읽는다. 방민호 교수가 만난 문학지성 (10) : 박경리-물질문명 시
        대, 생명의 가치 회복」, 『대한매일』, 2003.9.26.
신준봉 기자, 「'한국, 어디로 가야 하나' 2. 소설가 박경리 인터뷰」, 『중앙일보』,
        2004.1.2.


## 4. 『토지』 연재 및 출간 관련 자료 목록

| | |
|---|---|
| 1968년 11월 | 「약으로도 못 고치는 병」, 『월간문학』 창간호 |
| 1969년 9월 | 『현대문학』 1부에 『토지』 연재 시작(1969.9~1972.9. 총 36회). |
| 1972년 | 『토지』 1부로 제7회 월탄문학상 수상. |
| 1972년 10월 | 『문학사상』에 『토지』 2부 연재 시작(1972.10~1975.10). |
| 1973년 6월 | 단행본 전5권(문학사상사) 발간. |
| 1973년 10월 | 문학사상사간 『토지』 3판 돌입 |
| 1973년 6월 | 단행본 전5권(삼성출판사) 발간 |
| 1974년 | 영화 〈토지〉 제작 |
| 1976년 9월 | 영문출판사간 『토지』 전10권 출간 |
| 1977년 1월 | 『주부생활』에 『토지』 3부 연재 시작(1977.1~1979.12) |

『독서생활』에 『토지』 3부 연재 시작(1977.1~5)(삼성출판사 발행)

1977년 3월　　　　삼성출판사간 『토지』 전10권 간행

1977년 6월　　　　『한국문학』에 『토지』 3부 연재 시작(1977.6~1978.1)

1979년 7월 15일　『토지』(삼성출판사) 12판 발행

1979년 9월 30일　『토지』(삼성출판사) 13판 발행

1979년 10월~12월 드라마 〈토지〉 60회 방영(KBS)

1981년 2월　　　　『문학사상』, 『토지』 4부 연재예고－"나는 다시 토지를 쓴다－박경리"

1981년 9월　　　　『마당』에 『토지』 4부 연재(1981.9~1982.7)

1983년　　　　　　『토지』 1부를 8권으로 일본어판 출간(안우식 역 / 문예선서)

1983년 7월　　　　『정경문화』에 『토지』 4부 연재 재개(1983.7~12)

1987년 8월　　　　『월간경향』에 『토지』 4부 연재 재개(1987.8~1988.5)

1987년 10월~1989년 8월 6일 드라마 〈토지〉 방영(KBS)

1988년 4월 30일　박경리 대하소설 『토지』 전12권(삼성출판사) 초판 발행

1989년 2월 20일　『토지』 개정판(지식산업사) 2쇄 발행

1990년　　　　　　제4회 인촌상 수상
　　　　　　　　　중국기행문 『만리장성의 나라』와 시집 『도시의 고양이들』 출간(동광)

1991년 8월 15일　『토지』(삼성출판사) 전12권 2판 발행

1991년　　　　　　현장인터뷰 이 사람(MBC프로덕션) 박경리1 / 2(국립중앙도서관 소장)

1992년 9월 1일　　『문화일보』에 『토지』 5부 연재(1992.9.1~1994.8.30.)

1992년　　　　　　현장인터뷰 〈박경리〉 MBC 60분

1993년 6월 30일　『토지』(솔출판사) 전12권 초판발행

1994년 10월　　　　박완서 외 17인, 『수정의 메아리－곁에서 본 『土地』 26년』(솔출판사간) 출간

1994년　　　　　　박경리 『자유』 출간(솔출판사)

1994년　　　　　　일요스페셜 〈박경리〉 60분용

1994년 9월　　　　『토지』(솔출판사) 전16권 발행

1995년　　　　　　『토지』 1부 영국 키건폴출판사에서 영어판 출간(홍명희 역)

1995년 9월 5일      서사음악극 〈토지〉 공연, 서울시립국악관현악단(상임지휘자 김
                    영동) 7시반 세종문화회관 대강당 『토지』(전4막)
1995년 12월 15일    『토지』(솔출판사) 6쇄
1996년 4월 26일     칠레정부가 수여하는 '미스트랄' 메달 수상
1997년 10월        임우기·정호웅 편, 『『土地』 사전』, 솔출판사, 1997.
1999년            다큐 〈대화의 세기를 넘어서〉 KBS 60분용
2001년 3월 1일      토지문학공원홈페이지(http://www.tojiliterarypark.com) 개설(운영자
                    : 신진용)
2002년 1월 1일      나남출판사 『토지』 전21권 출간
2002년 1월 20일     『토지』(나남) 2쇄
2002년 2월 15일     『토지』(나남) 3쇄
2002년 6월 15일     『토지』(나남) 4쇄
2003년 6월         『청소년 토지』 전12권 출간(이룸)

**최유찬** : 1951년 전북 부안 변산 자락에서 태어났다. 고부 두승산을 바라보며 초등
학교를 다녔고 중등교육은 전주에서 받았다. 연세대학교 국문학과를 졸업
한 다음 합동통신 기자로 사회생활을 시작, 1980년 동아일보사에서 해직되
었다. 대학원 3년 공부 만에 전주대학교 전임강사가 되었다가 재임용탈락
의 위기를 겪은 다음 한겨레신문사 기자로 전직했고, 현재는 연세대학교
국문과 교수로 재직하고 있다. 저서로『리얼리즘이론과 실제비평』,『문예
사조의 이해』,『『토지』를 읽는다』,『한국문학의 관계론적 이해』,『컴퓨터
게임의 이해』,『문학 · 텍스트 · 읽기』,『컴퓨터 게임과 문학』이 있고, 공저
로『한국근대문학비평사연구』,『문학과 사회』,『세계 속의 한국문학』, 편 ·
역서로『리얼리즘과 문학』,『박경리』가 있다. 대하소설『토지』와 컴퓨터
게임이란 두 마리의 토끼를 쫓고 있다.

**이승하** : 1960년 경북 김천에서 태어났다. 중앙대학교 문예창작학과에서 공부하였
으며, 1984년『중앙일보』신춘문예에 시가, 1989년『경향신문』신춘문예에
소설이 당선되었다. 1995년 서사음악극 〈토지〉(작곡 김영동)의 대본을 쓰
면서『토지』와 깊은 인연을 맺게 되었다. 저서로는『한국의 현대시와 풍자
의 미학』,『생명 옹호와 영원 회귀의 시학』,『백 년 후에 읽고 싶은 백 편의
시』,『한국현대시에 나타난 10대 명제』,『한국현대시 비판』,『새로운 시 창

작 교실』 등이 있다. '대학민국문학상 신인상', '지훈문학상' 등을 수상하였
으며 중앙대학교 문예창작학과 부교수로 재직하고 있다.

**김성수** : 1962년 충북 괴산에서 태어났으며, 연세대학교 국문과와 같은 대학원에서
공부를 하였다. 박사과정에 재학 중, 한일 근대문학의 상관성에 대한 관심
이 계기가 되어 일본 동경외국어대학에 유학을 한 바 있다.『문학사상』평
론부문 신인상을 수상한 이후, 현장 비평에도 관심을 가지고 활동을 하고
있다. 주요 저서에『이상 소설의 해석—생과 사의 감각』,『글쓰기』(공저) 등
이 있으며, 논문으로「허준의「잔등」에 대하여」와「근대문학의 산호편 찾
기」등이 있다. 주요 평론으로는「기억의 유산과 환멸의 수사, 그리고 기원
으로서의 글쓰기」,「이야기 건축술의 장인적 풍모」등이 있으며,『정신분석
을 읽는다』를 비롯한 여러 권의 번역서가 있다. 최근에는 박경리의『토지』
프로젝트를 계기로, 만주 지역을 무대로 한 문학 작품들을 읽으면서 자료
수집과 연구를 하고 있다. 상명대학교·한남대학교·세종대학교 등에서
강의를 하였으며, 현재는 연세대학교 학부대학 조교수로 재직하고 있다.

**이상진** : 1963년 서울에서 태어나 자랐다. 중세어에 대해 공부하고 싶어 연세대학교
국문학과에 진학했으나, 서사담론의 구조 분석에 더욱 흥미가 생겨 대학원
에서는 현대소설로 전공을 바꾸었다. 박사과정 시절 당시 완간된 박경리의
『토지』에 매료되어, 이 작품에만 매달린 채 거의 10년을 보냈다. 지난해에
는『청소년『토지』』를 책임편집하기도 했으며, 최근에는 아동문학교육에도
관심을 기울이고 있다. 연세대학교·홍익대학교·명지대학교 등에서 강의
했으며, 현재는 한국방송통신대학교 국문과 전임강사로 재직하고 있다. 저
서로『『토지』연구』,『『토지』인물 사전』,『한국현대소설사의 주변』,『한국
근대작가 12인의 초상』이 있으며, 공저로『한국문학평설 20』,『페미니즘과
소설비평』등이 있다.

**조윤아** : 1967년 서울에서 태어났다. 초등학교를 졸업한 후부터 서울여자대학교 대
학원을 졸업할 때까지 줄곧 서울에서 여학교만 다녔다. 연세대학교 연구교
수로 재직하는 동안 죽음에서 생명으로 관심을 옮겨가려는 노력은 어느 정
도 성과를 거두었다. 서울여자대학교와 서경대학교에서 강의를 하고 있다.

주요 논문으로는 「박경리 소설의 죽음 모티프」, 「박경리 『토지』의 생명사
상적 변모에 관한 연구」, 「역사적 사실의 소설적 형상화에 관한 소고」 등이
있다.

**최유희** : 1968년 경북 경주에서 태어났다. 중앙대학교 문예창작학과 대학원 수업에
서 읽은 『토지』를 놓지 못해 급기야 「박경리 『토지』 연구」로 박사학위를
받게 되었다. 『토지』의 경상도 방언이 표준어처럼 느껴지는 익숙한 감수성
을 무기로 『토지』 프로젝트에 참여했다. 연세대학교 인문과학연구소 연구
교수로 재직하였으며, 중앙대학교에서 강의하고 있다. 주요 논문에는 「현
대소설에서 드러난 종교적 물음들」, 「이상문학의 원전 확정 및 주석 연구」
등이 있다.

**이승윤** : 1967년 서울에서 태어났다. 연세대학교 국문과 박사과정 수료. 1994년 석
사 재학시절, 『토지』 완간에 즈음하여 『토지』 전체를 대상으로 논문을 쓰
리라는 야심 찬 기획은 형식적으로는 완결되었지만 내용은 부실한 절반의
성공에 그치고 말았다. 『『토지』 사전』의 편찬 작업에 참여한 것은 부실공
사의 책임에 따른 것이었으며 현재에도 보수에 많은 시간을 쏟고 있다. 이
화외고에서의 짧은 교편생활과 고등학생들과의 잦은 만남을 통해 결국 문
학교육이라는 숙제를 하나 더 떠맡게 되었다. 이 책에 실린 논문도 그러한
고민의 결과이다. 현재 연세대학교, 서울산업대학교 강사. 주요 논문으로
「한국 근대소설사 연구의 기원」, 「교양소설의 가능성 혹은 소설의 미래」,
「1950년대 박경리 단편소설 연구」 등이 있다. 최근에는 근대 역사소설의
기원과 형성에 관한 논문을 구상중이다.

**박상민** : 1970년 강원도 태백에서 태어나 1980년에 서울로 올라왔고, 연세대학교에
서 국문학을 공부했다. 형은 철학을, 동생은 신학을 전공했으니 삼형제가
돈 안 되는 건 다 한 셈이다. 부귀영화를 목표로 한 적은 없지만, 커가는
두 딸을 보면서 새삼 착잡해지는 건 어쩔 수가 없다. 팀원 중에서 가장 늦
게 『토지』에 뛰어들어 박사논문까지 『토지』로 준비중이다. 『토지』가 나와
우리 가족을 구원해 줄 수 있을까 하는 질문을 염두에 둔 채 어제도 종일
『토지』만 들여다봤다.